仙台白百合学園高等学校

〈収録内容〉

- 2024年度入試の問題・解答解説・解答用紙・「合否の鍵はこの問題だ!!」、2024年度入試受験用の「出題傾向の分析と合格への対策」は、弊社HP の商品ページにて公開いたします。
- 2018年度は、弊社ホームページで公開しております。
本ページの下方に掲載しておりますQRコードよりアクセスし、データをダウンロードしてご利用ください。
- 英語リスニング問題は音声の対応をしておりません。

2024 年度 ……………………2024 年 10 月 弊社 HP にて公開予定
※著作権上の都合により、掲載できない内容が生じることがあります。

2023 年度 ……………………A 日程（数・英・国）
B 日程（数・英・国）

2022 年度 ……………………A 日程（数・英・理・社・国
B 日程（数・英・理・社・
※B 日程国語の大問二は問題に使用された作品の著作権者が二次使用の許可
いないため問題を掲載しておりません。

2021 年度 ……………………A 日程（数・英・理・社・
B 日程（数・英・理・社・国）

2020 年度 ……………………A 日程（数・英・理・社・国）

2019 年度 ……………………A 日程（数・英・国）

2018 年度 ……………………数・英

解答用紙データ配信ページへスマホでアクセス！ ⇒

※データのダウンロードは 2024 年 3 月末日まで。
※データへのアクセスには、右記のパスワードの入力が必要となります。 ⇒ 675489

〈合格最低点〉

※学校からの合格最低点の発表はありません。

本書の特長

実戦力がつく入試過去問題集

▶ 問題 …………… 実際の入試問題を見やすく再編集。
▶ 解答用紙 …… 実戦対応仕様で収録。
▶ 解答解説 …… 詳しくわかりやすい解説には、難易度の目安がわかる「基本・重要・やや難」の分類マークつき（下記参照）。各科末尾には合格へと導く「ワンポイントアドバイス」を配置。採点に便利な配点つき。

入試に役立つ分類マーク

基本 確実な得点源！
受験生の 90％以上が正解できるような基礎的、かつ平易な問題。
何度もくり返して学習し、ケアレスミスも防げるようにしておこう。

重要 受験生なら何としても正解したい！
入試では典型的な問題で、長年にわたり、多くの学校でよく出題される問題。
各単元の内容理解を深めるのにも役立てよう。

やや難 これが解ければ合格に近づく！
受験生にとっては、かなり手ごたえのある問題。
合格者の正解率が低い場合もあるので、あきらめずにじっくりと取り組んでみよう。

合格への対策、実力錬成のための内容が充実

▶ 各科目の出題傾向の分析、合否を分けた問題の確認で、入試対策を強化！
▶ その他、学校紹介、過去問の効果的な使い方など、学習意欲を高める要素が満載！

解答用紙ダウンロード 解答用紙はプリントアウトしてご利用いただけます。弊社ＨＰの商品詳細ページよりダウンロードしてください。トビラのＱＲコードからアクセス可。

UD FONT 見やすく読みまちがえにくいユニバーサルデザインフォントを採用しています。

仙台白百合学園高等学校

▶ 交通　地下鉄「泉中央駅」より宮城交通バス「白百合学園前」下車，JR・地下鉄「仙台駅」などよりスクールバス運行

〒981-3205　宮城県仙台市泉区紫山１－２－１
☎022-777-5777

校　訓

従順・勤勉・愛徳。

教育課程

新しい学びの流れ(2022年度入学者より)

●Ⅰ年次

［全員同一内容の授業を展開］

基礎的な科目を中心に学び，「確かな学力」を育むための基礎定着を図る。基礎的な内容の学びの後に，探究的な内容の授業へと進むように構成されている新学習指導要領を踏まえ，授業を展開していく。様々な諸活動や探究活動を通じて多様な個性と触れ合いながら自分の進路・適性を見極め，年度の後半で次年度以降の進路を定めていく。

●Ⅱ・Ⅲ年次

［国際・探究系(私立文系)］

「マルチメディア・イングリッシュ」や「World Topics」の授業をはじめ，「国際理解」の授業(選択)などの「英語力・国際性」を高めるコンテンツが用意されており，文系・社会系分野を中心に学ぶことができる。

［国公立文系・理系］

国公立大学文系，国公立・私立の理系大学の一般入試に対応した教科・科目を設定し，文系では理数系の科目もバランスよく履修することができる。これにより，難関国公立大学の一般受験にも対応する授業を展開していく。また，理系では数学，理科について学びを深めることができるよう，多くの時間を設定している。

部活動

DLC（ダンス），陸上競技，卓球，かるた，茶道，バドミントン，ソフトテニス，家庭，華道，ギター，美術，地学，放送，書道，文芸，国際文化交流，チアリーダー，宗教(小百合会)，オーケストラ

年間行事

街頭募金活動や仮設住宅訪問ボランティアなど，奉仕の精神を養い，人間性を磨くための地域交流活動も行っている。

４月／入学式，マナー講習会，新入生歓迎会
５月／高校総体壮行会，生徒総会
６月／高校総体，学園記念日
７月／合唱コンクール，オーケストラ定期演奏会
９月／学園祭，芸術鑑賞
10月／修養会，体育祭
11月／献血，街頭募金
12月／長崎研修旅行(２年)，共通テスト対策講座(３年)，待降節，クリスマス会
１月／フィリピン・ボランティア・スタディツ

アー（希望者），３年生を送る会

２月／卒業感謝ミサ

３月／卒業式，ポーランド友好訪問

進　路

●主な合格実績（３年間）

東北大，東京外国語大，岩手大，宮城大，山形大，宮城教育大，お茶の水女子大，国際教養大，早稲田大，慶應義塾大，上智大，仙台白百合女子大，白百合女子大，東北学院大，東北福祉大，東北医科薬科大，宮城学院女子大，東北工業大，東北文化学園大，千歳科学技術大，岩手医科大，東北芸術工科大，奥羽大，白鷗大，城西国際大，千葉工業大，青山学院大，亜細亜大，桜美林大，大妻女子大，学習院大，神奈川工科大，神田外語大，工学院大，国士舘大，駒澤大，順天堂大，湘南工科大，女子栄養大，成蹊大，聖心女子大，清和大，洗足学園音楽大，玉川大，中央大，東京都市大，東京理科大，獨協大，日本大，フェリス女学院大，法政大，星薬科大，武蔵野大，武蔵野音楽大，明治大，立教大，京都外国語大，立命館大，龍谷大，大手前大，岡山理科大，立命館アジア太平洋大，仙台青葉学院短期大，女子美術大学短期大学部，国立看護大学校，葵会仙台看護専門学校，仙台医療センター附属仙台看護助産学校，東北労災看護専門学校，東北外語観光専門学校，東北文化学園専門学校，仙台スイーツ＆カフェ専門学校，仙台理容美容専門学校，日本デザイナー芸術学院仙台校，日本航空専門学校，台湾私立義守大，台湾私立徳明財経科技大，台湾私立長榮大，台湾私立中原大，台湾私立銘傳大，台湾私立弘光科技大，台湾私立世新大，台湾私立中国文化大，台湾私立実践大，台湾私立崑山科技大，台湾私立文藻外語大，台湾私立大葉大

●就職実績

ハローワーク仙台

株式会社マーキュリー　東北支店

航空自衛隊

楽天イーグルス公式チアリーダー　東北ゴールデンエンジェルス

◎2023年度入試状況◎

学　科	合　計
募　集　数	225
応 募 者 数	21/4/24
受 験 者 数	21/4/24
合 格 者 数	21/2/24

※募集数は併設中からの進学者も含む
※内訳は，一般/専願/推薦

過去問の効果的な使い方

① **はじめに**　入学試験対策に的を絞った学習をする場合に効果的に活用したいのが「過去問」です。なぜならば，志望校別の出題傾向や出題構成，出題数などを知ることによって学習計画が立てやすくなるからです。入学試験に合格するという目的を達成するためには，各教科ともに「何を」「いつまでに」やるかを決めて計画的に学習することが必要です。目標を定めて効率よく学習を進めるために過去問を大いに活用してください。また，塾に通われていたり，家庭教師のもとで学習されていたりする場合は，それぞれのカリキュラムによって，どの段階で，どのように過去問を活用するのかが異なるので，その先生方の指示にしたがって「過去問」を活用してください。

② **目的**　過去問学習の目的は，言うまでもなく，志望校に合格することです。どのような分野の問題が出題されているか，どのレベルか，出題の数は多めか，といった概要をまず把握し，それを基に学習計画を立ててください。また，近年の出題傾向を把握することによって，入学試験に対する自分なりの感触をつかむこともできます。

過去問に取り組むことで，実際の試験をイメージすることもできます。制限時間内にどの程度までできるか，今の段階でどのくらいの得点を得られるかということも確かめられます。それによって必要な学習量も見えてきますし，過去問に取り組む体験は試験当日の緊張を和らげることにも役立つでしょう。

③ **開始時期**　過去問への取り組みは，全分野の学習に目安のつく時期，つまり，9月以降に始めるのが一般的です。しかし，全体的な傾向をつかみたい場合や，学習進度が早くて，夏前におおよその学習を終えている場合には，7月，8月頃から始めてもかまいません。もちろん，受験間際に模擬テストのつもりでやってみるのもよいでしょう。ただ，どの時期に行うにせよ，取り組むときには，集中的に徹底して取り組むようにしましょう。

④ **活用法**　各年度の入試問題を全問マスターしようと思う必要はありません。できる限り多くの問題にあたって自信をつけることは必要ですが，重要なのは，志望校に合格するためには，どの問題が解けなければいけないのかを知ることです。問題を制限時間内にやってみる。解答で答え合わせをしてみる。間違えたりできなかったりしたところについては，解説をじっくり読んでみる。そうすることによって，本校の入試問題に取り組むことが今の自分にとって適当かどうかが，はっきりします。出題傾向を研究し，合否のポイントとなる重要な部分を見極めて，入学試験に必要な力を効率よく身につけてください。

数学

各都道府県の公立高校の入学試験問題は，中学数学のすべての分野から幅広く出題されます。内容的にも，基本的・典型的なものから思考力・応用力を必要とするものまでバランスよく構成されています。私立・国立高校では，中学数学のすべての分野から出題されることには変わりはありませんが，出題形式，難易度などに差があり，また，年度によっての出題分野の偏りもあります。公立高校を含め，ほとんどの学校で，前半は広い範囲からの基本的な小問群，後半はあるテーマに沿っての数問の小問を集めた大問という形での出題となっています。

まずは，単年度の問題を制限時間内にやってみてください。その後で，解答の答え合わせ，解説での研究に時間をかけて取り組んでください。前半の小問群，後半の大問の一部を合わせて50%以上の正解が得られそうなら多年度のものにも順次挑戦してみるとよいでしょう。

英語

英語の志望校対策としては，まず志望校の出題形式をしっかり把握しておくことが重要です。英語の問題は，大きく分けて，リスニング，発音・アクセント，文法，読解，英作文の5種類に分けられます。リスニング問題の有無(出題されるならば，どのような形式で出題されるか)，発音・アクセント問題の形式，文法問題の形式(語句補充，語句整序，正誤問題など)，英作文の有無(出題されるならば，和文英訳か，条件作文か，自由作文か) など，細かく具体的につかみましょう。読解問題では，物語文，エッセイ，論理的な文章，会話文などのジャンルのほかに，文章の長さも知っておきましょう。また，読解問題でも，文法を問う問題が多いか，内容を問う問題が多く出題されるか，といった傾向をおさえておくことも重要です。志望校で出題される問題の形式に慣れておけば，本番ですんなり問題に対応することができますし，読解問題で出題される文章の内容や量をつかんでおけば，読解問題対策の勉強として，どのような読解問題を多くこなせばよいかの指針になります。

最後に，英語の入試問題では，なんと言っても読解問題でどれだけ得点できるかが最大のポイントとなります。初めて見る長い文章をすらすらと読み解くのはたいへんなことですが，そのような力を身につけるには，リスニングも含めて，総合的に英語に慣れていくことが必要です。「急がば回れ」ということわざの通り，志望校対策を進める一方で，英語という言語の基本的な学習を地道に続けることも忘れないでください。

国語

国語は，出題文の種類，解答形式をまず確認しましょう。論理的な文章と文学的な文章のどちらが中心となっているか，あるいは，どちらも同じ比重で出題されているか，韻文(和歌・短歌・俳句・詩・漢詩)は出題されているか，独立問題として古文の出題はあるか，といった，文章の種類を確認し，学習の方向性を決めましょう。また，解答形式は，記号選択のみか，記述解答はどの程度あるか，記述は書き抜き程度か，要約や説明はあるか，といった点を確認し，記述力重視の傾向にある場合は，文章力に磨きをかけることを意識するとよいでしょう。さらに，知識問題はどの程度出題されているか，語句(ことわざ・慣用句など)，文法，文学史など，特に出題頻度の高い分野はないか，といったことを確認しましょう。出題頻度の高い分野については，集中的に学習することが必要です。読解問題の出題傾向については，脱語補充問題が多い，書き抜きで解答する言い換えの問題が多い，自分の言葉で説明する問題が多い，選択肢がよく練られている，といった傾向を把握したうえで，これらを意識して取り組むと解答力を高めることができます。「漢字」「語句・文法」「文学史」「現代文の読解問題」「古文」「韻文」と，出題ジャンルを分類して取り組むとよいでしょう。毎年出題されているジャンルがあるとわかった場合は，必ず正解できる力をつけられるよう意識して取り組み，得点力を高めましょう。

数学 出題傾向の分析と合格への対策

●出題傾向と内容

本年度の出題は，A，B日程ともに，大問5題，小問にして25題程度で，ほぼ例年通りであった。

出題内容は，①は数・式の計算，因数分解，平方根，方程式，関数，方程式の応用問題，確率，角度などの小問群，②以降は，図形と関数・グラフの融合問題，平面図形の証明を含む計量問題，空間図形の計量問題，統計，一次関数の利用であった。

基本的な問題と時間を要する問題が混ざっているので，時間配分に注意する必要がある。

✓学習のポイント

教科書の基礎事項の学習に力を入れ，標準レベルの問題は，どの単元に関しても解けるようにしておこう。

●2024年度の予想と対策

来年度も，出題数，難易度にそれほど大きな変化はなく，全体的に標準的な問題を中心とした出題になると思われる。広い分野からの出題になるので，まんべんなく力をつけておく必要がある。

まずは，教科書の内容をしっかり理解することが大事である。例題・公式・図・グラフなどをノートにまとめ基本事項を覚えるとともにその使い方をつかんでおこう。

来年も，読解力を要する文章問題や図形の証明が出題されると思われるので，標準問題集や過去問集を利用して，しっかり練習しておこう。

▼年度別出題内容分類表 ……

※A日程をA，B日程をBとする。

出題内容			2019年	2020年	2021年	2022年	2023年
数と式		数の性質		AB			
		数・式の計算	AB	AB	AB	AB	AB
		因数分解	B		A	A	A
		平方根	AB	AB	AB	AB	AB
方程式・不等式		一次方程式	B	AB	AB		
		二次方程式	AB		B	B	A
		不等式					
		方程式・不等式の応用		AB	AB	B	A
関数		一次関数	AB	AB	B	A	AB
		二乗に比例する関数	AB	AB	AB	AB	AB
		比例関数	A		A		AB
		関数とグラフ	AB	AB	AB	AB	AB
		グラフの作成		A	A		B
図形	平面図形	角度	B	AB	AB	AB	AB
		合同・相似	AB	AB	AB	AB	AB
		三平方の定理	AB	AB	B	A	B
		円の性質	AB	AB	AB	AB	B
	空間図形	合同・相似	A		B	B	AB
		三平方の定理	B	AB	B	AB	AB
		切断	AB				
	計量	長さ	AB	AB	AB	AB	AB
		面積	AB	AB	AB	AB	AB
		体積	AB	AB	A	B	B
		証明	AB	AB	AB	AB	AB
		作図		B		A	
		動点			A	A	
統計		場合の数					
		確率	AB	AB	AB	AB	AB
		統計・標本調査	A	A	A	A	AB
融合問題		図形と関数・グラフ	AB	B	AB	AB	AB
		図形と確率					B
		関数・グラフと確率					
		その他					
その他			AB		A	A	

仙台白百合学園高等学校

英語

出題傾向の分析と 合格への対策

●出題傾向と内容

本年度は，リスニング問題，会話文問題，長文読解問題，語句補充問題，言い換え・書き換え問題，語彙問題，英作文(和文英訳・語句整序)の出題で，大問は7題であった。出題内容・形式ともに例年通りであった。

単語の問題・文法問題は基本的なものが多く，教科書を中心にしっかりと学習しておけば対応できる。会話文問題は空欄補充問題であり，長文読解問題は内容を問う問題であった。英作文問題は中学学習範囲内のものであるが，確実な単語力・文法力を問われるものである。

学習のポイント

独立した大問で文法問題が数多く出題されている。確実に正解できるよう問題演習に積極的に取り組んでおこう。

●2024年度の予想と対策

問題の形式，問題数とも，今年度と大きな変化はないと思われる。和文英訳などやや難易度の高い問題の出題も見られるが，難しい問題の対策をするよりも，基礎力の定着を図るように心がけたい。

読解問題は指示語が指す内容を確認しながら，話の展開をつかむ練習をしておく必要がある。また，文脈から判断したふさわしい語を考えて空欄を埋める問題では，複数の別解も認められているので，1つの語にこだわらずに様々な候補が思いつくよう語い力をつけておこう。

書き換え問題は，市販の問題集などにも頻出のパターンがほとんどである。これらを活用して慣れるまで練習しておくことが有効である。

▼年度別出題内容分類表……

※A日程をA，B日程をBとする。

出題内容		2019年	2020年	2021年	2022年	2023年
話し方・聞き方	単語の発音					
	アクセント					
	くぎり・強勢・抑揚					
	聞き取り・書き取り	AB	AB	AB	AB	AB
語い	単語・熟語・慣用句	AB	A		AB	AB
	同意語・反意語					AB
	同音異義語					AB
読解	英文和訳(記述・選択)				AB	
	内容吟味	AB	AB	AB	AB	AB
	要旨把握			AB		
	語句解釈		AB			
	語句補充・選択	AB	AB	AB	AB	AB
	段落・文整序			A		
	指示語	AB	B	A	AB	AB
	会話文	AB	AB	AB	AB	AB
文法・作文	和文英訳		AB			
	語句補充・選択	AB	AB	AB	AB	AB
	語句整序	AB	AB	AB	AB	AB
	正誤問題					
	言い換え・書き換え		AB	AB	AB	AB
	英問英答	AB			A	
	自由・条件英作文	AB		AB		AB
文法事項	間接疑問文					AB
	進行形	AB	B	A		A
	助動詞	AB	AB	AB	AB	B
	付加疑問文					
	感嘆文					
	不定詞	AB	AB	AB	AB	AB
	分詞・動名詞	A	AB	B	AB	AB
	比較	B	AB	A	AB	AB
	受動態	A	AB	A	AB	A
	現在完了	B	AB	AB	AB	A
	前置詞	B	B	AB	B	AB
	接続詞	B	A	AB	AB	
	関係代名詞	A	AB	A	AB	A

国語

出題傾向の分析と 合格への対策

●出題傾向と内容

A日程・B日程ともに，論説文と小説の読解問題2題という出題構成であった。大問は2題だが出題は多岐にわたり，丁寧に解答する力や集中力が試される内容である。小説は情景・心情に関する出題，論説文は脱語補充や接続語，指示語の問題を通して要旨の理解を問う出題が中心であった。国語知識は読解問題に組み込まれる形で出題され，漢字，文法，表現技法などが出題された。解答形式は記号選択と記述の併用。記述は，抜き出しのほか，脱語補充の形で言葉を考えるもの，10～30字の記述などが出題された。

学習のポイント

小説文は，登場人物の心情や状況の描写を丁寧に読む練習を，論説文は，指示語や言い換え表現をとらえる練習をしよう！

●2024年度の予想と対策

現代文2題で，内容や心情が細かく問われるという出題形式は今後も続くと考えられるが，現代文の中で古典や詩歌の知識が問われることも想定して，古文・漢文・韻文の対策も怠らないようにしたい。また，読解問題に組み込まれる形で出題される知識事項については，漢字，語句，文法，文学史，表現技法など幅広い出題に対応できる力をつけておこう。指示語や言い換え表現に着目して文脈を丁寧に追う練習，古文・漢文・詩歌の基礎知識をおさえる学習，国語の基礎知識を網羅する学習を並行して進めていくとよいだろう！

▼年度別出題内容分類表 ……

※A日程をA，B日程をBとする。

出題内容			2019年	2020年	2021年	2022年	2023年
内容の分類	読解	主題・表題					
		大意・要旨	AB	AB	AB	AB	AB
		情景・心情	AB	AB	AB	AB	AB
		内容吟味	AB	AB	AB	AB	AB
		文脈把握	AB	AB	B	AB	AB
		段落・文章構成				A	
		指示語の問題	AB	AB	AB		B
		接続語の問題	AB	AB	AB	AB	AB
		脱文・脱語補充	AB	AB	AB	AB	AB
	漢字・語句	漢字の読み書き	AB	AB	AB	AB	AB
		筆順・画数・部首					
		語句の意味		AB	AB	AB	AB
		同義語・対義語	B				A
		熟語		A	B	B	A
		ことわざ・慣用句	B	A			AB
	表現	短文作成					
		作文(自由・課題)					
		その他					
	文法	文と文節		AB		A	A
		品詞・用法	AB	AB	AB	AB	AB
		仮名遣い					
		敬語・その他					
	古文の口語訳						
	表現技法		AB	AB		AB	AB
	文学史		A				
問題文の種類	散文	論説文・説明文	AB	AB	AB	AB	AB
		記録文・報告文					
		小説・物語・伝記	AB	AB	AB	AB	AB
		随筆・紀行・日記					
	韻文	詩					
		和歌(短歌)			B		
		俳句・川柳					
	古文		AB	AB			
	漢文・漢詩						

仙台白百合学園高等学校

2023年度　合否の鍵はこの問題だ!!

(A日程)

数　学　2

(1)　$y=\frac{16}{x}$に$x=4$を代入して，$y=\frac{16}{4}=4$　点Aのy座標は4

(2)　A(4，4)　$y=ax^2$に点Aの座標を代入して，$4=a\times4^2$
$16a=4$　$a=\frac{1}{4}$

(3)　$y=\frac{1}{4}x^2$…①　①に$x=-2$を代入して，$y=\frac{1}{4}\times(-2)^2=1$
B(−2，1)　直線ABの傾きは，$\frac{4-1}{4-(-2)}=\frac{3}{6}=\frac{1}{2}$
直線ABの式を$y=\frac{1}{2}x+b$として点Aの座標を代入すると，
$4=\frac{1}{2}\times4+b$　$b=2$　直線ABの式は，$y=\frac{1}{2}x+2$　点Cはx軸上の点だから，y座標は0である。$y=\frac{1}{2}x+2$に$y=0$を代入すると，$0=\frac{1}{2}x+2$　$x=-4$　点Cの座標は，(−4，0)

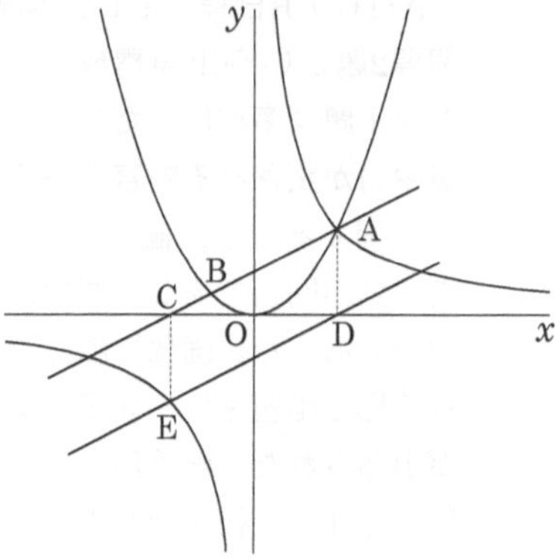

(4)　直線ABに平行で切片が−2である直線の式は，$y=\frac{1}{2}x-2$　この式に$y=0$を代入して，$0=\frac{1}{2}x-2$　$x=4$　D(4，0)　$y=\frac{16}{x}$と$y=\frac{1}{2}x-2$からyを消去すると，$\frac{16}{x}=\frac{1}{2}x-2$　$16=\frac{1}{2}x^2-2x$
$x^2-4x-32=0$　$(x-8)(x+4)=0$　$x<0$から，$x=-4$　$y=\frac{16}{-4}=-4$　よって，E(−4,−4)
CEとADはともにy軸に平行なので，CE//AD　よって，四角形ACEDは平行四辺形である。CE＝4
平行四辺形ACEDのCEを底辺とすると，高さは$4-(-4)=8$　したがって，四角形ACEDの面積は，
$4\times8=32$

◎　点CとE，点AとDのx座標がそれぞれ等しいことから，CE//ADであることに気づこう。

英　語　〔Ⅶ〕

[Ⅶ]は語句整序問題，英作文問題で，いずれも英文を作成する問題となっている。与えられている日本語の文章の途中文を英文にするという問題である。日本語のまとまった文章の中の一文を英語に直す場合は，英語を想定した日本語文になっていないために難易度が上がる。最終問題で限られた時間の中で正確な英文を作成するためには，正確な文法知識と語彙力が求められる。また配点も高いと推測されるためこの問題が合否を分ける。

英文を作る時には，まず<主語＋動詞>を決めることから始めよう。日本語は主語がなくても文が成り立つので，日本語に主語が書かれていない場合があるが，英語は主語を必ず必要とするので，その場合は何を主語に置けばよいのかを自分で考えなければならない。ここでは③の英作文問題がそれにあたる。

「たとえ負けても，テレビゲームをし続けるつもりです」には主語がない。誰が負けるのか，誰がゲームをし続けるのかを考えて主語を導き出そう。ただしここではこの文がセリフになっていることがポイント。

「たとえ私が負けても…，私は…し続けるつもり」とメンバーは言う，なので主語には I を置くこと。主語を member としないよう注意。

次に動詞を考える。動詞を決める場合，動詞に何を置くかということだけでなく時制がとても重要になる。

英語は日本語と違い，時制が細かく厳密に分けられているため，正しい時制を使わないと減点となる。「たとえ…でも」even if ~は条件を表す副詞節で，条件を表す副詞節は未来のことも現在形で表すという決まりがあるので，Even if I lose, と現在形にすること。

一方主節は「…するつもり」なので未来形 I will keep playing にすること。

日本語と英語では文の構成が異なるので，単純に日本語に英単語をあてはめていくと不自然な日本語になるので気を付けよう。

国 語 〔一〕 問十二

★ なぜこの問題が合否を分けたのか

本文を精読する力が試される設問である。文脈を丁寧に追って解答しよう！

★ こう答えると「合格できない」！

直前に「歳をとると，自分に無縁なものが増えてくるし，割り切れるようになる。そんなことに金をかけても，なんの足しにもならない(ならなかった)，と処理する」とあることから，「様々なことにお金をかけても，何にもならなかったという経験を持っている人」とするウを選ばないようにしよう。この後「こうして，……予感や願望だけの『美しさ』は無益なものとして排除される。ついには，もう毎日の自分の身の回りの損得しか考えなくなる」と続いていることを見落とさないよう注意しよう！

★ これで「合格」！

直前に「こうして，欲求はすべて小さな具体的なものばかりになり，予感や願望だけの『美しさ』は無益なものとして排除される。ついには，もう毎日の自分の身の回りの損得しか考えなくなる。考えるというよりも，ただ『こっちが得だ』という選択をしているにすぎない」とあり，この部分を「こうなってしまった」と言い換えていることをとらえ，「自分にとって，無縁なものを遠ざけて，身の回りの小さなことだけを求める」とするエを選ぼう。

ダウンロードコンテンツのご利用方法

※弊社 HP 内の各書籍ページより，解答用紙などのデータダウンロードが可能です。

※巻頭「収録内容」ページの下部 QR コードを読み取ると，書籍ページにアクセスが出来ます。（ Step 4 からスタート）

Step 1 東京学参 HP（https://www.gakusan.co.jp/）にアクセス

Step 2 下へスクロール『フリーワード検索』に書籍名を入力

Step 3 検索結果から購入された書籍の表紙画像をクリックし，書籍ページにアクセス

Step 4 書籍ページ内の表紙画像下にある『ダウンロードページ』を

クリックし，ダウンロードページにアクセス

Step 5 巻頭「収録内容」ページの下部に記載されている

パスワードを入力し，『送信』をクリック

解答用紙・+αデータ配信ページへスマホでアクセス！ ⇒

※データのダウンロードは 2024 年 3 月末日まで。

※データへのアクセスには，右記のパスワードの入力が必要となります。 ⇒ ●●●●●●

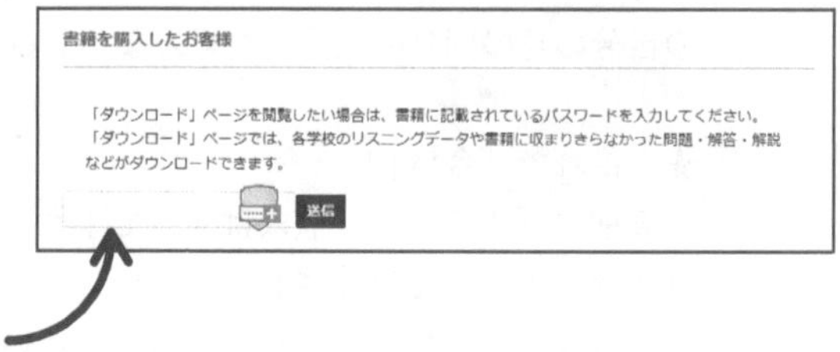

Step 6 使用したいコンテンツをクリック

※ PC ではマウス操作で保存が可能です。

2023年度

★★★★★★★★★★★★★★★★★★★★★★★★★

入　試　問　題

2023年度

仙台白百合学園高等学校入試問題（A日程）

【数　学】（50分）　＜満点：100点＞

答えはすべて解答用紙に書きなさい。

1 次の問いに答えなさい。

(1) $20+(-2)^2+(-3^4)$ を計算しなさい。

(2) $\dfrac{3x-4}{2}-\dfrac{6x-7}{5}$ を計算しなさい。

(3) $25x^2-100y^2$ を因数分解しなさい。

(4) $x^2-2x-30=0$ を解きなさい。

(5) $\sqrt{8}+\sqrt{32}=\sqrt{a}$ のとき，a の値を求めなさい。

(6) $y=2x^2$ において，x の値が -6 から 4 まで増加するときの変化の割合を求めなさい。

(7) 学校から公園まで，分速60mで歩いて行くと，自転車に乗って分速250mで進むより19分多くかかるという。学校から公園までの道のりを求めなさい。

(8) すべての辺の長さが2㎝である正六角柱の体積を求めなさい。

(9) 赤玉3個，白玉2個が入った袋の中から同時に2個の玉を取り出すとき，2個とも赤玉である確率を求めなさい。

(10) 右の図の円Oで，$\angle x$ の大きさを求めなさい。ただし，線分ACは円の直径である。

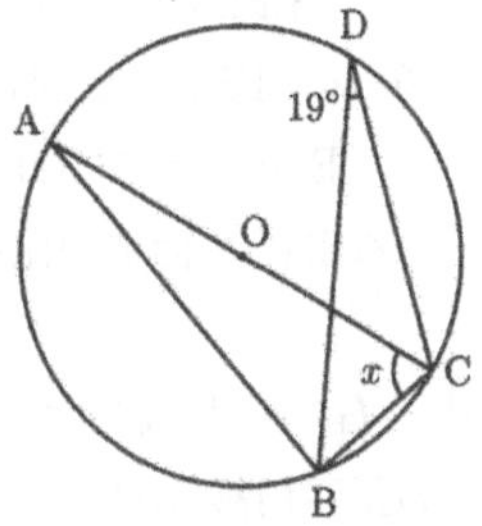

2 次のページの図において，放物線 $y=ax^2$ と双曲線 $y=\dfrac{16}{x}$ が点Aで交わっており，点Aの x 座標は4である。また，点Bは放物線上の点であり，その x 座標は -2 である。このとき，次の問いに答えなさい。

(1) 点Aの y 座標を求めなさい。

(2) a の値を求めなさい。

(3) 直線ABの式を求めなさい。また，直線ABと x 軸との交点をCとして，Cの座標を求めなさい。

(4) 直線ABに平行で，切片が -2 である直線と x 軸との交点をDとする。また，この直線が双曲線と交わる2点のうち，$x<0$ の方をEとする。このとき，四角形ACEDの面積を求めなさい。

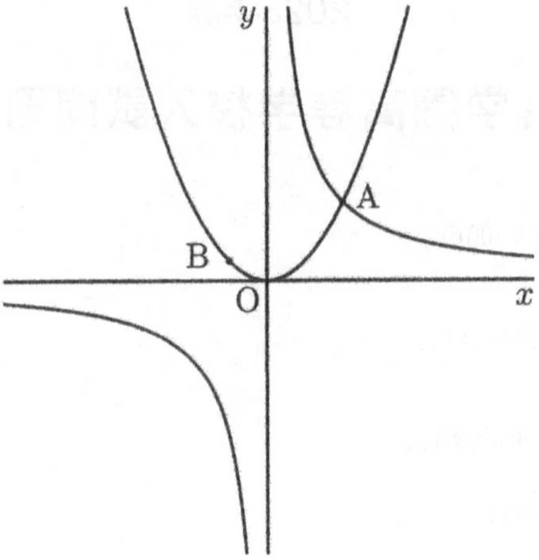

3　平行四辺形ABCDの辺AD上に，AE：ED＝２：３となる点Ｅをとる。また，線分BDと線分CEの交点をＦとする。

このとき，次の問いに答えなさい。

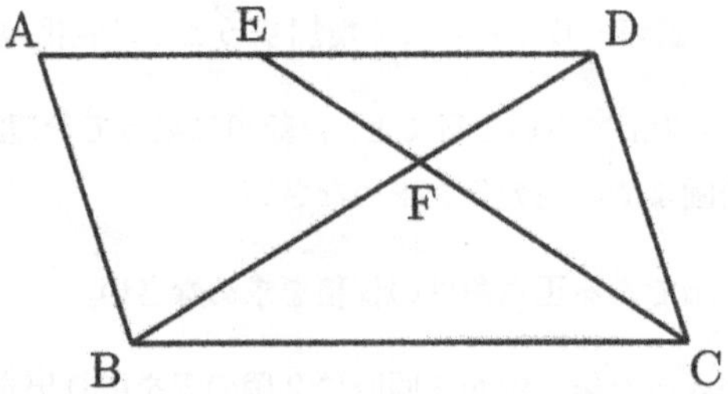

(1)　△EFD∽△CFBであることを証明しなさい。

(2)　△EFDと△CFBの面積の比を，もっとも簡単な整数の比で表しなさい。

(3)　△CFBと△CDBの面積の比を，もっとも簡単な整数の比で表しなさい。

(4)　Ｅを通ってCDに平行な直線をひき，BD，BCとの交点をそれぞれＧ，Ｈとする。△EGFと△BHGの面積の比を，もっとも簡単な整数の比で表しなさい。

4　右の図は，底面が１辺８㎝の正方形で，他の辺が$2\sqrt{13}$㎝の正四角錐OABCDである。この正四角錐OABCDについて，次の問いに答えなさい。

(1)　頂点Ｏから辺ABに垂線をひき，辺ABとの交点をＨとする。OHの長さを求めなさい。

(2)　正四角錐OABCDの表面積を求めなさい。

(3)　辺OC上に点Ｐを，OP：PC＝２：１となるようにとる。また，辺CD上に点Ｑを，AQ＋QPが最短になるようにとる。このとき，AQ＋QPの長さを求めなさい。

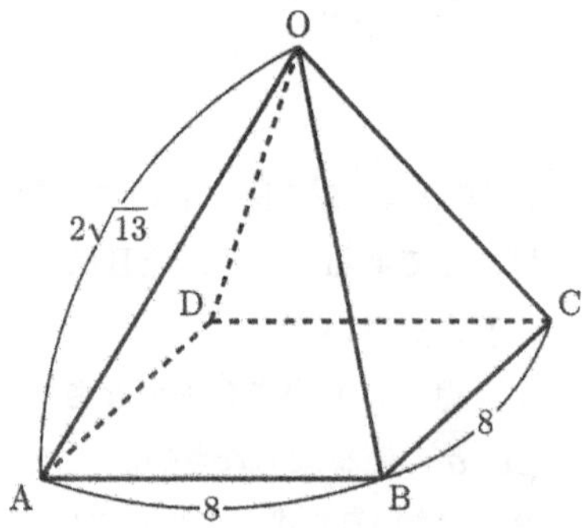

5　次の表は，百合子さんの漢字テストの成績である。百合子さんは５回目までの平均点が90点であることは分かっているが，３回目の点数を忘れてしまったので，３回目は空らんとなっている。

このとき，次の問いに答えなさい。

1回目	2回目	3回目	4回目	5回目
94点	92点		92点	88点

⑴　３回目のテストは何点であったか求めなさい。

⑵　この後，6回目と７回目のテストは右の表のような点数であった。百合子さんは10回のテストを通して平均点90点以上はとりたいと考えている。８～10回目のテストで合わせて何点以上とればよいか求めなさい。

6回目	7回目
82点	84点

⑶　実際には，8～10回目のテストは右の表のような点数であった。実際にとった10回分のテストの得点における最頻値と中央値は何点か，それぞれ求めなさい。

8回目	9回目	10回目
92点	96点	88点

⑷　実際にとった10回分のテストの得点について，箱ひげ図を解答用紙に作成しなさい。

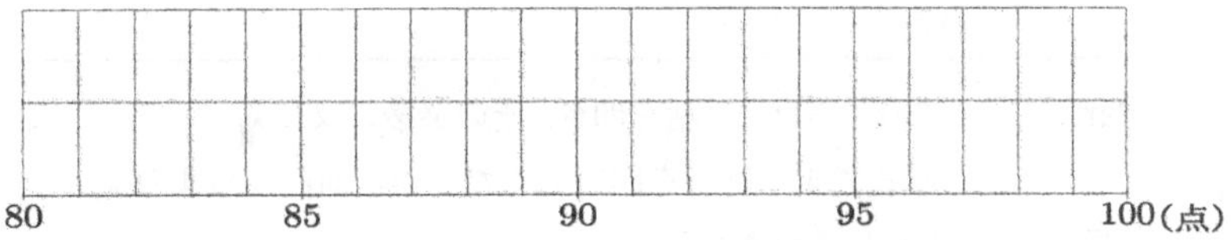

【英　語】（50分）　＜満点：100点＞

〔Ⅰ〕 リスニングテスト

放送の指示に従って答えなさい。

＜Part 1＞　英文を聞き，その質問に答えなさい。その答えとして最も適切なものを１つ選び，記号で答えなさい。英文は２度読まれます。

No. 1

Question A　ア．30 minutes.　　イ．60 minutes.
　　　　　　ウ．90 minutes.　　エ．120 minutes.

Question B　ア．Because they will be tired.
　　　　　　イ．Because they are picking up trash.
　　　　　　ウ．Because it will be hot.
　　　　　　エ．Because they will have ice cream.

No. 2

Question A　ア．Cook.　　イ．Teacher.　　ウ．Doctor.　　エ．Vet.

Question B　ア．She comes to work at 11.
　　　　　　イ．She prepares soup.
　　　　　　ウ．She loves looking at people's happy faces.
　　　　　　エ．She made special food for her dog.

＜Part 2＞　この問題は，対話を聞き，その最後の文に対する応答として最も適切な答えを選ぶ形式です。例題を聞いてください。対話が読まれます。

例題　（対話が放送されます）

ア．I don't like reading books.
イ．I'm really busy today.
ウ．It was very cold.
エ．That will be OK.　（正解）

ここでは エ が正しい答えになります。

では，実際の問題を放送しますので準備して下さい。対話は２度読まれます。

No. 1　ア．Yes, I can play the piano.　　イ．Yes, I can play every day.
　　　　ウ．No, I can't play badminton.　　エ．No, only this week.

No. 2　ア．We went by car.　　イ．We relaxed on the beach.
　　　　ウ．We played games in the hotel.　　エ．We enjoyed the weather.

No. 3　ア．He is a very good teacher.　　イ．Maybe in the staff room.
　　　　ウ．I hope he'll be happy.　　エ．He must not eat here.

〈リスニング放送台本〉

[Ⅰ] Part 1

【放送原稿】

No. 1 Next Saturday, Anna and her class are going to go to the beach near their school and pick up trash. They will leave by bus at 8000 a.m. and arrive at the beach 30 minutes later. They will pick up trash for one and a half hours. The weather will be hot, ao they must remember to wear a hat and to bring something to drink. After that, they will go to an ice cream shop near the beach. They will return to the school before noon.

Question A : How long will they pick up trash?

Question B : Why will they bring something to drink?

No. 2 OK. I will tell you about my job. I usually come to work early to prepare. I cut vegetables and meat. I prepare soup and so on. The customers come when we open at 11 o'clock. People come to enjoy their meal. I enjoy looking at people's happy faces when they eat our delicious food. I've loved cooking since I was a child, and I even made special food for my dog! So I love my job!

Question A : What is the speaker's job?

Question B : What is one thing the speaker did NOT say?

[Ⅰ] Part 2

【放送原稿】

No. 1 A : Can you play badminton after school on Tuesday?

B : Sorry, I can't. I have a piano lesson.

A : Do you have a piano lesson every Tuesday?

No. 2 A : How was your trip to the beach?

B : Well, the weather was very cold and rainy.

A : I'm sorry to hear that. What did you do?

No. 3 A : Oh, no! I left my homework at home!

B : That's too bad. Maybe you should talk to the teacher about it.

A : I know. I really should go to see Mr. Brown. Where is he?

［Ⅱ］ 次の会話文を読み，あとの問いに答えなさい。

Jenny is a student from New Zealand. She is talking with her host mother on a weekend.

Host Mother： Today's newspaper says that Izumi Junior High School is changing its school uniform!

Jenny： Really? Does it mean that the students will start wearing the different school uniform tomorrow?

Host Mother： (　　1　　) They are going to change the uniform next April.

Jenny： I see.

Host Mother： The newspaper also says that the school has created not only a new skirt but also pants for girls. They can (　　ア　　) to wear either the skirt or the pants.

Jenny： Oh, that s great. It is a big change! (　　2　　)

Host Mother： Probably because it is *based on *gender-free ideas. There are some girls who want to wear pants as a school uniform these days.

Jenny： How about my school uniform? Do you think the school will change it, too?

Host Mother： *As far as I know, no. Your uniform has been the same for more than 30 years.

Jenny： Wow, it has a long history.

Host Mother： Yes, it does. I think (　　3　　) because the students all really like their uniforms.

Jenny： The students probably think that our school uniform is one of the best school traditions.

Host Mother： (　　4　　).

Jenny： I think so, too.

*based on ～　～に基づく　*gender-free　ジェンダーフリーの　*As far as I know　私の知る限り

問1　文中の（1）～（4）に入る最も適切な表現を，あとのア～エから一つずつ選び，記号で答えなさい。

(1)　ア．Yes, it does.　　イ．No, it doesn't.
　　ウ．I have no idea.　　エ．Of course.

(2)　ア．Why will that happen?　　イ．Why does the newspaper say that?
　　ウ．Why do you think so?　　エ．Why do you know that?

(3)　ア．they'll change the school history
　　イ．they won't change the school name
　　ウ．they'll change the uniform design
　　エ．they won't change the uniform design

(4)　ア．I want to see the uniform.　　イ．I don't like the uniform.
　ウ．They are proud of their uniform.　　エ．They will change their uniform.

問２　文脈から判断して，（ア）に入る最もふさわしい一語を答えなさい。

［Ⅲ］ 次の英文を読んで，あとの問いに答えなさい。

①From Hokkaido to Okinawa, Japanese people enjoy eating *soft-serve ice cream while traveling. It is a colorful and popular dessert that people of all ages enjoy eating. Japanese soft serve is sold not only in common *flavors like *vanilla, chocolate and strawberry, but also in many unique flavors at tourist sites across Japan. In fact, each local area has its own special flavors.

The Japanese eat a lot of soft serve. Research by the *Japan Softcream Organization in 2015 discovered that Japanese people eat more than 12 soft serves a year. A survey about favorite soft-serve flavors also showed Japanese people enjoy a wide variety of flavors such as vanilla, chocolate, green tea, strawberry, melon, *coffee and mango.

Why has soft serve become so popular? Soft serve came to Japan from the United States about 60 years ago. At first, it was sold in department store restaurants and cafes. People loved it, and sales soon spread from Tokyo to other places around Japan. Later, there was a *boom in soft serve made on *dairy farms in Hokkaido. Delicious soft serve made from *fresh milk became *trendy, and dairy farms across Japan began selling their own *homemade soft serve.

Now, soft serve is (②) with local *specialties in its *ingredients, too. In prefectures such as Shizuoka and Nagano, there is soft serve made with *wasabi*, or Japanese horseradish, the green *condiment in sushi. The fresh wasabi is either put on the soft serve or mixed into ③it. The *combination of sweet and bitter flavors is popular.

Kagawa Prefecture is famous for *udon*, and there is a soft serve that's called "udon soft serve." It looks like udon noodles because they are long and thicker than spaghetti. The cream has *ginger mixed in it and is yellow. Green onions, an udon *topping, are also put on it with a little *soy sauce. And in Hakodate, Hokkaido, a lot of *cuttlefish are caught, so you can even find black soft serve with cuttlefish ink!

This is how the Japanese have used the local specialties of many areas to create a wide variety of original soft serves. How about trying a unique soft serve on your next trip in Japan?

*soft-serve ice cream　ソフトクリーム　　*flavor　味　　*vanilla　バニラ
*Japan Softcream Organization　日本ソフトクリーム協議会　　*coffee　コーヒー　　*boom　流行
*dairy farm　酪農場　　*fresh milk　新鮮な牛乳　　*trendy　流行の　　*homemade　自家製の
*specialty　特産品　　*ingredient　料理の材料　　*condiment　調味料　　*combination　組み合わせ

*giriger　ショウガ　*topping　トッピング　*soy sauce　醤油　*cuttlefish　イカ

問1　下線部①について，具体的に年間でどのくらいのソフトクリームを食べていますか。日本語で答えなさい。

問2　次の質問に英語で答えなさい。

From where and when did soft-serve ice cream come to Japan?

問3　(②) に入る適切な1語を答えなさい。

問4　下線部③は何を指しているか，本文中から5語以内で抜き出しなさい。

問5　本文の内容に合っているものには○，合っていないものには×と答えなさい。

(1)　日本では，バニラ味やチョコレート味，イチゴ味のソフトクリームが最もよく売られている。

(2)　北海道の酪農場で作られたソフトクリームが，ソフトクリームの流行を引き起こした。

(3)　静岡県や長野県には，すし味のソフトクリームがある。

(4)　香川県には，地元の特産品を反映させた珍しい形のソフトクリームがある。

(5)　日本では各地で特色のあるソフトクリームが売られていて，旅行者が楽しむことができる。

［Ⅳ］　次の各文の（　）内に入る適語を選び，記号で答えなさい。

(1)　This book is worth (　　).

ア．reading　イ．to read　ウ．read　エ．have read

(2)　I asked her (　　) there with us.

ア．go　イ．to go　ウ．going　エ．has gone

(3)　Look at the dog (　　) is under the table.

ア．who　イ．what　ウ．which　エ．why

(4)　A tall building stands (　　) the library and the school.

ア．between　イ．on　ウ．from　エ．along

(5)　I have two brothers. (　　) names are Ken and Makoto.

ア．They　イ．Them　ウ．Theirs　エ．Their

［Ⅴ］　次の各組の文がほぼ同じ意味になるように（　）に入る適語を答えなさい。

(1)　Where does he live? Do you know?

Do you know where (　　)(　　)?

(2)　Shall we go to the station to meet them?

(　　)(　　) to the station to meet them.

(3)　It started raining three hours ago, and it is still raining.

It (　　) been raining (　　) three hours.

(4)　Mark wrote a novel.　It was very popular.

The novel (　　)(　　) Mark was very popular.

(5)　What is your favorite subject?

What subject do you (　　) the (　　)?

〔Ⅵ〕 AとBの関係がCとDの関係と同じになるように，空所に入る単語を答えなさい。

A	B	C	D
small	large	heavy	(1)
first	January	ninth	(2)
60 seconds	1 minute	60 minutes	1(3)
peace	piece	see	(4)
I	my	we	(5)

〔Ⅶ〕 日本語の意味に合うように下線部①～③を英語に直しなさい。ただし①と②は［ ］内の語(句)を並べかえなさい。

eスポーツ (esports) は世界中で盛り上がりを見せています。eスポーツとは，エレクトロニック・スポーツ (electronic sports) の略で，電子競技とも呼ばれます。eスポーツでは，参加者達は，サッカーや野球のように，テレビゲームで競い合います。①テレビゲームは多くの人々に愛されているので，eスポーツの選手は世界中にたくさんいます。実際，仙台でもeスポーツの部活を始めた学校もあります。②しかし，eスポーツの＊プロ生活は私たちが考えるよりもずっと短いのです。実際，多くプロ選手が，20代のうちに引退しています。他方で，高齢者も最近ではeスポーツに参加し始めています。たとえば，2017年に，スウェーデンで平均年齢が70歳のシルバー・スナイパーというeスポーツチームが結成されました。「③たとえ負けても，テレビゲームをし続けるつもりです。」とメンバーは言います。

＊プロ生活 professional career

① There are many esports players around the world [people / of / loved / lot / games / is / playing / because / video / by / a].

② However, [much / than / a professional career / esports / in / is / we / shorter / think].

ど、「僕」は正也のことを理解しているとは考えられないよね。

オ　生徒E――正也の努力が報われるようにしたいけど、脚本家としての熱意や頑張りを勝手に顧問や三年生に伝えることは、迷惑になりかねないからやめておこうと考えていそうな気がするけどな。

オ　Xの「……」には暗示の働きがあるが、Yの「……」には母親の落胆や苦しみを表現する働きがある。

問九　――線7「僕は自分自身については、それほど残念に思っていない」とありますが、この表現から、「僕」のどのような気持ちが読み取れますか。解答欄に合うように三十字以内で説明しなさい。

問十　――線8「ケロッとした顔」とありますが、これについて次の問いに答えなさい。

⑴　この表現から「母さん」はどのような人物であると考えられますか。二十字以内で説明しなさい。

⑵　「僕」は「母さん」のこの表情をどのように受け止めていますか。最も適切なものを次から選び、記号で答えなさい。

ア　圭祐が全国大会に行けないのを残念だと言いつつ、東京への遠征費の心配がないことに安心している。

イ　圭祐が全国大会に行けないのは仕方がないと自分に言い聞かせ、違う話をして元気づけようとしている。

ウ　圭祐は友人と遊ぶことで気を紛らわせ、今後の作品制作に向けて意欲的になるだろうと期待している。

エ　圭祐の努力した結果が評価されたのならそれで十分で、三年生が行くのが妥当であると納得している。

オ　圭祐は作品にそれほど思い入れがないようだから、友人と遊ぶことで気が晴れるだろうと考えている。

問十一　――線9「全国大会に行けるような高い評価を得られたのは、皆の努力の結晶であったり、化学反応であったりのおかげではない」とありますが、「僕」は「高い評価」は何によって得られたものだと考えていますか。それが端的に示されている一文を、ここより後の本文から抜き出し、初めの五字を書きなさい。

問十二　［Ⅰ］・［Ⅱ］に当てはまる語句の組み合わせとして最も適切なものを次から選び、記号で答えなさい。

ア　Ⅰでも　－　Ⅱさて　　イ　Ⅰまた　－　Ⅱそして

ウ　Ⅰきっと　－　Ⅱおそらく　　エ　Ⅰたとえば　－　Ⅱたぶん

オ　Ⅰたとえ　－　Ⅱもし

問十三　――線10「この気持ちを正也に伝えることはできない」とありますが、「僕」がこう思う理由について話している後の会話文から最も適切なものを選び、アからオの記号で答えなさい。

ア　生徒A――「僕」は、正也も全国大会へ行けるように何とかしてあげたいと思っているね。でも、自分と同じ気持ちの久米さんに相談してからでないと、自分の考えが正しいと思えないんだろうな。

イ　生徒B――いや、そうではなくて、全国大会出場を諦めた正也の気持ちを変えることはできないと思いながらも、正也と一緒に全国大会へ行きたいと考えているんだよ。

ウ　生徒C――「僕」は、全国大会に行くべきなのは、三年生よりも正也ではないかと思っているよね。でも正也への声のかけ方や、正也から全国大会に行きたいと言われた時の返答が思いつかないから伝えられないということだと思う。

エ　生徒D――顧問の気持ちを変えようとしてはいるけれど、制作過程のことや、作品にどんな思いを込めたかを語れるほ

エ　理解できずに不思議がること。
オ　満足できずに悩みぬくこと。

問三　――線2「業務連絡のようなそっけないものだった」とありますが、ここで使われている表現技法として最も適切なものを次から選び、記号で答えなさい。

ア　擬人法　イ　体言止め　ウ　直喩　エ　暗喩
オ　倒置法

問四　――線3「パンケーキのおいしいカフェに行こう」とありますが、この部分の文節と単語の数を答えなさい。

問五　――線4「二人は僕に便乗したような気がする」とありますが、「久米さん」と「正也」は何をしたのですか。二十五字以内で説明しなさい。

問六　――線5「全国大会の話をしたくなかった」とありますが、その理由として最も適切なものを次から選び、記号で答えなさい。

ア　カラヴァッジョの検索に夢中な正也が大会の結果を全く気にしていないことに気付いたから。
イ　全国大会へ行くのは自分達五人だと決まっているかのように喜ぶ三年生に不快感を抱いたから。
ウ　全国大会出場に三年生ほど関心を持つことのできない久米さんと正也に対して共感したから。
エ　全国大会出場が決まったことよりも開催地が東京であることを気にする三年生にあきれたから。
オ　三年生が全国大会出場の喜びを同じ言葉でしか表現せず、放送部員らしさを感じなかったから。

問七　――線6「母さんもいろいろ考えていたようだ」とありますが、「母さん」はどのようなことを考えていたのですか。最も適切なものを次から選び、記号で答えなさい。

ア　主役の圭祐は全国大会に当然行くはずだから、手術の日程の調整をしてもらおうということ。
イ　手術を受ける状態でも全国大会に行けるなんて、圭祐は放送部員で本当に良かったということ。
ウ　圭祐は放送部員として努力しているが、手術の方を優先させなければならないということ。
エ　全国大会への出場が決まり圭祐が緊張しているので、リラックスさせてあげたいということ。
オ　圭祐が全国大会に行こうが行くまいが、手術とリハビリを早く終わらせてやりたいということ。

問八　波線部X「それに……」・Y「そうなの……」とありますが、「……」の働きを説明したものとして最も適切なものを後から選び、記号で答えなさい。

ア　Xの「……」には念押しの働きがあるが、Yの「……」には母親の無念さや困惑を表現する働きがある。
イ　Xの「……」には念押しの働きがあるが、Yの「……」には母親の困惑や憤りを表現する働きがある。
ウ　Xの「……」には省略の働きがあるが、Yの「……」には母親の憤りやためらいを表現する働きがある。
エ　Xの「……」には省略の働きがあるが、Yの「……」には母親のためらいや落胆を表現する働きがある。

母さんは自分が留守番役にまわされたようにガッカリ顔になったけど、7僕は自分自身については、それほど残念に思っていない。ラジオドラマ制作に一番貢献したのは、正也なのだから。

食事を終えて自室に戻っても、気分はモヤモヤしたままだ。

――じゃあ、正也くんともう一人の女の子と一緒に、記念に遊園地にでも行ってきたら？

母さんは8ケロッとした顔でそう言ったけど、代わりのもので納得できることではない。そもそも母さんは、Ｊコン本選出場が⑤セマき門であることをわかってなさそうだ。

まあ、汗も涙も流していない息子を見れば、そんなふうにも思うだろう。才能や努力がなくても、ほどほどにがんばれば届く世界なのだな、と。

ラジオドラマ「ケンガイ」は放送部全員が参加した作品だ。もちろん、皆ががんばった。役者、制作、どの役割においても、出来うる限りの努力をした。9だけど、全国大会に行けるような高い評価を得られたのは、皆の努力の結晶であったり、化学反応であったりのおかげではないと、僕は思う。

＊良太を欠いた三崎中陸上部の駅伝地区大会のときとは違い、決して、凡人の奇跡ではないはずだ。

正也の脚本ありき、一人のエースありきの結果だ。

つまり、良太に足の故障がなく、県大会に出場していたとして、良太のぶっちぎりの快走で優勝し、全国大会への出場権を得るのと同じ状況と言えるはずだ。その全国大会に良太を出さない、連れて行かない選択など、起きるはずがない。

［Ⅰ］、正也が行こうと行くまいと、結果は変わらないにしてもだ。

［Ⅱ］、顧問が毎日活動に参加して、それぞれが何をやっているのか見ていたら、作品への貢献度順に五人を選んでくれていたかもしれない。だけど、秋山先生にはまったくそれは期待できない。

久米さんがスマホを持っていたらな……。きっと、同じことを考えているような気がする。愚痴を言い合うだけでも気が晴れるのではないか。だけど、10この気持ちを正也に伝えることはできない。

俺もＪＢＫホールに行きたい。そう言われたら、どう返せばいい？

（湊《みなと》かなえ『ブロードキャスト』より）

＊Ｊコン……全国高校放送コンテストのこと。「ＪＢＫホール」で行われるため、こう呼ばれている。

＊久米さんや正也……放送部に所属する、圭祐の同級生の女の子と男の子。

＊カラヴァッジョ……イタリア人画家。

＊手術の日……「僕」は高校合格発表の帰りに事故に遭う。中学時代は陸上部だったが、事故によって走れなくなり、高校での陸上部入部を諦めた。

＊良太……「僕」の中学時代の親友で陸上部のエース。膝を故障した彼を除いて出場した駅伝地区大会では、敗退したものの好成績を収めた。

問一　＝＝線①～⑤のカタカナを漢字に直しなさい。

問二　――線1「首をひねる」の意味として最も適切なものを後から選び、記号で答えなさい。

ア　納得できずに否定すること。

イ　思いつかずに落ち込むこと。

ウ　楽しみにして待ち望むこと。

いった、2業務連絡のようなそっけないものだったからだろうか。

せっかく遠出しているのだし、お祝いを兼ねて3パンケーキのおいしいカフェに行こう、という三年生の提案を、二年生が無言ではねのけたからだろうか。

一年生はどうする？　と訊《き》かれたのが、僕には、三年生と二年生のどっちを選ぶかという意味に思えて、一日中座りっぱなしだったため、足が少し痛み始めたのを理由に断ったことが、後ろめたいからだろうか。

＊久米さんや正也《まさや》さえも、僕と一緒に帰ると言って辞退したことに、気を遣わせて申し訳ないという思いが生じたからか。いや、これは違う。むしろ、4二人は僕に便乗したような気がする。

帰りの電車の中で、正也に「おめでとう」とは言ったものの、すぐに話を逸《そ》らすようなかたちで、久米さんと一緒に、アナウンス部門の課題③ゲンコウが意地の悪いものだったと、正也に報告をしてしまったのは何故《なぜ》だろう。

正也も「俺はそんな画家がいることすら、知らなかった。圭祐、おまえ、来年アナウンス部門を狙ってるなら、今から新聞とか読んでおいた方がいいんじゃないの」などと言いながら、スマホで＊カラヴァッジョの検索をし始めた。興味がないはずなのに。

5全国大会の話をしたくなかったからだ。

――みんなで東京に行けるね！

モヤモヤの原因はこれだ。最初に口にしたのはアツコ先輩だったと思うけど、三年生の先輩は皆、口ぐちにそう言い合っていた。

行ける、よかった、夢みたい。

この三つのフレーズを、泣きながら繰り返していた。月村部長でさえも。

初めは、よかったですね、なんて思いながら先輩達を眺めていたけれど、ふと、全国大会は、一部門につき五人分しか学校からの遠征費が出ない、と先輩たちが言っていたことを思い出した。

「ところで、圭祐。全国大会と＊手術の日は重なっていないの？　今ならまだ、日程の調整をしてもらえるはずよ」

母さんが大きなから揚げを飲み込んでから言った。咀嚼《そしゃく》しているあいだ、僕だけでなく6母さんもいろいろ考えていたようだ。

事故から半年となる今年の八月、僕はもう一度、手術を受けることになっている。今まで体育の授業を見学していたのも、この手術に④ソナえるためで、手術が無事成功すると、リハビリを兼ねて少しずつ運動する量を増やしていくことになる。

将来的には走れるようになる、とも医者から説明を受けたけれど、これについては手術が成功するまで、深く考えないことにしている。手術のための入院は八月の第一週、Jコン本選は七月の最終週だ。

「大丈夫、重なってないし、そもそも僕は連れて行ってもらえないから」

「でも、圭祐は主役なんでしょう？」

母さんは目を丸くして驚いている。

「演劇コンテストなら、主役は絶対だけど、放送コンテストは、すでに作っているものをオンエアするだけだからね。Xそれに……」

僕は母さんに、学校から遠征費が出る人数と三年生の部員数が同じであることを、簡単に説明した。

「Yそうなの……。残念ね」

問十一　――線7「これは素晴らしいことだ」とありますが、「これ」とはどういうことですか。説明した次の文の空欄ⅰ・ⅱに当てはまる内容を考え、ⅰは「芸術など」という語句を使って二十字以内で、ⅱは十五字以内で答えなさい。

・若者が（　ⅰ　二十字以内　）ことを通じ、そこで感じたものを（　ⅱ　十五字以内　）こと。

問十二　――線8「こうなってしまった年寄り」とはどのような人のことですか。最も適切なものを次から選び、記号で答えなさい。

ア　増えてきた自分に無縁なものにも、かけた金や時間の元を取ろうとしている人。

イ　小さな具体的な欲求や、「美しさ」への願望を持たないような生活を送っている人。

ウ　様々なものにお金をかけても、何にもならなかったという経験を持っている人。

エ　自分にとって無縁なものを遠ざけて、身の回りの小さなことだけを求める人。

オ　身近な損得を判断する方法を、悩みを持っている若者に教えたいと考えている人。

問十三　次に掲げるのは、本文を読んだ後、生徒が交わした会話です。筆者の意見が踏まえられていない選択肢を次から一つ選び、アからオの記号で答えなさい。

ア　生徒Ａ――私は仙台の美術館に行ったときは、何に対してかははっきりとは分からないけれど、とても感動したよ。

イ　生徒Ｂ――インターネットではお得な地域情報をよく見聞きするけど、それは発信者が何らかの利益を得ていたんだね。

ウ　生徒Ｃ――地域情報は楽しいけど、みんな同じ情報を手に入れるから、結局他の人と同じことをしている気がする。

エ　生徒Ｄ――たまに他の人と違うことをすると、それで友達をなくしてしまうんじゃないかと不安になってしまうね。

オ　生徒Ｅ――でも筆者の言う抽象的なことって、他の人と違うことでもあるんじゃないかな。それはすぐに生活の役に立つはずだよ。

【二】　次の文章を読んで、後の問いに答えなさい。

高校で放送部に入部した「僕」（圭祐《けいすけ》）は、全国高校放送コンテスト出場を目指してラジオドラマを制作し、県大会に出品した。

ラジオドラマ部門で全国大会出場が決まったと、帰宅前に、母さんにメールしたため、テーブルの中央には、から揚げをドーンと山盛りにした皿が置かれていた。いったい何人家族なんだと、余所《よそ》の人が見たら1首をひねるような量だけど、我が家ではこれが、一晩、遅くても翌日の昼にはなくなってしまう。それくらい、母さんも僕もから揚げが大好きだ。そんなお祝いの席を前にして、僕は何だかモヤモヤしている。

どうしてだろう……。

県民文化ホールのエントランス前での、秋山先生の①アイサツが、全国大会出場が決まったというのに、＊Ｊコン本選の②ショウサイは後日郵送で届くとか、講評は来週中には大会ホームページにアップされると

問二 [Ⅰ]・[Ⅱ] に入れるのに最も適する組み合わせを次から選び、アからオの記号で答えなさい。

ア Ⅰ絶対 ― Ⅱ相対　イ Ⅰ理論 ― Ⅱ実践
ウ Ⅰ主観 ― Ⅱ客観　エ Ⅰ保守 ― Ⅱ革新
オ Ⅰ抽象 ― Ⅱ具体

問三 ――線1「助ける」について、活用の種類が同じものを次から選び、記号で答えなさい。

ア 注意する　イ 咲く　ウ 起きる　エ 避ける
オ 来る

問四 [Ⅲ] に最も適するものを次から選び、記号で答えなさい。

ア そもそも　イ ついに　ウ かつては　エ まるで
オ あたかも

問五 ――線2「対価」とありますが、同じような意味で用いられている言葉を、本文から漢字二字で抜き出しなさい。

問六 ――線3「捉えている」とありますが、この言葉を言い換えたものとして最も適切なものを次から選び、記号で答えなさい。

ア 握っている　イ 推理している　ウ 信じている
エ 理解している　オ 期待している

問七 ――線4「若い人たち」は、どのような状況にあると筆者は考えていますか。最も適切なものを次から選び、記号で答えなさい。

ア 「お告げ」を信じるために、正常な人間関係を築き上げようとしている状況。
イ 空気を読むことをつまらないからやめようと思い、ただただ藻掻いている状況。
ウ 具体的な情報の通りに生活しなければならないと、思い込まされている状況。
エ まずは世間の流れに乗ることで、客観的で優れた指摘をしようとしている状況。
オ 自分の価値判断を最優先して、正常な人間関係を構築しようとしている状況。

問八 [Ⅳ] には「混乱して、あっちに行ったり、こっちに行ったりすること」という意味の四字熟語が入ります。解答欄に合うように漢字で答えなさい。

・（　　）往・（　　）往

問九 ――線5「そうすること」とはどうすることですか。三十字以内で答えなさい。

問十 ――線6「気がつかない方が、幸せ」とありますが、それはなぜですか。最も適切なものを次から選び、記号で答えなさい。

ア 情報を知り流行を追い続けることで、その手にした情報を他の人に伝えることができるから。
イ ローカルな話題を知ることで金銭的な得をし続けて裕福になる夢を叶えることができるから。
ウ 他人からの細かい悪口で気分を害するようなことがなく、穏やかに過ごすことができるから。
エ 人からいじめられたり嫌われたりすることがなく、楽しい友人関係を持つことができるから。
オ ＴＶやネットの情報におどらされる自分の滑稽さを意識せずに、生活することができるから。

エットに効くと聞いて、それを買いに走り、新しいゲームが出れば、遅れないように列に並んで購入する、といった具合に、毎日、TVやネットで流れている催眠術のような「お告げ」に Ⅳ する忙しさの中、ただただ藻掻《もが》いているのである。

あたかも、5そうすることでしか正常な人間関係が築けないと思い込まされている。年齢を重ねれば、だんだんその滑稽さがわかってくるのだが、気づいたときにはもう遅い、という悲劇もあるだろう。また、歳を取っても気づかず、ずっとそんな具体的な情報に流されたまま生きている人も沢山いる。6気がつかない方が、幸せというものだろうか。

彼らの話を聞いてみるとわかる。もの凄《すご》くローカルで細かい情報をやり取りしているのだ。どの店で買えばポイントが溜《た》まる、あの店は何時に行けば安くなる、といった情報が、自分の人生にとって大変に価値あるものとして扱われている。そういう人ほど、他人の細かい悪口を言うし、誰と誰がつき合っているとか、あの人が着ていたものは安物だとか、そんな話しかしない。ぼんやりと眺めると、具体的な細かい情報に飛びつき、それをそのまま横へ流しているだけの生き方に見える。

年寄りの方が囚われている

それでも、若いときには、本を読んだり、映画を観たり、ライブを聴きにいったり、美術館や博物館へ足を運んだりする人が比較的多い。そんなふうに自分からアプローチした場合には、金や時間、労力がかかる代わりに、自分が感じたものを少しは真剣に考え、心に留めようとする。じっくり見るだろうし、集中して聴くだろう。言葉は悪いが、かけた金や時間の元を取ろうという気持ちも働く。

若者がこの種のものに興味を持つのは、「ただ世間に流されるばかりでは、自分というものの存在を感じられない」という本能的な不安を抱いているからだ。そういった芸術などへの関心も、自分にとって将来「なにか使えるもの」になるのではないか、という予感を持っているためだ。自分の未来に対しても、「もっとなにか楽しくしたいな」と願っていたり、そうでなくても、できるだけ「美しいものとともにありたい」といった素直で抽象的な欲望を持っているからにほかならない。7これは素晴らしいことだ。

歳を取ると、自分に無縁なものが増えてくるし、割り切れるようになる。そんなことに金をかけても、なんの足しにもならない（ならなかった）、と処理する。こうして、欲求はすべて小さな具体的なものばかりになり、予感や願望だけの「美しさ」は無益なものとして排除される。ついには、もう毎日の自分の身の回りの損得しか考えなくなる。考えるというよりも、ただ「こっちが得だ」という選択をしているにすぎない。犬や猫でもできる判断と同レベルである。

8こうなってしまった年寄りは、ぼんやりと悩んでいる若者に対して、つい「はっきりしろ」「もっと具体的に」と言いたくなるはずだ。しかし、若者の「はっきりしない思考」というのは、とても価値があるものであって、それを失ったのが「年寄り」なのである。

「まだぼんやりしてろ」「もう少し抽象的に話してくれ」と若者に言える年寄りになりたいものである。

（森博嗣《もりひろし》『人間はいろいろな問題についてどう考えていけば良いのか』より）

問一 ══線①～⑤のカタカナを漢字に直し、漢字は読みをひらがなで書きなさい。

【国 語】（五〇分）〈満点：一〇〇点〉

［一］ 次の文章を読んで、後の問いに答えなさい。

「情報」も具体的だが

情報というのは、具体的なものほど価値があるように見える。何故《なぜ》なら、すぐにそれが使えるからだ。たとえば、「大志を抱け」という Ⅰ 的なアドバイスにわざわざ金を①ハラう人間はいないのに、「ある店で時間限定で食べられる、こんな料理が美味《おい》しい」という Ⅱ 的なものになると、ついつられてしまうし、そんな情報を集めた②ザッシや本を買ってしまう。情報は買うものではない、と考えている人もいて、本人は「情報は無料であるべきだ」と思っているのかもしれない。しかし、情報につられてその店の料理を食べれば、これは無料ではない。それで商売をしたい人は、無料の情報、すなわち「宣伝」をする。世に広まる情報の九割以上は、僕は宣伝だと認識している。

マスコミの報道も、今やほとんどが、なにがしかの宣伝になってしまった。少なくとも、僕が子供の頃の報道よりも、その割合が多い（倍増以上だろう）。公平な報道に見えるものでも、またマスコミ自身が公平だと信じているものでさえ、結局は誰かの商売を1助けるものになっていて、儲《もう》かる本人が情報の発信源である場合が大多数である。客観的な情報というものは、現代では得ることが極めて困難だ、と認識すべきだろう。

どうしてこんなことになるのか、少し考えてみれば簡単な道理である。 Ⅲ 正しい情報を得るためには労力が必要であり、それなりに費用がかかる。したがって、そんな真実の報道が無料で配信されるとしたら、名誉欲（目立ちたい、人気者になりたい）か犠牲的精神のいずれかによる。名誉欲は、発信者の利益になるので除外すると、結局は、犠牲的精神という、③ゼツメツ種のような少数しか残らないだろう。客観的に見ればそういう道理になる。だから、無料で配信されているものの大部分は、それだけの2対価が得られる何者かが流している、と考えた方が無難だ。

かつては、ニュースの記事は記者が察知し、調べにいって書いていたものだったが、今では、情報を発表する場所へ記者が集められ、「はい、情報はこのとおりです」と配布されるコンテンツをそのままニュースにしているだけである。TVや新聞のニュースを見て、「どこも同じだな」と感じるのは、当然だ。現代の報道を「なんか④偏っているな」と感じる人は、ものごとをある程度抽象化し、客観的に世間というものを3捉えている証拠で、そういう人の目には、「変だな」と映るはずである。

具体的なものに囚《とら》われている現代人

しかし、4若い人たちは、生まれたときから情報の⑤ウズの中にいる。昔に比べて今の若者は、与えられた情報にどっぷり支配されている。そうしないと、「空気が読めない」奴《やつ》だと言われ、また人と違っていると「いじめられる」ことになる。少し客観的で優れた指摘をすると、「上から目線だ」と意味もなく嫌われる。僕などは、「そんなつまらない空気なんか読むな」「少しくらい上から目線を持ってはどうか」と言いたい。

若者たちは、自分の価値判断というものは二の次で、とにかくまずは世間の流れに乗ろう、と必死なのだ。その世間の流れというのは、なんのことはない、塵《ちり》のように瑣末《さまつ》で具体的な情報であって、なにかがダイ

2023年度

仙台白百合学園高等学校入試問題（Ｂ日程）

【数　学】（50分）　＜満点：100点＞

答えはすべて解答用紙に書きなさい。

1　次の問いに答えなさい。

⑴　$6^2-9\times(6-9)$ を計算しなさい。

⑵　$-4x^2\div\frac{12}{7}xy\times\left(-\frac{9}{7}y^2\right)$ を計算しなさい。

⑶　比例式 $24:x=3:8$ を解きなさい。

⑷　$x=13$のとき，x^2-13x の値を求めなさい。

⑸　$3\sqrt{12}-4\sqrt{27}$を計算しなさい。

⑹　y は x に反比例し，$x=-3$ のとき $y=4$ である。$x=6$ のときの y の値を求めなさい。

⑺　関数 $y=ax^2$ について，x の値が -1 から 4 まで変化するときの変化の割合が 6 であるとき，a の値を求めなさい。

⑻　$b>0$ とする。傾きが -2 で，切片が b である直線と x 軸，y 軸とで囲まれた図形の面積を，b を用いた式で表しなさい。

⑼　右の図で，$\ell /\!/ m$ のとき，$\angle x$ の大きさを求めなさい。

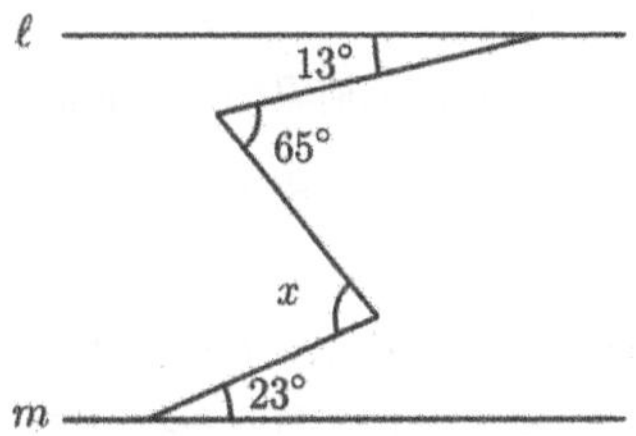

⑽　下の図のように，正六角形ABCDEFがある。また，袋の中にA，B，C，D，Eの文字が１つずつ書かれた５個の玉が入っている。この袋の中から同時に２個の玉を取り出し，取り出した２個の玉に書かれた文字の頂点と，頂点Ｆを結んで三角形を作るとき，直角三角形となる確率を求めなさい。

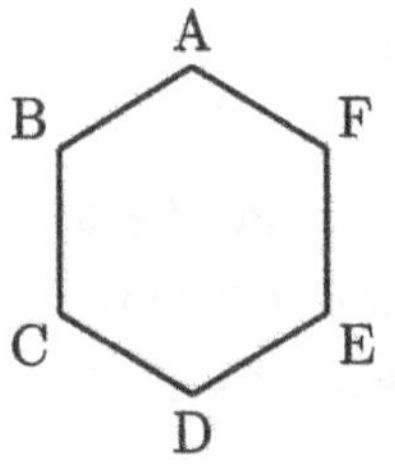

2　下の表は令和元年度の都道府県別水稲作付面積の上位15都道府県のデータである。ただし，単位はkm^2である。次の問いに答えなさい。

※　「都道府県別農作物作付延べ面積（令和元年）」（総務省統計局）
（https://www.stat.go.jp/data/nihon/08.html）を基に作成

都道府県名	作付面積
新潟	1192
北海道	1030
秋田	878
宮城	684
茨城	683
福島	658
山形	645
栃木	592
千葉	560
岩手	505
青森	450
富山	372
兵庫	368
福岡	350
熊本	333

階級（㎢）	度数（都道府県）
以上　未満	
250 ～ 350	
350 ～ 450	
450 ～ 550	
550 ～ 650	
650 ～ 750	
750 ～ 850	
850 ～ 950	
950 ～ 1050	
1050 ～ 1150	
1150 ～ 1250	

⑴　このデータから，中央値および第１四分位数をそれぞれ求めなさい。

⑵　解答用紙に都道府県数を度数とする度数分布表がある。度数をすべてかき入れ，完成させなさい。

⑶　15都道府県の作付面積の平均値を，度数分布表から求めなさい。ただし，小数第１位を四捨五入して，整数で答えなさい。

3　右の図は，AB＝８㎝，BC＝６㎝，BF＝４㎝の直方体ABCD－EFGHである。次の問いに答えなさい。

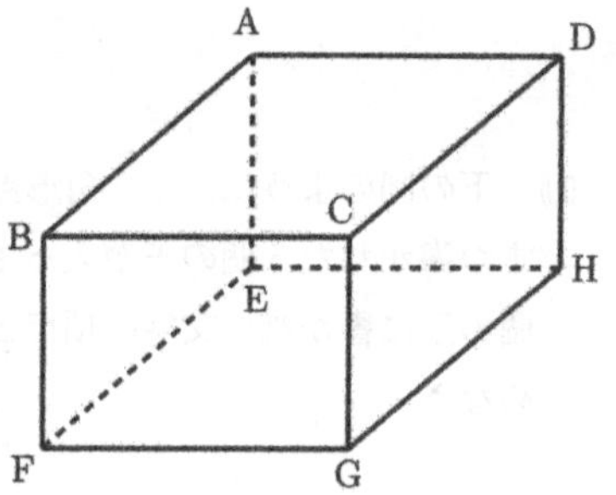

⑴　面CGHDに垂直な辺をすべて書きなさい。

⑵　辺CD上に点Ｉ，辺GH上に点Ｊを，AI＋IJ＋JFの長さが最も短くなるようにとる。このとき，次の問いに答えなさい。

ア）AI＋IJ＋JFの長さを求めなさい。

イ）四面体AGJIの体積を求めなさい。

4　∠Ｃ＝90°，BC＝３，CA＝４である△ABCがある。点Ｂを通り直線ABに垂直な直線と直線ACとの交点をＤとするとき，あとの問いに答えなさい。　（図は次のページにあります。）

⑴　△ABC∽△ADBであることを証明しなさい。

⑵　線分ABの長さを求めなさい。

⑶　線分ADの長さを求めなさい。

⑷　点Ｄを通り直線ADに垂直な直線と直線ABとの交点をＥとする。また，点Ｂを通り直線ADと平行な直線と，３点Ｂ，Ｄ，Ｅを通る円との交点で，Ｂと異なる方をＦとする。このとき，線分EFの長さを求めなさい。

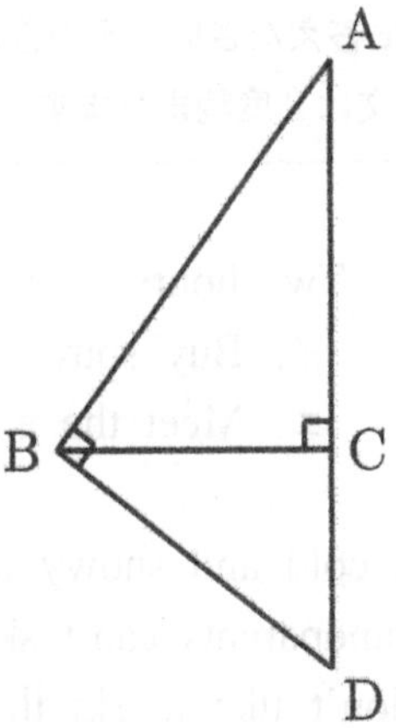

5　Ｐ君の家から図書館までは1800mはなれていて，その途中に郵便局がある。Ｐ君は10時ちょうどに家を出発し，一定の速さで歩いて郵便局に行き，そこに５分間立ち寄って切手を購入した。その後，Ｐ君は同じ速さで歩いて図書館へ向かった。

右の図は，Ｐ君が家を出発してからx分後の，家からＰ君までの道のりをymとして，Ｐ君が家を出発してから図書館に到着するまでのxとyの関係を表したものである。

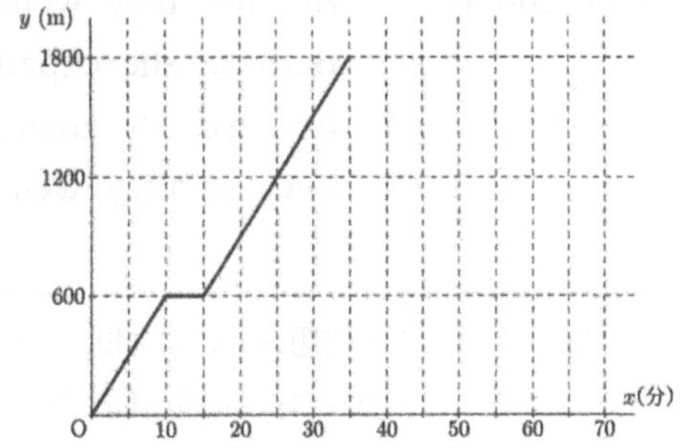

このとき，次の問いに答えなさい。

⑴　家から郵便局まで，何mはなれているか答えなさい。

⑵　Ｐ君が郵便局を出発してから図書館に到着するまでの，xとyの関係を表す式を求めなさい。

⑶　Ｐ君は図書館に10分間滞在した後，分速90mの速さで，急いで家に帰った。Ｐ君が図書館に到着してから家に帰るまでのグラフを，解答用紙の図にかきいれなさい。

⑷　Ｐ君の妹は図書館を出発し，分速60mの速さで家に向かった。途中，10時32分に図書館に向かうＰ君とすれ違い，その後，家から1200mのところにあるコンビニエンスストアに立ち寄った。10分後に，妹は分速60mの速さで再び家に向かったところ，家に到着する前に，図書館から家に帰るＰ君に追いつかれた。このとき，次の問いに答えなさい。

ア）Ｐ君と妹がすれ違ったのは，家から何mはなれた地点か求めなさい。

イ）Ｐ君が妹に追いついた時刻は何時何分か求めなさい。

【英　語】（50分）　＜満点：100点＞

［Ⅰ］リスニングテスト

放送の指示に従って答えなさい。

＜Part 1＞　英文を聞き，その質問に答えなさい。その答えとして最も適切なものを１つ選び，記号で答えなさい。英文は２度読まれます。

No. 1

Question A　ア. One hour.　イ. Two hours.　ウ. Three hours.　エ. Four hours.

Question B　ア. Eat lunch.　イ. Buy souvenirs.

ウ. Ask questions.　エ. Meet the artists.

No. 2

Question A　ア. Because it was cold and snowy in Sendai.

イ. Because her grandparents can't ski.

ウ. Because they don't like to ski these days.

エ. Because it was different.

Question B　ア. Because they went to Okinawa.

イ. Because she experienced summer weather in winter.

ウ. Because her grandparents can't ski.

エ. Because they went for 5 days.

＜Part 2＞　この問題は，対話を聞き，その最後の文に対する応答として最も適切な答えを選ぶ形式です，例題を聞いてください，対話が読まれます。

例題　（対話が放送されます）

ア. I don't like reading books.

イ. I'm really busy today.

ウ. It was very cold.

エ. That will be OK.　（正解）

ここでは エ が正しい答えになります。

では，実際の問題を放送しますので準備して下さい。対話は２度読まれます。

No. 1　ア. Sure, I can ride a bicycle.　イ. Sure, I can help you.

ウ. I'm sorry, I don't have one.　エ. I'm sorry I need one, too.

No. 2　ア. Yes, I'll make them soon.　イ. Yes, I'll eat them now.

ウ. Yes, I'll do it now.　エ. Yes, I will tell them.

No. 3　ア. Here's a larger one.　イ. Here's a smaller one.

ウ. Here's a cheaper one.　エ. Here's a clean one.

〈リスニングテスト放送台本〉

［Ⅰ］ Part 1

【放送原稿】

No. 1 Good afternoon everyone and thank you for joining this tour. This is the tour to the City Art Museum. We will arrive at 1:00. You can see the works of various nineteenth century Japanese artists. The guides on each floor will answer your questions. There is a restaurant and a gift shop on the second floor. We will leave at 4:00 p.m. Please be on time. Thank you.

Question A: How long will the tour group stay at the City Art Museum?

Question B: What is something they cannot do?

No. 2 Mana and her family always take a winter vacation. Usually, they go to the mountains because everyone in her family likes to ski. This year, her grandparents joined them. They cannot ski, so the family went to Okinawa for 5 days. Mana was surprised because the weather was very different. It was cold and snowy in Sendai. but hot ana sunny in Okinawa. She enjoyed swimming and relaxing on the beach.

Question A: Why did the family go to Okinawa?

Question B: Why was Mana surprised?

［Ⅰ］ Part 2

【放送原稿】

No. 1 A : David, can I ask you a favor?
B : Yes, what can I do for you?
A : I'm fixing my bicycle, and I need some help.

No. 2 A : Mary, please put these cookies on the table.
B : Oh, mom, chocolate chip cookies! They're my favorite.
A : That's nice! Hurry now, our guests will be here soon.

No. 3 A : I'm looking for a white T-shirt.
B : The T-shirts are here. They're on sale now.
A : I like this one, but it's too large.

［Ⅱ］ 次の会話文を読み，あとの問いに答えなさい。

Lucy is a student from the U.S. She is talking with her classmate, Yuri, in their classroom.

Lucy: Yuri, do you have any plans for this weekend?

Yuri: Yes, I do. I'm going to do volunteer work at *a home for the elderly with some of my friends this Saturday and Sunday.

Lucy: Oh, are you? （ 1 ）

Yuri: Well, on the first day, we'll help *serve meals to them, then clean the floor and the bathroom. On the second day, we'll introduce some fun activities to old people in the home.

Lucy: Wow, you'll be busy doing volunteer work for two days. But I think the staff members there will probably be happy working with you, Yuri.

Yuri: （ 2 ） How about you, Lucy? What are your plans for this weekend?

Lucy: I'm going to prepare for the presentation I'll do next Monday.

Yuri: A presentation? （ 3 ）

Lucy: Mr. Takagi asked me to talk to his students about the cultural differences between the U.S. and Japan.

Yuri: Oh, what grade are they in?

Lucy: They are in the seventh grade.

Yuri: I see. So, what are you going to talk about? Can you give me an example?

Lucy: OK. Japanese people take off their （ ア ） before they enter the house. But American people don't usually do that. This is one example.

Yuri: Yeah, it's a Japanese *custom. I think it's important to know cultural differences because it will help us understand each other better.

Lucy: （ 4 ）

Yuri: Oh, thank you. I'm glad to hear that.

*a home for the elderly　高齢者施設　*serve meals　食事の配膳をする　*custom　習慣

問1　文中の（ 1 ）～（ 4 ）に入る最も適切な表現を，下のア～エから一つずつ選び，記号で答えなさい。

(1)　ア．How are you going there?　イ．What are you domg there?
　　ウ．When are you going there?　エ．Why are you doing that?

(2)　ア．I hope so.　イ．I don't hope so.
　　ウ．I can do it.　エ．I can't do it.

(3)　ア．What do you want to do?　イ．What do you want?
　　ウ．What do you mean?　エ．What do you think?

(4)　ア．We want to make cultural differences.
　　イ．We don't know any customs.
　　ウ．I agree with you.
　　エ．I can't understand.

問2　文脈から判断して，（ア）に入る最もふさわしい一語を答えなさい。

〔Ⅲ〕 次の英文を読んで，あとの問いに答えなさい。

Across Japan, groups of local residents hold seasonal clean-up activities in their towns. These activities let residents meet, work together and become friends. Recently, some towns have *added a *sporting element to their clean-up work. So now, their community service activities are more like *competitions.

The competitions are called "*supo-goimi* contests" from the word "sports" and the Japanese word *gomi*, meaning "trash." In the contests, teams of 3-5 people try to pick up the most of various kinds of trash. There is a time limit and a special area where the teams can collect trash. There are also ①safety rules such as no picking up trash on the roads and *railway tracks, no running, and no *entering people's homes.

Every week, a *supo-gomi* contest is held somewhere in Japan, usually on a weekend or a national holiday. The players wear various clothes, such as sport uniforms or jeans and T-shirts. However, everyone uses ②tough work gloves made of thick, white *cotton. These protect their hands, so players can safely pick up the trash without *getting dirty. Moreover, players carry *tongs to pick up very small trash like *cigarette butts, as well as plastic bags to *put the trash into.

Players include people from local companies, students of all ages, local residents, and groups of friends. At a contest held in Tokyo's *Minato District in 2018, 63 people attended, made 14 teams, and collected over 135 kg of trash! It included cigarette butts, food *containers, plastic bottles, paper boxes, and umbrellas.

The trash is collected *separately according to the rules. Points are given for each different type of trash, with cigarette butts receiving the highest points. The winners are then decided by each team's *total points. The winning team gets a *certificate or a *trophy, and sometimes a special *prize from a *company sponsor. Even if they did not get a prize, all players can (③) successful and proud of their clean-up work together.

The number of clean-up activities has been growing more and more in recent years. Clean, *trash-free towns also help give people smiles and safe places to live in. There will always be many Japanese people who hope to share cool activities like ④this all over the globe and live in a peaceful world.

*add 付け加える　*sporting element スポーツの要素　*competition 競技会
*railway tracks 鉄道の線路　*enter 入る　*cotton 綿布，コットン　*get dirty 汚れる
*tongs トング　*cigarette butt タバコのすいがら　*put ~ into ～を入れる
*Minato District 港区　*container 入れ物　*separately ～と別に　*total 合計
*certificate 達成証明書　*trophy トロフィー　*prize 賞品
*company sponsor 会社スポンサー　*trash-free ゴミがない

問１　下線部①には，具体的にどのようなルールがあるか，３つ日本語で答えなさい。

問２　下線部②について，次の質問に英語で答えなさい。

Why do all players in the *supo-gomi* contest use tough work gloves?

問３　（③）に入る適切な１語を答えなさい。

問４　下線部④は何を指しているか，本文中から５語以内で抜き出しなさい。

問５　本文の内容に合っているものには○，合っていないものには×と答えなさい。

⑴　日本では，地域住民による季節の清掃活動が義務付けられている。

⑵　コンテストでは，チームに分かれて最も価値のあるごみを集める。

⑶　コンテストは，たいていの場合，週末や祝日に行われる。

⑷　集めたごみは種類ごとにポイントがつけられ，ごみの合計ポイントが最も多かったチームが優勝する。

⑸　世界中でこの活動に参加する人の数は，近年，次第に増加している。

［Ⅳ］　次の各文の（　）内に入る適語を選び，記号で答えなさい。

⑴　He has a lot of work (　　　).

ア．to do　　イ．doing　　ウ．done　　エ．did

⑵　Thank you for (　　　) me.

ア．to help　　イ．helping　　ウ．helped　　エ．helps

⑶　Are you for or (　　　) the plan?

ア．without　　イ．about　　ウ．against　　エ．with

⑷　(　　) careful when you walk across the street.

ア．Are　　イ．Be　　ウ．Do　　エ．Don't

⑸　I think soccer is (　　　) of all sports.

ア．interest　　イ．more interesting　　ウ．interesting　　エ．the most interesting

［Ⅴ］　次の各組の文がほぼ同じ意味になるように（　）に入る適語を答えなさい。

⑴　Don't give food to the animals.

You (　　　)(　　　) give food to the animals.

⑵　My sister can't sing as well as my brother.

My brother can sing (　　　)(　　　) my sister.

⑶　This is a camera.　He broke it yesterday.

This is a camera (　　　)(　　　) him yesterday.

⑷　I don't know the meaning of the word.

I don't know (　　　) the word (　　　).

⑸　My aunt gave me this beautiful bag.

My aunt gave this beautiful bag (　　　)(　　　).

〔Ⅵ〕 AとBの関係がCとDの関係と同じになるように，空所に入る単語を答えなさい。

A	B	C	D
sell	buy	lend	（ 1 ）
first	January	second	（ 2 ）
365 days	a year	7 days	a（ 3 ）
son	sun	won	（ 4 ）
she	hers	they	（ 5 ）

〔Ⅶ〕 日本語の意味に合うように下線部①～③を英語に直しなさい。ただし②と③は［ ］内の語(句)を並べかえなさい。

クマムシ（water bears）は，1.0ミリメートルほどの微生物で世界中に生息しています。その小ささにも関わらず，①クマムシは，地球最強の動物かもしれないと言われています。というのも，クマムシは100度の高温からマイナス273度の低温環境，宇宙空間などでも生き残ることができるからです。これまで何人もの人々がクマムシの丈夫さの秘密を突き止めようとしてきました。②しかし，なぜクマムシがそれほど丈夫なのかは分かっていません。現在でも，多くの研究者途がクマムシの研究に挑戦しています。③驚いたことに，人間もクマムシと同じようになれると考える研究者もいます。もし，クマムシのもつ特殊なタンパク質の能力を，人間のタンパク質に移植できればの話ですが。

② However, [knows / why / tough / water bears / so / no / are / one].

③ Surprisingly, [be / some / like / researchers / humans / think / that / water bears / can].

早く帰宅した憲一に対してあきれている様子。

ウ　ストライキに突入すると伝えたものの、憲一が不機嫌になって帰宅したのではないかと不安に感じている様子。

エ　ストライキに突入すると宣言することで話し合いを持たない意志を示すほど、憲一の言動には興味がない様子。

オ　ストライキに突入すると宣言したところで、憲一の家族に対する言動は今後も変わることはないと諦めている様子。

問九　――線6「あたふたと言いながら」とありますが、それはなぜですか。理由として適切でないものを次から選び、記号で答えなさい。

ア　急に料理をすることになってしまったことで、焦りを感じているから。

イ　衿に誠意を見せて、なんとか機嫌を直してもらいたいと考えているから。

ウ　自分が作らなければ、今日の夕飯にありつくことができないと思ったから。

エ　夕飯を作ろうとしない衿に対し、許しがたいという感情がこみ上げたから。

オ　お腹を空かせている春香と衿のために、早く料理しようと急いでいるから。

問十　――線7「こんなふうな家庭」とは、どのような家庭ですか。二十字以内で説明しなさい。

問十一　――線8「憲一は目を丸くして驚いている」とありますが、それはなぜですか。二十五字以内で説明しなさい。

問十二　「憲一」の人物像について、最も適切なものを次から選び、記号で答えなさい。

ア　無頓着で周囲の反応に鈍感なところはあるものの、家族を大切に思っている素直な人物。

イ　妻に対して感謝の言葉をかけず皮肉な態度をとるが、娘に対する行動は愛情にあふれた人物。

ウ　他者との摩擦を避けようとして、人の話にしっかりと耳を傾けることを面倒くさがる人物。

エ　どんな場面でもひょうきん者を演じ、人に対して真正面から向き合えない不真面目な人物。

オ　家族に対する深い愛情を持っているが、妻と娘の言いなりになってばかりいる頼りない人物。

問十三　この作品全体を通しての表現上の特徴として、最も適切なものを次から選び、記号で答えなさい。

ア　テンポ良く展開していく会話文によって、衿や憲一の心情の変化が生き生きと表現されている。

イ　衿と憲一の複雑な心境が心象風景として描かれることで、読者が共感できるように工夫されている。

ウ　衿の視点で描かれることによって、時間の経過とともに変化する衿の心情が捉えやすくなっている。

エ　比喩表現を多用することで、衿や憲一が置かれている状況を詳細にイメージすることができる。

オ　春香の無邪気な発言をおりまぜることによって、物語全体が和やかな雰囲気に変化している。

「それから、おいしいものを食べたら私みたいに『おいしいっ』って正しくリアクションをすること」

「え、おれいつもおいしいって言ってない？」

「ときにはお礼も言ってくれること」

「あー、はいはい。すみませんねえ」

憲一はぺこりと頭を下げ、衿は笑い出してしまう。春香も真似して笑う。たまにはストライキもいいもんね、と衿はこっそり思う。まるで大昔に思えるけれど、結婚しようと決めたとき、こうありたいと思い描いた光景を、こんなふうに思い出せるのならば。

（角田光代《かくたみつよ》『彼女のこんだて帖《ちょう》』より）

＊ブティック……しゃれた衣料品などを扱う店。

＊サファリシャツ……洋服の一種で、ベルトやポケットなどが多めに配置された機能性を考慮したシャツ。

＊憲一……工藤衿の夫。

＊タイムやオレガノ……料理に用いる香味料。

問一　＝線①～⑤のカタカナを漢字に直し、漢字は読みをひらがなで書きなさい。

問二　――線1「げんなりする」とありますが、ここではどのような様子を表していますか。次の文の空欄に当てはまるように五字以内で説明しなさい。

・ぐったりと疲れて（　五字以内　）様子。

問三　――線2「あざやかな」について、品詞名と活用形を答えなさい。

問四　――線3「ショーウィンドウに薄く映る自分の姿」とありますが、これについて次の問いに答えなさい。

(1)　衿は、この自分の姿をどのように感じていますか。次の文の空欄に当てはまるように本文から二十六字で抜き出しなさい。

・まるで（　二十六字　）をしている。

(2)　(1)の意識は衿のどのような行動につながりましたか。解答欄に合わせて本文から三十字以内で抜き出し、最初と最後の五字を書きなさい。

問五　Ⅰ　に最も適する語を次から選び、記号で答えなさい。

ア　絶望　イ　高揚　ウ　肥大　エ　低迷　オ　萎縮

問六　Ⅱ　に最も適する語を次から選び、記号で答えなさい。

ア　晴れ晴れ　イ　飽き飽き　ウ　はらはら　エ　わくわく　オ　ほのぼの

問七　――線4「鼻息を荒くして、送信ボタンを押した」とありますが、衿はなぜこのような行動をとったのですか。次の文の空欄ⅰ・ⅱに当てはまる語句を、ⅰは漢字二字で考えて書き、ⅱは本文から三字で抜き出しなさい。

・家事も育児も自分一人で負担していることや同じことが繰り返される毎日に（　ⅰ　二字　）を持ち、その（　ⅱ　三字　）さを夫に訴えたくなったから。

問八　――線5「できるだけ感情のこもらない声を出す」とありますが、この時の衿の様子として最も適切なものを後から選び、記号で答えなさい。

ア　ストライキに突入すると伝えた後、憲一がどのような反応をするのかを平静を装いながらうかがおうとする様子。

イ　ストライキに突入することを伝えたにも関わらず、いつもよりも

そして4鼻息を荒くして、送信ボタンを押した。

七時前に憲一が帰ってきた。両手にレジ袋を抱えている。リビングのソファに寝転がってテレビを見ていた衿は「早いのね」と、5できるだけ感情のこもらない声を出す。

「だってストライキなんだろ、おれが作らなきゃ夕飯にありつけないんだろ」6あたふたと言いながら、憲一はカウンターキッチンに入っていく。着替えもせずに、何を作るつもりなのか、流しの棚を開けたり閉めたりする音が聞こえてくる。料理なんかできるのかしら。小気味いい包丁の音が聞こえてくる。にんにくのにおいが漂ってくる。衿はそろそろと立ち上がり、キッチンをのぞきにいった。シャツの袖をまくり上げ、ボウルにひき肉を入れて憲一は懸命に練っている。顔を上げ、「おーい、春香ー」娘の名を呼ぶ。呼ばれた春香は転がるように台所に向かう。

「パパとおまんじゅう作ろう」

「おまんじゅう？」

「うん、ミートボール。泥団子作るみたいにさ」

二人はダイニングテーブルへと移動し、ボウルの中身を丸めてバットに並べていく。春香の作った、かたちにならないひき肉を、すばやく憲一は丸めなおしていく。

「料理、できるの」衿が訊くと、

「学生のとき、居酒屋でバイトしてたからね」憲一は得意げに答えた。春香は夢中になってひき肉を丸めている。

ぴったりと寄り添ってミートボールを作る父娘を、少し離れた場所から衿は見つめた。

ああ、私、結婚したとき、7こんなふうな家庭を作りたいと思ったんだったなあ。そんなことを、ふと思う。

夕食は、ミートボール入りのトマトシチュウのようなものだった。サラダもなし、つけあわせもなし。薄く切った朝食用のバゲットがテーブルの真ん中に置いてある。

「野菜がたっぷり入ってるからこれ一品で栄養バッチリ」憲一は不安げな顔の衿に言う。たしかに、トマトスープには黄と橙《だいだい》のパプリカやズッキーニが色鮮やかに浮かんでいる。ミートボールを口に運ぶと、肉だけではない複雑な味がする。

「セロリと椎茸《しいたけ》とピーマン入り」憲一は衿の耳元でささやく。すべて春香の嫌いなものだ。正体がわからないほど、それらは細かく切ってある。スプーンで汁を口に運ぶと、＊タイムやオレガノの風味がした。

「おいしい！」思わず衿が言うと、「おいひー」ミートボールをかじった春香も真似《まね》て言う。憲一は褒められた子どもみたいに顔をゆるませた。

「それでさあ、あのう、要求の件なんだけど、三つのうちのどれが一番……」と言いかけた憲一を、衿は遮る。

「四つ目の要求が思い浮かんだ。一ヵ月に一度でもいいからこうして夕食を作ってくれること。それだけでいいわ。温泉もバッグもいりません」

「えっ、そんなんでいいの？」8憲一は目を丸くして驚いている。

「じゃ、二週間に一度」衿は急いでつけ加えた。

「レパートリーが持つかなあ」憲一は本気で心配らしく、宙を見据え何かつぶやいている。

なんだってこの子はこうもしつっこいの？　心のなかでだけ衿は言う。ちいさな変化は少しだけ大きくなり、軽やかな足取りがせかせかと速くなる。けれどそのことに衿はまだ気づかない。ママー、はーやーいー、という春香のクレームお聞き流し、駅前のスーパーマーケット目指して衿はずんずん歩く。

夕方にはまだ早いスーパーマーケットは空《す》いていて、衿と似たような主婦がのんびりと買いものをしている。春香の手を引きながら買いものかごにメモ通りの食材を入れていく。お①カシの前で、あれを買えこれを買えと春香がぐずるのもいつも通り。買いものを終え、荷物が重くて1げんなりするのもいつも通り。

衿が、自分の内に起きた変化に気がつくのは、スーパーマーケットを出て、駅前ロータリーにある＊ブティックの前を通りかかったときだった。

つい先月まで、あんまり客の入っていないラーメン屋だったはずの②テンポが、いつのまにか明るい雰囲気のブティックに変わっている。ブティック「フラン」。開店したばかりなのか、③軒先には見事な花がいくつも並んでいる。「あら、ぜんぜん気がつかなかった」独り言を言って、衿はショーウィンドウの前に立つ。二体あるマネキンは、どちらも夏の服を着ている。2あざやかな花柄のワンピース、白いフレンチスリーブにストライプのフレアスカート。ショーウィンドウには背後の青空が映っていて、それらのファッションは青空によくはえている。店内には四十代半ばくらいに見える女性がいた。＊サファリシャツに、ベージュのワイドパンツを合わせた女性は、にこやかに接客している。そうして衿は、3ショーウィンドウに薄く映る自分の姿に気がついた。紺と白のストライプカットソーに、ベージュのコットンパンツ。両手に④提げた大荷物。さっきスーパーマーケットですれ違った主婦の五割が、似たような格好だった。動きやすくて、⑤セイケツ感があるから好きだったその組み合わせが、名前も個性もなくしてしまったような「ザ・主婦」的格好に、衿には思えてくる。

そのときブティックのドアが開き、店主らしき女が「どうぞ、よろしければ」と衿に笑いかける。いきなり声をかけられぎょっとした衿は、ぎこちない笑顔で会釈《えしゃく》して、そそくさとその場を立ち去る。またいらしてくださいね、と背後から声が聞こえた。

無視して悪かったなと、ちらりと衿は思う。きれいな人だった、私はあの人くらいの年齢になったとき、あんなふうにきれいでいられるかしら？

片手にはスーパーとクリーニングと八百屋の袋、片手で春香を引っぱって、急ぎ足で歩きながら、衿は、ようやくさっきから［Ⅰ］し続けている気持ちの変化に気づくのである。今まで、いつもと変わらないことはつねに衿に安心感を与えてきた。けれど今や、いつも通りの金曜日、いつも通りの昼下がりに、［Ⅱ］している自分がいる。毎日毎日、おんなじことのくりかえし、＊憲一はありがとうすらも言わないではないか。不当で理不尽な目に遭わされているとすら、衿は感じはじめる。「ママー、プリンいつ食べるー？」と訊《き》く春香を無視し、衿はパンツのポケットから携帯電話を取り出す。

今日からストライキに突入します。と、衿はメールに猛然と打ちこむ。家事はすべて放棄します。こちらの要求は、温泉旅行もしくは夏服一揃《ひとそろ》えもしくはブランドもののバッグ。

さわしい漢字二字を書きなさい。

・グローバルとローカルは表裏（　二字　）である。

問十　[V]　に入れるのに最も適するものを次から選び、記号で答えなさい。

ア　鼻をあかす　イ　腹をくくる　ウ　腰を抜かす

エ　目に余る　オ　胸がすく

問十一　――線6「ここから生まれた」とありますが、何が生まれたのですか。本文から十字以内で抜き出しなさい。

問十二　――線7「考えられる」の文法的な説明として正しいものを次から選び、記号で答えなさい。

ア　動詞の未然形「考え」に可能の助動詞「られる」がついたもの。

イ　動詞の未然形「考え」に尊敬の助動詞「られる」がついたもの。

ウ　動詞の未然形「考え」に自発の助動詞「られる」がついたもの。

エ　動詞の未然形「考えら」に受身の助動詞「れる」がついたもの。

オ　動詞の未然形「考えら」に推定の助動詞「れる」がついたもの。

問十三　――線8「最小限のしつらいで最大のイメージを共有する」とありますが、筆者はそのためには何が必要だと考えているのですか。本文から一語で抜き出しなさい。

問十四　次に掲げるのは、波線部X「グローバリズムの時代」と波線部Y「グローバリズムの真価」について、生徒が交わした会話です。本文の内容と明らかに合致しないものを次から一つ選び、アからオの記号で答えなさい。

ア　生徒A――波線部Xの「グローバリズム」って、ものごとを世界的な規模で展開しようという考えのことだね。

イ　生徒B――よく聞く言葉だけれど、筆者は、「グローバリズム」によって「ローカリティ」が失われることを危惧しているんだよね。

ウ　生徒C――波線部Yの「グローバリズムの真価」には、地球規模での均質な展開によってこそ世界は発展するのだ、という筆者の強い主張が込められていると思うんだけど。

エ　生徒D――いや、僕は波線部Yの「真価」という言葉から違う意味を読み取ったよ。筆者は、「グローバリズム」の根底には文化の固有性を尊重する姿勢が不可欠なんだ、と言いたいんじゃないかな。

オ　生徒E――私もそんな気がしてきた。まずは各々の文化の特徴を磨き抜き、それを世界につなげていくことによって、世界も多様で豊かなものになっていくのだというニュアンスが、波線部Yの「グローバリズムの真価」にはあると思うわ。

［二］　次の文章を読んで、後の問いに答えなさい。

工藤《くどう》衿《えり》は、娘の春香を連れて、いつものように商店街に買い出しに出かけた。幼い春香は、「プール、いつやる？」とせがんでくる。衿の心には微妙な変化が起き始めている。

雨ー、プール、プールは？　雨、ないないよー。衿を追いつめるかのごとくくりかえし、そのたびに声が大きくなっていく。

茶の湯では、茶室というシンプルな空間で主人と客が向かい合って茶を飲む。茶室には花や掛け軸など最小限の＊しつらいしかない。窓や軒に切り取られた庭の控えめな景色。障子《しょうじ》を通した柔らかな間接光。

春を表すのに桜のイメージを取り入れたいとしよう。ヨーロッパのオペラハウスなら、疑似的に桜の木を造形するなどして、リアルで臨場感のある見せ方をするだろう。ところが日本の茶室では、たとえば、水を張った水盤（花や盆栽などを生ける底の浅い平らな陶器）に桜の花びらを数枚散らすだけで、あたかも満開の桜の下にたたずんでいるように見立てる。8最小限のしつらいで最大のイメージを共有するのだ。

簡素だからこそ想像力が大きくはばたく。ごくわずかなしつらいに大いなる豊かさを呼び込む。これが「わび」の精神だ。

何もないところに想像力を呼び込んで満たす。意味でびっしり埋めるのではなく、意味のない余白を上手に活用する。

日本のデザインには、そうした感性が脈々と根付いていると僕は思う。

（『創造するということ』より　原研哉《はらけんや》「日本のデザイン、その成り立ちと未来」一部改変）

＊咀嚼《そしゃく》……ここでは、よく考えて理解すること。
＊伽藍《がらん》……寺の建物。
＊ミニマル……「最小限の」という意味の英語。ミニマル・デザインは、必要最小限の機能に絞って設計すること。
＊しつらい……設備。設け整えること。飾りつけること。

問一　＝線①～⑤のカタカナを漢字に直しなさい。

問二　――線１「それら」とありますが、何を指していますか。本文から十五字以内で抜き出しなさい。

問三　次の文は本文の一文です。本文の【ａ】から【ｄ】のどこに入れるのがふさわしいですか。最も適切な箇所を選び、記号で答えなさい。

・でも、そうではない。

問四　――線２「そういう視点でデザインをとらえてもらいたい」とありますが、「そういう視点」について説明した次の文の空欄に、適する内容を二十五字以内で書きなさい。

・デザインとは、（　二十五字以内　）だ、という視点。

問五　《Ⅰ》・《Ⅱ》に最も適する語を次から選び、それぞれ記号で答えなさい。

ア　だから　イ　せめて　ウ　なぜなら　エ　たとえば
オ　しかし

問六　――線３「料理のことを考えればよくわかる」とありますが、何が「よくわかる」のですか。二十字以内で簡潔に説明しなさい。

問七　――線４「イタリア人はイタリア料理を大事にして、フランス人はフランス料理を愛し、日本人は日本料理を守る。それが世界の豊かさに貢献していく。」とありますが、これと同意の内容の記述を本文から六十字以内で抜き出し、最初と最後の五字を書きなさい。（句読点を含む。）

問八　Ⅲ・Ⅳに最も適する語を、それぞれ本文から五字以内で抜き出して書きなさい。

問九　――線５「グローバルとローカルは一対のもの、コインの表裏。」とありますが、これを次のページのように言い換えました。（　）にふ

る。それはイタリア固有の文化だ。

4イタリア人はイタリア料理を大事にして、フランス人はフランス料理を愛し、日本人は日本料理を守る。それが世界の豊かさに貢献していく。

《Ⅱ》イタリア料理とフランス料理と日本料理を混ぜ合わせたらどうだろう。見た目には新奇なものができるが、つまらない。何も特徴が出ない。最初は物珍しさから話題になるかもしれないけれど、きっと味もあまりおいしくないから、すぐに飽きられてしまうだろう。

あらゆる色は混ぜ合わせるとグレーになる。それと同じことだ。

グローバリズムというのは、あらゆる文化を混ぜあわせてグレーにすることではない。それではすべて均一になってしまう。自分たちの文化の特徴を磨き抜いて、それを世界の文脈につなげる。そのことによって世界を多様で豊かなものにしていく。それがYグローバリズムの真価ではないだろうか。

だからⅢが豊かでなければ、決してⅣも豊かにはならない。5グローバルとローカルは一対のもの、コインの表裏。そう考えてほしい。

仮に僕がデザイナーとして海外で仕事をする。そのことの意味は何だろうか。世界的な文脈で仕事をする背景には、自分の中で日本文化をきちんと*咀嚼《そしゃく》できていないといけない。日本文化を自分で噛《か》みしめ、血肉としてはじめて、日本のローカリティを世界につなげることができる。そういう視点があるからこそ、海外で仕事をする意味があるのだ。

皆さんはぜひ、このことを忘れないでほしい。

僕は中学・高校のころ日本史が嫌いだった。でもデザインの仕事をするようになって、フリーズドライのような味気ない日本の歴史も、デザインというイメージのお湯をかけると、けっこうおいしく味わえることがわかってきた。

今日はそんな視点から、この国の歴史と文化と切り離せないデザインの話をしてみたい。

日本は東アジアの端にある国であるので、世界中の文化の影響を受けている。もちろん複雑で豪華絢爛《けんらん》な造形を国力の象徴とする価値観も伝わった。

日本史で習ったと思うが、一四六七年から京都を舞台に十年間も「応仁《おうにん》の乱」という争いが続いた。*伽藍《がらん》や仏像はこわれる、着物は焼ける、器も庭も巻物も、京都はとても大きな破壊にあってしまった。現代の古美術屋さんが見たらⅤような、とてつもない量の美術品や工芸品が、失われてしまった。

室町時代後期の将軍、足利義政《あしかがよしまさ》は美術愛好家だった。応仁の乱による京都の文化的損失や荒廃を見てうんざりした義政は将軍職を息子に譲り、京都の東山に別荘を建て、ひっそりと暮らすようになる。それが今の銀閣寺（正式名は慈照寺《じしょうじ》）だ。6ここから生まれたのが、それまでの複雑でゴージャスな文化とは対照的な、茶の湯に代表される「わび」、つまり「冷え枯れたものの風情《ふぜい》」にこそむしろ人々のイメージを呼び込む力があると考えるような、簡素を尊ぶ文化だった。つまり、日本ではこの時代に簡潔さや*ミニマルに通じる価値観が力強く立ち上がったのだ。茶室の原型と言われる義政の書斎「同仁斎《どうじんさい》」は日本の和室の原型と7考えられる簡素で美しい空間だ。

【国　語】（五〇分）〈満点：一〇〇点〉

[一]　次の文章を読んで、後の問いに答えなさい。

　僕はデザインの仕事をしている。デザインにはいろいろなジャンルがあって、皆さんが今座っている椅子も、テーブルも、手に持っているシャープペンシルも、ノートも、この部屋の空間も、学校の建築も、すべてデザインされたものだ。ある目的をもって、計画的にものを創造していく人間の①イトナみすべてをデザインと呼んでもいい。

　主に僕が手がけているデザインのジャンルは「グラフィックデザイン」といわれる。グラフィックデザインは、単にポスターやパッケージなどを制作する仕事ではない。[1]それらは、あくまでも結果的に仕上がった「形」に過ぎない。

　伝えたい内容が知らず知らずのうちに人の頭の中に入り込んで、②インショウに残ったり、記憶されたりする。そういうことがスムーズに進むためのしかけをつくる。それが僕の仕事の本質だ。そういう意味では、広く「コミュニケーションのデザイン」をしている、といってもいいだろう。

　人類は動物の中で③ユイイツ、自分の都合のいいように環境を④ヘンヨウさせながら暮らしている。サルは木登りが上手だが木を切って家を建てたりはしない。大昔から人類だけが環境をつくり変えながら生活してきた。【a】自分の都合のいいように環境をつくり変える——これがつまりデザインの大元だ。

　デザインというと皆さんは図画工作の延長、もしくは美術の一ジャンルぐらいに思っているかもしれない。【b】前世紀の後半から、地球環境と経済活動が明らかに両立しにくくなってきた。【c】そうした文明の危機に直面し、世界はさまざまにいびつな音を立ててきしんでいる。とはいえ、人類は周囲の環境をなんらかの形でつくり変え、利用しなければ生きてはいけない。そういう動物として、もともと生まれついている。【d】

　ではどうやって人類はこの先、生き延びられるように地球環境を利用すればいいのか。それを考えるための知恵の一つがデザインなのである。

　若い皆さんには、ぜひ[2]そういう視点でデザインをとらえてもらいたい。

　今は[X]グローバリズムの時代といわれている。国内だけに目を向けるのではなく、視野を世界に広げなければいけない。「ものづくり」も、「ことづくり」も、すべて世界全体を見渡して行うことが必要だ。そんなふうに誰もが言う。

　《　Ⅰ　》、文化の本質はグローバルと反対のところにある。つまりローカルだ。

　これはべつに難しい話ではない。自分が生まれてきたこのローカルな場所で、可能性をいかに⑤カイカさせていくか。これが文化の本質だと思う。[3]料理のことを考えればよくわかる。日本には日本料理があり、フランスにはフランス料理が、イタリアにはイタリア料理がある。これらはすべてローカルなもの。イタリア人は子どもの頃から母親に「マリオ！　パスタを食べる時に、お皿を温めなくてどうするの！」なんて言われて育っているから、当たり前のようにパスタを食べる時は皿を温め

A日程

2023年度

解　答　と　解　説

《2023年度の配点は解答欄に掲載してあります。》

＜数学解答＞

1　(1)　-57　(2)　$\dfrac{3x-6}{10}$　(3)　$25(x+2y)(x-2y)$　(4)　$x=1\pm\sqrt{31}$

　(5)　$a=72$　(6)　-4　(7)　1500m　(8)　$12\sqrt{3}$ cm³　(9)　$\dfrac{3}{10}$　(10)　71°

2　(1)　4　(2)　$a=\dfrac{1}{4}$　(3)　直線ABの式　$y=\dfrac{1}{2}x+2$，Cの座標　$(-4,\ 0)$　(4)　32

3　(1)　解説参照　(2)　9：25　(3)　5：8　(4)　27：32

4　(1)　6cm　(2)　160cm²　(3)　$\dfrac{10\sqrt{13}}{3}$cm

5　(1)　84点　(2)　284点以上　(3)　最頻値　92点，中央値　90点　(4)　解説参照

○推定配点○

1　各4点×10　2 (4)　4点　他　各3点×4　3 (1)　5点　他　各4点×3

4　各4点×3　5 (3)　各2点×2　(4)　5点　他　各3点×2　計100点

＜数学解説＞

基本　1　(数・式の計算，因数分解，2次方程式，平方根の計算，2乗に比例する関数の変域，方程式の応用問題，確率，角度)

(1)　$20+(-2)^2+(-3^4)=20+4+(-81)=24-81=-57$

(2)　$\dfrac{3x-4}{2}-\dfrac{6x-7}{5}=\dfrac{5(3x-4)-2(6x-7)}{10}=\dfrac{15x-20-12x+14}{10}=\dfrac{3x-6}{10}$

(3)　$25x^2-100y^2=25(x^2-4y^2)=25(x+2y)(x-2y)$

(4)　$x^2-2x-30=0$　二次方程式の解の公式から，$x=\dfrac{-(-2)\pm\sqrt{(-2)^2-4\times1\times(-30)}}{2\times1}=\dfrac{2\pm\sqrt{124}}{2}=\dfrac{2\pm2\sqrt{31}}{2}=1\pm\sqrt{31}$

(5)　$\sqrt{8}+\sqrt{32}=2\sqrt{2}+4\sqrt{2}=6\sqrt{2}=\sqrt{72}$　よって，$a=72$

(6)　変化の割合$=\dfrac{y\text{の増加量}}{x\text{の増加量}}$より，変化の割合$=\dfrac{2\times4^2-2\times(-6)^2}{4-(-6)}=\dfrac{32-72}{10}=\dfrac{-40}{10}=-4$

(7)　学校から公園までの道のりをxmとすると，時間の関係から，$\dfrac{x}{60}=\dfrac{x}{250}+19$　両辺を1500倍して，$25x=6x+28500$，$19x=28500$，$x=1500$　よって，1500m

(8)　底面は1辺2cmの正六角形で，その面積は，正三角形の面積の6つ分だから，$\dfrac{1}{2}\times2\times2\times\dfrac{\sqrt{3}}{2}\times6=6\sqrt{3}$　よって，求める正六角柱の体積は，$6\sqrt{3}\times2=12\sqrt{3}$ (cm³)

(9)　赤玉を赤1，赤2，赤3，白玉を白1，白2とする。すべての取り出し方は，(赤1，赤2)，(赤1，赤3)，(赤1，白1)，(赤1，白2)，(赤2，赤3)，(赤2，白1)，(赤2，白2)，(赤3，白1)，(赤3，白2)，(白1，白2)の10通り。そのうち，2個とも赤玉なのは，(赤1，赤2)，(赤1，赤3)，(赤2，赤3)の3通りだから，求める確率は，$\dfrac{3}{10}$

(10)　半円の弧に対する円周角は90°だから，∠ABC＝90°　$\overset{\frown}{\mathrm{BC}}$に対する円周角により，∠BAC＝∠BDC＝19°　△ABCの内角の和の関係から，$\angle x=180°-90°-19°=71°$

2 (図形と関数・グラフの融合問題)

基本 (1) $y=\frac{16}{x}$に$x=4$を代入して，$y=\frac{16}{4}=4$　よって，点Aのy座標は4

基本 (2) A(4, 4)　$y=ax^2$に点Aの座標を代入して，$4=a\times4^2$　$16a=4$　$a=\frac{1}{4}$

(3) $y=\frac{1}{4}x^2$…①　①に$x=-2$を代入して，$y=\frac{1}{4}\times(-2)^2=1$　よって，B$(-2,\ 1)$　直線ABの傾きは，$\frac{4-1}{4-(-2)}=\frac{3}{6}=\frac{1}{2}$　直線ABの式を$y=\frac{1}{2}x+b$として点Aの座標を代入すると，$4=\frac{1}{2}\times4+b$　$b=2$　よって，直線ABの式は，$y=\frac{1}{2}x+2$　点Cはx軸上の点だから，y座標は0である。$y=\frac{1}{2}x+2$に$y=0$を代入すると，$0=\frac{1}{2}x+2$　$\frac{1}{2}x=-2$　$x=-4$　よって，点Cの座標は，$(-4,\ 0)$

重要 (4) 直線ABに平行で切片が-2である直線の式は，$y=\frac{1}{2}x-2$　この式に$y=0$を代入して，$0=\frac{1}{2}x-2$　$\frac{1}{2}x=2$　$x=4$　よって，D(4, 0)　$y=\frac{16}{x}$と$y=\frac{1}{2}x-2$からyを消去すると，$\frac{16}{x}=\frac{1}{2}x-2$　$16=\frac{1}{2}x^2-2x$　$32=x^2-4x$　$x^2-4x-32=0$　$(x-8)(x+4)=0$　$x<0$から，$x=-4$　$y=\frac{16}{-4}=-4$　よって，E$(-4,\ -4)$　CEとADはともにy軸に平行なので，CE//AD　よって，四角形ACEDは平行四辺形である。CE＝4　平行四辺形ACEDのCEを底辺とすると，高さは$4-(-4)=8$　したがって，四角形ACEDの面積は，$4\times8=32$

3 (平面図形の証明問題と計量問題－三角形の相似の証明，面積比)

(1) (証明) △EFDと△CFBにおいて，対頂角から，∠EFD＝∠CFB…①　平行線の錯角から，∠EDF＝∠CBF…②　①と②から，2組の角がそれぞれ等しいので，△EFD∽△CFB

(2) △EFD∽△CFBで，相似比はED：CB＝3：5　よって，△EFD：△CFB＝$3^2：5^2$＝9：25

(3) FD：FB＝ED：CB＝3：5　△CFB：△CDB＝FB：DB＝5：(5＋3)＝5：8

重要 (4) 平行四辺形ABCDの面積を1と考えると，AE：ED＝2：3より，平行四辺形ABHE＝$\frac{2}{5}$，平行四辺形EHCD＝$\frac{3}{5}$　ECは平行四辺形EHCDの対角線だから，△ECD＝平行四辺形EHCD×$\frac{1}{2}$＝$\frac{3}{5}\times\frac{1}{2}=\frac{3}{10}$　EF：CF＝3：5より，△CDF＝△ECD×$\frac{5}{8}=\frac{3}{10}\times\frac{5}{8}=\frac{3}{16}$　△EGF∽△CDFで，相似比は3：5だから，面積比は$3^2：5^2$＝9：25　よって，△EGF＝△CDF×$\frac{9}{25}=\frac{3}{16}\times\frac{9}{25}=\frac{27}{400}$また，平行四辺形ABHEで対角線EBをひくと，△EBH＝平行四辺形ABHE×$\frac{1}{2}=\frac{2}{5}\times\frac{1}{2}=\frac{1}{5}$　EG：HG＝3：2より，△BHG＝△EBH×$\frac{2}{5}=\frac{1}{5}\times\frac{2}{5}=\frac{2}{25}$　よって，△EGF：△BHG＝$\frac{27}{400}：\frac{2}{25}=\frac{27}{400}：\frac{32}{400}$＝27：32

4 (空間図形の計量問題－三平方の定理，表面積，三角形の相似，最短距離)

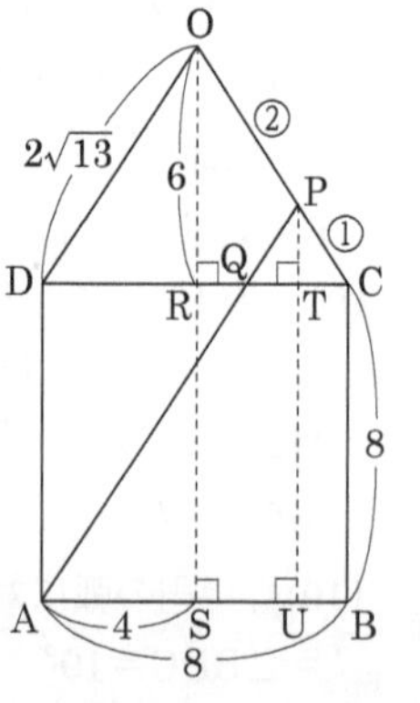

基本 (1) △OABは二等辺三角形だから，点HはABの中点になる。AH＝8÷2＝4　△OAHにおいて三平方の定理を用いると，OH＝$\sqrt{(2\sqrt{13})^2-4^2}=\sqrt{36}=6$(cm)

(2) △OAB＝$\frac{1}{2}\times8\times6=24$　正方形ABCDの面積は，8×8＝64　よって，求める表面積は，24×4＋64＝160(cm²)

重要 (3) AQ＋QPが最短になるときは，右の展開図において，点Aと点Pを一直線に結んだときである。よって，線分APの長さを求めればよい。(1)より，OR＝6cm　△CPT∽△CORで，CP：CO＝PT：OR，1：3

$=PT:6$，$PT=2$　よって，$PU=2+8=10$　また，$SU:UB=OP:PC=2:1$　$SU=4\times\frac{2}{3}=\frac{8}{3}$　$AU=4+\frac{8}{3}=\frac{20}{3}$　△PAUにおいて三平方の定理を用いると，$AP=\sqrt{10^2+\left(\frac{20}{3}\right)^2}=\sqrt{\frac{1300}{9}}=\frac{10\sqrt{13}}{3}$(cm)

5 (統計)

基本

(1) 5回目までの平均点が90点から，5回目までの合計得点は，$90\times5=450$　よって，3回目のテストの得点は，$450-(94+92+92+88)=84$(点)

(2) 10回のテストを通して平均90点以上となるためには，10回目までの合計得点が900点以上でなければならない。7回目までの合計得点は，$450+82+84=616$　$900-616=284$より，8～10回目のテストで284点以上とる必要がある

(3) 10回目までのテストの得点を大きさの順に並べると，82，84，84，88，88，92，92，92，94，96　よって，最頻値は92点，中央値は5番目と6番目の平均をとって，$\frac{88+92}{2}=90$(点)

(4) 最小値は82点，第1四分位数は84点，中央値は90点，第3四分位数は92点，最大値は96点を箱ひげ図に示すと右の図のようになる。

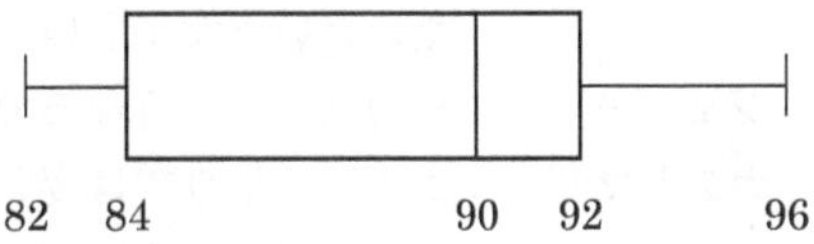

★ワンポイントアドバイス★

3(4)では，平行四辺形は1本の対角線によって，面積が2等分されることをうまく利用しよう。

＜英語解答＞

〔Ⅰ〕 Part1 No. 1 A ウ B ウ No. 2 A ア B ア Part2 No. 1 エ No. 2 ウ No. 3 イ

〔Ⅱ〕 問1 (1) イ (2) ア (3) エ (4) ウ
問2 choose [select / decide / start]

〔Ⅲ〕 問1 日本人は，年に12個以上ソフトクリームを食べている。 問2 It came to Japan from the United States about 60 years ago. 問3 sold [eaten / served / made] 問4 the soft serve, soft - serve ice cream 問5 (1) × (2) ○ (3) × (4) ○ (5) ○

〔Ⅳ〕 (1) ア (2) イ (3) ウ (4) ア (5) エ

〔Ⅴ〕 (1) he lives (2) Let's go (3) has, for (4) written by (5) like, most [best]

〔Ⅵ〕 (1) light (2) September (3) hour (4) sea (5) our

〔Ⅶ〕 ① because playing video games is loved by a lot of people
② a professional career in esports is much shorter than we think
③ (例) Even if I lose, I will keep playing video games.

○推定配点○

〔Ⅰ〕・〔Ⅱ〕 各2点×11　〔Ⅲ〕 各3点×9　〔Ⅳ〕・〔Ⅵ〕 各2点×10
〔Ⅴ〕 各3点×5(各完答)　〔Ⅶ〕 ①・② 各5点×2　③ 6点　計100点

<英語解説>

〔Ⅰ〕 リスニング問題解説省略。

〔Ⅱ〕 (会話文：適語補充)

(全訳) ジェニーはニュージーランドからの留学生。彼女は週末に彼女のホストマザーと話している。

ホストマザー：今日の新聞によると，イズミ中学校の制服が変わるそうよ。
ジェニー　　：本当に？　明日から生徒たちは違う制服を着始めるということ？
ホストマザー：(1)いいえ。今度の4月から変わる予定よ。
ジェニー　　：なるほど。
ホストマザー：新聞によると，女子生徒に新しいスカートだけでなく，パンツも作ったそうよ。彼女たちはスカートかパンツのどちらにするかを(ア)選ぶことができる。
ジェニー　　：まぁ，それは素晴らしい！　大きな変化ね！　(2)どうしてそうなったの？
ホストマザー：おそらくジェンダーフリーの考えに基づいているから。最近は制服でパンツをはきたいという女子もいる。
ジェニー　　：私の制服はどうなるの？　私の学校でも変わると思う？
ホストマザー：私の知る限りでは変わらない。あなたの制服はもう30年以上同じなのよ。
ジェニー　　：わぁ，それは長い歴史があるのね。
ホストマザー：そうね。生徒たちは皆自分たちの制服を気に入っているので，(3)制服のデザインは変えないでしょう。
ジェニー　　：おそらく生徒たちは自分たちの制服は学校の良き伝統の1つだと考えているのだと思う。
ホストマザー：(4)自分たちの制服に誇りを持っているのね。
ジェニー　　：私もそう思う。

問1 (1) 直前のジェニーのセリフで，明日から制服が変わるのかという問いに対する答え。続く文で今度の4月からとあるので，イNo, it doesn't. が適当。 ア「そうです」 ウ「見当もつかない」 エ「もちろん」 (2) スカートかパンツを選ぶことができるということに対してジェニーが驚いて言ったセリフ。続くホストマザーのセリフで，ジェンダーフリーの考えに基づくとあるので，ア「なぜそうなったの？」が適当。that は直前のホストマザーのセリフ最終文を指す。 イ「なぜ新聞はそのようなことを言っているの？」 ウ「なぜあなたはそう思うの？」 エ「なぜそれがわかるの？」 (3) 1つ前のホストマザーのセリフで，彼女の知る限りでは変わらないと言っている。また空所後に，生徒たちが自分たちの制服を気に入っているからと続くので， エ「制服のデザインは変えないでしょう」が適当。 ア「彼女たちは学校の歴史を変えるだろう」 イ「彼女たちは学校の名前を変えないだろう」 ウ「彼女たちは制服のデザインを変えるだろう」 (4) 直前のジェニーのセリフで，制服が学校の良き伝統の1つだとある。また最後にジェニーがホストマザーの(4)のセリフに賛同していることから， ウ「彼女たちは自分たちの制服に誇りを持っている」が適当。 ア「その制服を見たい」 イ「その制服が嫌いだ」 エ「彼女たちは自分たちの制服を変えるだろう」

問2 前後の流れから「スカートかパンツのどちらを着るかを選ぶことができる」という意味にしたい。「選ぶ」choose, selectが使える。他にもdecide to wear either～「どちらを着るか決める」，start to wear either ～「どちらかを着始める」としても可。

〔Ⅲ〕 (長文読解問題・論説文：内容把握，英問英答，指示語，内容正誤判断)

(全訳) ①北海道から沖縄まで日本の人々は旅行中にソフトクリームを食べることを楽しむ。ソフトクリームは彩り豊かであらゆる年齢層の人たちが楽しめる人気のあるデザートだ。日本のソフトクリームはバニラ，チョコレート，イチゴといった一般的な味だけでなく，日本中の観光地特有の味のものもたくさん売られている。実際，それぞれの地元にはそこ独自の特別な味のものがある。

日本人はたくさんのソフトクリームを食べる。2015年の日本ソフトクリーム協議会の調査によると，日本人は年に12個以上のソフトクリームを食べることがわかった。ソフトクリームの味に関する調査では，日本人はバニラ，チョコレート，緑茶，イチゴ，メロン，コーヒー，マンゴーなど様々な味を楽しんでいることも明らかになった。

なぜソフトクリームがこんなにも人気になったのだろうか。ソフトクリームは約60年前にアメリカから日本にやってきた。最初はデパートやレストラン，カフェで売られていた。人々はそれが大好きになり，売り上げは東京から日本中の他の地域にもすぐに広まった。その後，北海道の酪農場で作られたソフトクリームがブームになった。新鮮な牛乳から作られたおいしいソフトクリームが流行となり，日本中の酪農場が独自の自家製ソフトクリームを販売し始めた。

今や，ソフトクリームは材料にその地域の特産品を入れて②作られるようにもなった。静岡や長野のような県にはワサビ，日本のホースラディッシュで寿司に入っている緑色の調味料から作られたソフトクリームがある。新鮮なワサビが上に載せられていたり，③それの中に混ぜられている。甘さと辛さの味の組み合わせが人気になっている。

香川県はうどんで有名で，「うどんソフトクリーム」と呼ばれるソフトクリームがある。それはスパゲッティよりも長く太いのでうどんのように見えるのだ。クリームにはしょうがが混ぜ込まれており，黄色をしている。うどんのトッピングである長ネギと少量のしょうゆもかけられている。まだ北海道の函館ではたくさんのイカが取れるのでイカ墨を使った黒いソフトクリームを見つけることさえもできる。

このように，日本人は多くの地域で多種多様なソフトクリームを作り出すために地元特産品を使ってきた。次回日本を旅する時に，独自のソフトクリームに挑戦してみてはいかがですか。

問1　第2段落第2文参照。more than 12 soft serves a yearの部分を答える。

問2「ソフトクリームはどこから，またいつ日本に来たのですか」 第3段落第1，2文参照。Soft serveを代名詞Itに置き換え答える。

問3「ソフトクリームは材料にその地域の特産品を入れて(　)される」という意味の文。前後の文の流れからsold「販売されている」，eaten「食べられている」，served「提供されている」，made「作られている」などが適当。Isに続く受動態であることから過去分詞形にすること。

問4　wasabi is mixed into itとmixedの前にwasabi is が省略されている受動態の文。ワサビが混ぜ込まれているのはソフトクリームなのでthe soft serve, soft - serve ice creamが正解。

問5　(1)(×)　第1段落第3，4文参照。それらの味が一般的だと述べられているだけで，販売量に関する記述はない。　(2)(○)　第3段落5，6文に一致。　(3)(×)　第4段落第2文参照。静岡と長野にあるのはワサビ味のソフトクリームなので不一致。　(4)(○)　第5段落1，2文参照。うどんのような見た目のソフトクリームが紹介されているので一致。　(5)(○)　最終段落に一致。

基本 ［Ⅳ］ **(語句選択補充問題：動名詞，不定詞，関係代名詞，慣用句)**

(1)「この本は読む価値がある」 be worth …ingで「…する価値がある」という意味。ア readingは動名詞。

(2)「私は彼女に私たちと一緒にいてくれるよう頼んだ」 <ask +人+ to…>で「人に…するよう頼む」の意味になるので，イ to go を入れる。

(3)「机の下にいる犬を見て」 先行詞はthe dogで人以外なので，ウ which が適当。

(4)「図書館と学校の間に高い建物が立っている」 <between A and B>で「AとBの間」と

いう意味になる。

(5)「私には二人の兄弟がいる。彼らの名前はケンとマコトだ。」「彼らの名前」という意味にするため所有格 Their を入れる。

重要〔Ⅴ〕**(言い換え問題：間接疑問文，現在完了，分詞，比較)**

(1)「彼はどこに住んでいますか？　あなたは知っていますか？」→「あなたは彼がどこに住んでいるか知っていますか」 間接疑問の文にする。間接疑問文は<主語＋動詞>の語順になるので where he lives という形にする。主語が he なので lives と三単現 -s を付けることに注意。

(2)「彼らに会うために駅に行きませんか？」 勧誘表現 Shall we ~? は Let's ~. と同意。Shall we, Let'sの後はいずれも動詞の原形が続くことに注意。

(3)「3時間前に雨が降り出して，今もまだ降っている」→「3時間雨がずっと降っている」 3時間前から今もずっと降り続けているので「ずっと…している」という意味を表す現在完了進行形<have〔has〕+ been + …ing>にする。主語は It なので has を入れる。「3時間」という期間を表す前置詞は for。

(4)「マークが小説を書いた。それはとても人気だった」→「マークによって書かれた小説はとても人気だった」 The novel written by Mark で「マークによって書かれた小説」という意味になる。written 以下は The novel を後置修飾する分詞句で，ひとまとまりでこの文の主語になる。

(5)「あなたのお気に入りの教科は何ですか？」→「あなたが一番好きな教科は何ですか？」 What subject do you like「あなたは何の教科が好きですか」にthe most〔best〕を続けると「一番好きな教科は何ですか」という意味になる。

基本〔Ⅵ〕**(語彙問題)**

(1) small「小さい」⇔ large「大きい」反意語の関係なので heavy「重い」の反意語 light「軽い」が正解。

(2) first「一番目」→ January「1月」　ninth「9番目」→ September「9月」 大文字にすること。

(3) 60seconds「60秒」→ 1minute「1分」　60minutes「60分」→ 1hour「1時間」

(4) peace「平和」〔pi:s〕→ piece「断片」 同音異義語の関係なので see「見る」〔si:〕→ sea「海」が正解。

(5) I → my 代名詞の主格 → 所有格　主格 we の所有格は our

重要〔Ⅶ〕**(語句整序問題：動名詞，受動態，比較 / 和文英訳)**

① (There are many esports players around the world) because playing video games is loved by a lot of people. 「~ので」と理由を表す文なのでbecauseで始める。日本語文の主語は「テレビゲーム」だが，英文にする場合は playing video games「テレビゲームをすること」と動名詞を主語に置く。「多くの人々に愛されている」なので受動態is loved, そして動作主 by a lot of people を続ければよい。

② (However,) a professional career in esports is much shorter than we think. 主語は「eスポーツのプロ生活」a professional career in esportsになる。a professional career in ~で「プロとしての~の仕事」という意味。「~よりもずっと短い」はmuch shorter than~という比較級で表す。muchは比較級を強調する副詞。「~」の部分に「私たちが考える」we thinkがくる。

③ (例) Even if I lose, I will keep playing video games.「たとえ…でも」は<even if ＋主語＋動詞>で表す。Even if ~は条件を表す副詞節なので，未来のことも現在時制で表

す。したがって I lose と現在形にすること。主語は示されていないが，メンバーのセリフなのでIを主語に置く。「…し続ける」keep …ing，continue …ing〔to…〕，keep on …ingなどを使うとよい。「…するつもり」なので I will keep…と未来形にすること。「テレビゲームをする」play video games ゲーム1つではないので複数形にすることに注意。

★ワンポイントアドバイス★

問題数が多いので時間配分に気を付けよう。最後に難易度の高い英文を作る問題があるので読解問題で時間をかけすぎないようにしよう。記述問題ではスペルミス，大文字小文字ミスなどのケアレスミスに気を付けよう。

＜国語解答＞

〔一〕 問一 ① 払　② 雑誌　③ 絶滅　④ かたよ(って)　⑤ 渦　問二 オ
問三 エ　問四 ア　問五 利益　問六 エ　問七 ウ　問八 右(往)左(往)
問九 (例) 自分で価値を判断するより世間の流れに乗ろうとすること。　問十 オ
問十一 i (例) 芸術などに関心を持ち自らアプローチする　ii (例) 真剣に考え心に留めようとする　問十二 エ　問十三 オ

〔二〕 問一 ① 挨拶　② 詳細　③ 原稿　④ 備(える)　⑤ 狭(き門)
問二 エ　問三 ウ　問四 文節 4　単語 7　問五 (例) 「僕」と一緒に帰ると言って三年生の誘いを辞退した。　問六 イ　問七 ア　問八 エ
問九 (例) 作品制作に最も貢献した正也にはぜひ全国大会に行ってもらいたい(という気持ち。)　問十 (1) 気持ちの切り替えが早い，明るい人物。　(2) オ
問十一 正也の脚本　問十二 オ　問十三 ウ

○推定配点○
〔一〕 問一～問六・問八 各2点×11　問九・問十一 各5点×3　他 各3点×4
〔二〕 問一～問四・問十二 各2点×10　問五・問九 各5点×2　他 各3点×7
計100点

＜国語解説＞

〔一〕 (論説文―漢字，脱語補充，動詞の活用，類義語，語句の意味，四字熟語，文脈把握，内容吟味，要旨)

問一 ① 「払」の音読みは「フツ」。熟語は「払拭」「払底」など。　② 「雑」を使った熟語はほかに「雑貨」「雑用」など。音読みはほかに「ゾウ」。熟語は「雑煮」「雑巾」など。訓読みは「ま(じる)」。　③ 「絶」を使った熟語はほかに「絶体絶命」「絶賛」など。訓読みは「た(える)」「た(つ)」「た(やす)」。　④ 「偏」の。音読みは「ヘン」。熟語は「偏狭」「偏在」など。　⑤ 「渦」の音読みは「カ」。熟語は「渦中」など。字形の似ている「禍」と区別する。

問二 直前に「具体的なものほど価値があるように見える」とあるので，直後に「わざわざ金をハラう人間はいない」とあるⅠは「抽象(的なアドバイス)」とするのが適切。Ⅱは，Ⅰとは対照的な語が入ると考えられるので「具体(的)」とするのが適切。「『ある店で時間限定で食べられる，

こんな料理がおいしい』」という「具体的」な情報である。

問三　「助ける」は,「け／け／ける／ける／けれ／けろ・けよ」と活用する下一段活用。アの「注意する」はサ行変格活用。イの「咲く」は五段活用。ウの「起きる」は上一段活用。エの「避ける」は下一段活用。オの「来る」はカ行変格活用。

問四　直後の「正しい情報を得るためには労力が必要」を修飾する語としては,最初,という意味の「そもそも」が適切。

問五　「対価」は,与えた利益に対して受け取る報酬のこと。似た意味の語を探すと,「どうしてこんな……」で始まる段落に「発信者の利益」とあるので,「利益」が適切。

問六　「捉える」は,しっかりつかんではなさない,ある視野・知識の範囲にしっかりおさめる,問題として取り上げる,という意味なので,エの「理解している」が適切。

問七　「若い人たち」の置かれている状況については,次の「若者たちは……」で始まる段落以降に「若者たちは,自分の価値基準というものは二の次で,とにかくまずは世間の流れに乗ろう,と必死なのだ。その世間の流れというのは,……塵のような瑣末で具体的な情報であって,……ただただ藻掻いているのである」「あたかもそうすることでしか正常な人間関係が築けないと思い込まされている」とあるので,これらの内容と合致するウが適切。

問八　「右往左往」は「うおうさおう」と読む。「なにがダイエットに効くと聞いて,それを買いに走り,新しいゲームが出れば,遅れないよう列に並んで購入する」「催眠術のような『お告げ』」に振り回される様子である。

問九　「そう」が指すのは,直前の段落の「自分の価値判断というものは二の次で,とにかくまずは世間の流れに乗ろう」という態度のことなので,この内容を「～すること。」という形にして「自分で価値を判断するより世間の流れに乗ろうとすること。(27字)」などとする。

やや難　問十　直前に「年齢を重ねれば,だんだんその滑稽さがわかってくるのだが,気づいたときにはもう遅い。という悲劇もあるだろう」とあり,その滑稽さに気づかない方が「幸せ」かもしれない,とする文脈なので,「自分の滑稽さを意識せずに,生活することができるから」とするオが適切。

やや難　問十一　「それでも……」で始まる段落に「若いときには,本を読んだり,映画を観たり,ライブを聴きにいったり,美術館や博物館へ足を運んだりする人が比較的多い。そんなふうに自分からアプローチした場合には,金や時間,労力がかかる代わりに,自分が感じたものを少しは真剣に考え,心に留めようとする。じっくり見るだろうし,集中して聴くだろう」とあり,「これ」が指す内容にあたるので,解答欄に合わせ,ⅰは,「本を読んだり,」映画を観たり,ライブを聴きにいったり,美術館や博物館へ足を運んだりする」ことを30字以内で要約し,ⅱは,「真剣に考え,心に留めようとする」などとする。

やや難　問十二　直前の「歳をとると,自分に無縁なものが増えてくるし,割り切れるようになる。……予感や願望だけの『美しさ』は無益なものとして排除される。ついには,もう毎日の自分の身の回りの損得しか考えなくなる」が,「こう」の指示内容なので,これらの内容と合致するエが適切。

問十三　オの「抽象的なことって,……すぐに生活の役に立つはず」は,本文冒頭に「情報というのは,具体的なものほど価値があるように見える」とあることと合致しない。

〔二〕(小説―漢字,慣用句,表現技法,文節,品詞,情景・心情,文脈把握,内容吟味,脱語補充,接続語)

問一　①「挨」も「拶」も,近づく,という意味がある。②「詳」を使った熟語はほかに「詳述」「未詳」など。訓読みは「くわ(しい)」。③「原」を使った熟語はほかに「原因」「原料」など。訓読みは「はら」。④「備」の訓読みは「そな(える)」「そな(わる)」。音読みは「ビ」。熟語は「備蓄」「備考」など。　⑤「狭」の訓読みは「せば(まる)」「せば(める)」「せま(い)」。音読みは「キョウ」。熟語は「狭義」「狭量」など。

問二　「首をひねる」は，納得できない様子の表現なので，エが適切。二人家族の分とは思えないような大量の唐揚げを人は不思議に思うだろう，という意味である。

問三　比喩であることを示す「ような」という語を用いてたとえているので「直喩」が適切。

問四　文節は「パンケーキの／おいしい／カフェに／行こう」と4文節に分けられる。単語は「パンケーキ(名詞)・の(助詞)・おいしい(形容詞)・カフェ(名詞)・に(助詞)・行こ(動詞)・う(助動詞)」と7単語に分けられる。

問五　直前に「久米さんや正也さえも，僕と一緒に帰ると言って辞退した」とある。久米さんと正也は，「パンケーキのおいしいカフェに行こう」という三年生の提案を辞退していたのである。これらの内容を要約して「『僕』と一緒に帰ると言って三年生の誘いを辞退した。(25字)」などとする。

やや難　問六　直後に「――みんなで東京に行けるね！」「モヤモヤの原因はこれだ」「初めは，よかったですね，なんて思いながら先輩たちを眺めていたけれど，ふと，全国大会は，一部門につき五人分しか学校からの遠征費は出ない，と先輩たちが言っていたことを思い出した」とあるので，イが適切。先輩たちは自分たちが行けるものと思って喜んでいるが，五人分の遠征費しか出ないという現実を考えると複雑な気持ちになり，「全国大会の話はしたくない」と思ってしまうのである。

問七　直前に「『……全国大会と手術の日は重なっていないの？　今ならまだ，日程の調整をしてもらえるはずよ』」とあるので，「手術の日程の調整をしてもらおうということ」とするアが適切。

問八　Xは，直後に「僕は母さんに，学校から遠征費が出る人数と三年生の部員数が同じであることを，簡単に説明した」と続いているので，「……」は，説明の省略を表しているとわかる。Yは，直後に「残念ね」とあり，母が落胆している様子がわかるので，エが適切。

やや難　問九　直後に「ラジオドラマ制作に一番貢献したのは，正也なのだから」とあり，さらに「正也の脚本ありき，一人のエースありきの結果だ」とある。全国大会に行くべきは正也であると思っているのである。

やや難　問十　(1)　「ケロっと」は，何事もなかったように，平然としている様子。圭祐が全国大会には行けないことを知り，「そうなの……残念ね」と落胆した直後に「じゃあ……遊園地にでも行って来たら？」と，気持ちを切り替えて明るく言う様子を「ケロっと」と表現しているので，気持ちの切り替えが早いことと明るい性格であることを押さえて25字以内でまとめればよい。

(2)　直後に「代わりのもので納得できることではない。そもそも母さんは，Jコン本選出場がセマき門であることをわかってなさそうだ」とある。本選出場が決まったものの圭祐も正也も本選には行けないということを，さほど深刻にとらえていないことがわかるので，「友人と遊ぶことで気が晴れるだろうと考えている」とするオが適切。

問十一　直後に「決して，凡人の奇跡ではないはずだ」「正也の脚本ありき，一人のエースありきの結果だ」とあるので，「正也の脚本」とするのが適切。

問十二　Ⅰ　後の「……まいと」と呼応する語としては，もしそうであっても，という意味の「たとえ」が適切。　Ⅱ　後の「……たら」に呼応する語としては，仮に，という意味の「もし」が適切。

やや難　問十三　直後に「俺もJBKホールに行きたい。そう言われたら，どう返せばいい？」とあるので，ウの「生徒C」の意見が適切。正也こそが本選会場に行くべきだ，とは思うものの，実際に行くことはできず，「行きたい」と言われたら返事に窮することがわかっているから「伝えることはできない」というのである。アの「久米さんに相談してからでないと，自分の考えが正しいと思えない」，イの「正也の気持ちを変えることはできない」，エの「顧問の気持ちを変えようとはしている」，オの「迷惑になりかねないからやめておこうと考えている」は，本文からは読み取れない。

★ワンポイントアドバイス★

記述問題が多いので，筆者の意見や登場人物の心情を文字数に合わせて要約する練習を重ねよう！　読解問題に組み込まれる形で出題される漢字・文法・語句・表現技法は，確実に得点できる力をつけよう！

B日程

2023年度

解　答　と　解　説

《2023年度の配点は解答欄に掲載してあります。》

＜数学解答＞

[1]　(1)　63　(2)　$3xy$　(3)　$x=64$　(4)　0　(5)　$-6\sqrt{3}$　(6)　$y=-2$
(7)　$a=2$　(8)　$\frac{1}{4}b^2$　(9)　75°　(10)　$\frac{3}{5}$

[2]　(1)　中央値　592km^2，第1四分位数　372km^2　(2)　上から順に，1，3，2，3，3，0，1，1，0，1　(3)　633km^2

[3]　(1)　辺FG，辺BC，辺EH，辺AD　(2)　ア)　$8\sqrt{5}$cm　イ)　12cm^3

[4]　(1)　解説参照　(2)　5　(3)　$\frac{25}{4}$　(4)　$\frac{45}{16}$

[5]　(1)　600m　(2)　$y=60x-300$　(3)　解説参照　(4)　ア)　1620m
イ)　10時57分

○推定配点○

[1]・[3]～[5]　各4点×22([3](1)完答)　[2]　(1)　各2点×2　他　各4点×2　計100点

＜数学解説＞

基本 [1]　(数・式の計算，比例式，式の値，平方根の計算，関数，図形と関数・グラフの融合問題，角度，図形と確率)

(1)　$6^2-9\times(6-9)=36-9\times(-3)=36+27=63$

(2)　$-4x^2\div\frac{12}{7}xy\times\left(-\frac{9}{7}y^2\right)=4x^2\times\frac{7}{12xy}\times\frac{9y^2}{7}=3xy$

(3)　$24:x=3:8$　$3x=24\times8$　$x=64$

(4)　$x^2-13x=x(x-13)=13\times(13-13)=13\times0=0$

(5)　$3\sqrt{12}-4\sqrt{27}=3\times2\sqrt{3}-4\times3\sqrt{3}=6\sqrt{3}-12\sqrt{3}=-6\sqrt{3}$

(6)　$y=\frac{a}{x}$に$x=-3$，$y=4$を代入すると，$4=\frac{a}{-3}$　$a=4\times(-3)=-12$　よって，$y=-\frac{12}{x}$
この式に$x=6$を代入して，$y=-\frac{12}{6}=-2$

(7)　変化の割合$=\frac{y\text{の増加量}}{x\text{の増加量}}$より，変化の割合$=\frac{a\times4^2-a\times(-1)^2}{4-(-1)}=3a$　仮定より，$3a=6$
$a=2$

(8)　傾きが-2で，切片がbである直線の式は，$y=-2x+b$…①　①とx軸，y軸とで囲まれた図形は直角三角形である。①に$y=0$を代入して，$0=-2x+b$，$2x=b$，$x=\frac{b}{2}$から，①とx軸との交点の座標は，$\left(\frac{b}{2},\ 0\right)$　①とy軸との交点の座標は，$(0,\ b)$
求める直角三角形の面積は，底辺$\frac{b}{2}$，高さbだから，$\frac{1}{2}\times\frac{b}{2}\times b=\frac{1}{4}b^2$

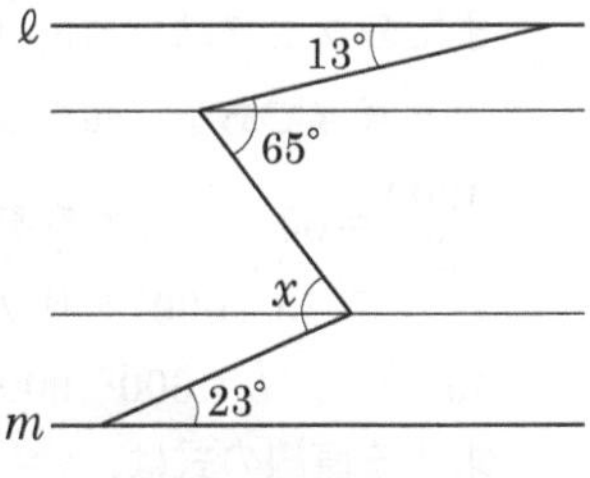

(9)　右の図のように，ℓ，mに平行な補助線をひき，錯角が等しいことを利用すると，$\angle x=(65°-13°)+23°=75°$

(10) 玉の取り出し方は，(A，B)，(A，C)，(A，D)，(A，E)，(B，C)，(B，D)，(B，E)，(C，D)，(C，E)，(D，E)の10通り　そのうち，直角三角形となるのは，(A，C)，(A，D)，(B，C)，(B，E)，(C，D)，(C，E)の6通り　よって，求める確率は，$\frac{6}{10}=\frac{3}{5}$

2 (統計－中央値，第1四分位数，度数分布表，平均値)

基本 (1) データの数が15個だから，中央値は，8番目のデータの栃木の592km^2　第1四分位数は，下位データ7個のうちの中央にある4番目のデータの富山の372km^2

(2) 「以上」，「未満」に注意してデータを整理する。

(3) 平均値＝$\frac{\{(\text{階級値})\times(\text{度数})\}\text{の合計}}{(\text{度数の合計})}$から，

$$\frac{300\times1+400\times3+500\times2+600\times3+700\times3+900\times1+1000\times1+1200\times1}{15}=\frac{9500}{15}=633.3\cdots$$

よって，633km^2

3 (空間図形の問題－垂直な辺，最短距離，体積)

基本 (1) 面CGHDに垂直な辺は，辺FG，辺BC，辺EH，辺ADの4本

(2) ア) 求める最短距離は右の展開図においてAとFを一直線で結んだ線分となる。AE＝6＋4＋6＝16，EF＝8　△AEFにおいて三平方の定理を用いると，$\text{AF}=\sqrt{16^2+8^2}=\sqrt{320}=8\sqrt{5}$(cm)　イ) 四面体AGJIの△GJIを底面とすると，高さはADになる。右の図で，△FJG∽△FABより，FG：FB＝GJ：BA　よって，6：16＝GJ：8　$\text{GJ}=\frac{6\times8}{16}=3$

したがって，求める四面体の体積は，$\frac{1}{3}\times\frac{1}{2}\times3\times4\times6=12$($\text{cm}^3$)

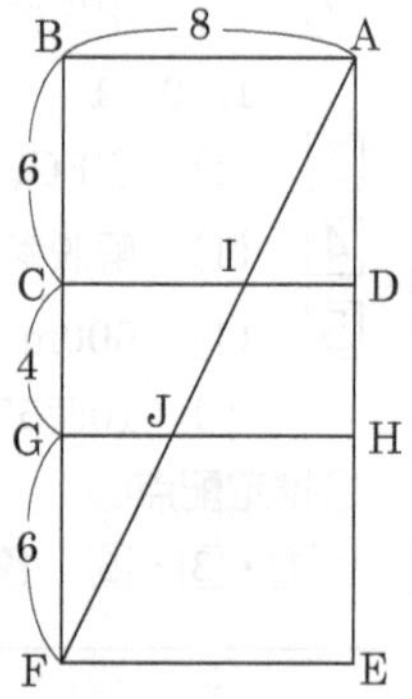

4 (平面図形の証明と計量問題－三角形の相似の証明，三平方の定理，平行線と線分の比の定理，円の性質)

(1) (証明) △ABCと△ADBにおいて，共通な角だから，∠BAC＝∠DAB…①　仮定から，∠ACB＝∠ABD＝90°…②　①と②から，2組の角がそれぞれ等しいので，△ABC∽△ADB

基本 (2) △ABCにおいて三平方の定理を用いると，$\text{AB}=\sqrt{3^2+4^2}=\sqrt{25}=5$

(3) △ABC∽△ADBより，AC：AB＝AB：AD　4：5＝5：AD　$\text{AD}=\frac{5\times5}{4}=\frac{25}{4}$

重要 (4) ∠CBD＝90°－∠ABC＝∠BAC　平行線の錯角より，∠CBD＝∠BDE　また，$\overset{\frown}{\text{BE}}$に対する円周角より，∠BDE＝∠BFE　また，平行線の同位角より，∠BAC＝∠EBF　よって，∠BFE＝∠EBFから，△EFBは二等辺三角形である。$\text{CD}=\text{AD}-\text{AC}=\frac{25}{4}-4=\frac{9}{4}$　平行線と線分の比の定理より，AB：BE＝AC：CD　$5:\text{BE}=4:\frac{9}{4}$　$4\text{BE}=5\times\frac{9}{4}=\frac{45}{4}$　$\text{BE}=\frac{45}{16}$

したがって，$\text{EF}=\text{BE}=\frac{45}{16}$

5 (一次関数の利用)

基本 (1) 郵便局に5分立ち寄っていることから，グラフより600m

(2) 郵便局を出発してから図書館に到着するまでのグラフは，(15，600)，(35，1800)を通る直線である。傾きは，$\frac{1800-600}{35-15}=\frac{1200}{20}=60$　求める直線の式を$y=60x+b$として(15，600)を代入すると，$600=60\times15+b$　$b=600-900=-300$　よって，求める直線の式は，$y=60x-300$

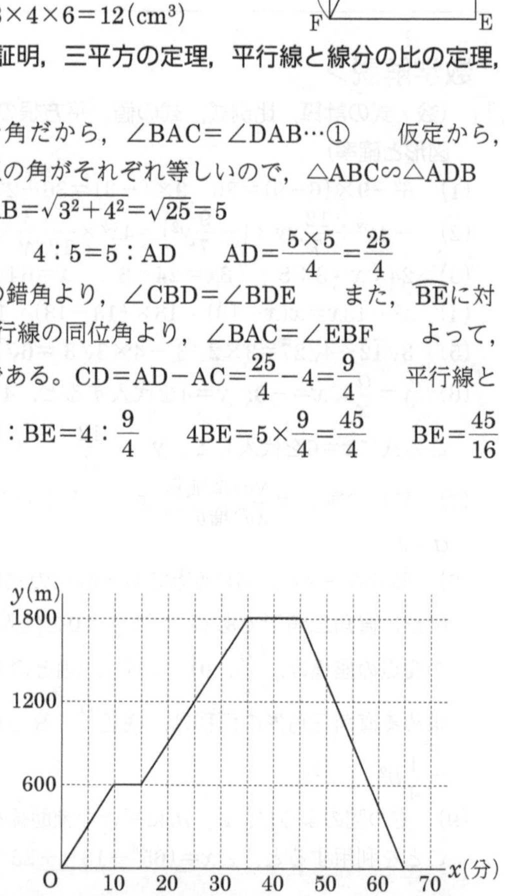

(3)　P君は図書館に10分間滞在しているので，(35，1800)，(45，1800)を通る。また，分速90mで家に帰るので，$1800\div90=20$より，(65，0)を通る。よって，前ページの図のようなグラフをかけばよい。

(4)　ア)　(2)の式に$x=32$を代入して，$y=60\times32-300=1620$　よって，P君と妹がすれ違ったのは，家から，1620mはなれた地点

イ)　妹がコンビニエンスストアを出発してから家に到着するまでのグラフが通る座標を調べると，$1620-1200=420$　$420\div60=7$　$32+7=39$　$39+10=49$から，(49，1200)，$1200\div60=20$，$49+20=69$から，(69，0)　この2点を通る直線の傾きは，-60　$y=-60x+b$に(69，0)を代入すると，$0=-60\times69+b$　$b=4140$　$y=-60x+4140$…①　P君が図書館を出発してから家に帰るまでのグラフは，(3)より，(45，1800)，(65，0)を通る直線だから，$y=-90x+c$に(65，0)を代入すると，$0=-90\times65+c$　$c=5850$　$y=-90x+5850$…②　①と②からyを消去すると，$-60x+4140=-90x+5850$　$30x=1710$　$x=57$　よって，P君が妹に追いついた時刻は，10時57分

★ワンポイントアドバイス★

[3](2)イ)は，四面体AGJIの一つの面GJIを底面としたときの高さはADになることに気づくことがポイントである。よって，GJの長さだけを計算して，体積を求める。

<英語解答>

［Ⅰ］　Part1　No. 1　A　ウ　B　エ　No. 2　A　イ　B　イ　Part2　No. 1　イ　No. 2　ウ　No. 3　イ

［Ⅱ］　問1　(1)　イ　(2)　ア　(3)　ウ　(4)　ウ　問2　shoes

［Ⅲ］　問1　道路や線路のゴミを拾わない。／走らない。／人の家に入らない。　問2　To protect their hands.　問3　be　問4　a supo-gomi contest. [clean-up activity]　問5　(1)　×　(2)　×　(3)　○　(4)　○　(5)　×

［Ⅳ］　(1)　ア　(2)　イ　(3)　ウ　(4)　イ　(5)　エ

［Ⅴ］　(1)　must not　(2)　better than　(3)　broken by　(4)　what, means　(5)　to me

［Ⅵ］　(1)　borrow　(2)　February　(3)　week　(4)　one　(5)　theirs

［Ⅶ］　①　It is said that water bears may be the strongest animal(s) in the world.　②　…no one knows why water bears are so tough　③　…some researchers think that humans can be like water bears

○推定配点○

［Ⅰ］・［Ⅱ］　各2点×12　［Ⅲ］　各3点×9(問1完答)　［Ⅳ］・［Ⅵ］　各2点×10

［Ⅴ］　各3点×5(各完答)　［Ⅶ］　①　6点　②・③　各4点×2　計100点

＜英語解説＞

〔Ⅰ〕 リスニング問題解説省略。

〔Ⅱ〕 (会話文：適語選択補充，適語補充)

(全訳) ルーシーはアメリカ出身の生徒で，彼女のクラスメイトのユリと教室で話している。

ルーシー：ユリ，今週末は何か予定がある？

ユリ　　：ある。土曜日と日曜日に何人かの友達と高齢者施設にボランティアに行く予定なの。

ルーシー：そうなの？ (1)そこで何をしているの？

ユリ　　：えぇと，初日は食事の配膳の手伝いをして，床と風呂場の掃除をする。二日目は施設で楽しいアクティビティーを紹介する予定。

ルーシー：わあ，2日間はボランティアで忙しくなる予定なのね。でもユリ，そこの職員の人たちはあなたと働けてきっと喜ぶと思うわ。

ユリ　　：(2)そうだといいな。あなたはどうなの，ルーシー？ 週末は何か予定があるの？

ルーシー：来週月曜日のプレゼンの準備をする予定。

ユリ　　：プレゼン？ (3)どういうこと？

ルーシー：田中先生の生徒たちにアメリカと日本の文化の違いについて話すよう先生に頼まれたのよ。

ユリ　　：彼らは何年生なの？

ルーシー：7年生よ。

ユリ　　：なるほど。それで，何について話す予定なの？ 例を教えてくれる？

ルーシー：いいわよ。日本人は家に入る前に(ア)靴を脱ぐ。でもたいていの場合，アメリカ人は脱がない。これが一つの例よ。

ユリ　　：そう，これは日本の習慣ね。お互いをより深く理解するのに役立つから，文化の違いを知ることは大切だと思う。

ルーシー：(4)同意よ。

ユリ　　：ありがとう。それを聞けて嬉しい。

問1 (1) ユリが高齢者施設にボランティアに行くと聞いたルーシーのセリフなので，イ「そこで何をしているの？」が適当。ア「そこにどうやって行くの？」 ウ「いつそこに行くの？」 エ「なぜそこに行っているの？」 (2) ルーシーが「そこの職員たちが喜ぶと思う」と言ったことに対してのユリのセリフなので，ア「そうだといいな」が適当。イ「そうならないといいな」 ウ「私はそれができる」 エ「私はそれはできない」 (3) 「プレゼン？」と聞き返していることから，ユリはプレゼンのことを把握できていないと推測できる。したがって，ウ「どういうこと？」が適当。What do you mean? は「どういうこと？〔どういう意味？〕」という意味。 ア「あなたは何をしたいの？」 イ「あなたは何が欲しいの？」 エ「あなたはどう思う？」 (4) 「文化の違いを知ることが大切だ」というユリのセリフに答えており，続くセリフで「それが聞けて嬉しい」と言っていることから賛同していると推測できる。したがって，ウ「同意です」が適当。 ア「私たちは文化の違いをもたらしたい」 イ「私たちは習慣を1つも知らない」 エ「理解できない」

問2 take off～で「～を脱ぐ」 日本の習慣で家に入る前に脱ぐものは「靴」shoes。

〔Ⅲ〕 (長文読解問題・論説文：内容把握，適語補充，指示語，内容正誤判断)

(全訳) 日本中で，地域住民のグループが季節ごとに自分たちの町の清掃活動を行っている。これらの活動のおかげで住民たちは顔を合わせ，共に作業し友達になる。近年，自分たちの清掃作業にスポーツの要素を付け加えるようになった町もある。そのため，今は地域社会への奉仕活動が競技会のようになっている。

競技会は，「スポーツ」という言葉と日本語の「ゴミ」という言葉から「スポゴミ・コンテスト」と呼ばれている。そのコンテストでは，3～5人からなるチームで様々な種類のゴミを最も多く拾い集めようとする。それには時間制限があり，またチームがゴミを集められる特定の区域がある。また，道路や鉄道の線路ではゴミを拾わない，走らない，人の家には入らないといった①安全規則もある。

毎週，スポゴミコンテストは日本のどこかで，通常週末や祝日に行われている。選手はスポーツのユニフォームかTシャツとジーンズのような様々な服を着る。しかしながら，誰もが白い綿の②分厚い作業用手袋を使う。これが競技者たちの手を保護してくれるので，競技者たちは手を汚すことなく安全にゴミを拾うことができる。さらに，競技者たちはゴミを入れるビニール袋だけでなく，タバコの吸い殻のようなとても小さなゴミを拾うためのトングも持っている。

競技者たちは地元の会社やあらゆる年齢の学生たち，地域住人や友達グループなども含まれる。2018年に東京の港区で行われたコンテストでは，63人が参加し14グループができ，135キロのゴミを集めた! ゴミには，タバコの吸い殻，食品の容器，ペットボトル，紙の空き箱，傘が含まれていた。

ゴミはルールに従って別々に集められる。異なるタイプのゴミのそれぞれにポイントが与えられ，タバコの吸い殻が最も高いポイントになる。優勝チームは各チームの合計ポイントで決定する。優勝チームは達成証明書かトロフィー，また場合によっては会社スポンサーから特別な商品を獲得する。たとえ賞品を獲得しなかったとしても，すべての競技者が③成功を収め，共に行った清掃活動に誇りを持つことができる。

近年，清掃活動の数はどんどん増え続けている。また，きれいでゴミのない町は，人々に笑顔と安全に住む場所を与えるのにも役立つ。地球中で④このようなかっこいい活動を共有し，平和な世界で暮らすことを望んでいる日本人は常にたくさんいる。

問1　第2段落最終文参照。such as ～は「～のような」という意味でその後にsafety rulesの具体例が続く。したがってsuch as の後に書かれていることを3つ書けばよい。no ～で「～しない」

問2　「なぜすべてのスポゴミコンテストの選手は丈夫な作業用手袋を使うのですか？」 ②の次の文参照。Theseはtough work glovesを指す。Why で聞かれているので To protect their hands.が正解。Because they protect ～.／So players can safely pick up the trash without getting dirty. とその後の箇所を答えても可。

問3　all players can (　) successful and all the players can (　) proud of ～. という構造の文。主語と動詞が同じなのでand でつながれた文では主語と動詞が省略されている。be successful「～に成功する」 be proud of ～「～に誇りを持つ」 can の後なので動詞の原形beを入れればよい。

問4　activities like this で「このような活動」という意味。ここで紹介されている活動 a supo-gomi contest を答えればよい。clean-up activity「清掃活動」としても可。

問5　(1)(×)　第1段落最初の文で清掃活動があることがわかるが義務ではないので不一致。
(2)(×)　第2段落第2文参照。あらゆる種類のゴミを拾うとあるので不一致。　(3)(○)　第3段落最初の文に一致。　(4)(○)　第5段落第2文に一致。　(5)(×)　そのような記述はない。

基本〔Ⅳ〕 **(適語選択補充問題：不定詞，動名詞，慣用句，比較)**

(1)「彼はするべき仕事がたくさんある」 work to doで「するべき仕事」という意味になる。to do は形容詞用法の不定詞でworkを修飾する。

(2) 「私を手伝ってくれてありがとう」 thank you for …ingで「～してくれてありがとう」という意味になる。前置詞 for の後なので動名詞 helping が続いている。

(3) 「あなたはその計画に賛成ですか，それとも反対ですか？」 for or against ～で「～に賛成か反対か」という意味になる。for「賛成」against「反対」

(4) 「通りを渡る時には注意しなさい」 be carefulで「注意する」という意味。ここは「～しなさい」という命令文なので原形 Be で始める。

(5) 「私は全てのスポーツの中でサッカーが一番好きだ」 <of all ＋複数名詞>が続いているので最上級表現の文だと判断できる。interesting の最上級は the most interesting。

重要 ［Ⅴ］ (言い換え問題：助動詞，比較，分詞，間接疑問文)

(1) 「動物にエサをあげてはいけない」 否定命令文<Don't ＋動詞の原形…>から must not「～してはいけない」という禁止を表す状動詞を使った文にする。

(2) 「姉は弟ほど上手に歌えない」→「弟は姉より上手に歌う」 as well as ～「～と同じように」という意味。「～と同じように…できない」から「～より上手に…する」比較級 better than ～を使った文にする。

(3) 「これはカメラだ。彼が昨日それを壊した」→「これは昨日彼によって壊されたカメラだ」 broken by 以下が a camera を後置修飾する。カメラは壊されたという受け身の関係なので broken と過去分詞を入れる。過去分詞の形容詞的用法。

(4) 「私はこの言葉の意味を知らない」→「私はこの言葉が何という意味かわからない」「何という意味か」は what the word means と間接疑問文にする。the word が単数形なので means と三単現 -s を忘れないように。

(5) 「叔母はこの美しいバッグを私にくれた」 <give A(人)＋ B(もの)>から<give ＋ B(もの)＋ to A(人)>の形の文にする。give は第3文型では前置詞に to を取る。

基本 ［Ⅵ］ (語彙問題)

(1) sell「売る」⇔ buy「買う」反意語の関係なので lend「貸す」の反意語 borrow「借りる」が正解。

(2) first「1番目」→ January「1月」 second「2番目」→ February「2月」 大文字，スペルに注意。

(3) 365days「365日」→ a year「1年」 7days「7日間」→ a week「1週間」

(4) son「息子」〔sʌn〕→ sun「太陽」同音異義語の関係なので won「勝つ」〔wʌn〕→ one「1つ」

(5) she「彼女は」代名詞の主格 → hers「彼女の物」所有代名詞 they の所有代名詞は theirs「彼らの物」

重要 ［Ⅶ］ (英作文，語句整序問題)

① It is said that water bears may be the strongest animal(s) in the world.
「～だと言われている」は It is said that … という表現を使うとよい。「かもしれない」may be ～ 「世界で一番強い」 the strongest animal(s) in the world 最上級には必ず定冠詞theを付けること。

② (However,) no one knows why water bears are so tough. <主語＋動詞>はno one knowsで「誰もわからない」という否定表現にする。「なぜ…なのか」の部分は know の目的語になる間接疑問文。間接疑問文は疑問詞の後が<主語＋動詞> why water bears are so tough という語順になることに注意。

③ (Surprisingly,) some researchers think that humans can be like water bears. <主語＋動詞>は some researchers think になる。think の目的語が that 以下。can be ～「～になれる」 like～「～のように」

★ワンポイントアドバイス★

英作文や語句整序問題では，まず<主語 ＋ 動詞>に何を置くかを考えてから文を作っていこう。日本語は主語がなくても文が成り立つので，日本語に主語が明記されていないこともあるので気をつけよう。

<国語解答>

〔一〕 問一 ① 営(み) ② 印象 ③ 唯一 ④ 変容 ⑤ 開花 問二 ポスターやパッケージなど 問三 b 問四 (例) (デザインとは，)人類が地球環境を利用して生き延びるための知恵の一つ(だ，という視点。) 問五 Ⅰ オ Ⅱ エ 問六 (例) 文化の本質がローカルにあるということ。 問七 (最初) 自分たちの～(最後) していく。 問八 Ⅲ ローカル Ⅳ グローバル 問九 (表裏)一体 問十 ウ 問十一 簡素を尊ぶ文化 問十二 ア 問十三 想像力 問十四 ウ

〔二〕 問一 ① 菓子 ② 店舗 ③ のきさき ④ さ(げた) ⑤ 清潔 問二 (例) (ぐったりと疲れて)元気がない(様子。) 問三 (品詞名) 形容動詞 (活用形) 連体形 問四 (1) 名前も個性もなくしてしまったような『ザ・主婦』的格好 (2) (最初) ぎこちない～(最後) を立ち去る(という行動。) 問五 ウ 問六 イ 問七 (例) ⅰ 不満 ⅱ 理不尽 問八 ア 問九 エ 問十 (例) 家族が仲良く助け合うような家庭。 問十一 (例) 衿の要求が，突然予想より簡単なものに変わったから。 問十二 ア 問十三 ウ

○推定配点○

〔一〕 問一・問三・問五・問八～問十・問十二 各2点×13 問四・問六 各4点×2 他 各3点×5 〔二〕 問一・問三・問五～問七 各2点×11 問十・問十一 各4点×2 他 各3点×7 計100点

<国語解説>

〔一〕 (論説文―漢字，指示語，脱文・脱語補充，接続語，文脈把握，内容吟味，慣用句，品詞・用法，要旨)

問一 ① 「営」の訓読みは「いとな(む)」。音読みは「エイ」。熟語は「営業」「経営」など。 ② 「印」を使った熟語はほかに「印鑑」「印刷」など。訓読みは「しるし」。 ③ 「唯」を使った熟語はほかに「唯一無二」「唯我独尊」など。音読みはほかに「イ」。熟語は「唯々諾々」。訓読みは「ただ」。 ④ 「変」を使った熟語はほかに「変換」「変遷」など。訓読みは「か(える)」「か(わる)」。 ⑤ 「開」を使った熟語はほかに「開催」「開発」など。訓読みは「あ(く)」「あ(ける)」「ひら(く)」「ひら(ける)」。

問二 直前に「単にポスターやパッケージなどを指すのではない」とあるので，「それら」が指すのは「デザインやパーケージなど(12字)」。

問三 【b】の直前に「デザインというと……美術の一ジャンルぐらいに思っているかもしれない」とあり，これを「～そうではない」と打ち消す文脈になるので，【b】に補うのが適切。

やや難 問四 直前に「どうやって人類はこの先，生き延びられるように地球環境を利用すればいいのか。それを考えるための知恵の一つがデザインなのである」とあるので，この部分を要約し，解答形式に合わせて「(デザインとは,)人類が地球環境を利用して生き延びるための知恵に一つ(だ，という視点)。」などとする。

問五 Ⅰ 直前に「そんなふうに誰もが思う」とあるのに対し，直後で「反対のところにある」と打ち消しているので，逆接を表す「しかし」が入る。 Ⅱ これより前に「ローカル」とあり，「これらはすべてローカルなもの」とあり，直後で「……混ぜ合わせたらどうなるだろう。見た目には新奇なものができるが，つまらない」と，「ローカル」ではない例が示されているので，例示を表す「例えば」が入る。

やや難 問六 直前に「文化の本質はグローバルとは反対のところにある。つまりローカルだ」とあり，直後で「日本には日本料理があり，フランスにはフランス料理が，イタリアにはイタリア料理がある。これらはすべてローカルなもの」と説明されている。料理の例を挙げて，文化の本質はグローバルではなくローカルである，と説明しているので，「文化の本質がローカルであること。(16字)」などとする。

問七 同様のことは，次の段落で「自分たちの文化の特徴を磨き抜いて，それを世界の文脈につなげる。そのことによって世界を多様で豊かなものにしていく。(56字)」と言い換えられているので，最初の「自分たちの」と最後の「していく。」を書き抜く。

問八 直後に「グローバルとローカルは……」とあることから，Ⅲ・Ⅳには，「グローバル」か「ローカル」のいずれかが入ると考えられる。直前の「自分たちの文化の特徴を磨き抜いて，それを世界の文脈につなげる」を言い換えており，Ⅲは「自分たちの文化」，Ⅳは「世界の文脈」があてはまるので，Ⅲには「自分たちの文化」を言い換えた「ローカル」，Ⅳには「世界の文脈」を言い換えた「グローバル」が入る。

問九 「表裏一体(ひょうりいったい)」は，二つのものが，表と裏の関係にあるように密接につながり，切り離せないこと。

問十 直後の「とてつもない量」をたとえているので，ひどく驚く様子を表す「腰を抜かす(ような)」が適切。

問十一 直後で「それまでの複雑でゴージャスな文化とは対照的な……むしろ人々のイメージを呼び込む力があると考えられるような，簡素を尊ぶ文化だった。」と説明されているので，「簡素を尊ぶ文化(7字)」が適切。

問十二 「考え(動詞)・られる(助動詞)」と分けられる。「考え」は，終止形が「考える」となる動詞。助動詞「られる」に接続しているので「未然形」。「られる」は，「～することができる」という意味(可能)の助動詞なのでアが適切。

問十三 直後に「簡素だからこそ想像力が大きくはばたく」「何もないところに想像力を呼び込んで満たす」とあるので，「想像力」が適切。想像力によって，最小限のしつらいで最大のイメージを呼び込むというのである。

問十四 ウの「生徒C」の発言は，「グローバリズムというのは……」で始まる段落に「自分たちの文化の特徴を磨き抜いて，それを世界の文脈につなげる。そのことによって世界を多様で豊かなものにしていく。それがグローバリズムの真価ではないだろうか」と述べられていることと合致しない。

〔二〕 (小説一漢字，語句の意味，情景・心情，脱語補充，指示語，文脈把握，内容吟味，表現，大意)

問一 ① 「菓」を使った熟語はほかに「茶菓」「製菓」など。 ② 「店」を使った熟語はほかに「店頭」「店員」など。訓読みは「みせ」「たな」。 ③ 「軒」を使った熟語はほかに「軒下」「軒端」など。音読みは「ケン」。熟語は「軒昂」「軒灯」など。 ④ 「提」の音読みは「テイ」。熟語は「提携」「提出」など。 ⑤ 「清」を使った熟語はほかに「清浄」「清廉潔白」など。音読みはほかに「ショウ」「シン」。訓読みは「きよ(い)」「きよ(まる)」「きよ(める)」。

問二 「げんなり」は，心身が疲れて元気がなくなる様子，飽きていやになる，という意味なので，解答形式に合わせて「(ぐったりと疲れて)元気がない(様子。)」などとする。

問三 「あざやかな」は，終止形が「あざやかだ」となる「形容動詞」。直後の名詞(体言)「花柄」にかかるので「連体形」。

問四 (1) 直後に「紺と白のストライプカットソーに，ベージュのワイドパンツ……その組み合わせは，名前も個性もなくしてしまった『ザ・主婦』的格好に，衿には見えてくる」とあるので，「名前も個性もなくしてしまったような『ザ・主婦』的格好(26字)」が適切。 (2) この後，「そのときブティックのドアが開き……。いきなり声をかけられてぎょっとした衿は，ぎこちない笑顔で会釈して，そそくさとその場を立ち去る。」とあるので，衿の「行動」にあてはまる部分として「ぎこちない笑顔で会釈して，そそくさとその場を立ち去る(26字)」を抜き出す。

やや難 問五 直後に「～し続けている気持ち」とある。これより前に表現されている衿の心情は，毎日同じことのくり返しでいやになる，というものである。そんな気持ちがどんどん増していく，という文脈なので，大きくなることを意味する「肥大」が適切。

問六 直前に「いつも通りの金曜日，いつも通りの昼下がり」とあり，直後には「毎日毎日，おなじことのくりかえし」とあるので，すっかり飽きてしまって，いやになること，という意味の「飽き飽き(している)」とするのが適切。

問七 この時の衿の心情は，直前に「毎日，毎日，おんなじことのくりかえし。憲一はありがとうすらも言わないではないか。不当で理不尽な目に遭わされているとすら，衿は感じはじめる」とある。夫の憲一への不満が「不当で理不尽な目に遭わされている」と表現されているので，解答形式に合わせて，ⅰには「不満」，ⅱには「理不尽」が入る。

やや難 問八 直前に「今日からストライキに突入します。と衿はメールに猛然と打ちこむ。家事はすべて放棄します。こちらの要求は……。」とある。毎日の家事労働に疲れ，ありがとうすら言わなくなっている夫への不満をストライキという形で夫に告げ，その後帰宅した夫の反応をうかがっている様子なので，「憲一がどのような反応をするのか平静を装いながらうかがおうとする」とするアが適切。

問九 衿にストライキを告げられた夫は，両手にレジ袋を抱えて帰宅し「『だってストライキなんだろ，おれが作らなきゃ夕飯にありつけないんだろ』」と言っている。妻のストライキに怒ったり，文句を口にしたりする様子は見られないので，「許しがたいという感情がこみ上げた」とするエはあてはまらない。

やや難 問十 直前の「ぴったりと寄り添ってミートボールを作る父子」を見て「こんなふうな家庭」と言っていることを押さえる。仲良く助け合いながら料理するような家庭を作りたかったんだなあ，という思いが読み取れるので，家族が仲良く助け合う，という要点を押さえて，「～な家庭。」という形にすればよい。

問十一 直前に「『えっ，そんなんでいいの？』」とある。その前には「『四つ目の要求が思い浮かんだ。一ヵ月に一度でいいからこうして夕食を作ってくれること。それだけでいいわ。温泉もバッグもいりません』」とある。衿は「こちらの要求は，温泉旅行もしくは夏服一揃えもしくはブランドもののバッグ」と言っていたのだが，一か月に一度夕飯を作ってくれればいい，と要求を変更したので，憲一は驚いているのである。憲一が驚いている理由が問われているので，要求の内容が，憲一にしてみれば簡単なことに変わったことを「～から。」という形にまとめればよい。

問十二　「毎日毎日おんなじことのくりかえし，憲一はありがとうすらも言わないではないか」とあるが，妻にストライキを告げられた憲一は「両手にレジ袋を抱えて」帰宅し，夕飯を作ろうとするのである。「一か月に一度でもいいからこうして夕飯を作ってくれること。それだけでいいわ」「『じゃ，二週間に一度』」と言われても，「レパートリーが持つかなあ」と受け止め，「え，おれいつもおいしいって言ってない？」と素直に認めていることから，家族に対して誠実な人物であることがうかがえるので，「家族を大切に思っている素直な人物」とするアが適切。

問十三　本文は，主人公の「衿」の視点で描かれており，「衿」の心情の変化が丁寧に描かれていることが特徴なので，ウが適切。

★ワンポイントアドバイス★

読解問題に組み込まれる形で幅広く出題される国語知識は，確実に得点できる力をつけておこう！　読解対策として，言い換え表現や指示内容をすばやくとらえて要約する練習をしよう！

2022年度

★★★★★★★★★★★★★★★★★★★★★★★★

入　試　問　題

2022年度

仙台白百合学園高等学校入試問題（A日程）

【数　学】（50分）　＜満点：100点＞

答えはすべて解答用紙に書きなさい。

1　次の問いに答えなさい。

(1)　$\left(\frac{1}{2}\right)^2-\frac{1}{3}\times 0.25$ を計算しなさい。

(2)　$\frac{a-2b}{2}-\frac{3a-5b}{4}$を計算しなさい。

(3)　x^2-x-12を因数分解しなさい。

(4)　$\sqrt{8}\times\sqrt{3}+\sqrt{42}\div\sqrt{7}$を計算しなさい。

(5)　２点（1，3），（−2，−３）を通る直線の式を求めなさい。

(6)　右の表は，中学校３年のクラスの女子20名の体重の度数分布表である。このクラスの女子の体重の平均値を求めなさい。

階級（kg）	度数(人)
以上 38 ～ 42 未満	1
42 ～ 46	2
46 ～ 50	7
50 ～ 54	6
54 ～ 58	3
58 ～ 62	1
計	20

(7)　大小２つのサイコロを同時に投げるとき，大きいサイコロの出る目の数をa，小さいサイコロの出る目の数をbとする。このとき，$\sqrt{ab}$の値が整数となる確率を求めなさい。

(8)　右のおうぎ形を，直線ℓを回転の軸として１回転させる。
このときできる回転体の表面積を求めなさい。ただし，円周率をπとする。

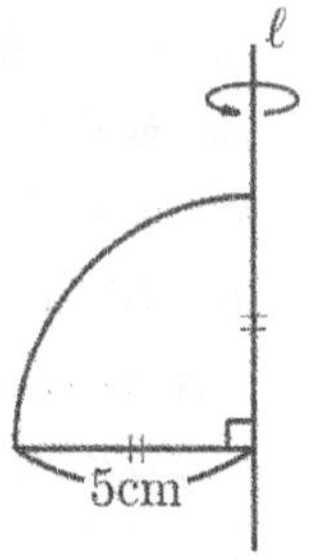

(9)　次のことがらの逆が正しいものには○，正しくないものには×をつけなさい。

①　２つの三角形が相似ならば，それらの面積は等しい。

②　３つの内角の大きさが等しい三角形は正三角形である。

③　四角形ABCDがひし形ならば，対角線ACとBDは垂直に交わる。

⑽　下の図のように，白玉○と黒玉●を規則的に並べた。51個の白玉を使うのは何番目の図形か，答えなさい。

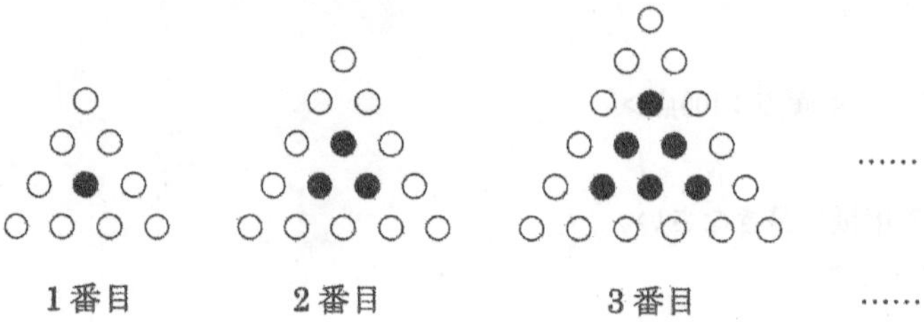

2　下の表は，東京2020オリンピックの金メダル獲得数上位5チームを，金メダル獲得数順に上から並べたものである。ただし，ROCはロシアオリンピック委員会である。

（単位：個）

順位	チーム	金	銀	銅	合計
1	アメリカ			33	
2	中国				88
3	日本		14	17	
4	英国				
5	ROC				

この大会のメダル1個あたりの重さは，金が556 g，銀が550 g，銅が450 gであり，次の㋐～㋕のことが分かっている。

㋐　アメリカの金メダルの数と銀メダルの数の合計は80個である。

㋑　金メダルの数は，アメリカが中国よりも1個多い。

㋒　中国の銀メダルの数と銅メダルの数の合計は50個である。

㋓　英国について，金メダルの数は銅メダルの数と等しく，銀メダルの数より1個多い。

㋔　金メダルの総重量について，日本は15012 gで，日本と英国の差は2780 gである。

㋕　ROCの銀メダルの数は日本の銀メダルの数の2倍で，ROCの金メダルの数と銅メダルの数の合計は，英国の金メダルの数と銀メダルの数の合計と同じである。

このとき，次の問いに答えなさい。

⑴　アメリカの金メダルの個数を求めなさい。

⑵　日本の金メダルの個数を求めなさい。

⑶　メダルの合計個数の多い順に，チーム名を左から並べなさい。

3　次のページの図のように，放物線$y=ax^2$上に，3点A，B，Cがあり，点Aの座標は（－2，1）で，点Bのx座標は4である。また，点Dはy軸上の点であるとする。このとき，次のページの問いに答えなさい。

(1)　aの値を求めなさい。

(2)　2点A，Bの距離を求めなさい。

(3)　4点A，B，C，Dを順に結んで平行四辺形を作るとき，点Dの座標を求めなさい。

(4)　原点Oを通り，(3)でできた平行四辺形ABCDの面積を2等分する直線の式を求めなさい。

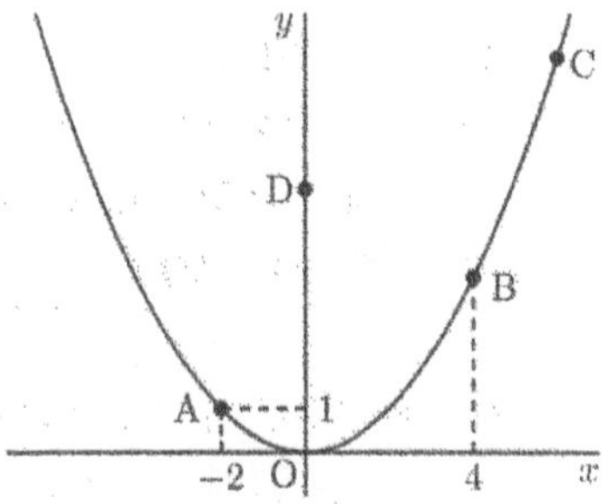

4　以下の①～③は，円Oの外部の点Aを通る円Oの接線を作図する手順である。次の問いに答えなさい。ただし，円Oの中心を点Oとする。

【作図の手順】
① 線分OAの垂直二等分線ℓを引き，ℓと線分OAの交点をMとする。
② 中心が点Mで点Aを通る円Mをかき，円Mと円Oの交点をP，Qとする。
③ 直線AP，AQをひく。（このとき，2直線AP，AQは点Aを通る円Oの接線である。）

(1)　解答用紙の図に，上に示した【作図の手順】にしたがって，接線AP，AQをひきなさい。ただし，作図に用いた線は消さないこと。

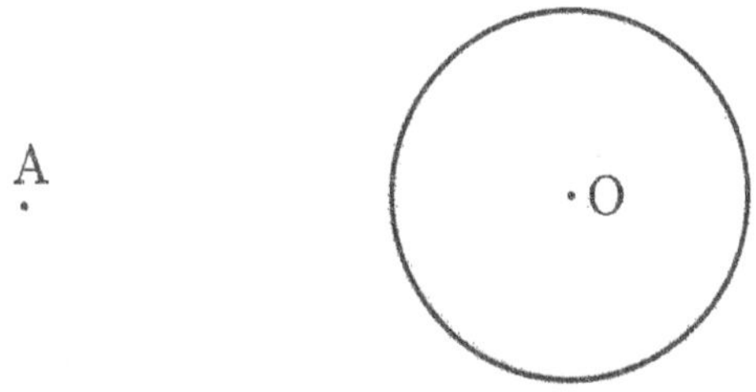

(2)　上に示した【作図の手順】でかいた直線APが，円Oの接線である理由を次のように説明した。空らん㋐～㋓にあてはまるもっとも適切な言葉や数値，記号を書きなさい。

【説明】

点Pは円Mの周上にあり，∠OPAは半円の弧に対する［㋐］だから，∠OPA＝［㋑］°である。すなわち，OP［㋒］APである。

点Pは円Oの［㋓］にもあり，OP［㋒］APであるから，直線APは円Oの接線である。

(3)　円Oの半径が2，円Mの半径が4であるとき，線分APの長さを求めなさい。

(4)　(3)のとき，線分PQの長さを求めなさい。

5　AB＝BC＝4，CG＝6である直方体ABCD－EFGHにおいて，動点Pは辺CG上を動く。このとき，次の問いに答えなさい。

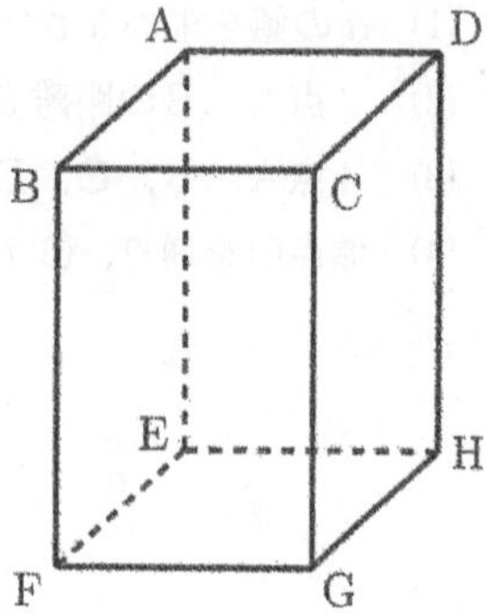

(1)　∠ABPの大きさを求めなさい。

(2)　△ABPの面積が12であるとき，線分APの長さを求めなさい。

(3)　∠APB＝30°であるとき，線分CPの長さを求めなさい。

【英　語】（50分）　＜満点：100点＞

〔Ⅰ〕 リスニングテスト

放送の指示に従って答えなさい。

< Part 1 >　英文を聞き，その質問に答えなさい。その答えとして最も適切なものを1つ選び，記号で答えなさい。英文は2度読まれます。

No.1

Question A　ア．Because she went to the hospital.
イ．Because she broke her leg.
ウ．Because she was riding her bicycle in the rain.
エ．Because she stayed at home.

Question B　ア．Because her mother took her to the hospital.
イ．Because she did not break her leg.
ウ．Because a kind woman called the doctor.
エ．Because she feels better.

No.2

Question A　ア．¥500.
イ．¥600.
ウ．¥1,000.
エ．¥1,100.

Question B　ア．With *delivery service and fruits.
イ．With delivery service and no fruits.
ウ．With no delivery service and fruits.
エ．With no delivery service and no fruits.

*delivery　配達

< Part 2 >　この問題は，対話を聞き，その最後の文に対する応答として最も適切な答えを選ぶ形式です。例題を聞いてください。対話が読まれます。

例題　（対話が放送されます）
ア．I don’t like reading books.
イ．I’m really busy today.
ウ．It was very cold.
エ．That will be OK.　（正解）

ここでは エ が正しい答えになります。

では，実際の問題を放送しますので準備して下さい。対話は2度読まれます。

No.1

ア．Yes.　It was easy to answer.
イ．Yes.　I studied math very much.

ウ．No.　I can't wait for the next test.

エ．No.　I should study harder next time.

No. 2

ア．Don't forget your glasses.

イ．Just a moment.　I'll read it for you.

ウ．I'm sorry.　You need glasses.

エ．You can read it if you wear glasses.

No. 3

ア．I will get a smaller coat.

イ．Yes, let's go there.

ウ．That one is 5 cm (centimeters) larger.

エ．I will look for the department store.

＜リスニングテスト放送台本＞

［Ｉ］ Part 1

【放送原稿】

No.1　Momo was riding her bicycle. It suddenly began to rain, so she could not see well. She fell and injured her leg. She cried and she could not walk. A kind woman stopped and helped her. The woman called Momo's mother and took Momo to the hospital. The doctor said, "You are very lucky. You did not break your leg." Momo stayed at home for a few days and now she feels much better.

Question A: Why did Momo fall?

Question B: Why is Momo lucky?

No.2　We are planning to buy box lunches for 15 people. We are looking at the website of Bento shops. We don't want to spend more than 1000 yen. We selected two shops. We found a nice 500 yen box lunch at both shops. We are busy and it is difficult to go to the shop. At both shops *delivery is free. One shop has a special service this week and will add some fruit to each box lunch for 100 yen. We decided to use the shop with a special service.

*delivery　配達

Question A: How much is the box lunch they will buy?

Question B: What kind of box lunch do they buy?

［I］ Part 2

【放送原稿】

No.1	A: You look disappointed, Mika. What happened? B: Mom, I'm sorry but my English test was bad. A: Didn't you study much before the test?

No.2	A: Oh, no! I just missed the train. Excuse me, what time is the next train? B: I don't know, but here is the schedule. A: I can't read it. I forgot my glasses.

No.3	A: Your winter coat is too small. You need to get a new one. B: Yes, I am 5 cm taller than I was last year, Mom. A: We will go to the new department store on Saturday.

〔Ⅱ〕 YukiとAllieは同じグループで探究活動をしている同級生です。次のページの図が印刷された紙を持って，AllieがYukiの席にやってきました。次の会話文を読み，あとの問いに答えなさい。

Yuki: Hey, Allie. Have you finished your work?

Allie: Hi, Yuki. Yes, I have. Please look at the graph. It's not bad, is it?

Yuki: Wow, you did it. It's wonderful. （ 1 ）

Allie: I used my *tablet. But, of course, I had to ask my sister. She knows a lot about these things.

Yuki: You're lucky. Would you tell me how to make a graph later?

Allie: Sure! It's easy. Look. These are the numbers of the students who want to introduce each （ ア ） Japanese event.

Yuki: Yes. Is this the result of our survey about "the events we should introduce to our foreign friends"?

Allie: That's right. （ 2 ） The *total is 29, and the number of our classmates is 29. So, I think it's perfect.

Yuki: Yes, it's great. If we can use this graph at the next presentation, everyone will be surprised.

Allie: When will we make the presentation?

Yuki: I think it will be in 2 weeks.

Allie: Good. We have enough time to make a good presentation. （ 3 ）

Yuki: Well, maybe not now. But, you might help Mai. She has a plan to write about Japanese games for *kindergarten children. Why don't you ask her?

Allie: OK. I will. I think she was in the library just a while ago, so I'll go there and try to find her.

Yuki: It's kind of you. Thank you.

Allie: I believe our presentation will be great.

Yuki: I think so, too. I'll go to the library after I finish writing the *class journal and give it to Mr. Sato. （ 4 ）

Allie: Great. See you then.

*tablet　タブレット端末　　*total　合計　　*kindergarten　幼稚園　　*class journal　学級日誌

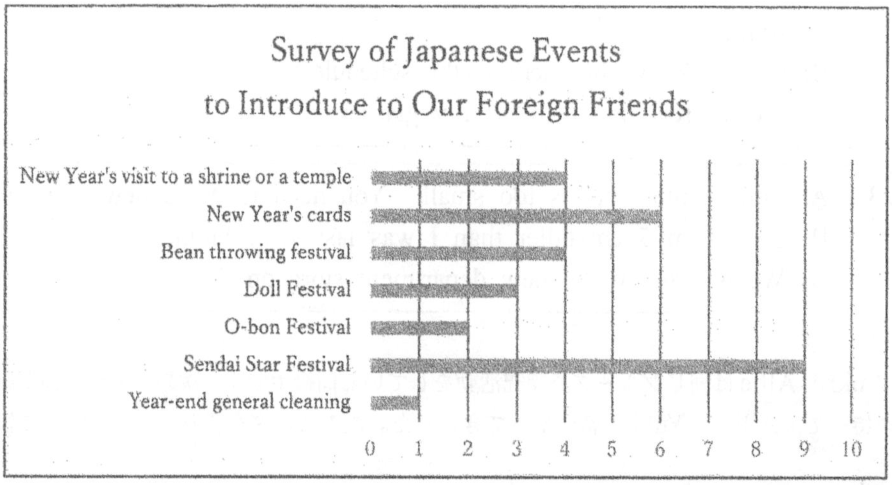

問１　文中の（１）～（４）に入る最も適切な表現を，下のア～エから一つずつ選び，記号で答えなさい。

(1)　ア．It sounds great.　　イ．Your sister is also nice.
　　ウ．What are you good at?　　エ．How did you make it?

(2)　ア．Add all the numbers here.　　イ．Turn it off.
　　ウ．We made a mistake on the survey.　　エ．This is the number of teachers.

(3)　ア．I'm sure of it.
　　イ．Is there anything more I can do for it?
　　ウ．You don't think so, do you?
　　エ．I think it's a good sign.

(4)　ア．Let's meet there.　　イ．I have to go to the dentist.
　　ウ．He will be absent.　　エ．Is that true?

問２　文脈から判断して，（ア）に入る最もふさわしい一語を答えなさい。

〔Ⅲ〕 次の英文を読んで，あとの問いに答えなさい。

Put in a *coin, turn the handle, and a Gacha Gacha *capsule toy comes out. What will I get? The surprise is the exciting thing about capsule toys. Once, only children bought them with their pocket money. ① In recent years, however, these little toys have become popular even among *adults.

A store in *Toshima Ward, Tokyo has about 1,300 capsule toy *vending machines in a huge 200 m^2 shop. The machines are everywhere in the store, and they almost reach the *ceiling. Customers can easily get lost there. Prices of the toys are from 100 yen to 800 yen, and the most popular *items are often sold out in a day.

"Capsule toys are not items which we really need in our daily lives like food or water, but they bring a little *happiness into our lives," said a 36-year-old woman from Saitama Prefecture. She came to the store with her family of four. In her hand, she had a *model of Danish bread which she just got from one of the machines.

"Since about five years ago, more and more new companies have joined the capsule toy *industry," said a worker at a toy company in Tokyo. "People are really interested in it." His company's sales each month grew to about 900,000 items in 2019, *30 times more than ②that in 2015.

Those companies have been making toys for adults since the late 1990s. But today, many famous artists work in the capsule toy industry. It is surprising how their capsule toys look like the real foods, animals, or cars from all over the world. Because their designs are so wonderful, these new capsule toys are sold to more people than ever before. Also, many of their products are cute, but not *childish.

"In the past, when adults bought capsule toys, they didn't like to stand in front of toy vending machines because they didn't want other people to see them," said the *president of the Japan Gacha Gacha *Association. "But these days, it's (A) for them to buy capsule toys. Another reason for the *boom is that adults don't feel shy because those toys are cool enough for them to buy. So, they don't worry about others' opinions.

Now, the capsule toy industry is actively trying to *create new toys that both young and old customers can enjoy. It will be interesting to see how the industry changes in the future.

*coin 硬貨　*capsule toy カプセルトイ　*adults 大人達　*Toshima Ward 豊島区
*vending machines 販売機　*ceiling 天井　*items 品物，商品
*happiness 幸せ　*model of Danish bread デニッシュパンの形のおもちゃ　*industry 産業
*30 times 30倍　*childish 子供っぽい　*president 社長　*Association 協会
*boom ブーム，流行　*create 生み出す

問1　下線部①のようにカプセルトイが人気になったのはなぜですか。ア～エの中から一つ選びなさい。

ア．カプセルトイのデザインが可愛くなったから。
イ．カプセルトイ産業が世界中で拡大したから。
ウ．首都圏でカプセルトイが流行したから。
エ．カプセルトイ販売機のデザインが新しくなったから。

問２　How much are the most expensive capsule toys? Answer in English.

問３　下線部②の that が指している語を本文中から５語抜き出しなさい。

問４　本文の内容に合うように，（A）に入る適切な一語を考えて答えなさい。

問５　本文の内容と合っているものには○を，合っていないものには×と答えなさい。

(1) There are about 1,300 capsule toy vending machines in Toshima Ward.

(2) The woman from Saitama said that capsule toys are necessary for our lives.

(3) It was about five years ago when many new companies joined the capsule toy industry.

(4) Recently, artists are working with capsule toy companies to design new capsule toys.

(5) Today, most capsule toys are designed only for children.

〔Ⅳ〕　次の各文の（　）内に入る適語を選び，記号で答えなさい。

(1) Those pictures were (　) in Sendai ten years ago.
　ア．to take　イ．taking　ウ．took　エ．taken

(2) My brother is old (　) to go to school.
　ア．too　イ．enough　ウ．how　エ．want

(3) We didn't know (　) bus to take.
　ア．which　イ．where　ウ．when　エ．how

(4) I have two sisters. (　) of them are good at drawing pictures.
　ア．These　イ．One　ウ．Both　エ．Any

(5) The boy went out of the room without (　) anything.
　ア．said　イ．saying　ウ．to say　エ．not to say

〔Ｖ〕　次の各組の文がほぼ同じ意味になるように（　）に入る適語を答えなさい。

(1) Ms. Green can play the violin better than Mr. White.
　Mr. White can't play the violin as (　)(　) Ms. Green.

(2) Does Mr. Brown have any experience teaching English in Japan?
　(　) Mr. Brown ever (　) English in Japan?

(3) Our music teacher has a beautiful singing voice.
　The teacher (　)(　) us music has a beautiful singing voice.

(4) I'm free today.
　I have (　)(　) do today.

(5) Shall I cook dinner tonight?
　Do you (　) me (　) cook dinner tonight?

〔Ⅵ〕　次の文の空所に入る，与えられたアルファベットで始まる適語を答えなさい。

　例）My favorite season is (w　　).　　　答え winter

(1) "It's rainy. Don't forget to take your (u　　) with you."

(2) If you really want to go out with your friends, do your homework (q　　)!
(3) My grandmother made a (d　　) cake for us today.
(4) Dr. Noguchi Hideyo is a (s　　) who studied medicine.
(5) A (h　　) is a terrible pain in your head.

〔Ⅶ〕 日本語の意味に合うように下線部①～③を英語に直しなさい。ただし①と②は［ ］内の語（句）を並べかえなさい。

日本に世界遺産がいくつあるかご存知ですか。日本には世界遺産は23あります。そのうち，2つが東北にあります。一つは白神山地です。それは青森と秋田にまたがっています。①また，東アジアで最大のブナ（beech）林があることで有名です。1993年に世界遺産に登録されました。もう一つは，平泉です。平泉は長い歴史があり，②ちょっと歩くと，歴史的（historic）な建物や奥州（Oshu）文化を目にします。平泉が世界遺産に登録されたのは，2011年のことです。③このことは，日本の人々を幸せな気持ちにしてくれました。

① ［ beech forest / it / famous / also / the / is / East Asia / for / largest / in ］.
② ［ see / you / a little / and / buildings / you / if / will / walk / historic / Oshu culture /, ］.

【理　科】（50分）　＜満点：100点＞

1　ある年の秋分の日に近いある日，中学校3年生のさくらさんとゆりさんは，教室で先週見た虹の話をしていました。虹がなぜできるのか疑問に思った2人は理科の先生のところへ質問に行きました。次の会話文を読んで，下の各問いに答えなさい。

先生：さくらさん，ゆりさん，身のまわりの自然現象について疑問を見つけることはとてもいいことだよ。一緒に虹ができるしくみについて探究しよう。さて，中学1年生で光について学習したけれど，覚えているかな？

さくら：もちろん，覚えています。私たちが，さまざまな物体を見ることができるのは，光源から出た光や，物体で反射や屈折などした光が目に届くからなんですよね。

先生：そのとおり。さらに，物体に光が当たって反射するときには，「光の反射の法則」が成り立っていると学習しましたね。せっかくなので光が反射するときの光の進み方を実験で調べてみましょう。まず，鏡と光源を準備します。この光源は，まっすぐ進む幅のせまい光を出す光源です。さて，①この方眼紙に光の進み方を描いてみましょう。

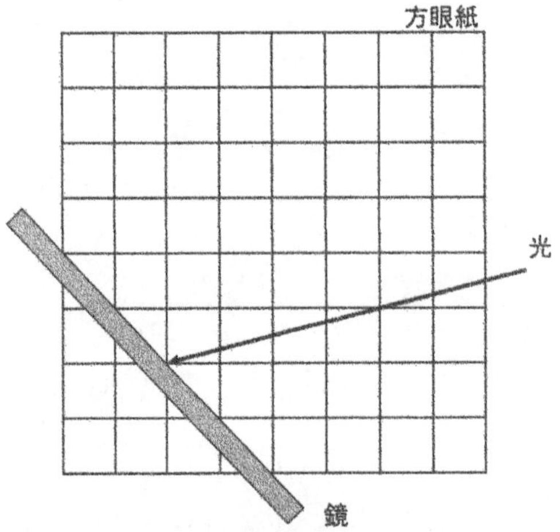

図1　光源から出た光が鏡に当たるまでの道すじ

ゆり：A鏡の面に垂直な線と鏡に当てた光の間の角度と，B鏡の面に垂直な線と鏡ではね返った光の間の角度を比べると，［　C　］ということがわかりました。これを「光の反射の法則」というんですね。

先生：そのとおり。では，光が2つの異なる物質中を進むとき，光は境界面で曲がって進むという性質もあるのだけれど，このことは覚えているかな？

さくら：はい，覚えています。光の道すじが曲がることを「屈折」というんですよね。

ゆり：光の屈折も実験で確認したいな。

先生：わかりました。では，半円型の光学用水槽を使って，②光が空気中から水中へと進むときと，水中から空気中へ進むときにそれぞれどのような道すじになるか確認してみましょう。

さくら：光が2つの異なる物質中を進むときのようすがよくわかりました。

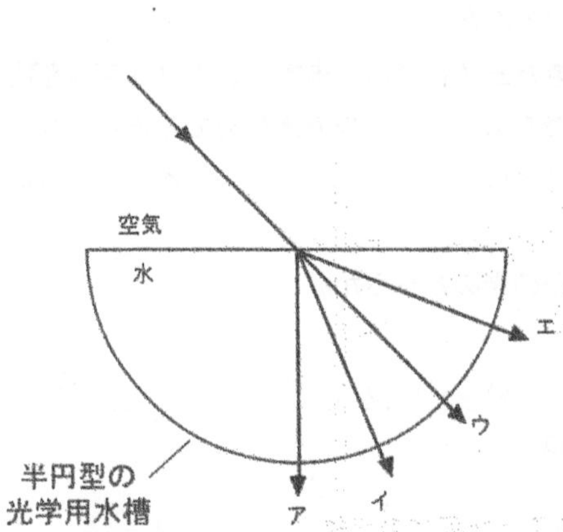

図２　光が空気中から水中へと進むとき

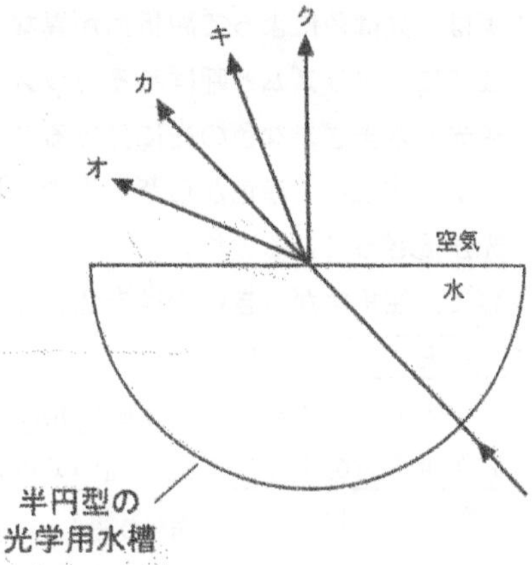

図３　光が水中から空気中へと進むとき

先生：さて，いよいよ虹の謎に迫っていきますよ。先週見た虹について，その時の状況を話してごらん。

さくら：朝，学校へ行こうと歩いていたら，西の空にきれいな虹が見えたのよね。

ゆり：そうそう。朝から虹が見られるなんて，素敵な１日になりそうと思っていたら，その後，雨が降ってきちゃった。

先生：虹が発生するにはいくつかの条件が必要なんだよ。遠くで雨が降っている時や，雨が上がった後の空気中にはたくさんの水滴が存在しているんだ。その水滴に太陽の光が当たると，どうなると思う？

さくら：太陽の光が空気中から水滴の中へと進むときに「反射」や「屈折」が起こるのかしら？

先生：そのとおり。太陽の白色光は，空気中から水滴の中に入る時に一度「屈折」し，水滴の内面で「反射」して，水滴の中から空気中へ出る時にもう一度「屈折」することになるんだよ。

ゆり：なるほど！そこまでは理解できました。でも，虹はなんであんなに綺麗な色をしているの？

先生：太陽の光は白色光と呼ばれていますが，実はさまざまな色の光が混ざっているんだよ。虹だけでなく，水の入った水槽に太陽の光が当たると，ガラスや付近の壁に虹のような複数の光の帯を見たことはないかな？

ゆり：家で金魚を飼っているんだけど，その水槽の近くの壁に虹のような光を見たことがあるわ。

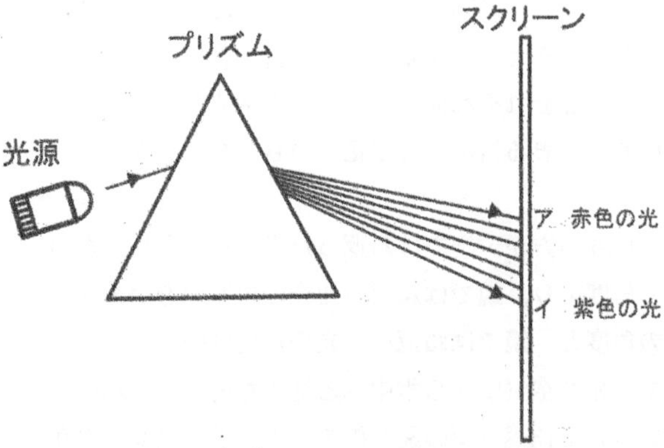

図４　プリズムを使った実験の記録

先生：実は，光は色によって屈折角が異なっているんだ。
ここに，プリズムと呼ばれるガラスでできた三角柱があります。このプリズムを使うと，白色光をさまざまな色の光に分けることができるんだ。実験で確かめてみましょう。

さくら：わぁ，すごい！赤色から紫色まで，虹の色と似ているわ。白色光には本当にいろいろな色の光が混ざっているのね。

先生：さて，屈折角が大きいのは赤色の光と紫色の光のどちらかな？

ゆり：［ E ］かな？

先生：そのとおり！それでは，③白色光に含まれている赤色の光が空気中の水滴の中に入ってきた時の進み方のようすを図に描いてみますね。

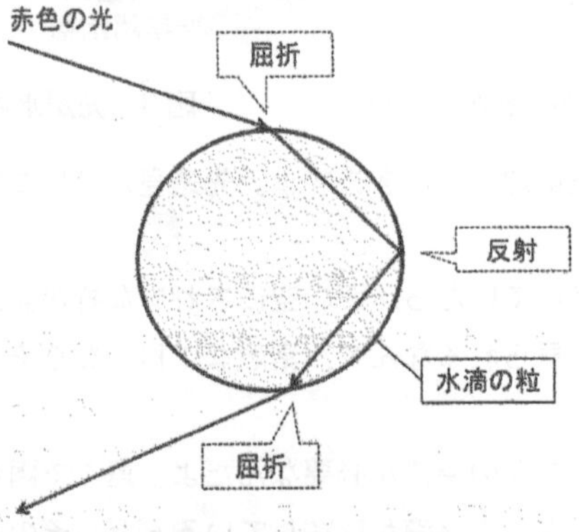

図５　赤色の光が水滴中を進むようす

さくら：虹は太陽からでた白色光が空気中の水滴で屈折してさまざまな色の光に分かれて空気中に出てくることで見えるのね。

先生：２人とも，虹のできるしくみについて，わかってきたみたいだね。

ゆり：はい！先生，ありがとうございました。

さくら：もう16時半だね。そろそろ帰らないといけない時間だわ。そういえば，今日もお昼から降っていた雨がやんで，太陽が出てきたね。もしかしたら帰り道で虹が見えるかもしれないね。

先生：そうだね。この時間だと，もし虹が見えているとしたら虹の中心はおおよそ［ F ］の空にあるはずだよ。外に出て空を見上げてみよう。

(1)　下線部①について，12ページの図１は，光源から出た光が鏡に当たるまでの道すじを表したものです。光が鏡で反射したあとの道すじを実線で書きなさい。

(2)　文章中の下線部Ａ，Ｂをそれぞれ何というか，漢字で答えなさい。

(3)　文章中の［ C ］にあてはまる言葉として正しいものをア～ウの中から１つ選び，記号で答えなさい。

ア　鏡に当てた光の角度の方が，鏡ではね返った光の角度より大きい

イ　鏡に当てた光の角度より，鏡ではね返った光の角度の方が大きい

ウ　鏡に当てた光の角度と，鏡ではね返った光の角度は同じ

(4)　下線部②について，光を空気中から水中へと進めた場合と，水中から空気中へと進めた場合の道すじとして正しいものを13ページの図２のア～エ，図３のオ～クからそれぞれ選び，記号で答えなさい。

⑸　13ページの図4で示された結果から，文章中の [E] にあてはまる語句は次のア，イのどちらですか。記号で答えなさい。

ア　赤色の光　　イ　紫色の光

⑹　下線部③に関連して，太陽の光に含まれる紫色の光は，空気中に含まれる水滴にあたるとどのように進んでいきますか。紫色の光を破線で表したとき，光の進み方として正しいものをア～エの中から1つ選び，記号で答えなさい。ただし，実線で表されているのは赤色の光の道すじとします。

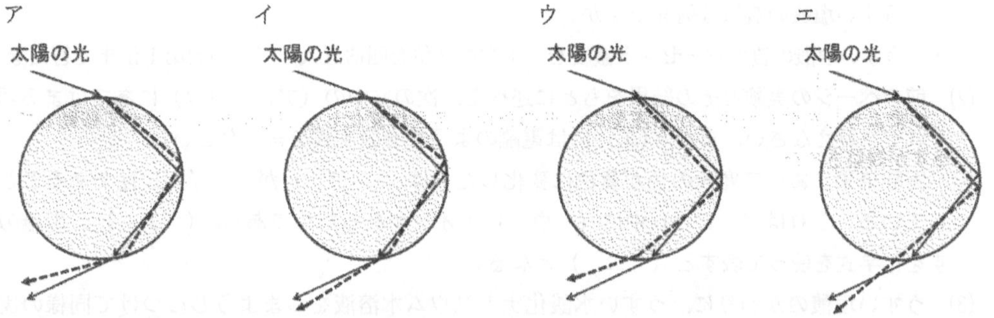

⑺　この会話の後，雨上がりに見られる一般的な虹ができていたとすると，文章中の [F] にあてはまるのは，東・西・南・北のうちどの方位だと予測できますか。最も適するものを答えなさい。

[2]　イオンの移動を調べる次の実験について，下の各問いに答えなさい。

【実験の手順】

①　寒天溶液にBTB溶液を加えて緑色にしたものを「指示薬入り寒天」とし，ストロー内で冷やして固めた。

②　ピンセットでストロー内の「指示薬入り寒天」の両側に脱脂綿をつめて，炭素棒で寒天に押しつけた。

③　脱脂綿の幅を寒天の左右で同じにした後，硝酸カリウム水溶液を脱脂綿にしみわたるようにスポイトで滴下した。

④　ストローの両側に炭素棒を入れ，炭素棒を電源装置につないだ。

⑤　寒天が入ったストローの中央に，つまようじで穴をあけ，うすい塩酸をつけたつまようじを突き刺した。

⑥　15Vの電圧を10分間かけて「指示薬入り寒天」の色の変化を観察した。

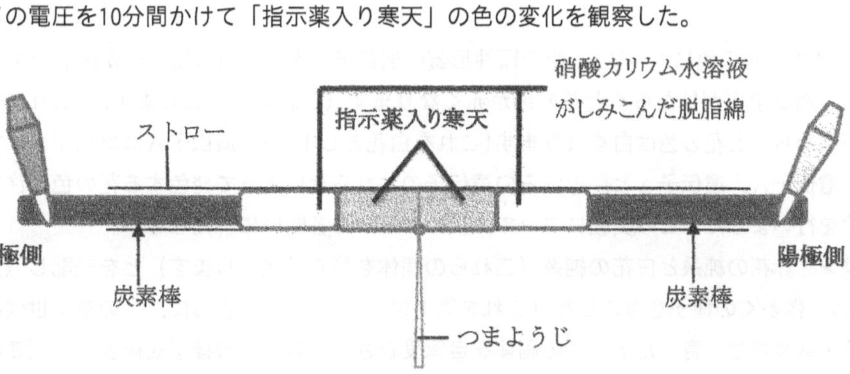

図

【実験の結果】

つまようじを刺した位置から左側の寒天の色が，黄色に変化しながら陰極に向かって移動していくようすが観察された。

(1)　この実験で使用したうすい塩酸は，質量パーセント濃度35％，密度1.2 g/cm^{3}の濃塩酸14cm^{3}を，水100 gの中に少しずつ加えてつくりました。このことについて，次の各問いに答えなさい。

①　濃塩酸14cm^{3}の質量は何 gですか。

②　うすい塩酸中にふくまれる溶質（塩化水素）の質量は何 gですか。

③　うすい塩酸の質量は何 gですか。

④　うすい塩酸の質量パーセント濃度を，小数第２位を四捨五入して，小数第１位まで答えなさい。

(2)　前のページの実験とその結果をもとに述べた，次の文中の（ア）～（ウ）にあてはまる語句をそれぞれ答えなさい。また，（エ）には電離のようすを表す式を答えなさい。

実験結果において寒天の色が黄色に変化したのは，（　ア　）が（　イ　）性であることを示している。これは（　ア　）中に（　ウ　）イオンがあるためである。（　ア　）の電離のようすを化学式を使って表すと（　エ　）となる。

(3)　うすい塩酸のかわりに，うすい水酸化ナトリウム水溶液をつまようじにつけて同様の実験を行ったときの実験結果について述べた次のア～カの文章のうち，最も適当なものを１つ選び，記号で答えなさい。

ア　ナトリウムイオンが陽極に引き寄せられるため，つまようじを刺した位置から右側の寒天の色が，黄色に変化しながら陽極に向かって移動していくようすが観察された。

イ　ナトリウムイオンが陰極に引き寄せられるため，つまようじを刺した位置から左側の寒天の色が，青色に変化しながら陰極に向かって移動していくようすが観察された。

ウ　水酸化物イオンが陽極に引き寄せられるため，つまようじを刺した位置から右側の寒天の色が，赤色に変化しながら陽極に向かって移動していくようすが観察された。

エ　水酸化物イオンが陰極に引き寄せられるため，つまようじを刺した位置から左側の寒天の色が，黄色に変化しながら陰極に向かって移動していくようすが観察された。

オ　ナトリウムイオンが陰極に引き寄せられるため，つまようじを刺した位置から左側の寒天の色が，赤色に変化しながら陰極に向かって移動していくようすが観察された。

カ　水酸化物イオンが陽極に引き寄せられるため，つまようじを刺した位置から右側の寒天の色が，青色に変化しながら陽極に向かって移動していくようすが観察された。

3　ある植物の花の色について，１組の顕性形質の遺伝子と潜性形質の遺伝子が関わっています。このうち，遺伝子Aがはたらくと花の色が赤くなります（これを赤花とします）。これに対し，遺伝子aがはたらくと花の色は白くなります（これを白花とします）。遺伝子Aは遺伝子aに対して顕性です。遺伝子A，遺伝子aと，それらの遺伝子のはたらきによって発色する花の色に注目して，次の実験を行いました。この実験について，次のページの各問いに答えなさい。

＜実験＞　赤花の純系と白花の純系（これらの個体を第０世代とします）とを交配し（かけ合わせて），数多くの種子を得ました（これを第１世代とします）。さらに，この第１世代の種子を発芽・成長させ，育ったすべての個体を自家受粉させ，数多くの種子を得ました（これを第２世代とします）。

(1) 第0世代の赤花の個体と，白花の個体の遺伝子の組み合わせとしてあてはまるものを，以下のア～ウからそれぞれ1つ選び，記号で答えなさい。

ア AA　イ Aa　ウ aa

(2) 第1世代の個体はすべて同じ花の色になりました。この花の色は何色ですか。

(3) 第2世代の赤花と白花の割合と各遺伝子の組み合わせの割合を，それぞれ最も簡単な整数比で答えなさい。

(4) 第2世代の種子を，発芽・成長させた個体のうち，赤花の個体だけを選び，そのすべての個体を自家受粉させました。この内容について，次の①～③に答えなさい。

① 自家受粉について正しく説明しているものを，次のア～エから1つ選び，記号で答えなさい。

ア 同じ親から生じた子どうしにおいて，一方の花粉を他方のめしべにつけること

イ 遺伝子の組み合わせが異なる個体間において，一方の花粉を他方のめしべにつけること

ウ 遺伝子の組み合わせが同じ個体間において，一方の花粉を他方のめしべにつけること

エ 1つの個体内で作られた花粉をその個体のめしべにつけること

② この自家受粉によって生じた次世代における各遺伝子の組み合わせ（AA，Aa，aa）の割合を，最も簡単な整数比で答えなさい。

③ このように，各世代で赤花だけを選び，これを自家受粉することを繰り返していった場合について述べた文として，正しいものを次のア～エから1つ選び，記号で答えなさい。なお，各世代において自家受粉を行う環境条件は同じものとします。

ア 世代を経るたびに，赤花の割合が大きくなる

イ 世代を経るたびに，白花の割合が大きくなる

ウ どの世代においても，赤花と白花の割合は変わらない

エ 生じる子の赤花と白花の割合は，場合によって異なるため，赤花の割合が大きくなる場合もあれば，白花の割合が大きくなる場合もある

4 太陽系の天体に関する［Ⅰ］・［Ⅱ］について，次のページの各問いに答えなさい。

［Ⅰ］ 地軸は地球の公転面に対して23.4度傾いているため，太陽の南中高度は季節によって変化します。図1は，秋分の日の仙台（北緯38度）における南中高度を模式的に表したものです。

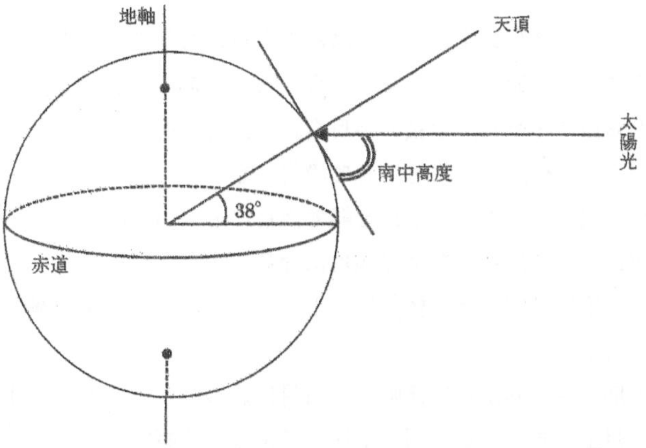

図1

(1) 仙台における，秋分の日の太陽の南中高度は何度ですか。

(2) 仙台における，夏至の日と冬至の日の太陽の南中高度の差は何度ですか。

(3) 仙台における，夏至・秋分・冬至の各日の太陽の南中時の位置として最も適切なものを次のア～エから１つ選び，記号で答えなさい。

ア

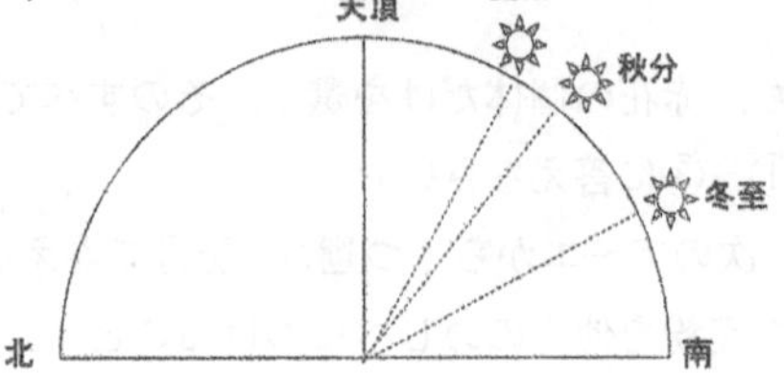

イ

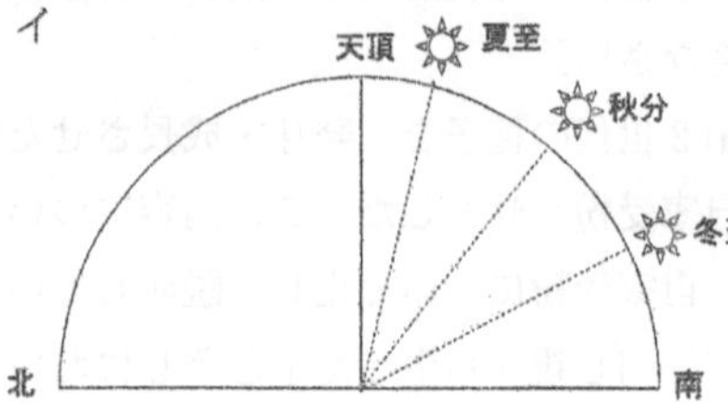

ウ

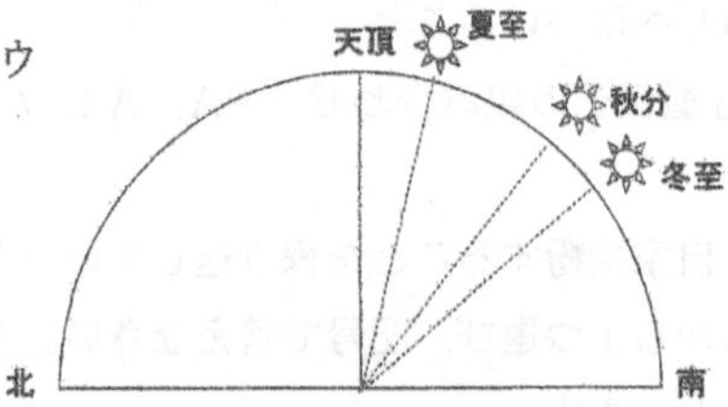

エ

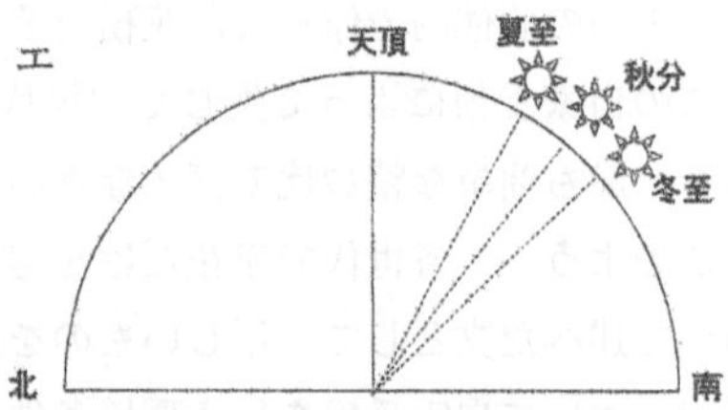

［Ⅱ］ 2021年９月上旬の日没後の西の空に，図２のように金星と月が観察されました。

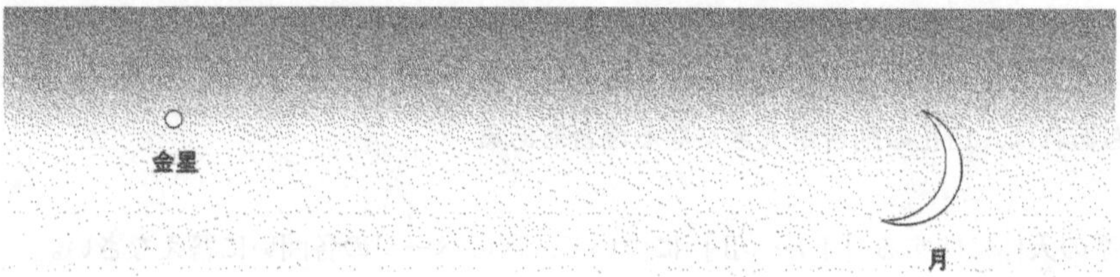

図２

(4) この後１週間同じ時刻に観察すると，月はどのように観察されますか。観察される月のようすについての文のうち，最も適切なものをア～カから１つ選び，記号で答えなさい。

ア 日ごとに西から東に移動し，上弦の半月を経て満月に近づいていく。

イ 日ごとに西から東に移動し，新月を経て満月になる。

ウ 毎日同じ位置に見られ，上弦の半月を経て満月に近づいていく。

エ 毎日同じ位置に見られ，新月を経て満月になる。

オ 日ごとに西の地平線に向かって移動し，上弦の半月に近づくが，週の後半は月が見えなくなる。

カ 日ごとに西の地平線に向かって移動し，新月に近づくが，週の後半は月が見えなくなる。

(5) ９月上旬から12月上旬まで３か月間，望遠鏡で金星を観察すると，金星は次のページの図３のように見かけの大きさと形が変化しました。このことから，金星・地球・太陽の位置関係はどのように変化したと考えられますか。９月上旬から12月上旬までの金星の動きについて説明した下の文の①，②にあてはまる金星の位置を，図４のア～カから選び，記号で答えなさい。ただし，図３は，金星を肉眼で見たときと同じ向きに表しています。

９月上旬から12月上旬にかけて，金星は（　①　）から（　②　）に移動した。

図３

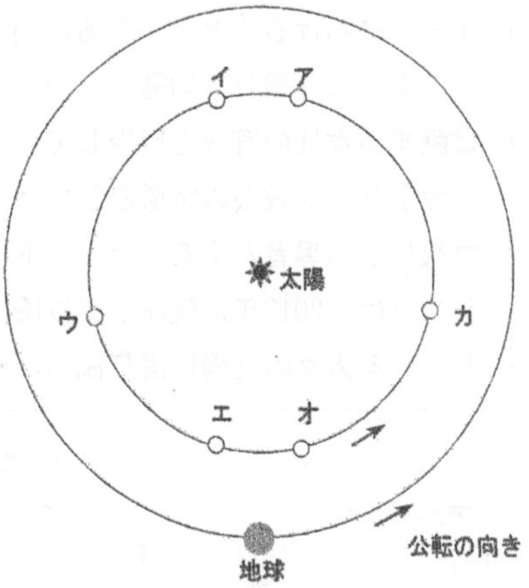

図４

(6)　12月上旬からさらに金星の観察を続けると，１月上旬に金星が観察されなくなり，数日後に再び金星が観察されました。このときの金星は，いつ，どの方位に見えますか。また，その時の金星の形はどのように見えますか。下の文の①～③にあてはまるものを語群と図からそれぞれ選び，記号で答えなさい。

金星は，（　①　）に（　②　）の空に見え，観察される形は（　③　）である。

［①の語群］　ア　明け方　　イ　正午　　ウ　夕方　　エ　真夜中
［②の語群］　ア　北　　イ　東　　ウ　南　　エ　西
［③の図］　ア　　イ　　ウ　　エ　　オ

（図は，肉眼で見たときと同じ向きにしたものである）

【社　会】（50分）　＜満点：100点＞

1　次は，「世界の諸地域」を訪問した教皇フランシスコに関する文章である。あとの１～６の問いに答えなさい。

> キリスト教は大きく分けて「カトリック」と「プロテスタント」，「正教会」という３つのグループにわけることができる。仙台白百合学園はカトリック教会に所属するミッションスクールであり「従順」，「勤勉」，「愛徳」という校訓のもと，祈りと奉仕の心をもって他者や社会に貢献する女性の育成を目指している。
>
> カトリック教会の特徴としては，世界最小の国家であるヴァチカン市国があることや，ローマ教皇を指導者とするピラミッド型の組織体系があることが挙げられる。現教皇であるフランシスコは，2013年に就任して以降，精力的に世界各国を訪問し，弱い立場，困難な状況に置かれている人々の立場に寄り添いながら「平和の巡礼者」としての活動を続けている。

[教皇フランシスコが訪問した国]

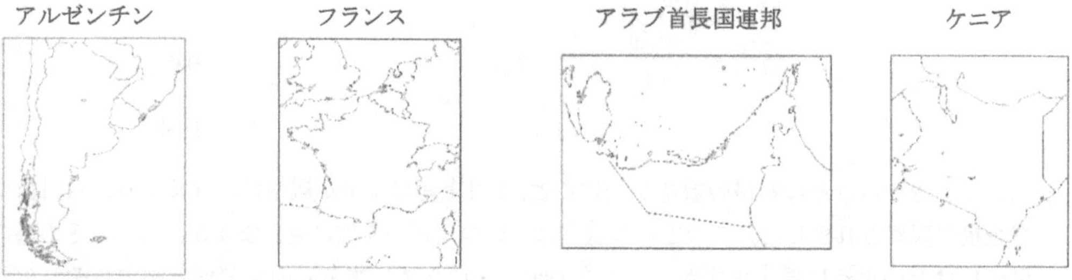

（「白地図専門店」より引用）

1　アルゼンチンは，教皇フランシスコの出身地である。教皇の居住地であるヴァチカン市国（東経15度）が３月16日午前10時のとき，アルゼンチンの首都であるブエノスアイレス（西経60度）の時刻として適するものを，次の**ア**～**エ**から１つ選び，記号で答えなさい。ただしサマータイムを考慮しないものとする。

ア　３月16日午前５時　　**イ**　３月16日午前６時

ウ　３月16日午後５時　　**エ**　３月16日午後６時

2　フランスは，ＥＵ最大の農業国といわれている。次のグラフは，この国で収穫される，ある穀物の世界の生産量と輸出量の割合を表したものである。このグラフにあてはまる穀物名を答えなさい。

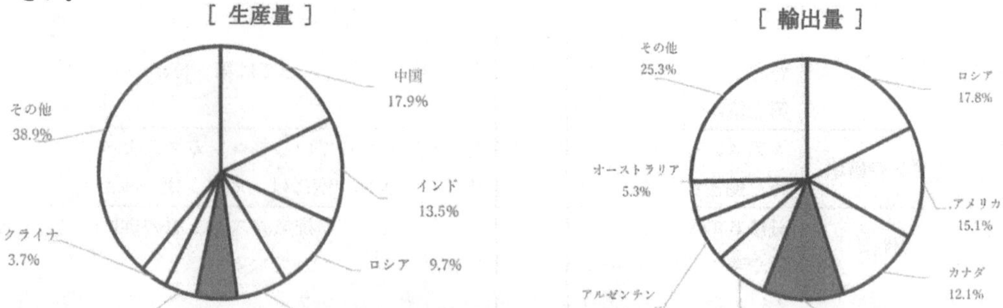

（「国際連合食糧農業機関 2019」による）

3　教皇フランシスコは，2019年にアラブ首長国連邦を訪問し，イスラム教の指導者たちと宗教間対話をおこなった。アラブ首長国連邦では原油の生産も盛んだが，原油の生産調整，価格管理を目的として1960年代に結成された産油国の組織の名称を何というか，アルファベットの略称で答えなさい。

4　教皇フランシスコは，2015年にケニアを訪問し，富の独占，貧困や不満からアフリカ大陸内での争いや不和が生じると述べた。次のグラフから読み取れるようにケニアの経済状態はモノカルチャー経済と呼ばれているが，この経済のデメリットを一つ答えなさい。

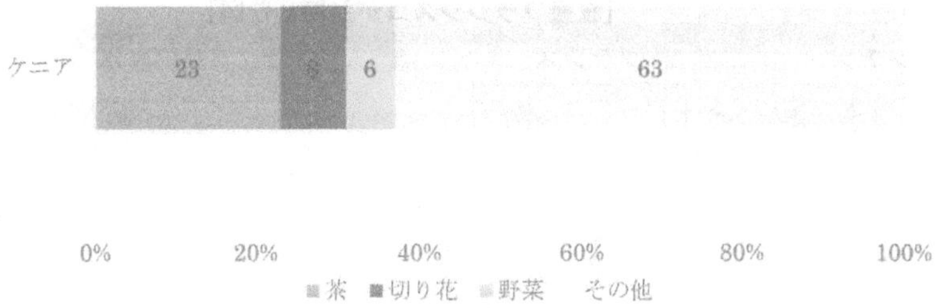

（「世界国勢図会 2016/17」より作成）

5　教皇フランシスコは，カトリック信者に向けて宛てた手紙「ラウダート・シ」の中で環境問題に触れ，気候変動は人類が直面している最も重要な課題の一つであると述べ，環境保全のために迅速に行動するよう人々に訴えた。

(1)　次は「環境問題」について説明した文章である。空欄 X ～ Z にあてはまる語句の組み合わせとして正しいものを，あとの**ア**～**エ**から１つ選び，記号で答えなさい。

地球温暖化	温暖化とは，二酸化炭素などの X が発生し，地球全体の温度が上昇する現象である。温暖化が進行すれば洪水被害や海水面の上昇が深刻化し，食料生産や人体の健康への悪影響が懸念されている。なお，二酸化炭素の排出量割合としては第一位が中国，第二位がアメリカ，第三位が Y である。
オゾンの破壊	エアコンや冷蔵庫の冷媒，噴射剤などに使われているフロンガスによって太陽光の紫外線を防ぐ働きをしているオゾンが破壊され，両極上空には，オゾンホールが拡大している。
酸性雨	pH5.6 の酸性度が強い雨のことである。自動車の排気ガスや工場の排煙に含まれる硫黄酸化物や窒素酸化物が溶け込んで酸性度の強い雨になっている。
森林の破壊	木材の過剰伐採，農地拡大の過放牧，過耕作， Z のため，特にアフリカ大陸のサハラ砂漠周辺では砂漠化が進行している。

	X	Y	Z
ア	温室効果ガス	フランス	遊牧
イ	メタンガス	インド	焼畑農業
ウ	温室効果ガス	インド	焼畑農業
エ	メタンガス	フランス	遊牧

(2) 次のグラフは，2018年の主要国の発電エネルギー源別割合を示したものである。空欄 X ～ Z にあてはまる語句の組み合わせとして正しいものを，あとの**ア**～**カ**から１つ選び，記号で答えなさい。

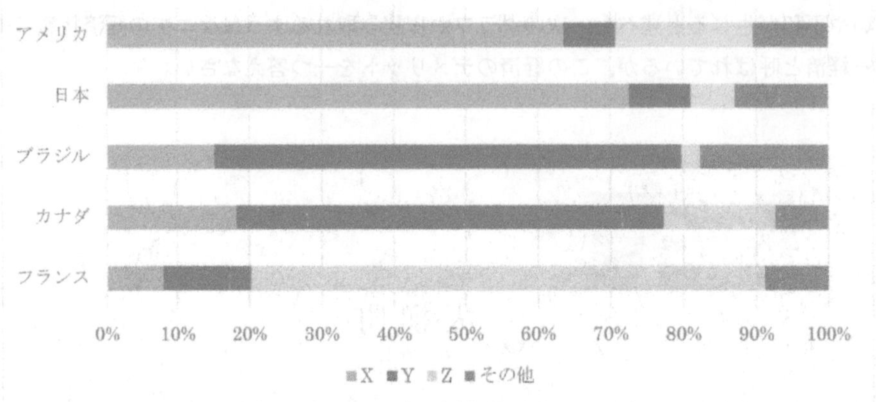

(IEA「Data and statistics 2018」より作成)

	X	Y	Z
ア	原子力発電	水力発電	火力発電
イ	水力発電	原子力発電	火力発電
ウ	火力発電	水力発電	原子力発電
エ	原子力発電	火力発電	水力発電
オ	水力発電	火力発電	原子力発電
カ	火力発電	原子力発電	水力発電

(3) ローマ教皇は，メッセージの中で環境保護のためには石油や石炭といった既存のエネルギーの利用から「再生可能エネルギー」への転換を求めている。「再生可能エネルギー」と何か説明しなさい。

(4) 2015年，すべての国，地域が参加する環境問題に関する初めての国際的な枠組みが採択された。この枠組みの内容は，産業革命以前に比べて気温上昇を２度未満に抑えることを目標にしたものであるが，この協定の名称を答えなさい。

(5) 地球という「共有地」で暮らす一人の人間として，あなたが温暖化を防ぐためにできることを１つ答えなさい。

6 教皇フランシスコは，2019年に来日した際，「東日本大震災被災者との集い」の中で，被災者や集った多くの人々に向け「私たちに最も影響する悪の一つは，無関心の文化です。家族の一人が苦しめば家族全員が共に苦しむという自覚を持てるよう力を合わせることが急務です。」と述べ，復興に向けて今後も被災者の痛みを共に担い，ともに前に進んでいくことの必要性を訴えた。次のページの図は，震災で甚大な被害を受けた地域の一つである岩手県の「大槌町」の地形図である。これを見て，あとの(1)～(4)の問いに答えなさい。

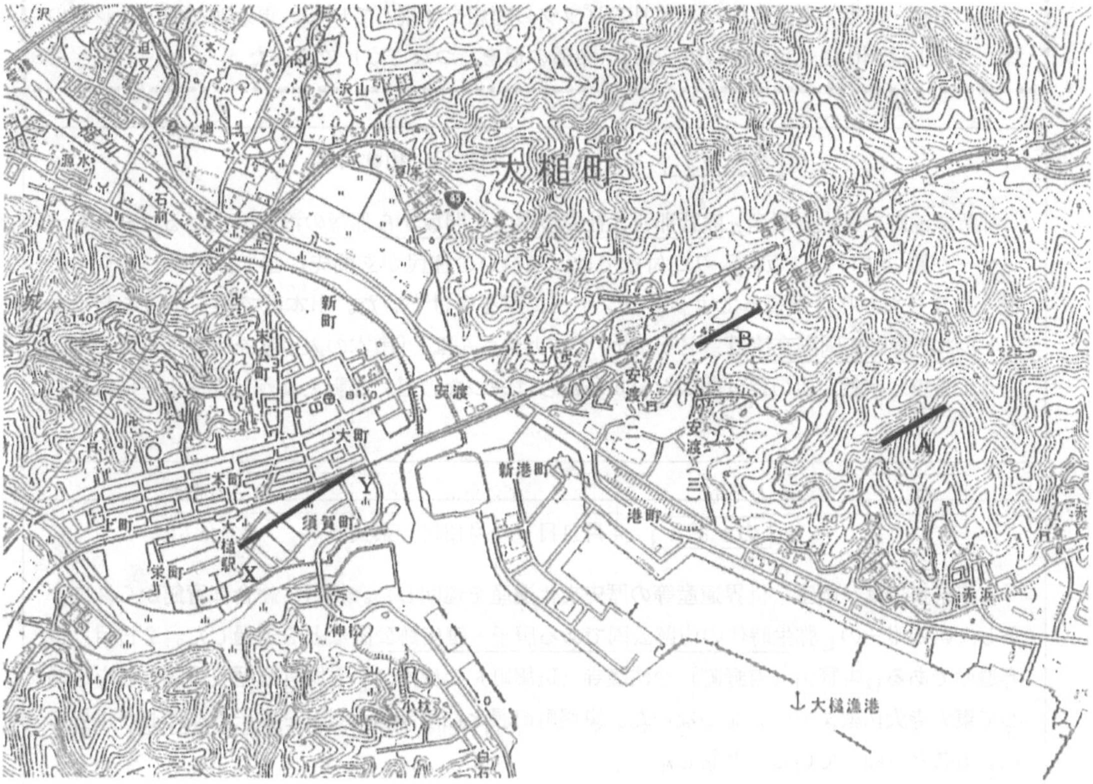

（国土地理院 25, 000 分の 1 地形図（令和 3 年発行）「大槌」より作成）

⑴　地形図中において，地点**X**と地点**Y**との長さは 3 ㎝である。実際の距離は何mか答えなさい。

⑵　地形図を見て，正しいものを次の**ア**～**エ**から 1 つ選び，記号で答えなさい。

ア　大槌駅の周辺には果樹園が広がっている。

イ　この地形図上の大槌町の中には発電所はみられるが，工場はみられない。

ウ　新港町から見て吉理吉理トンネルは北西に位置する。

エ　沿岸部には津波から街を守るために「擁壁」（防潮堤）ではなく，広葉樹が広がっている。

⑶　地形図中において，地点**A**と地点**B**どちらの方の傾斜が急か答えなさい。

⑷　防災のため，自然災害の可能性が予想される場所や避難場所，避難経路を示した地図を何というか，カタカナで答えなさい。

2　次の「東京2020オリンピック競技大会聖火リレー」に関する文と**カード**Ⅰ～Ⅶを読み，あとの 1 ～ 8 の問いに答えなさい。

2021（令和 3 ）年 7 月23日から 8 月 8 日までの17日間，「第32回オリンピック競技大会」が開催され206の国と地域が出場した。 3 月12日，古代オリンピック発祥の地ギリシャ・オリンピア市にあるヘラ神殿跡で採火された炎は，25日に福島県から始まり121日間かけて約10500人の聖火ランナーによって開会式までつながれた。オリンピックのシンボルである聖火を掲げることで，平和・団結・友愛といったオリンピックの理想を体現している。東京2020聖火リレーのコンセプトはHope Lights Our Way（希望の道を，つなごう）であった。

カードⅠ　4月9日～4月10日　和歌山県

那智勝浦町《なちかつうらちょう》では世界遺産A熊野那智大社《くまのなちたいしゃ》の参道，大門坂から那智の滝まで上がるコースをランナーが駆け抜けた。坂の入り口付近では，道沿いの住民が玄関先に出て，拍手したり手を振ったりしながら「頑張ってよ」とランナーに声を掛けていた。串本町《くしもとちょう》で第1走者を務めたBトルコ出身の町国際交流員，ドゥルナ・オズカヤさんは，「串本の人が私を受け入れてくれたように言葉や宗教，肌の色は関係ない。私たちは一つなのだ」と訴えようとランナーに応募した。

カードⅡ　4月11日～4月12日　奈良県

古都奈良では，国宝・世界遺産等の歴史文化遺産を巡回した。初日，総合体育館からスタートし，県内唯一のC弥生時代の史跡公園である唐子・鍵史跡公園などを通過した。2日目，世界遺産であるD吉野山（吉野町）や法隆寺（斑鳩町）のほか，E平城宮跡歴史公園などを通過して東大寺大仏殿まで聖火をつないだ。斑鳩町町長と法隆寺管長は「F太子の和の心が世界に広まることを願っている」と話した。

カードⅢ　5月1日～5月2日　沖縄県

新型コロナウイルス感染症拡大防止の観点から，本島では公道でのリレー実施を中止し，沖縄本島北部の名護市民会館と本島南部の平和祈念公園の2か所で無観客開催となった。当初は，沖縄の出発地点はG首里城とされていた。2日，H1964年東京五輪聖火リレー国内第1走者を務めた沖縄国際大学名誉教授宮崎勇氏が平和祈念公園内（糸満市《いとまんし》）で聖火をつないだ。

カードⅣ　5月5日～5月6日　熊本県

令和2年7月豪雨で被災した人吉市《ひとよしし》からスタートした。氾濫した球磨川《くまがわ》沿いを走った後，I水俣市などを経て八代市へ聖火をつないだ。2日目は，5年前の熊本地震からの復興が進む益城町《ましきまち》や阿蘇市などを通った。

カードⅤ　5月7日～5月8日　長崎県

7日，長崎市の最終区間の一部に，復元された「J遣唐使船」が登場した。聖火とランナーを乗せて長崎港を航行し，世界平和の象徴として大会を盛り上げた。7～9世紀，遣唐使船の最後の寄泊地が長崎であった。

カードⅥ　5月17日～5月18日　広島県

17日，1964年の東京五輪の聖火リレー最終走者を務めた故・坂井義則さんの弟孝之さんが，トーチを手にスタートした。ランナーは4グループに分かれ，グループごとに，K原爆資料館付近から原爆慰霊碑まで，数メートル間隔で並び，ポーズを取りながらトーチを近づけ，聖火をつないでいった。

カードⅦ　6月13日～6月14日　北海道

13日，白老町のLアイヌ文化復興拠点「民族共生象徴空間（ウポポイ）」で点火セレモニーが行われ，アイヌ民族文化財団職員の山道ヒビキさんが聖火ランナーを代表し，トーチから聖火皿に火を移した。

1　**カードⅠ**について，次の(1)・(2)の問いに答えなさい。

(1)　下線部**A**について，紀伊半島の南端にある熊野本宮《くまのほんぐう》・新宮那智宮《しんぐうなちのみや》への参詣は，平安時代の末期からさかんに行われた。この頃に広まった，阿弥陀仏にすがって念仏をとなえる信仰を何というか，答えなさい。

(2)　下線部**B**について，1890年にオスマン帝国の軍艦エルトゥールル号が，和歌山県の樫野崎《かしのざき》付近で台風のために遭難・沈没した際に，住民たちが救助と介抱にあたったことから，日本とトルコの友好が始まった。この頃の世界の動きについて説明した文として正しいものを，次の**ア**～**エ**から1つ選び，記号で答えなさい。

ア　フビライ＝ハンは，ヨーロッパ北部まで領土を広げ，モンゴル帝国を築いた。

イ　ヨーロッパ人は，インドや中国と香辛料などの取り引きをするため，新航路の開拓を行った。

ウ　朝鮮では，重い税金に加え，凶作と日本の商人による買いしめで，米の値上がりが続いていた。

エ　バルカン半島で，オーストリア＝ハンガリー皇太子夫妻が，セルビア人の青年に暗殺された。

2　**カードⅡ**について，あとの(1)～(4)の問いに答えなさい。

(1)　下線部**C**について，唐古・鍵遺跡は弥生時代の環濠集落（柵と深い濠に囲まれた大きな集落）である。この時代，環濠集落がつくられた理由を，10字程度で答えなさい。

(2)　下線部**D**について，14世紀，吉野において，自らの天皇としての正当性を主張し，南朝をおこした天皇を，次の**ア**～**エ**から1つ選び，記号で答えなさい。

ア　聖武天皇　　**イ**　桓武天皇　　**ウ**　持統天皇　　**エ**　後醍醐天皇

(3)　下線部**E**について，平城宮とは，平城京の中央北部にある宮城である。平城京がつくられた奈良時代について述べた文として**誤っているもの**を，次の**ア**～**エ**から1つ選び，記号で答えなさい。

ア　唐の都を手本につくられた平城京には約10万人が住み，貴族の邸宅や大寺院が建てられた。

イ　成人男性にかかる調（特産物）と庸（布）は，自分たちで都まで運ばなければならなかった。

ウ　口分田が不足していたため，朝廷は墾田永年私財法を定めて，開墾を奨励した。

エ　天皇が日本を治めることの正当性を明らかにするため，『万葉集』がつくられた。

(4)　下線部**F**について，聖徳太子が，役人に対して，和の精神を大切にするように説いた。聖徳太子が求めた規範を何というか，次の**ア**～**エ**から１つ選び，記号で答えなさい。

ア　十七条の憲法　　**イ**　御成敗式目　　**ウ**　分国法　　**エ**　武家諸法度

3　**カードⅢ**について，次の(1)・(2)の問いに答えなさい。

(1)　下線部**G**について，首里は沖縄県南部の丘陵に発達した城下町である。沖縄の歴史について述べた文として正しいものを，次の**ア**～**エ**から１つ選び，記号で答えなさい。

ア　本州が弥生時代になったころ，沖縄を中心とする南西諸島では，鮭などの漁が行われていた。

イ　15世紀には中山の王である宗氏によって統一され，首里を都とした琉球王国が成立した。

ウ　1945年，沖縄にはアメリカ軍が上陸し，民間人をまきこんだ地上での戦闘が行われた。

エ　沖縄返還後にベトナム戦争が起き，沖縄の基地がアメリカの軍事拠点として使われていた。

(2)　下線部**H**について，1964年，東京オリンピックが開かれた。1960年代のできごととして正しいものを，次の**ア**～**エ**から１つ選び，記号で答えなさい。

ア　サンフランシスコ平和条約の調印　　**イ**　国際連合に加盟

ウ　日米安全保障条約の改定　　**エ**　日中国交正常化

4　**カードⅣ**の下線部**I**について，1950年代，熊本県水俣市で水俣病による深刻な被害が生じた。1967年，こうした問題に取り組むために制定された法律を何というか，答えなさい。

5　**カードⅤ**の下線部**J**に関連して，日本と中国の外交の歴史について述べた文として**誤っているもの**を，次の**ア**～**エ**から１つ選び，記号で答えなさい。

ア『漢書』によると，紀元前１世紀には，倭人が中国へ使いを送っていたことがわかる。

イ　11世紀以来，日本と宋の間には民間の商人による貿易がさかんにおこなわれていた。

ウ　鎌倉時代，しばらく行われていなかった公式の使節を中国へ派遣した。

エ　明治新政府は，日清修好条規を結んで，正式な国交を開いた。

6　**カードⅥ**の下線部**K**について，原爆投下について述べた次の文**X**・**Y**を読み，正誤の組み合わせとして正しいものを，あとの**ア**～**エ**から１つ選び，記号で答えなさい。

X　アメリカは，戦争の早期終結とソ連に対して優位に立つため，広島と長崎に原子爆弾を投下した。
Y　冷戦は核兵器をはじめとする軍事兵器の開発競争を生み，日本では原水爆禁止運動が始まった。

ア　**X**－正　**Y**－正　　**イ**　**X**－正　**Y**－誤　　**ウ**　**X**－誤　**Y**－正　　**エ**　**X**－誤　**Y**－誤

7　**カードⅦ**の下線部**L**について，北海道の歴史について述べた文として正しいものを，次の**ア**～**エ**から１つ選び，記号で答えなさい。

ア　弥生時代，現在の北海道を中心とする北の地域では，沖縄や奄美と交流をしていた。

イ　アイヌの人々は，幕府によって蝦夷地の南西部を領地とした薩摩藩と交易を行っていた。

ウ　老中松平定信は，蝦夷地の開拓にのりだし，ロシアとの交易をさかんに行おうとした。

エ　明治政府は，北海道旧土人保護法を制定し，アイヌの人々の独自の文化を保護した。

8　2015年9月，国連サミットで「持続可能な開発のための2030アジェンダ」が採択され，17の目標が定められた。目標10は「人や国の不平等をなくそう」である。次の(1)・(2)の問いに答えなさい。

(1)　2021年，東京オリンピック・パラリンピックで聖火ランナーを務める予定であった沖縄県名護市済井出の国立療養所の自治会会長の金城雅春《きんじょうまさはる》さんが病気のため亡くなった。自らがハンセン病回復者で，ハンセン病の差別や偏見の歴史を伝える啓発活動に取り組み続けていた。このような人権問題のほかに，身分制度が廃止された現在においても，日本政府が解決をめざして取り組んでいる人権問題を，漢字4文字で答えなさい。

(2)　SDGsの目標10を達成するため，あなたができる身近な取り組みについて，具体的に1つ答えなさい。

3　次の文は，生徒2人と先生の会話である。会話文を読み，あとの1～11の問いに答えなさい。

生徒A：先生，私たちって18歳で成人になるのですか。

先　生：そうだね。君たちは18歳で成年を迎えるね。

生徒B：では，高校3年になると大人になるのですか？

先　生：正確には，18歳の誕生日に成年になるよ。それと，成人や大人より成年というのが正しいかな。

生徒A：18歳で成年になると，何が変わるのですか？

生徒B：お酒が18歳で飲めるのかな？

先　生：飲酒の年齢は「飲酒の禁止に関する法律」で定められていて，今回の18歳成年はA民法の改正によるものだから，「お酒はハタチから」は変わらないよ。18歳成年で大きく変わるのは，契約できる年齢の引き下げだね。

生徒B：契約ですか？

生徒A：クレジットカードを持てるようになるのですか？買い物が便利になるのかな。

先　生：18歳成年制の背景には，若者に大人としての自覚を高めてもらおうという考えがあって，選挙では一足先のB2015年6月に選挙権年齢が18歳以上に引き下げられたね。しかし，契約年齢の引き下げについては，若者の消費者被害が増えることになるのではと懸念されている点もありますね。

生徒A：授業でもC消費者問題が出てきたけれど，18歳になる前にもっとしっかり勉強しないといけないですね。

先　生：大人としての自覚という点では，D消費者としての責任についても考えないといけないね。私たちの消費生活や経済活動が，ゴミ問題から地球温暖化まで環境問題の原因になっているからね。

生徒B：それでESDGsなのですね？F国連サミットで採択されたのですよね。

生徒A：「持続可能な開発」というのは，G資本主義やH市場経済の行き過ぎを見直すということですか？
先　生：環境への配慮は大きなテーマだけど，教育・Iジェンダー・まちづくりなども大事なテーマだよ。
生徒A：18歳成年で変わることは他にもありますか？
先　生：成年は親権を離れるということだから，J自分の意思で一人暮らしをしたり，自分の意思で職業を選ぶことも2年早くできるようになるね。
生徒B：ところで，成人式はどうなるのですか？
先　生：成人式について定める法律はないので，これまで通り，それぞれのK自治体が時期や会場を任意に決めるようだよ。
生徒A：お盆の帰省の時期に成人式を行う自治体があるのも，自由に決められるからなのですね。
生徒B：成人式も18歳なら，高校の卒業式と一緒にやるのはどうかな？

1　下線部Aについて，法律の制定や改正に関して述べた文として正しいものを次のア～エから1つ選び，記号で答えなさい。

ア　法律案を国会に提出できるのは，国会議員のみである。

イ　法律案は，まず衆議院で審議され，委員会の審議を経て，本会議で議決される。

ウ　衆議院で可決後，参議院で否決された法律案は，衆議院で出席議員の3分の2以上の多数によって再可決されると，法律として成立する。

エ　衆参両院を通過し可決された法律は，内閣により公布される。

2　下線部Bについて，選挙権年齢の18歳以上への引き下げにおいて改正された法律を何というか答えなさい。

3　下線部Cについて，消費者を保護する仕組みとして，訪問販売や電話勧誘などによって消費者が契約した場合に，契約から8日以内であれば消費者側から無条件に契約を取り消すことができる制度を何というか答えなさい。

4　下線部Dについて，次の(1)・(2)の問いに答えなさい。

(1)　私たちは消費者として環境に配慮した行動が求められている。循環型社会をめざし「ごみを減らし，使えるものは再利用し，ごみを再資源化する」ことを3Rと呼んでいるが，3Rは何の略か，3つのRをすべて答えなさい。

(2)　地域で生産される農林水産物の良さを見直し，それらを地域で消費しようという動きを何というか答えなさい。

5　下線部Eについて，SDGsの目標の一つに「貧困をなくそう」がある。先進国の消費者の意識を変えることで世界の貧困を削減する取り組みも行われつつある。発展途上国で生産された農作物や製品を適正な価格で取引し，発展途上国の生産者の自立した生活を支えようという仕組みを何というか答えなさい。

6　下線部Fについて，国際連合について述べた文として正しいものを次のア～エから1つ選び，記号で答えなさい。

ア　国際連合の主要機関である総会は全加盟国で構成されており，各国は人口に応じた投票権を持っている。

イ　現在の国際連合の加盟国数を地域別にみると，もっとも多いのはアジアで，次いでアフリカである。

ウ　国際連合は，第一次世界大戦の戦勝国を中心に発足した。

エ　国際連合の予算は各国の分担金でまかなわれており，金額は加盟国の支払い能力に応じて決定される。

7　下線部**G**について，次の(1)・(2)の問いに答えなさい。

(1)　高度経済成長期（1955～73）の日本社会に関して述べた文として**誤っているもの**を次の**ア**～**エ**から１つ選び，記号で答えなさい。

ア　1960年に当時の総理大臣が所得倍増計画を表明したように，国民の平均所得は上昇した。

イ　長期に渡り好景気が続いたため，物価が下がり続けるデフレーションが起きた。

ウ　就業者数に占める第１次産業の割合が下がり，第２次・第３次産業の従事者の割合が上昇した。

エ　経済成長を優先し環境への影響を軽視したため，水俣病をはじめとした公害が深刻化した。

(2)　好景気や不景気といった景気を調節するための財政政策として正しいものを次の**ア**～**エ**から１つ選び，記号で答えなさい。

ア　景気が過熱するときには，生産や消費の活動を活発にするために，公共投資を増やす。

イ　景気が悪化するときには，生産や消費の活動を活発にするために，増税を行う。

ウ　景気が過熱するときには，生産や消費の活動をおさえるために，増税を行う。

エ　景気が悪化するときには，生産や消費の活動をおさえるために，公共投資を減らす。

8　下線部**H**について，次の(1)・(2)の問いに答えなさい。

(1)　次の表は，令和２年の国内のすいかの出荷数量と１kgあたりの価格を示している。すいかが豊作の場合，すいかの価格はどのように変化すると考えられるか。表を参考にして，「需要量」・「供給量」・「価格」の３つの語句を用い，簡潔に説明しなさい。

	1月	2月	3月	4月	5月	6月
数量（kg）	52621	71846	315151	1726145	4911341	6751450
平均価格（円/kg）	285	329	320	251	258	266

	7月	8月	9月	10月	11月	12月
数量（kg）	9411061	5661760	636321	170497	94319	113742
平均価格（円/kg）	179	256	362	271	297	296

（東京都中央卸売市場　統計情報　より作成）

(2)　農産物の価格は需要量と供給量の関係で速やかに変化するが，次のページの**資料**のように市場で供給する企業が少数の状態になると，価格の変動がうまく機能せず，消費者が不利益を被ることがある。このような，数社による独占状態を何というか，答えなさい。

資　料

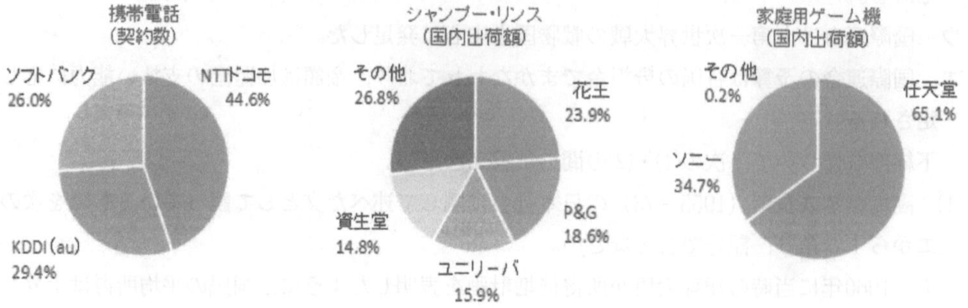

（日本経済新聞社資料（2017年）より作成）

9　下線部Ｉについて，SDGsでは「ジェンダー平等を実現しよう」も大切なテーマである。日本において，仕事と子育て等の両立を支援することをめざし，女性と男性ともに子育て等をしながら働き続けることができる雇用環境を整備するために1991年に定められ，1995年の改正で現在の名称となった法律を何というか，答えなさい。

10　下線部Ｊについて，日本国憲法の第22条において保障されている居住・移転および職業選択の自由と最も関係の深いものを次の**ア**～**エ**から１つ選び，記号で答えなさい。

ア　信教の自由　　**イ**　経済活動の自由　　**ウ**　学問の自由　　**エ**　身体の自由

11　下線部Ｋについて，地方公共団体の仕事として**誤っているもの**を次の**ア**～**エ**から１つ選び，記号で答えなさい。

ア　義務教育を行うため，小・中学校を設ける。

イ　警察・消防を組織し，住民の安全を守る。

ウ　道路や上下水道を整備し，住民の生活を向上させる。

エ　地方裁判所で裁判を行い，社会の秩序を保つ。

問十一　――線9「わたしは黙った」とありますが、このとき「わたし」はどのようなことを考えたのですか。父の様子も踏まえて四十字以内で答えなさい。

問十二　〰〰線「かけら」について、次のようにノートを作成しました。父と「わたし」は、「かけら」をどのようなものだと考えていますか。それぞれの空欄に当てはまる言葉を考え、空欄ｉは二字の熟語で、空欄ⅱは八字以内で答えなさい。

● 父にとっての「かけら」
（　ｉ　二字の熟語　）を構成する全てのもの

⇔

● 「わたし」にとっての「かけら」
青木金物店の看板や空き缶などのような（　ⅱ　八字以内　）の一部

⇩

「わたし」にはまだ父の言う「かけら」がわからない

ようになったことは、まるでできすぎた作り話のようであるが、それが現実である以上、写真に写っている子ども時代こそが逆に非現実的なものであるように感じている。

ウ　写真の子どもが大人になるだけの時間が経っているのにも関わらず、「わたし」の内面は子どもの時から成長していないことから、自分自身のふがいなさとともに、成長のなさを受け入れられないように感じている。

エ　写真の子どもが不機嫌そうに写っているが、現在の家庭が崩壊の危機を迎えていることを考えると、当時はずいぶん小さなことで悩んでいたことが信じられず、当時の「わたし」の幼さを感じている。

オ　写真の子どもはいかにも子どもらしい様子で写っているが、現在の自分たちは大人として経験を積んでおり、昔の二人が写真のような純粋さを持っていたとは考えられないように感じている。

問七　次の①～④は、Ⅰ～Ⅳにあてはまる「わたし」の言葉です。適切な順番で並べているものを後のア～オから選び、記号で答えなさい。

①　お父さんだって疲れてるでしょ

②　別に何もしてないと思うよ。鞠子ちゃん、熱ひいたかな

③　お兄ちゃんも来ればよかったのに。お母さんがいるんだから、家にいる必要、絶対なかったよね

④　あたしだって疲れてるもん

ア　②→①→④→③　イ　②→③→①→④　ウ　②→①→③→④

エ　②→③→④→①　オ　②→④→③→①

問八　――線6「わたしは意味ありげな沈黙を作ってから、少し強い調子で言った」のはなぜですか。最も適切なものを次から選び、記号で答えなさい。

ア　父に見抜かれた自分の疲れを隠すため。

イ　気のない会話をする父に反抗するため。

ウ　おうむ返しするだけの父を止めるため。

エ　疲れている父の気分を明るくするため。

オ　大きな声を出して父を反省させるため。

問九　――線7「ただ水に石を落っことしてるみたい」とはどういうことですか。次の文の空欄に当てはまるように十五字以内で答えなさい。

・「わたし」が何を言っても父は（　十五字以内　）ということ。

問十　――線8「わたしは膝の上に両肘を立てて頭を落とし、髪の毛をぐしゃぐしゃと乱した」のはなぜですか。最も適切なものを次から選び、記号で答えなさい。

ア　父の、会話の流れを意識せずに好き勝手に話をする様子に、父のこの気性を変えることができないと感じ、いらだったから。

イ　父の、自分たちとの思い出をよく覚えていない様子に、自分たちがないがしろにされているように感じ、不満を抱いたから。

ウ　父の、自分の記憶を試す様子に、今まで家族で一緒に過ごしてきた時間を大切にしていないように感じ、怒りを覚えたから。

エ　「わたし」が、父へ親孝行を始めようと考えているにも関わらず、父は自分の人生をあきらめているようで、落胆したから。

オ　「わたし」が、父が認知症になるのではないかと不安に思っているにも関わらず、父は気にしておらず、心配になったから。

のかわからないグレーの背広を着て、朝八時きっかりに家を出、駅へ向かう人々の中にすぐにまぎれてしまう父。

今でも、父という人間は、決してあのなんとかアルプスのようにくっきりとした形では、見えない。

「これはかけらだな」

父が出し抜けに言った。

「え、何？」

「これは、かけらだ」

「これって何」

「今、見ているものとか、ここにあるもの全部。お父さん。桐子。あの鐘。全部。これがお父さんの主張」

かけらとは、*青木金物店の看板だとか、道に転がった空き缶だとか、山の切れ端だと、わたしは思った。でも、父の言うとおり今見ているもの、ここにあるものの全部が何かのかけらだとすれば、その何かとはどんな形をしていて、どれほどの大きさをしたものなのか。

「そうですか」

わたしはバスに戻ろうと立ち上がった。背後で父が、「写真、撮らなくていいのか」と言っているのが聞こえた。

（青山七恵『かけら』より）

＊青木金物店の看板・道に転がった空き缶・山の切れ端……写真教室の課題のために見つけたもの。

問一　＝＝線①～⑤のカタカナを漢字に直し、漢字は読みをひらがなで書きなさい。

問二　――線1「座っている」について、次の問いに答えなさい。

⑴　単語数を答えなさい。

⑵　本文中から、この述部に対応する主語を抜き出しなさい。

問三　――線2「ちょっと身動きすればすぐに吹き飛んでしまいそうな記憶」とありますが、これを言い換えているものとして適切なものを次から選び、記号で答えなさい。

ア　よく思い出すようなはっきりした記憶
イ　ぼんやりとしか思い出せない記憶
ウ　何かの拍子に忘れてしまいそうな記憶
エ　簡単にだれかに伝えられそうな記憶
オ　思い出そうとしても思い出せない記憶

問四　――線3「センチメンタル」の意味として最も適切なものを次から選び、記号で答えなさい。

ア　自発的　　イ　感傷的　　ウ　精神的　　エ　感動的
オ　情熱的

問五　――線4「あの写真」に写っている「わたし」の様子を説明した次の文の空欄に当てはまる部分を、空欄ⅰは十字以内、空欄ⅱは十五字以内で抜き出しなさい。

・（　ⅰ　十字以内　）に座り、（　ⅱ　十五字以内　）いた。

問六　――線5「写真のほうが作り物なのではないかという気もする」のはなぜですか。最も適切なものを次から選び、記号で答えなさい。

ア　写真の子どもが二人とも大人になったが、兄と違って「わたし」は大人らしい生活を歩めていない実感があり、将来への夢を抱いていた子ども時代の感覚を思い出すことができなくなってしまい、足元が崩れたような不安を感じている。

イ　写真の子どもが今や二人とも大人になり、それぞれの生活を持つ

4あの写真に写っていた子ども二人がいまやそれなりにものを知って、それぞれの生活を持って、兄など新しい家族まで作ってしまって、十数年後の今に至るという事実は、なんだか作り話のように思える。でもわたしは今、現に父と二人で鐘つき台を見ているし、兄も家で娘の面倒を見ているはずなのだから、どちらかと言えば5写真のほうが作り物なのではないかという気もする。

今頃母は何をしているだろう。兄は、ちゃんと鞠子ちゃんの面倒を見ているだろうか。隣に寝そべって、だらしなく読書しているだけじゃないだろうか。

父も同じようなことを考えていたかはわからないが、ぽつりと「お母さんや英二は、何やってるかな」と呟《つぶや》いた。

「　Ⅰ　」

「どうだろうなあ」

「　Ⅱ　」

「英二も、疲れてるんだろう」

「　Ⅲ　」

「そうか」

「　Ⅳ　」

「いや」

「疲れてないの？」

「桐子ほどは」

「あたし、そんなに疲れてるように見える？」

「今、疲れてるって言っただろう」

6わたしは意味ありげな沈黙を作ってから、少し強い調子で言った。

「お父さんて、ほんと話しがいがないね」

は、は、と乾いた声で父は笑った。

「なんか、7ただ水に石を落っことしてるみたいなんだよね。お父さんと話してると」

「そうか」

「お父さんは前ここに来たときだって大人だったんだから、ふつう覚えてるんじゃないの」

「いや、本当に今さっき思い出したんだよ。ずいぶん昔だったから」

「お母さん、なんか言ってなかった？」

「いや、お母さんも忘れてたんじゃないか」

8わたしは膝の上に両肘を立てて頭を落とし、髪の毛をぐしゃぐしゃと乱した。髪のすきまから冷たい空気が地肌にふれる。

「お父さん、そんなふうだとそのうち全部忘れちゃうよ」

「ああ、そうだな」

父は力なく笑った。それもすぐに鐘の音にかき消された。

「それに、もっと主張しないと、あたしたちからだって忘れられちゃうよ」

「いいよ。お父さんは実際、いないようなものだ」

「何それ」

今度は意図せず、9わたしは黙った。

少しだけ、一緒に住んでいたころの父を思い出した。

食後の散らかったテーブルだとか、ベランダのクッションがやぶけた椅子だとか、階段の下に置いてある荷物置きの台とか、そんなもののあいだにすっとなじんで、そのまま同じ風景になっていた父。何種類ある

[二] 次の文章を読み、後の問いに答えなさい。

大学生の「わたし」（桐子《きりこ》）は、さくらんぼ狩りツアーに家族五人で参加するはずであったが、母、兄の英二《えいじ》、その娘の鞠子《まりこ》が行かないこととなり、父と二人で出発した。その際に、通っている写真教室からの課題である、「かけら」の写真を撮影しようと考えている。

丘の上にはホテルのチャペルにあるような大きな鐘があり、立て看板には『幸せの鐘』と書いてあった。色違いの服を着た双子の男の子たちが鐘を打つ①綱をむやみやたらにひっぱっている。鐘つき台の向こうには、冬にはスキー場になるのだろう、誰も乗せていないリフトが②シャメンの下まで続いている。さっきのハンググライダーはそのシャメンのずっと向こうに③チャクリクしていた。押し付けがましい幸せの鐘の音を、ほとんど動きのない風景が分厚い紙ナプキンのようにゆっくり吸い込んでいく。

わたしは鐘つき台の真正面にあるベンチに腰掛け、小さな兄弟が鐘ならしに熱中するのを見ていた。見ているうちに、その白い台のまだらなはげ具合とか、④スり切れた綱、この涼しさ、このただ広く⑤開けた空と原っぱを、自分はなんとなく知っているような気がしてきた。いくつかのぼんやりした夏の思い出をたどっていくと、この場所、といっても鐘と遠くに見える山と涼しさ、という三つの要素が、おぼろげながら一枚の写真という形で頭に浮かび上がってきた。

父は、あいだに小さい子どもがもう一人座れるくらいのすきまを空けて、わたしの隣に[1]座っている。

「お父さん、今ふと思ったんだけどね、もしかしてここ、来たことない？」

「何？」

「ここ。来たことあるような気がするんだけど。お母さんとお父さんとお兄ちゃんと。小学生のとき、いや違う、もっと前」

「そうだな、あるな。桐子は忘れてるかと思ったよ」

「知ってたの？」

「いや、お父さんもさっき思い出した」

わたしは[2]ちょっと身動きすればすぐに吹き飛んでしまいそうな記憶を、慎重に思い出し始めた。

たしか数年前の年末に、古いアルバムをめくっていてその写真を見つけたのだ。頭からタオルケットをかぶって、青白く不機嫌そうなわたしは向かって一番左に位置し、鐘つき台のふちに腰掛けていた。その隣に母、兄、父が並んで立っていた。写真のわたしたち四人と、その背後に広がる曇った空のあいだに、今目の前にしているあの鐘があった。まだ家庭と幼稚園という世界しか知らなかったわたしは、今子どもたちが走り回っているあの場所に腰をかけて、サンダルばきの足を二本、カメラの前にぶら下げていたのだった。

「あそこの鐘のところで、写真を撮ったと思う」

「え、どこだ？」

「あの鐘をバックにして、みんなで写真撮ったよ。アルバムに入ってた」

「そうか、あそこでか」

だからといって、今日鐘つき台で父と二人写真を撮って帰るなんて、そんな[3]センチメンタルなことはしたくなかった。

問九　――線6「文化を通して自然を見ることをもう少しみておこう」とありますが、ここで筆者が付け加えようとしたのはどのようなことですか。本文の表現を用いて二十五字以内で書きなさい。

問十　《Ⅰ》・《Ⅱ》に最も適する語を次から選び、それぞれ記号で答えなさい。

ア　しかし　　イ　つまり　　ウ　なぜなら　　エ　もし

オ　たとえば

問十一　――線7「歳時記は〈農〉なしには生まれなかっただろうし、歳時記なしには〈農〉は不可能だった」とありますが、筆者がここで述べようとした内容として最も適切なものを次から選び、記号で答えなさい。

ア　自然の社会化は労働による社会化と文化による社会化の二つに分類されるということ。

イ　自然の商品化はわれわれの生活や文化の中に予想以上に深く浸透しているということ。

ウ　労働による自然の社会化と文化による自然の社会化には、深い関係があるということ。

エ　労働を通して自然を社会化した結果、自然の商品化という現象が起こったということ。

オ　人間と自然を商品とは見ないやり方で生活や文化を実践することが肝要だということ。

問十二　――線8「人間と自然の持続可能な物質循環に亀裂が入っている」とありますが、筆者はこの「亀裂」の修復の第一歩として、まず何を実践することが必要だと述べていますか。本文から十字以内で抜き出しなさい。

問十三　次に掲げるのは、本文の「おわりに――新しい物質循環の単位」の章を読んだ後に生徒が交わした会話です。会話内の ① ・ ② に適する表現を、本文からそれぞれ八字以内で抜き出しなさい。

生徒Ａ――「コモンズとしての里山」とあるけれど、聞きなれない言葉だわ。

生徒Ｂ――「コモンズ」の注に「資源の共同利用地」ってあるから、里山は里に住むみんなのものってことになるな。

生徒Ｃ――私は「共同利用地」というより、「多くの生物が共生している豊かな空間」と表現したいわ。

生徒Ｂ――じゃあ、里山はそこに生息するカブトムシのものでもある、ってことになるよな。自然環境は生物みんなのもの！

生徒Ａ――それなのに、人間は自分たちの都合で自然を商品化してきた。そしてそれは、 ① という出来事とも関係していたのね。

生徒Ｂ――僕は人間の利便を最優先に考えてきたけれど、少し視点を変えないといけないよな。

生徒Ｃ――そういえば、最近「持続可能な社会」をどう実現していくかが話題になっているけれど、豊かな里山は未来に残したいよね。

生徒Ａ――そのためにも、将来社会に向けての ② のあり方を模索する必要があると筆者は言っているのよね。私もこの課題にしっかり取り組んでいきたいわ。

山。その里山に住まうカブトムシが商品として扱われる背景には里山が破壊されただけでなく、自然を商品として捉えてしまうことも深く関係しているということが自然の社会化という視点から見て取れる。そして、その地平から将来社会を考えてみてはどうだろうかというのが、私が環境思想してみた結論である。

（大倉茂「カブトムシから考える里山と物質循環
――『自然の社会化』と『コモンズ』」より）

＊歳時記……一年中の行事・風物・自然現象などを季節別あるいは分野別に整理して記した書物。

＊コモンズ……森林・漁場などの資源の共同利用地のこと。筆者は「里山は、里に住むみんなの土地という意味でコモンズとも呼ばれる」と説明している。

問一　＝線①～⑤のカタカナを漢字に直しなさい。

問二　――線1「違和感」とありますが、何に対する「違和感」なのですか。二十字以内で簡潔に説明しなさい。

問三　――線2「子どもながらに」の「ながら」と同じ用法のものを次から選び、記号で答えなさい。

ア　爆音を響かせながら走り去った。
イ　昔ながらの味に舌つづみを打った。
ウ　お茶を飲みながらゆっくり話そう。
エ　貧しいながらも幸せに暮らした。
オ　彼女は涙ながらに訴えた。

問四　[X] に最も適するものを次から選び、記号で答えなさい。

ア　商品として売買されるのは、珍しいということが一番の理由であるようだ。
イ　都市では珍しい昆虫だからこそ、百貨店等で商品として売られているのだ。
ウ　単純に珍しい昆虫だからという理由だけで商品になっているわけではない。
エ　たとえありふれた昆虫であっても、商品として売買することには意義がある。
オ　現代は、利益のためなら何でも商品にしようという傾向が強いといえそうだ。

問五　――線3「労働による自然の社会化」とは、どのようなことですか。具体例を挙げながら、二十五字以上三十字以内で説明しなさい。

問六　――線4「われわれの自然の見方を規定する」とありますが、この部分が直接修飾している語（または語句）として最も適切なものを次から選び、記号で答えなさい。

ア　文化　　イ　自然　　ウ　社会化
エ　自然の社会化　　オ　文化による自然の社会化

問七　（A）と（B）に入れるのに最も適する組み合わせを次から選び、ア～オの記号で答えなさい。

ア　A目的　―　B無目的　　イ　A関心　―　B無関心
ウ　A分別　―　B無分別　　エ　A秩序　―　B無秩序
オ　A造作　―　B無造作

問八　――線5「冬空に三つの一直線に並んだ星を見るとオリオン座だと即座に反応する人も少なくない」とありますが、星座の例を示して筆者が説明しようとしたのは、どのようなことですか。最も端的な表現を本文から十二字以内で抜き出しなさい。

と捉える。文化によって自然がどのように捉えられるかが異なる。したがって、それぞれの文化によって自然をどう捉えるか、もっといえば、文化のなかで自然がどう位置づくかが違うのである。それもそのはずで、それぞれの文化は、その土地の風土と切り離すことができない。さまざまな風土のなかで生活していくことを通じて文化が形成された。たとえば、日本であれば日本の風土における四季折々の自然の変化を踏まえて*歳時記が育まれていった。《　Ⅰ　》さまざまな自然条件を取り込むことで文化が育まれていった。これが、第二の文化による自然の社会化である。

さて、ここまで論じてきたように、自然の社会化は労働による自然の社会化と文化による自然の社会化と大きく二つにわけることができる。そして、この両者はそれぞれ別々の側面を備えながらも深い関係がある。《　Ⅱ　》、[7]歳時記は〈農〉なしには生まれなかっただろうし、歳時記なしには〈農〉は不可能だっただろう。カブトムシの話に戻れば、カブトムシを商品として捉えるようになったことは、自然の社会化の視点が欠かせない。文化による自然の社会化から言えば、われわれはカブトムシをいつしか里の昆虫ではなく、売り買いする商品として捉えるようになった。そして、労働による自然の社会化から考えれば、われわれが里の生活を手放し、都市の労働を通して自然を社会化していたことの結果であると考えることができる。（中略）

おわりに――新しい物質循環の単位

最初の問いに戻ろう。なぜカブトムシは商品として売られるようになったのか。それは直接的には、カブトムシがすまう*コモンズとしての里山を破壊していったこと、そしてその背景には、自然を商品として見るようになったことがある。そのように考えれば、カブトムシが商品として売られていることは、[8]人間と自然の持続可能な物質循環に亀裂が入っていることの象徴であるといえる。カブトムシが商品として扱われること、言い換えれば自然が商品として捉えられることは、われわれの生活や文化のなかに深く、そして広く浸透している。われわれは人間や自然を商品として扱うことにしばしば疑問を持たなくなっていることは自然を商品として扱うことが深く浸透していることの証拠であるし、われわれが日本にいながら世界各国のカブトムシに出会うことができることも商品交換がグローバルな規模で広く行われていることの象徴でもあるのだ。

大事なことなので強調しておきたいが、人間と自然の物質循環に入った亀裂を修復することは、そのまま過去の生活や文化を取り戻すことを意味しない。言い換えれば、「古き良き」伝統を回復することとイコールではない。都市の生活や文化を踏まえた新しい物質循環の単位を考える必要がある。本論の延長として新しい物質循環の単位を考えるポイントを簡単に述べておくならば、それは人間と自然の脱商品化である。商品として扱うことが根本的な原因であれば、商品として扱うことをやめるか、制限すること、すなわち脱商品化を目指すのは当然のことだろう。したがって、人間と自然を商品として扱わない、人間と自然を商品とはみない見方を基礎とした生活や文化の実践を積み上げていくことが肝要なのである。そしてその先に新しい物質循環の単位が構想しうるのではないだろうか。

日本の里の生活における物質循環の要であったコモンズとしての里

【国　語】（五〇分）〈満点：一〇〇点〉

[一] 次の文章は『「環境を守る」とはどういうことか――環境思想入門』の一部です。これを読んで、後の問いに答えなさい。

はじめに――「環境思想」は日常のなかに

環境思想はかちっと固まったものではなく、日々われわれが思いめぐらすことができるものである。つまり「環境思想する」ことは誰にだっていつでもできる。そしてきっかけは日常のなかにある。

ある夏の夜、住宅街を歩いていると、数メートル先の道ばたに小さな黒いかたまりがあった。しゃがんで見てみるとメスのカブトムシであった。このままだと車につぶされてしまうと思い、そばの生け垣にうつした。久しぶりにカブトムシに①サワった。カブトムシはありふれた昆虫ではなくなったのかもしれない。

思えば、私が子どもの頃はすでにカブトムシがスーパー、ホームセンター、百貨店に並んでいた。つまり、カブトムシは商品として売られていた。そしてそのことに1違和感があったのを覚えている。カブトムシなんて売り買いする商品ではなく、山に捕りにいくものだろうと2子どもながらに感じていた。私は子どもの頃、都市の生活をしていたものの、夏の夜には住んでいたマンションの駐車場の電灯の下をきょろきょろしていると運良くカブトムシを捕まえることができた。それでもカブトムシは商品として売られていた。さらに私の母の実家はたいへんな山奥で夏に母の実家を訪ねればカブトムシはありふれた昆虫であった。それでもカブトムシは商品として売られていた。したがって、[X]。

では、なぜカブトムシは商品として売られるようになったのか。この問いにこたえるのが本章の目的である。そのために、少し環境思想してみよう。

自然の社会化

われわれの歴史は、自然を社会化してきた歴史ともいえる。少し表現をかえるならば、これまでにわれわれは生活のなかに自然を取り込んできた。自然を社会化することは大きく二つにわけることができる。

第一に、3労働による自然の社会化である。われわれは動物を狩り、魚を捕り、木の実を拾う②イトナみ、すなわち漁労も含めて狩猟③サイシュウを行ってきた。そして、種を植え、あるいは苗を植え、作物を④シュウカクする農耕、そして家畜を飼育する牧畜も行ってきた。この農耕牧畜において、われわれは労働を通して自然を人間の社会に取り込みはじめた。すなわち、労働による自然の社会化をはじめたのである。

その一方で、4われわれの自然の見方を規定する、文化による自然の社会化を見逃すわけにはいかない。いにしえからわれわれは星空を⑤ナガめてきた。そして、星と星をつなげ、星のまとまりを星座と呼び、その星のまとまりから神話の世界などを想像していた。不思議なもので、われわれは一度その星のまとまりを（　A　）ある星座と捉えると、もはやばらばらな星の（　B　）なあつまりとは見えなくなる。5冬空に三つの一直線に並んだ星を見るとオリオン座だと即座に反応する人も少なくないのではないか。このようにわれわれはあるフィルターを通して、自然をナガめている。これをさしあたり文化と呼ぼう。

6文化を通して自然を見ることをもう少しみておこう。一方で、ある文化は牛を見て家畜だと捉えるが、他方で、ある文化では牛は聖獣である

MEMO

大切なことはメモしておこうネ！

2022年度

仙台白百合学園高等学校入試問題（B日程）

【数　学】（50分）　＜満点：100点＞

答えはすべて解答用紙に書きなさい。

1　次の問いに答えなさい。

(1)　$(-ab^2)^2 \div \frac{1}{2}a^3b^2$ を計算しなさい。

(2)　$\frac{6x-5y}{3}-\frac{4x-3y}{2}$ を計算しなさい。

(3)　$2\sqrt{6}+\frac{18}{\sqrt{6}}$ を計算しなさい。

(4)　$-1<a<0$，$1<b$ のとき，次の式の値が必ず負になるものをすべて選び，番号で答えなさい。

①　$a+b$　　②　ab　　③　a^2b　　④　a^2-b^2

(5)　$x=2$，$y=-4$ のとき，$(x^2+8xy-11y^2)-3(x^2-y^2)$ の値を求めなさい。

(6)　2次方程式 $(x-2021)(x-2022)=2021\times2022$ を解きなさい。

(7)　関数 $y=-2x^2$ について，x の変域が $-1<x<3$ のときの y の変域を求めなさい。

(8)　1，2，3の数字が1つずつ書かれた3枚のカードをよくきって，左から右にならべて3けたの整数をつくる。このとき，その数が偶数である確率を求めなさい。

(9)　底面の半径が5㎝，母線の長さが10㎝の円錐の表面積を求めなさい。ただし，円周率を π とする。

(10)　次の①～④から必ず成り立つものをすべて選び，番号で答えなさい。

①　1つの円において同じ弧に対する円周角の大きさは等しい。

②　1つの線分ABに対して∠APBの大きさが等しくなるような点Pの集まりは1つの円となる。

③　2つの三角形が相似ならば，それらの面積は等しい。

④　四角形ABCDがひし形ならば，対角線ACとBDは垂直に交わる。

2　S学園中高オーケストラは，中学生と高校生が合同で活動をしている。昨年，オーケストラに所属している生徒は，中学生と高校生合わせて70人であった。今年は昨年に比べて中学生が20％減り，高校生が15％増えたが，全体の生徒の人数は変わらなかった。今年のオーケストラに所属している中学生と高校生の人数をそれぞれ求めたい。

次の問いに答えなさい。

(1)　Aさん，Bさんの2人は，答を求めるのに下のような連立方程式を立てた。

Aさんの立てた式：

$$\begin{cases} x+y=70 & \cdots① \\ 0.8x+1.15y=70 & \cdots② \end{cases}$$

Bさんの立てた式：

$$\begin{cases} x+y=70 & \cdots① \\ -0.2x+0.15y=0 & \cdots② \end{cases}$$

次の(ア)～(カ)の文章のうち，正しいものをすべて選び，記号で答えなさい。

(ア)　Ａさんは昨年の中学生の人数を x 人，高校生の人数を y 人としている。

(イ)　Ａさんは今年の中学生の人数を x 人，高校生の人数を y 人としている。

(ウ)　Ｂさんは今年の中学生の人数を x 人，高校生の人数を y 人としている。

(エ)　Ｂさんは中学生の人数の差を x 人，高校生の人数の差を y 人としている。

(オ)　Ａさんは昨年の人数の合計と，今年の人数の合計を，それぞれ立式に使っている。

(カ)　Ｂさんは昨年の人数の合計と，今年の高校生と中学生の人数の差を，それぞれ立式に使っている。

(2)　２人が立てた連立方程式は，どちらも間違っていない。x，y の値を求めなさい。

(3)　今年のオーケストラに所属している中学生と高校生の人数をそれぞれ求めなさい。

3　次の問いに答えなさい。

［１］　次の会話文について，以下の問いに答えなさい。

先　生　次の関数の問題を解く前に，そもそも関数とは何かを確認しましょう。

百合子　比例や反比例は関数ですよね。

先　生　言葉を正確にとらえることが大切です。例えば反比例の場合，１つの x に対して y がただ１つ決まるから，y は x の【　①　】といえますね。それでは，次にこのグラフを見てください。

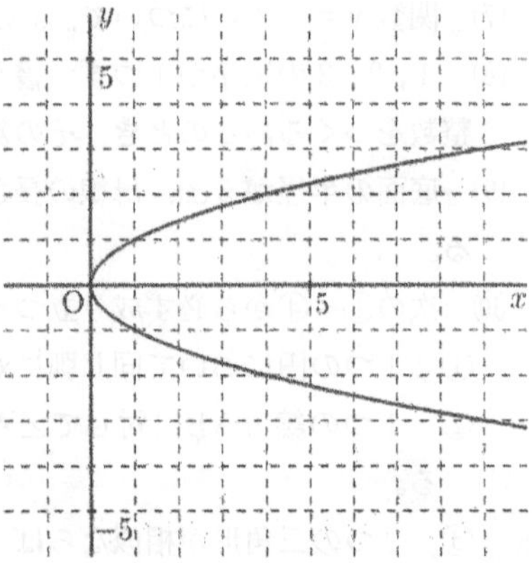

百合子　うわっ！放物線が横に寝てますよ！？

先　生　このグラフで，$x=5$ のとき，y の値はいくつありますか？

百合子　うーん…，【　②　】個です。

先　生　そうですね。ですから，【　③　】。

百合子　そうなんだぁ…。あ！でも！それだったら，x 軸よりも上のグラフに限定して考えたらどうかしら？

先　生　よい着眼点を持っています！　高校での数学が楽しみですね！

(1)　【②】に当てはまる個数を求めなさい。

(2)　【①】，【③】に当てはまる言葉，文章の組み合わせとして，下の選択肢のア～カから最も適切なものを１つ選び，記号で答えなさい。

選択肢	①	③
ア	関数	y は x の関数であるといえます
イ	１次関数	y は x の関数であるといえます
ウ	２次関数	y は x の関数であるといえます
エ	関数	y は x の関数であるとはいえません
オ	１次関数	y は x の関数であるとはいえません
カ	２次関数	y は x の関数であるとはいえません

［2］ 関数$y=ax^2$のグラフGがあります。このとき，次の問いに答えなさい。

(1) Gが点A（5, 5）を通るとき，aの値を求めなさい。

(2) Gについて，xの値が3から6まで増加したときの変化の割合が－3であるとき，aの値を求めなさい。

(3) 2点A（5, 5），B（10, 5）について，Gが線分AB（両端を含む）上の点を通るとき，aの値の範囲を求めなさい。

4 円周を5等分する点A，B，C，D，Eを結んで正五角形ABCDEを作った。線分ADと線分CEの交点をFとして，次の問いに答えなさい。ただし，AB＝2とする。

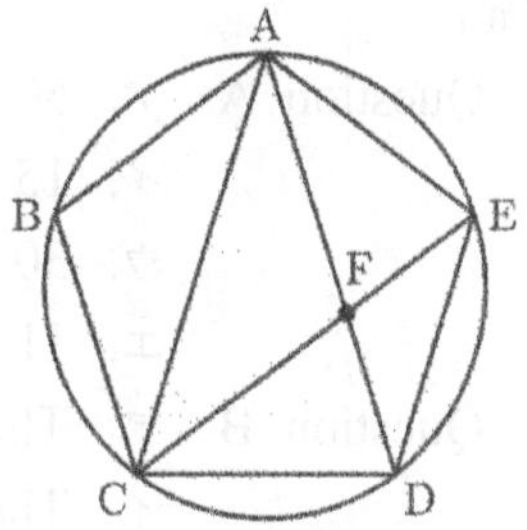

(1) ∠BAE，∠CAD，∠FCDの大きさをそれぞれ求めなさい。

(2) 線分AFの長さを求めなさい。

(3) △ACD∽△CFDを証明しなさい。

(4) 線分FDの長さを求めなさい。

5 右の図は，底面が1辺$6\sqrt{2}$cmの正方形で，他の辺の長さがすべて10cmの正四角錐O－ABCDを，底面に平行な平面で切り，小さな正四角錐O－EFGHを取り除いた形の容器である。

このとき，次の問いに答えなさい。ただし，容器は面EFGHが水平になるように置いてあるものとし，容器の厚みは考えないものとする。

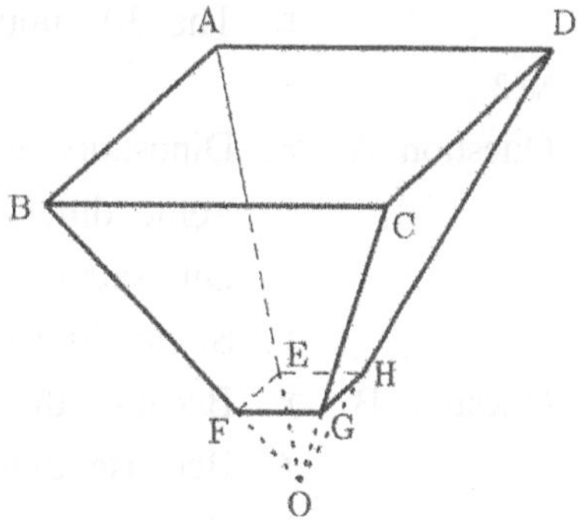

(1) 辺AEとねじれの位置にある辺を，すべて答えなさい。

(2) 正方形ABCDの2本の対角線AC，BDの交点をPとする。正四角錐O－EFGHの高さが，正四角錐O－ABCDの高さの$\frac{1}{4}$であるとき，次の問いに答えなさい。

ア） EHの長さを求めなさい。

イ） OPの長さを求めなさい。

ウ） 水面の高さが容器のちょうど半分になるまで水を入れた。このとき，入れた水の体積を求めなさい。

【英　語】（50分）　＜満点：100点＞

〔Ⅰ〕 リスニングテスト
放送の指示に従って答えなさい。

＜Part 1＞　英文を聞き，その質問に答えなさい。その答えとして最も適切なものを１つ選び，記号で答えなさい。英文は２度読まれます。

No. 1

Question A　ア．50 years.
イ．15 years.
ウ．30 years.
エ．11 years.

Question B　ア．The quiz event.
イ．The one-hour tour event.
ウ．The photograph event.
エ．The 30-minute tour event.

No. 2

Question A　ア．Dinosaurs ate a lot of food.
イ．Some dinosaurs looked like birds.
ウ．Dinosaurs did not live long.
エ．Some dinosaurs ate only plants.

Question B　ア．Because dinosaurs lived long ago.
イ．Because dinosaurs could run fast.
ウ．Because some dinosaurs were as small as cats.
エ．Because they could see dinosaurs at the museum.

＜Part2＞　この問題は，対話を聞き，その最後の文に対する応答として最も適切な答えを選ぶ形式です。例題を聞いてください。対話が読まれます。

例題　（対話が放送されます）
ア．I don't like reading books.
イ．I'm really busy today.
ウ．It was very cold.
エ．That will be OK.　（正解）
ここでは エ が正しい答えになります。
では，実際の問題を放送しますので準備して下さい。対話は２度読まれます。

No. 1

ア．Then you have to make them. イ．Why don't you ask me?
ウ．Oh, they're on your head. エ．I need to lose them.

No.2

ア. I didn't find it.

イ. You need to buy a new one.

ウ. Yes, it was very big.

エ. That's a good idea.

No.3

ア. No. I don't have time to go there.

イ. Yes. Please take the No.10 bus.

ウ. No. The park is near here.

エ. Oh, thanks anyway.

＜リスニングテスト放送台本＞

［Ⅰ］ Part 1

【放送原稿】

No.1 Today, we celebrate the 15th year since our zoo opened. We have some special events today. At 11 a.m., we will have a quiz about the animals. Each winner will get a towel with pictures of animals on it. At 2 p.m., we will have tours with guides. After a 30-minute tour, you can get an eco bag. After a one-hour tour, you can get a water bottle.

Question A: How long has it been since the zoo opened?

Question B: If you want to get a towel, which event do you need to join?

No.2 Jane and her brother Sam are very interested in dinosaurs. Last month they visited the science museum in their city and they learned many things. They learned that some dinosaurs ate only plants, but other dinosaurs ate meat. They were surprised because some dinosaurs were bigger than buses, and some were as small as cats.

Question A: What did they learn at the museum?

Question B: Why were they surprised?

［Ⅰ］ Part 2

【放送原稿】

No.1 A: Carol, have you seen my glasses?

B: No. Did you lose them?

A: I think they're in my room. But I can't find them.

No.2	A: Do you like my new coat? B: It's nice! I like the color. What happened to your old one? A: It was too small for me, so I gave it to my younger sister.

No.3	A: Excuse me. Where is Green Park? B: Green Park? It's very far from here. A: Is there a bus that goes there?

〔Ⅱ〕 次の会話文を読み，あとの問いに答えなさい。

Emi: Hi, Lucy. Can we talk now?

Lucy: Of course!

Emi: Do you have any plans this Saturday?

Lucy: Well, I'm planning to go to Mt. Izumigatake in the morning to enjoy watching birds and looking at beautiful *scenery.

Emi: That sounds good. Have you ever been there before?

Lucy: Yes. I've been there three times.

Emi: Do you like climbing mountains?

Lucy: Yes, I do. （ 1 ） What's your plan this Saturday, Emi?

Emi: I'm going to go to the Hirose River with some of my friends.

Lucy: What are you going to do there?

Emi: We're going to walk along the river and pick up *empty cans and other *trash.

Lucy: Great! Do you often go there to do it?

Emi: Well, we sometimes do that because we're interested in （ ア ） activities.

Lucy: What time will you start?

Emi: We'll start at 10:00 a.m. and finish at 11:45 a.m. After that we'll have *gyutan* for lunch.

Lucy: Oh, *gyutan*! I love it. Can I join you?

Emi: （ 2 ） How about meeting in front of Sendai Station at around 9:00 a.m.?

Lucy: OK. I'll be there at 9:00.

Emi: （ 3 ）

Lucy: I'll go there by bus.

Emi: I see. （ 4 ）

Lucy: Me, too. See you then.

*scenery 風景　*empty cans 空き缶　*trash ごみ

問１ 文中の（１）～（４）に入る最も適切な表現を，あとのア～エから一つずつ選び，記号で答えなさい。

(1) ア．Climbing mountains is very dangerous.

イ．Climbing mountains is not so popular in Japan.

ウ. Climbing mountains is exciting.

エ. Climbing mountains takes too long.

(2) ア. No, you can't.　　イ. Why do you think so?

ウ. No, you don't have to.　　エ. Why don't you?

(3) ア. How will you come to the station?

イ. How long will it take to come to the station?

ウ. How often will you come to the station?

エ. How about coming to the station?

(4) ア. I'm looking for you this Saturday.

イ. I'm looking after you this Saturday.

ウ. I'm looking forward to seeing you this Saturday.

エ. I'm taking a look at you this Saturday.

問2 文脈から判断して，（ア）に入る最もふさわしい一語を答えなさい。

〔Ⅲ〕 次の英文を読んで，あとの問いに答えなさい。

We usually see animals like cows and *horses in fields on farms in the *country and mountains of Japan. But we can sometimes see goats in small fields in cities, too. They are actually used to cut the grass. This has many ① *benefits for both the *environment and the people in cities.

A goat can eat 6 to 10 kilograms of grass every day. This is good because there is no need to use *herbicides, and there is no *noise from *lawnmowers. Also, the goats do not need fuel or electricity like machines. Instead, they just eat the grass for food, so there is no need to throw away the grass *cuttings. *Moreover, it is hard for people to use lawnmowers on *slopes, but goats can easily walk up and down them.

Until the 1960s, there were over 300,000 goats in Japan, and they were *close to our daily lives. Now, there are only about 20,000 goats. Local people become curious and happy when they see goats that eat grass quietly. For children, goats are kind and cute animals. One mother stopped to watch some goats with her 5-year-old daughter. She said, "My daughter enjoys watching the goats. They eat a lot of grass." Near them, some other young people were taking pictures of the goats with their cell phones.

For *adults, watching the goats can also be relaxing. In fact, goats in the neighborhood are a *conversational topic between people of different generations. In other words, it helps them to talk to each other and makes the *local community stronger. This is another reason why this *eco-friendly way of cutting grass has become popular in Japan.

Recently, *more and more companies, city governments, hospitals, and universities use animals to cut the grass. Some companies have fun events.

Local people and the goat grass-cutting teams get together there. These events have become very popular. "We can make people in the local community happy, and ② this is more important than just cutting the grass," said the person who is *in charge. "I'm sure that eco-friendly grass cutting with animals will increase in the future."

*horse　馬　*country　いなか　*benefit　利点　*environment　環境　*herbicides　除草剤
*noise　雑音　*lawnmowers　草刈り機　*cuttings　刈られた草　*moreover　そのうえ
*slope　斜面　*close to　近くに　*adult　大人　*conversational topic　会話の話題
*local community　地域社会　*eco-friendly　環境にやさしい　*more and more　ますます多くの
*in charge　担当の

問１　次の質問に20字以内の日本語で答えなさい。（句読点も含む。）

Why do we sometimes see goats in the cities?

問２　下線部① *benefits for the *environment に含まれるものをア～オからすべて選びなさい。

ア．Goats help people talk to each other.
イ．People feel happy to see the goats.
ウ．There is no need to use herbicides.
エ．Fun events can be held.
オ．There are no grass cuttings to throw away.

問３　下線部② this は何を表しているか，日本語で答えなさい。

問４　本文の内容に合っているものには○，合っていないものには×と答えなさい。

⑴　ヤギは斜面を登ったり降りたりするのがあまり得意ではない。
⑵　ヤギが草を食べるのを見ることは，大人にとってリラックス効果がある。
⑶　日本には30万匹のヤギがいる。
⑷　１匹のヤギは一日に10キロを超える量の草を食べる。

〔Ⅳ〕　次の各文の（　）内に入る適語を選び，記号で答えなさい。

⑴　My racket isn't good.　Please lend me（　）.
ア．you　イ．your　ウ．you're　エ．yours

⑵　How（　）is it from here to your school?
ア．many　イ．more　ウ．far　エ．long

⑶　I have not finished my homework（　）.
ア．just　イ．yet　ウ．still　エ．already

⑷　Do you know where he usually（　）with Dick?
ア．go　イ．going　ウ．gone　エ．goes

⑸　Let's play soccer if（　）sunny tomorrow.
ア．it is　イ．it was　ウ．it will be　エ．it is going to be

〔V〕 次の各組の文がほぼ同じ意味になるように（ ）に入る適語を答えなさい。

(1) Ms Rose speaks Japanese well.
Ms Rose is a ( )( ) of Japanese.

(2) It is a lot of fun to listen to music.
( )( ) music is a lot of fun.

(3) Beth said to him, "Please open the window."
Beth asked him ( )( ) the window.

(4) My dictionary is not as old as yours.
Your dictionary is ( )( ) mine.

(5) She has a kind friend and he helps her.
She has a kind friend ( )( ) her.

〔VI〕 次の文の空所に入る，与えられたアルファベットで始まる適語を答えなさい。

例） My favorite season is (w). 答え winter

(1) Math, Japanese, and PE are the names of (s) we learn at school.

(2) A (d) is a person who works in a hospital.

(3) Today is Saturday, so the day before yesterday was (T).

(4) We could enjoy our stay here very much. We will never (f) it.

(5) He studied hard and passed the (e).

〔VII〕 日本語の意味に合うように下線部①～③を英語に直しなさい。ただし②と③は［ ］内の語（句）を並べかえなさい。

みなさんはこれまで「フードバンク（food bank）」という言葉を聞いたことがありますか。フードバンクとは，食品を必要としている施設や団体，困窮者へ無償で提供する活動のことです。①日本では2000年に最初のフードバンクが設立されました。このコロナ禍の中，日常生活において支援を必要としている人たちは増えています。②困っている人たちに対して，私たちは何かすべきであると私は思います。③彼らを支援する一つの方法は，フードバンクに食べ物を寄付することかもしれません。ほかにもいろいろな方法が考えられると思いますが，これからもっと身の回りのことに関心を持ち，支援を必要としている人たちのことを思い，彼らのために何ができるのか，ということについてよく考えなければならないと感じています。

② I think that [something / people / do / are / for / need / should / who / we / in].

③ [them / one / a food bank / support / give / food / to / be / to / may / to / some / way].

【理　科】（50分）　＜満点：100点＞

1　図１のような回路を用いて，電熱線ａに電圧を加えたときに流れる電流の大きさを測定しました。図２は電熱線ａに６Ｖの電圧を加えたときの電流計が示す値です。図３・図４は電熱線ａと抵抗値不明の電熱線ｂ，ｃを用いて作った回路です。下の各問いに答えなさい。ただし，電熱線の抵抗値は温度によって変化せず，電熱線から発生した熱はすべて水の温度上昇に使われるものとします。

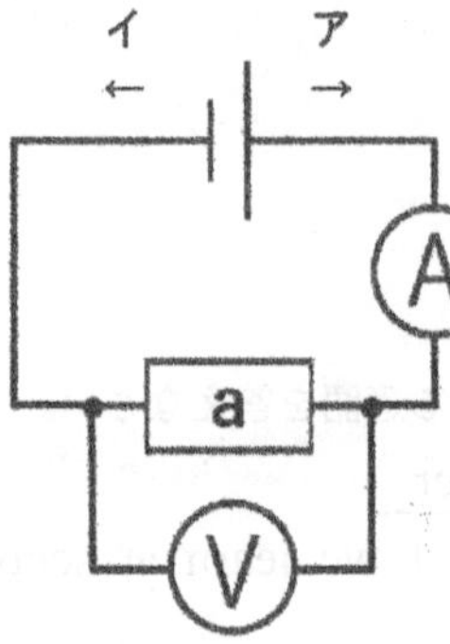

図１

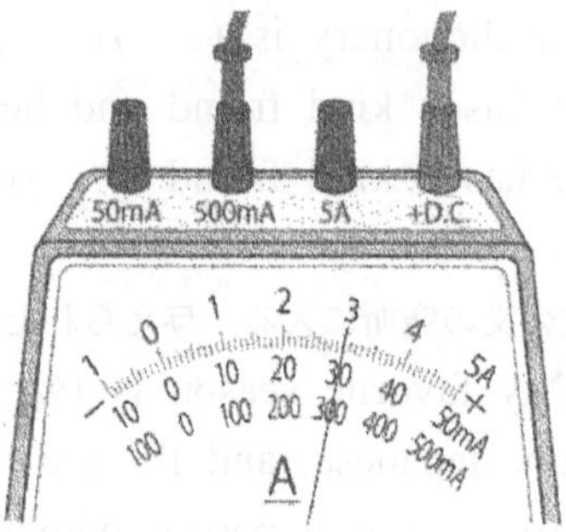

図２

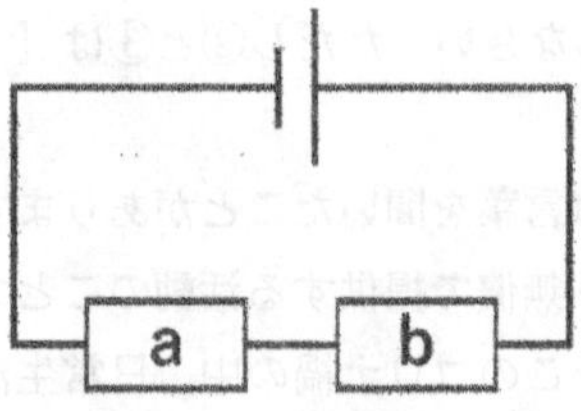

図３

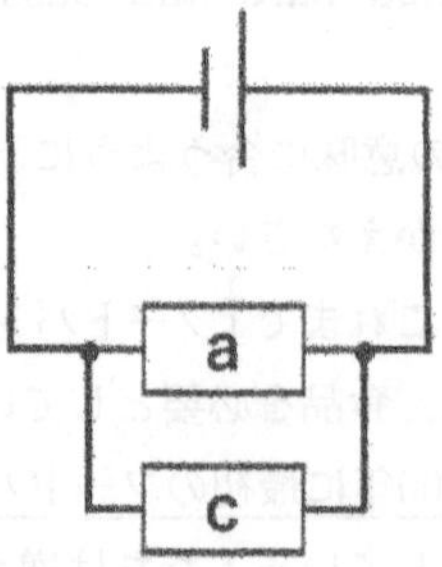

図４

⑴　図１において，電流の流れる向きはア，イのどちらですか。記号で答えなさい。

⑵　図２の電流計が示す値を読み取り，電流の大きさを単位をつけて答えなさい。

⑶　電熱線ａの抵抗値は何Ωですか。

⑷　図３において，電源装置の電圧を６Ｖにしたところ，回路全体に流れた電流は0.1Ａでした。電熱線ｂの抵抗値は何Ωですか。

⑸　図４において，電源装置の電圧を６Ｖにしたところ，回路全体に流れた電流は0.9Ａでした。電熱線ｃの抵抗値は何Ωですか。

⑹　電熱線ａに６Ｖの電圧を５分間加えたとき，発生する熱量は何Ｊですか。

⑺　図３，図４の電熱線を，室温と同じ温度の同量の水が入った水槽にそれぞれ入れ，次のページの図５，図６のようにしました。それぞれの回路に同じ大きさの電圧を同じ時間加えたとき，より水温が上がるのは図５，図６のどちらですか。理由とともに答えなさい。

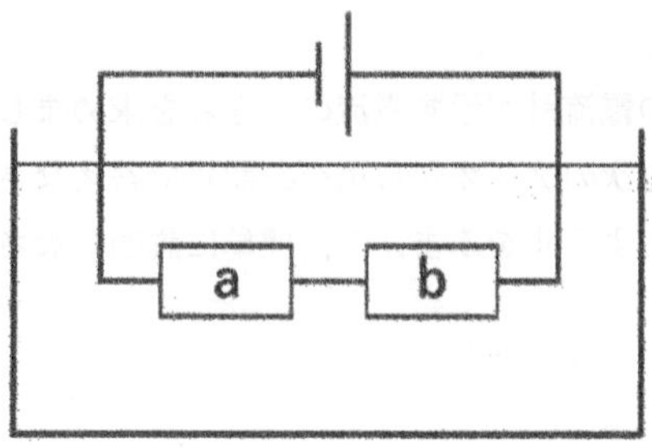

図５

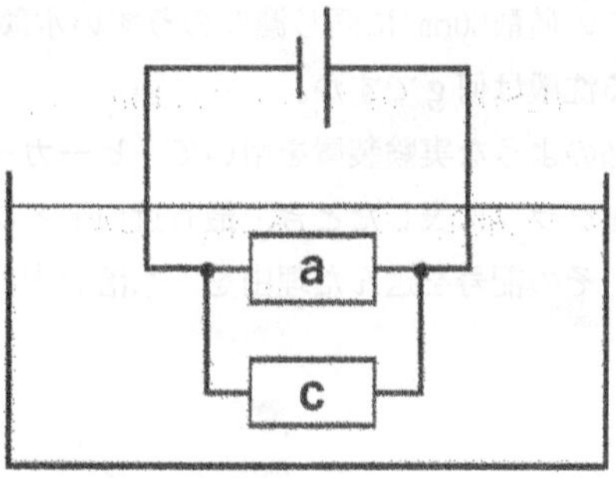

図６

2　５つのビーカーＡ～Ｅに，同じ濃度の硫酸を$20cm^3$ずつ入れました。次に，同じ濃度のうすい水酸化バリウム水溶液を，体積を変えて各ビーカーに加え生じた沈殿の質量を調べました。表は，実験の結果をまとめたものです。下の各問いに答えなさい。

ビーカー	A	B	C	D	E
硫酸の体積[cm^3]	20	20	20	20	20
水酸化バリウム水溶液の体積[cm^3]	10	20	30	40	50
生じた沈殿の質量[g]	0.4	0.8	1.2	1.4	1.4

(1)　硫酸と水酸化バリウム水溶液を混合しても，混合の前後で全体の質量は変わりません。この法則を何というか答えなさい。

(2)　生じた沈殿の名称を答えなさい。

(3)　生じた沈殿の利用について，最も適当なものを次のア～エから１つ選び，記号で答えなさい。

　ア　Ｘ線撮影の造影剤として用いられる。　イ　ペットボトルの原料となる。

　ウ　チョークの主成分である。　エ　融雪剤として道路にまかれる。

(4)　硫酸H_2SO_4と水酸化バリウム$Ba(OH)_2$の反応を，化学反応式で表しなさい。

(5)　加えた水酸化バリウム水溶液の体積と，生じた沈殿の質量との関係を表すグラフをかきなさい。

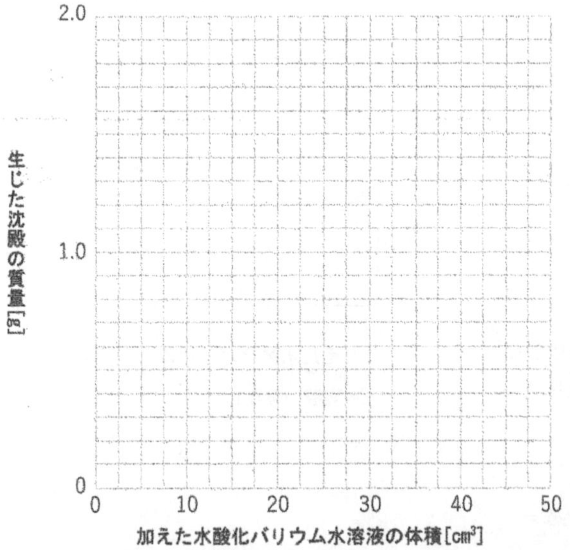

(6) この硫酸60cm^{3}に同じ濃度のうすい水酸化バリウム水溶液を加えて完全に中和させたとき，生じる沈殿は何 g ですか。

(7) 図のような実験装置を用いて，ビーカーA～Eの電流計が示す電流の大きさを求めました。それをグラフに表したとき，最も近い形となるものを次のア～オから選び，記号で答えなさい。また，その記号を選んだ理由を，水溶液中のイオンのようすをふまえて，簡単に説明しなさい。

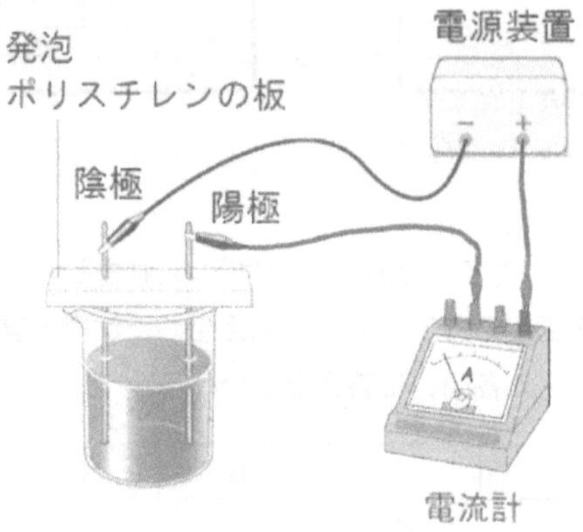

ア

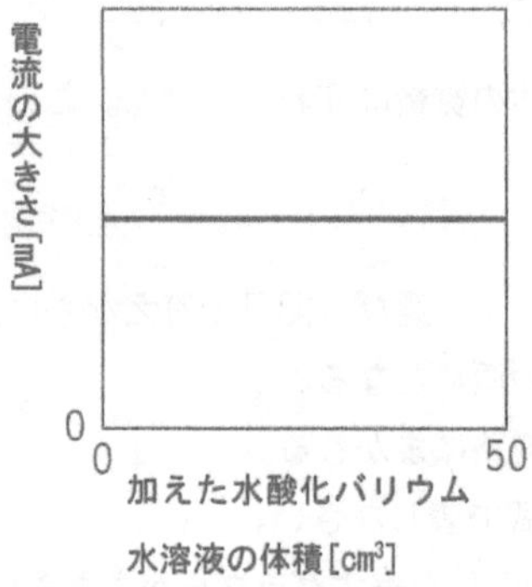

イ

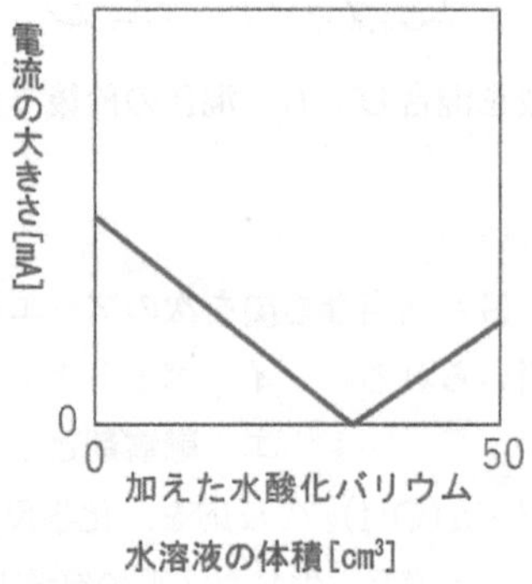

ウ

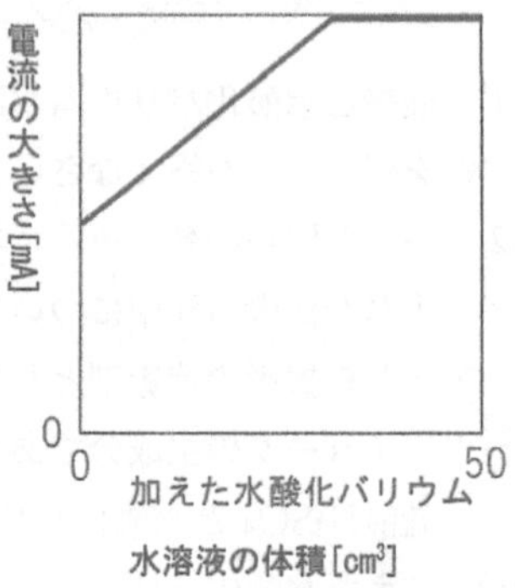

エ

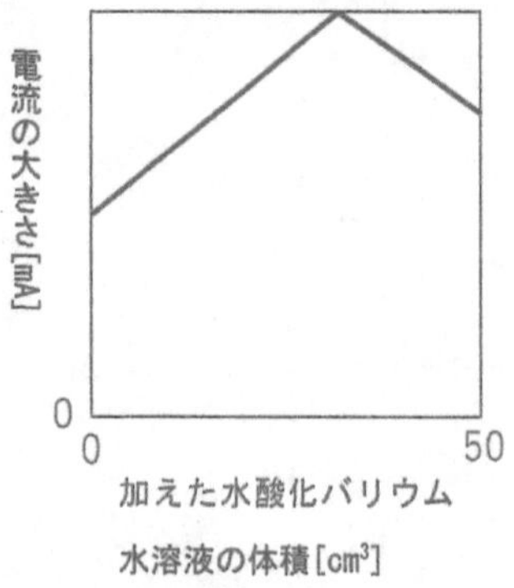

オ

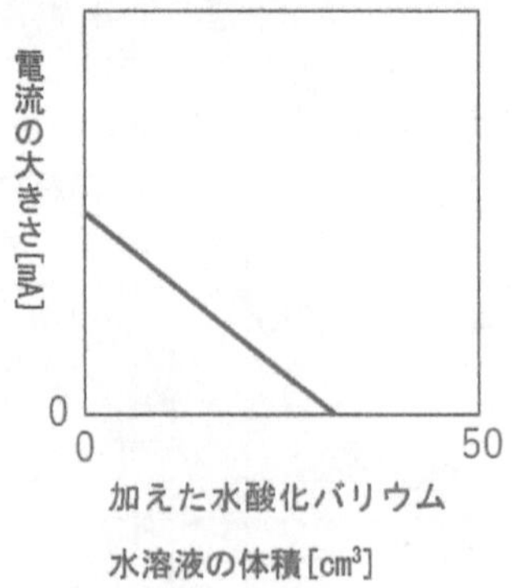

3　次の［Ⅰ］・［Ⅱ］の文章を読んで，下の各問いに答えなさい。

［Ⅰ］　雌雄の親がかかわって子をつくる生殖を（　ア　）生殖といいます。多くの動物は雌雄の区別があり（　ア　）生殖を行います。これに対し，イソギンチャクやプラナリアのように，親のからだの一部が分かれて，それがそのまま子になる（　イ　）生殖を行う生物もいます。（　ア　）生殖において，雌のつくる卵と雄のつくる精子は（　ウ　）とよばれ，これらが合体して（　エ　）ができます。

図1はウニの精子と卵が受精し（　エ　）ができ，その後，発生が進行し細胞分裂が3回行われ，8個の細胞からなる胚（以下8細胞期胚とする）になるまでを描いています。この（　エ　）の核内には，26本の染色体が存在しているとします。

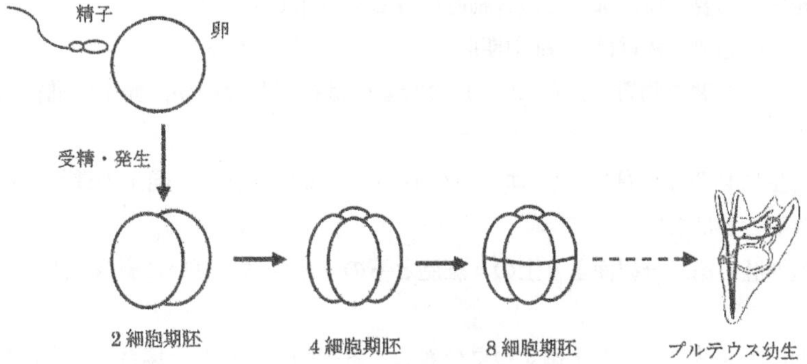

図1

⑴　文中の空欄（ア）～（エ）にあてはまる語句を答えなさい。

⑵　ウニの精子1個に含まれる染色体数は何本ですか。

⑶　8細胞期胚において，1個の細胞に含まれる染色体数は何本ですか。

［Ⅱ］　発生には胚の各細胞に存在する物質が深くかかわっています。発生にかかわる胚内に存在する物質について調べることを目的に，次のページの実験を行いました。

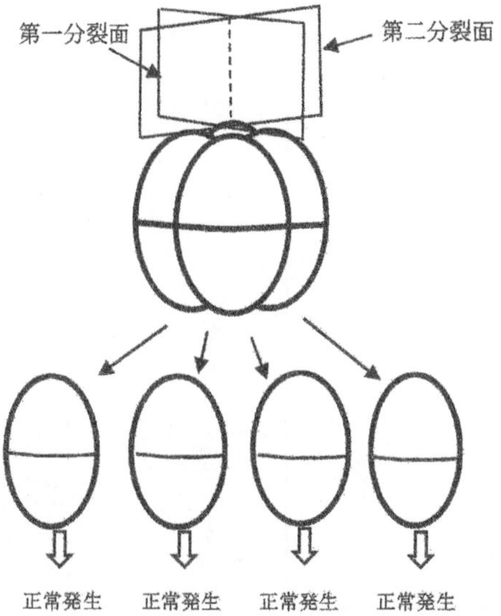

図2

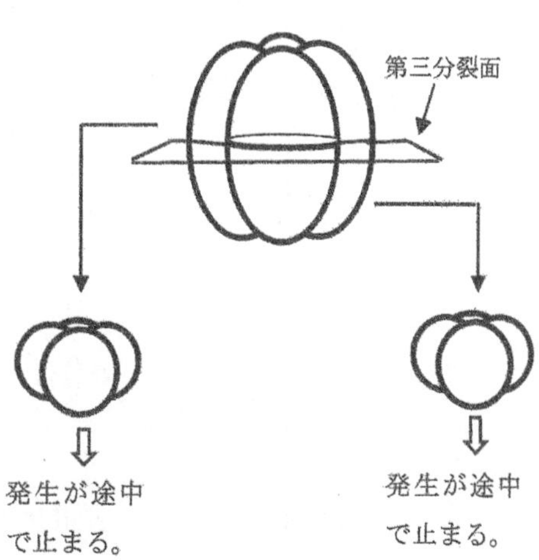

図3

〈実験１〉　８細胞期胚を第一分裂面で２つの細胞集団に分離し，さらに第二分裂面で分離し，４つの細胞の集団にした（前のページの図２）。これらの細胞集団をそれぞれ培養したところ，すべての細胞集団において発生は正常に進行し（正常発生），４つの正常な幼生ができた。

〈実験２〉　８細胞期胚を第三分裂面で２つの細胞集団に分離した（前のページの図３）。これらの細胞集団をそれぞれ別に培養したところ，２つの細胞集団ともに，ある程度発生が進行したところで止まり，幼生になることはなかった。なお，２つの細胞集団の発生が止まったのは異なる段階である。

⑷　ウニの正常発生について述べた文として，実験１・２から考えられるものを，次の①～⑤から２つ選び，番号で答えなさい。

①　正常発生に必要な物質は，胚の各細胞に等しく分布している

②　正常発生に必要な物質は，８細胞期胚において片寄りがある

③　正常発生に必要な物質は，（　エ　）の時期には存在しないが，発生の進行とともに胚の中につくられていく

④　正常発生に必要な物質は，（　エ　）の時期にすでに存在し，発生の進行とともに胚の中につくられることはない

⑤　８細胞期胚の第三分裂面より上の４細胞と下の４細胞は，互いに影響しあうことで正常発生が進む

⑸　８細胞期胚の８個の細胞を１個ずつに分離し，各細胞を培養した場合，正常に発生する細胞は何個ですか。

⑹　⑸で答えた理由を述べなさい。

4　図１はある地域の地形図で，次のページの図２は，図１のＡ，Ｂ，Ｃそれぞれの地点におけるボーリング調査による地層の柱状図を模式的に表したものです。あとの各問いに答えなさい。ただし，この地域には地層の上下逆転や断層はなく，それぞれの地層は平行に重なっており，同じ角度である一定の方向に傾いているものとします。また，ＡとＢは互いに東西方向にあり，ＡとＣは互いに南北方向にあります。

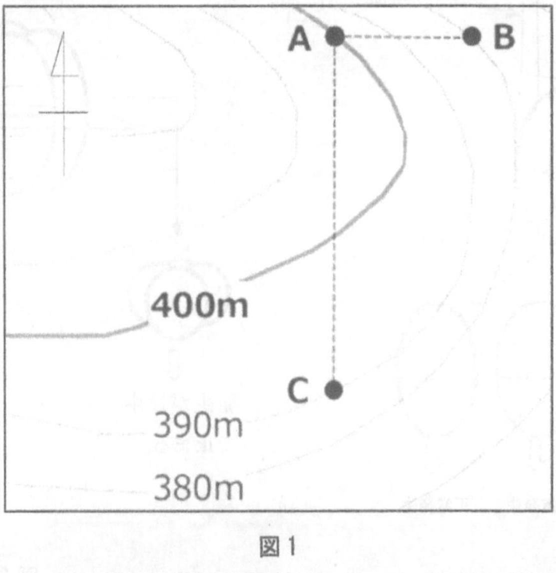

図１

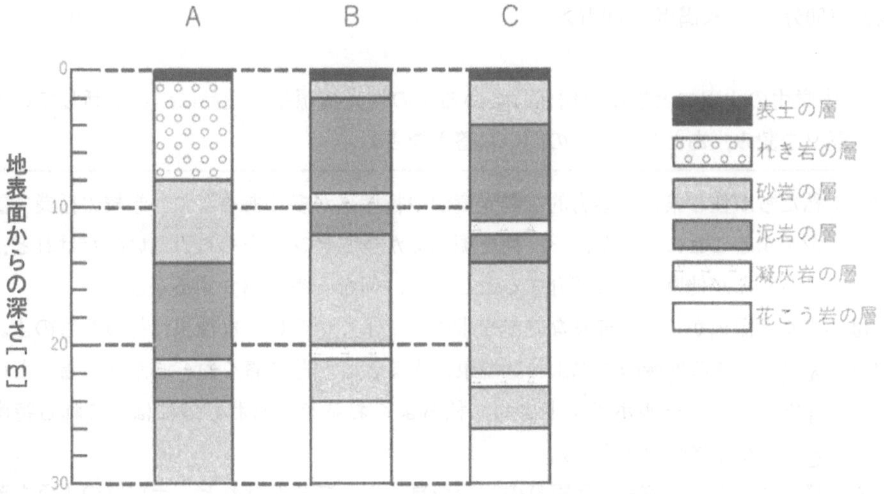

図２

(1)　Ａ地点の深さ10m前後の砂岩の層では，アンモナイトの化石が見つかりました。この砂岩の層よりさらに下の地層で見つかる可能性のある化石はどれですか。次のア～エからすべて選び，記号で答えなさい。

ア　メタセコイア　　イ　フズリナ　　ウ　マンモス　　エ　サンヨウチュウ

(2)　Ｂ地点の砂岩の層では，シジミの化石が見つかりました。この地層が堆積した当時のこの地域の環境はどのようであったと考えられますか。

(3)　(2)のシジミのように，地層ができた当時の環境を推定する手がかりとなる化石を何といいますか。

(4)　れき，砂，泥の形を観察すると，いずれも角がなく丸みを帯びていました。このような形になるのはなぜですか。理由を説明しなさい。

(5)　この地域の地層は，どちらの向きに低くなるように傾いていますか。適切な方位を４方位の中から１つ答えなさい。

(6)　凝灰岩の特徴について述べた次のア～エのうち，正しいものをすべて選び，記号で答えなさい。

ア　凝灰岩にうすい塩酸をかけると，二酸化炭素が発生する。

イ　凝灰岩の粒は，角ばった形が多い。

ウ　凝灰岩は，鉄のハンマーでたたくと鉄がけずれるほどかたい。

エ　凝灰岩は，火山由来であるため，火成岩に分類される。

(7)　次の文章は，花こう岩に関する説明文です。（ア）～（ウ）にあてはまる語句を答えなさい。また，［エ］には，花こう岩のでき方に関して適切な文章を入れなさい。

一般的に花こう岩の色は白っぽい。それは（　ア　）や（　イ　）のような鉱物が大きな割合を占めて存在しているためである。

岩石をルーペで観察すると，同じくらいの大きさの鉱物が集まってできていることがわかる。このようなつくりを（　ウ　）という。このようなつくりになるのは，［　エ　］できるためである。

【社　会】（50分）　＜満点：100点＞

1　次は，中学生のナツコと祖母が居住している県の観光資源や特産品について話している場面である。会話文を読み，あとの１～８の問いに答えなさい。

ナツコ：私たちが住む県には魅力的な観光資源や特産品が多くあるよね。学校の授業で調べ学習をすることになったから，何を調べるか少しヒントをもらいたいのだけれど，おばあちゃんが他県の人に紹介するとしたら，何を一番に紹介するかな。

祖　母：まずは温泉かしら。様々な効能を求めて，よくいろいろな温泉に行ったものよ。

ナツコ：A火山のある地域の恩恵よね。温泉に入ると心が落ち着くね。心が落ち着くといえばBお茶もアピールポイントよね。私もよくお茶を飲むわ。冬には，これも特産品のCみかんを食べながらね。

祖　母：農家さんもだいぶDお年寄りの割合が高くなってきたけれど，ナツコのような若い人が，昔からの特産品を好んでくれていると嬉しいね。農業をする若い人ももっと増えると良いのだけれど。

ナツコ：最近ではE「六次産業化」といって，第１次産業の（　X　）と，第２次産業の（　Y　），第３次産業の（　Z　）等の事業が連携して，農業を活性化させようとしている若者もいるみたいだよ。例えば，いちごとお茶をコラボレーションさせた紅茶を販売したり，農園カフェ・レストランを開いたりしていると聞いたことがある。

祖　母：面白い取り組みがあるのね。若い人の発想で活性化していくと嬉しいわ。

ナツコ：うん。私もいろいろと考えてみたいと思う。それで，少し話を戻すのだけれど，他にどのような観光資源があるかな。

祖　母：海がきれいよね。昔はよく海水浴にも行ったわ。最近では何ヶ所かあるF水族館に行くことが増えたけれど。

ナツコ：Gたしかに，美しい海があるのは私達が住む県の魅力ね。あと，新鮮な海産物が食べられるのも嬉しい。よく一緒に海鮮丼を食べるよね。

祖　母：マグロやブリ，タイ，サクラエビなどが本当に美味しいのよね。豊かな海のおかげね。

ナツコ：ここまでおばあちゃんと話していて，良いヒントがもらえた気がする。調べ学習の参考にさせてもらうね。

1　下線部Aについて，次の⑴・⑵の問いに答えなさい。

⑴　山地や山脈がつらなり，地震や火山活動が活発になっているところを造山帯という。この造山帯のうち，環太平洋造山帯に含まれる山脈として適するものを，次から２つ選び，記号で答えなさい。

ア　アルプス山脈　　**イ**　アンデス山脈　　**ウ**　ロッキー山脈　　**エ**　ヒマラヤ山脈

⑵　火山が多いことによる恩恵について，温泉以外のものを１つあげなさい。

2　下線部Bについて，次のページの**資料Ⅰ**は，世界各国の茶の輸出量の内訳を示すグラフである。①・②にあてはまる国名の組み合わせとして適するものを，あとの**ア**～**エ**から１つ選び，記号で答えなさい。

資料Ⅰ　茶の輸出量

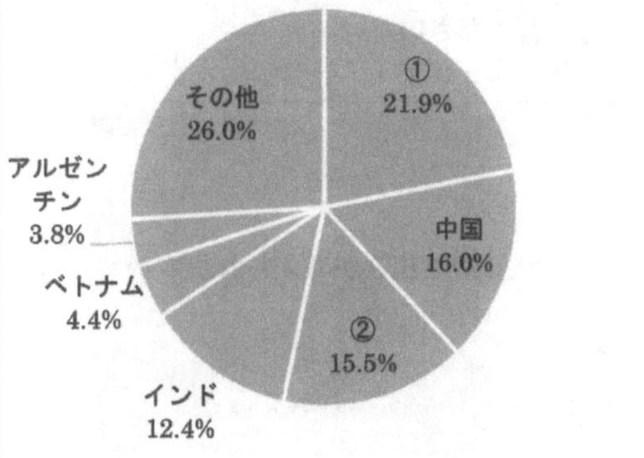

（FAOSTAT 資料（2013）他より作成）

	①	②
ア	ガーナ	スリランカ
イ	ガーナ	バングラデシュ
ウ	ケニア	スリランカ
エ	ケニア	バングラデシュ

3　下線部Cについて，近年ではハウス内で温度や水をコントロールして栽培する「ハウスみかん」の生産もさかんである。このように，園芸農業のうち，ガラス温室やビニールハウスなどを利用するものを何というか，答えなさい。

4　下線部Dについて，現在，農業に限らず，日本全体で高齢化が進んでいる。高齢化に伴う課題を1つあげ，それに対してあなたが考える解決策を説明しなさい。

5　下線部Eについて，次の(1)・(2)の問いに答えなさい。

(1)　空欄X～Zにあてはまる語句の組み合わせとして適するものを，次のア～エから1つ選び，記号で答えなさい。

	X	Y	Z
ア	商業・サービス業	農業・林業・漁業	製造業
イ	商業・サービス業	製造業	農業・林業・漁業
ウ	農業・林業・漁業	商業・サービス業	製造業
エ	農業・林業・漁業	製造業	商業・サービス業

(2)　他に，どのような六次産業化の取り組みが考えられますか。あなたの意見を述べなさい。

6　下線部**F**について，次の(1)～(3)の問いに答えなさい。

(1)　次の**資料Ⅱ**は，宮城県の水族館で飼育されているケープペンギンの写真である。ケープペンギンはケープ地方に生息するが，ケープタウンの位置として適するものを，あとの**地図**の**ア**～**エ**から1つ選び，記号で答えなさい。

資料Ⅱ

(2021年1月10日　仙台うみの杜水族館にて撮影)

地図

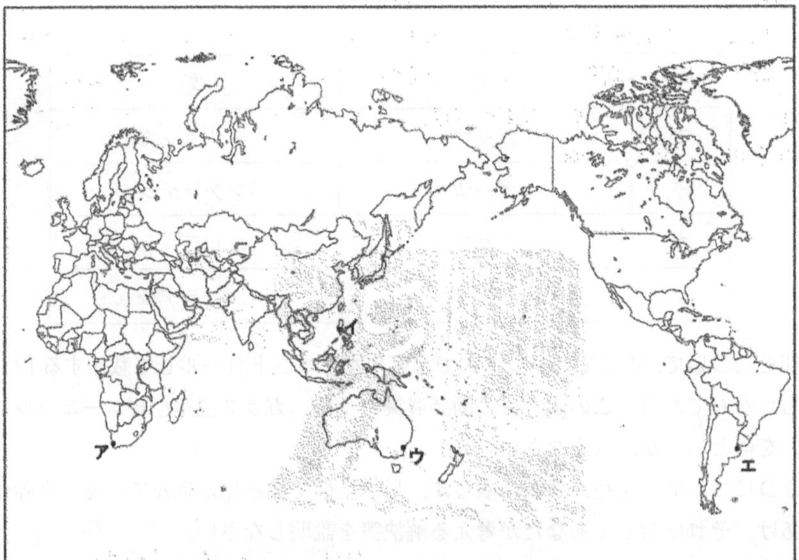

(2)　次の**資料Ⅲ**は，東京都の水族館で飼育されているオウサマペンギンの写真である。オウサマペンギンの繁殖地は，南大西洋やインド洋にあり，繁殖期以外は繁殖地周辺の外洋を泳いでいるが，まれにニュージーランドにも姿を現すことがある。ニュージーランドの首都ウェリントンの雨温図として適するものを，次のページの**ア**～**エ**から1つ選び，記号で答えなさい。

資料Ⅲ

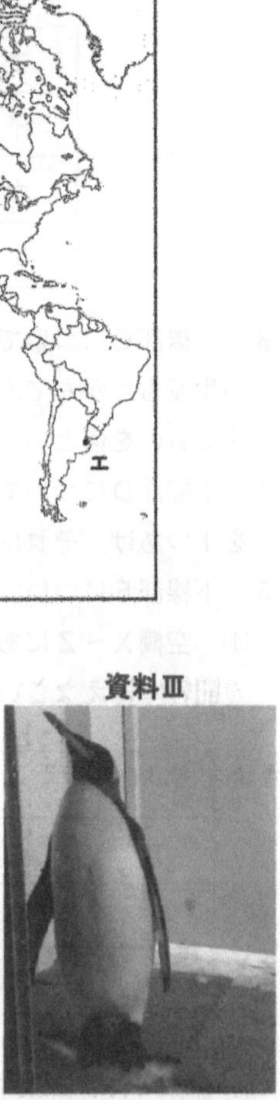

(2020年2月28日撮影)

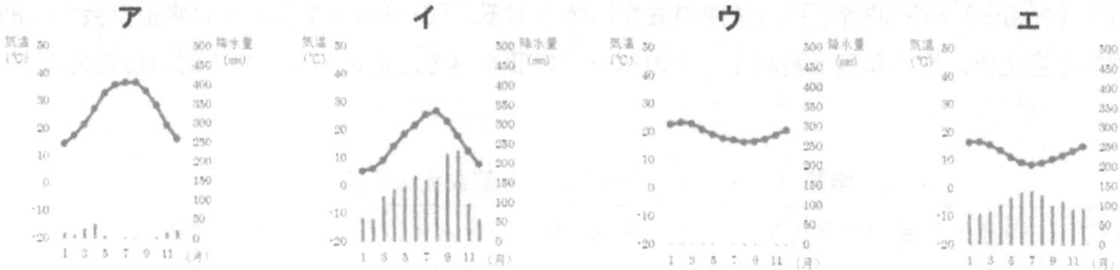

（気象庁データ他より作成）

(3) 次の**資料Ⅳ**は，長崎県の水族館で飼育されているマゼランペンギンの写真である。この名称は，一行が世界一周を遂げた冒険家マゼランに由来する。繁殖地は，アルゼンチンのパタゴニア沿岸から南アメリカ大陸の先端部，南部チリ沿岸へと続くが，アルゼンチンやチリで話されている言語として最も適するものを，あとの**ア**～**エ**から１つ選び，記号で答えなさい。また，その背景について「植民地」という語句を用いて簡潔に説明しなさい。

資料Ⅳ

（長崎ペンギン水族館提供）

ア　スペイン語　　**イ**　フランス語　　**ウ**　ポルトガル語　　**エ**　オランダ語

7　下線部**G**について，次の(1)・(2)の問いに答えなさい。

(1) この県の海岸の一部には，小さな岬と湾がくり返す入り組んだ海岸がみられる。この海岸を何というか，答えなさい。

(2) 日本の漁業について述べた文章として**誤っているもの**を次の**ア**～**エ**から１つ選び，記号で答えなさい。

ア　現在最もさかんな漁業は，遠洋漁業や沖合漁業である。

イ　黒潮と親潮がぶつかる太平洋の日本近海は，潮目となっており，良い漁場となっている。

ウ　日本の漁業は，とる漁業から育てる漁業への転換が進んでいる。

エ　国内の漁獲量は減少し，水産物の輸入が増えている。

8　ナツコと祖母が住む県と，その県が含まれる工業地域として適するものを，右の**ア**～**エ**から１つ選び，記号で答えなさい。

	県	**工業地域**
ア	静岡県	東海工業地域
イ	静岡県	北陸工業地域
ウ	富山県	東海工業地域
エ	富山県	北陸工業地域

2 2021（令和３）年，仙台白百合学園の設立母体である，「シャルトル聖パウロ修道女会」は創立325周年を迎えた。次の**年表**と**資料Ⅰ**・次のページの**Ⅱ**をみて，あとの１～11の問いに答えなさい。

年表「シャルトル聖パウロ修道女会の歴史」

A1696年	ルイ・ショーヴェ神父，フランスのルヴェヴィル・ラシュナールに赴任
1708年	娘たちがシャルトル郊外に移り，シャルトル聖パウロ修道女会と呼ばれるようになる
1727年	修道女ら，Bフランス領ギアナに派遣される
1878年	修道女ら，C香港からD横浜港に到着 修道女ら，E函館における活動開始
1892年	シャルトル聖パウロ修道女会の４人の修道女がF仙台に到着
G1893年	「私立仙台女学校」開校
H1948年	姉妹校全てを「白百合学園」と名称を統一

資料Ⅰ「シャルトル聖パウロ修道女会の活動地域」

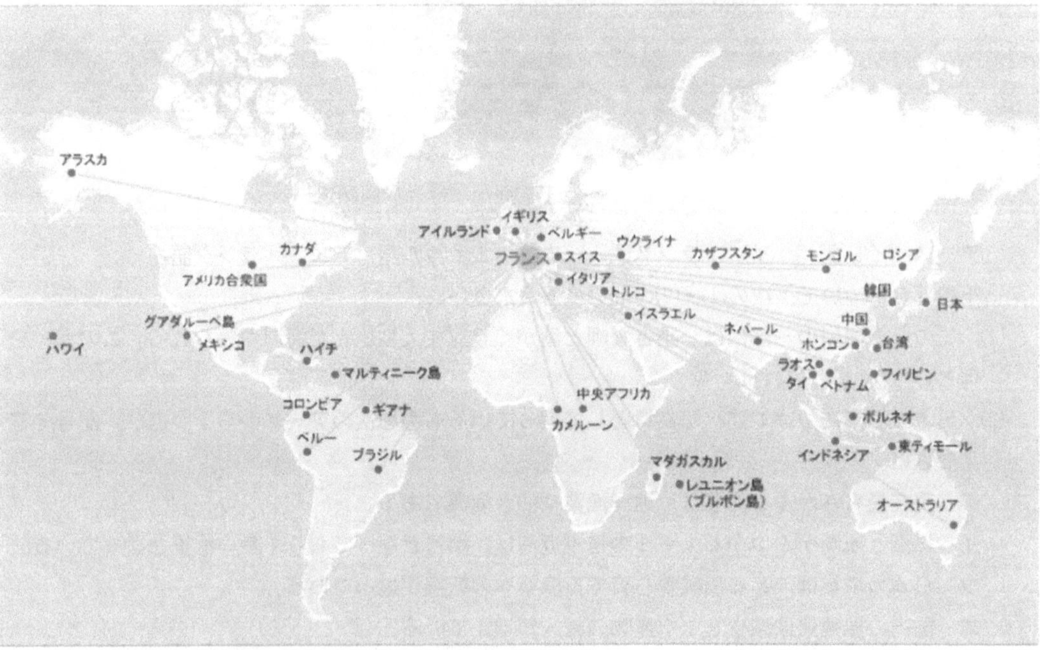

1　下線部**A**について，17世紀のヨーロッパのできごととして正しいものを，次の**ア**～**エ**から１つ選び，記号で答えなさい。

ア　イタリアでルネサンスが始まる

イ　大航海時代が始まる

ウ　フランスでルイ十四世の絶対王政が始まる

エ　フランス革命が始まる

資料Ⅱ「全国の白百合学園」

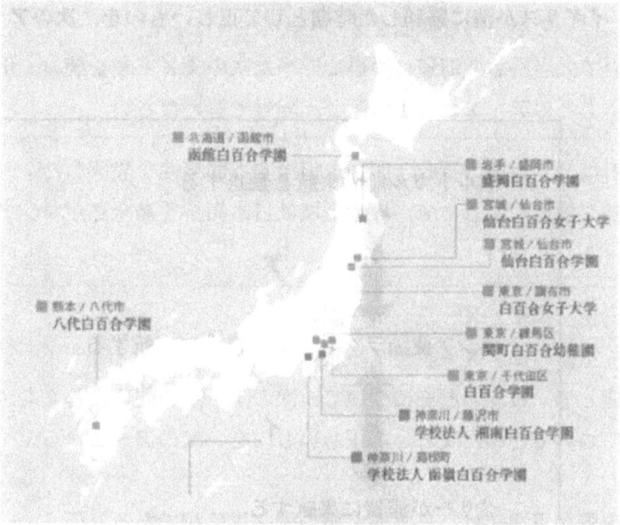

2　下線部**Ｂ**について，ギアナは南アメリカ北部に位置するフランスの海外県である。南アメリカの歴史について述べた次の文**Ｘ**・**Ｙ**を読み，正誤の組み合わせとして正しいものを，あとの**ア**～**エ**から１つ選び，記号で答えなさい。

> **Ｘ**　先住民であるインディオが，ロッキー山脈中にインカ帝国を築き，15世紀に最盛期を迎えた。
> **Ｙ**　ヨーロッパで奴隷に対する批判が高まり，ブラジル黒人奴隷が廃止されると，日本移民がコーヒー栽培に従事した。

ア　Ｘ－正　Ｙ－正　　**イ**　Ｘ－正　Ｙ－誤　　**ウ**　Ｘ－誤　Ｙ－正　　**エ**　Ｘ－誤　Ｙ－誤

3　下線部**Ｃ**について，香港はアヘン戦争に勝利したイギリスによって1997年まで支配された。アヘン戦争において，イギリスが清に勝利した時期として正しいものを，右の**ア**～**エ**から１つ選び，記号で答えなさい。

ポルトガル船の来航を禁止する
↕　**ア**
ロシア使節ラクスマンが根室に来航する
↕　**イ**
ペリーが浦賀に来航する
↕　**ウ**
英・仏・米・蘭の連合艦隊が下関を砲撃する
↕　**エ**
大政奉還が行われる

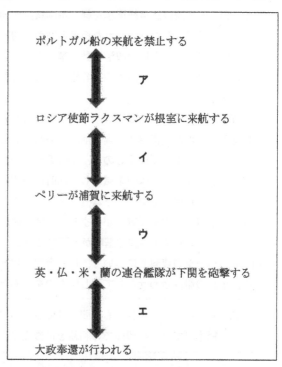

4　下線部**D**について，横浜港は日米修好通商条約によって開港されていた。日米修好通商条約に含まれる，日本にとって不平等な側面を2つ答えなさい。

5　下線部**E**について，当時の北海道について述べた次の文**X**・**Y**を読み，正誤の組み合わせとして正しいものを，あとの**ア**～**エ**から1つ選び，記号で答えなさい。

> **X**　明治新政府は，北海道の行政と開拓を担当する開拓使を設置した。
> **Y**　樺太・千島交換条約によって，樺太全域は日本領，千島全島がロシア領と定められていた。

ア　**X**－正　**Y**－正　　**イ**　**X**－正　**Y**－誤
ウ　**X**－誤　**Y**－正　　**エ**　**X**－誤　**Y**－誤

6　下線部**F**に関連して，東北の歴史について，次の(1)・(2)の問いに答えなさい。

(1)　東北の歴史について述べた文として正しいものを，次の**ア**～**エ**から1つ選び，記号で答えなさい。

ア　青森県の吉野ケ里遺跡は，日本最大級の縄文集落跡である。
イ　蝦夷の指導者であるシャクシャインは，朝廷への抵抗を続けた。
ウ　奥州藤原氏は，東北地方を統一し，出羽国を中心に勢力をふるった。
エ　会津や函館の五稜郭の戦いなどで勝利をおさめた新政府軍は，国内の統一を完成させた。

(2)　2021年11月10日より，支倉常長が太平洋横断のために使用した船を復元したものが解体された。船名を答えなさい。

7　下線部**G**について，1893年当時の日本の政治について述べた文として**誤っているもの**を，次の**ア**～**エ**から1つ選び，記号で答えなさい。

ア　大日本帝国憲法が制定され，主権が天皇にあると定められていた。
イ　第1回衆議院議員総選挙を経て帝国議会が開かれ，近代国家として歩み出していた。
ウ　留学経験などが評価された板垣退助が，初期の議会において重要な役割を果たしていた。
エ　法律によって女性の政治活動は禁止され，政治の世界からしめ出されていた。

8　下線部**H**について，前年の1947年に定められた民主教育の基本的な考え方を示した法律を何というか，答えなさい。

9　57ページの**資料Ⅰ**について，シャルトル聖パウロ修道女会は，国内外の要請に応じて，活動地域を広げ，現在は世界40の国と地域で活動をしている。修道女会が活動する国の歴史について述べた文として**誤っているもの**を，次の**ア**～**エ**から1つ選び，記号で答えなさい。

ア　フビライ＝ハンは明を滅ぼし，同時に周辺のアジア諸国にも軍を進め，日本にも襲来した。
イ　朱印船貿易の結果，シャム（タイ）などのおもな港や都市には日本町ができた。
ウ　日本軍は，太平洋戦争が始まると，欧米諸国の植民地であったフィリピンなどを占領した。
エ　ベトナム戦争で沖縄の基地が米軍の拠点として使われると，基地と住民との対立が深まった。

10　前のページの**資料Ⅱ**について，白百合学園がある地域の歴史について述べた次の文**X**・**Y**を読み，正誤の組み合わせとして正しいものを，あとの**ア**～**エ**から1つ選び，記号で答えなさい。

> **X**　岩手県では，華族でも藩閥出身でもない原敬が衆議院議員に選出された。
> **Y**　熊本県では，経済面での利益を最優先に考えるあまり，公害問題が起きた。

ア X－正 Y－正　イ X－正 Y－誤　ウ X－誤 Y－正　エ X－誤 Y－誤

11 2015年9月，国連サミットで「持続可能な開発のための2030アジェンダ」が採択され，17の目標が定められた。目標3は「すべての人に健康と福祉を」である。シャルトル聖パウロ修道女会は，17世紀より，教育・医療・福祉を通して，助けを必要とする人々に奉仕を行ってきた。SDGsの目標3を達成するため，あなたが取り組みたいことを，具体的に1つ答えなさい。

3 次は，国民の祝日に関する法律により定められた2021（令和3）年の祝日をまとめた表である。この表を見て，あとの1～12の問いに答えなさい。

元日	1月1日	年のはじめを祝う。
成人の日	1月11日	Aおとなになったことを自覚し，みずから生き抜こうとする成年を祝いはげます。
建国記念の日	2月11日	建国をしのび，国を愛する心を養う。
天皇誕生日	2月23日	B天皇の誕生日を祝う。
春分の日	3月20日	自然をたたえ，C生物をいつくしむ。
昭和の日	4月29日	激動の日々を経て，D復興を遂げた昭和の時代を顧み，国の将来に思いをいたす。
憲法記念日	5月3日	E日本国憲法の施行を記念し，国の成長を期する。
みどりの日	5月4日	自然に親しむとともにその恩恵に感謝し，豊かな心をはぐくむ。
こどもの日	5月5日	Fこどもの人格を重んじ，こどもの幸福をはかるとともに，母に感謝する。
海の日	7月22日	海の恩恵に感謝するとともに，G海洋国日本の繁栄を願う。
スポーツの日	7月23日	スポーツを楽しみ，H他者を尊重する精神を培うとともに，健康で活力のある社会の実現を願う。
山の日	8月8日	山に親しむ機会を得て，山の恩恵に感謝する。
敬老の日	9月20日	I多年にわたり社会につくしてきた高齢者を敬愛し，長寿を祝う。
秋分の日	9月23日	祖先をうやまい，なくなった人々をしのぶ。
文化の日	11月3日	自由とJ平和を愛し，K文化をすすめる。
勤労感謝の日	11月23日	L勤労をたっとび，生産を祝い，国民たがいに感謝しあう。

1 下線部Aについて，おとなになった国民は，国民として，三つの義務を果たさなければならない。三つの義務として**誤っているもの**を，次のア～エから1つ選び記号で答えなさい。

ア 納税の義務　イ 選挙投票の義務　ウ 普通教育を受けさせる義務　エ 勤労の義務

2　下線部Ｂについて，あとの(1)・(2)の問いに答えなさい。

(1)　日本国憲法では，天皇は主権者ではなく，日本国と日本国民統合の何となったか，答えなさい。

(2)　日本国憲法では，天皇は，国の政治についての権限を持たない。天皇が，内閣の助言と承認を受け，何のみを行うか，答えなさい。

3　下線部Ｃについて，1992年，国連環境開発会議（地球サミット）において，生物多様性条約が調印された。1992年の国連環境開発会議で調印されたものとして正しいものを，次のア～エから１つ選び，記号で答えなさい。

ア　気候変動枠組条約　　**イ**　モントリオール議定書

ウ　ラムサール条約　　**エ**　ワシントン条約

4　下線部Ｄについて，復興を遂げた昭和の時代について，あとの(1)・(2)の問いに答えなさい。

(1)　戦後の日本経済は，好景気と不景気をくり返しながら，経済成長を続けてきた。1955（昭和30）年から，1973（昭和48）年までおこった経済成長期を何というか，答えなさい。

(2)　戦後の日本経済について，政府は景気を安定させようと，歳入や歳出を通じて財政政策を行う。政府は，不景気のときは，社会資本を整備するなどの公共事業への支出を大規模に行ってきた。このような公共事業への支出を何というか，答えなさい。

5　下線部Ｅについて，日本国憲法について，あとの(1)～(3)の問いに答えなさい。

(1)　日本国憲法は，国の在り方の根本を定める法であり，国の基礎となる最高法規である。最高法規の性質を「効力」という語を用いて簡潔に説明しなさい。

(2)　日本国憲法の憲法改正の国民投票権の分類として正しいものを，次の**ア**～**エ**から１つ選び記号で答えなさい。

ア　社会権　　**イ**　自由権　　**ウ**　請求権　　**エ**　参政権

(3)　日本国憲法では，第41条で「国会は，国権の最高機関であつて，国の唯一の立法機関である。」と定められている。国会には衆議院と参議院があるが，衆議院が優越する例として**誤っているものを**，次の**ア**～**エ**から１つ選び記号で答えなさい。

ア　内閣総理大臣の指名　　**イ**　条約の承認

ウ　予算の先議　　**エ**　最高裁判所長官の指名

6　下線部Ｆについて，子どもも一人の人間として尊重され，健やかに成長する権利を持っている。1989（平成元）年に国際連合で採択され，1994（平成６）年に日本が批准した条約は，生きる権利，育つ権利，守られる権利，参加する権利の４つを，子どもの持つ人権としている。この条約を何というか，答えなさい。

7　下線部Ｇについて，海洋国の日本は，広大な領海や排他的経済水域を持っている。排他的経済水域の外側の水域は，どの国の船や漁船も自由に航行や操業ができる。この原則として正しいものを，次の**ア**～**エ**から１つ選び，記号で答えなさい。

ア　主権平等の原則　　**イ**　内政不干渉の原則　　**ウ**　公海自由の原則　　**エ**　契約自由の原則

8　下線部Ｈについて，他者を尊重せず，個人尊重の原理が損なわれるとき，偏見による差別がおこる。現在でも残っている差別について説明した文として**誤っているものを**，次の**ア**～**エ**から１つ選び，記号で答えなさい。

ア　部落差別は，被差別部落の出身者に対する差別のことで，同和問題ともいう。江戸時代に差別されたえた身分，ひにん身分は，明治時代になって，「解放令」によって廃止された。しかし，政府は差別解消のための政策をほとんど行わず，その後も就職，教育，結婚などで差別は続いた。

イ　アイヌ民族は古くから北海道，樺太（サハリン），千島列島を中心に，独自の言語と文化を持って生活してきた。明治時代に，政府は，北海道開拓の過程でアイヌの人たちの土地をうばい，伝統的な風習などを禁止して同化政策を進めたため，アイヌの人たちは民族固有の生活や文化を維持することができなくなった。

ウ　2020年の時点で，日本には約45万人の在日韓国・朝鮮人が暮らしている。この中には，1910（明治43）年の日本の韓国併合による植民地の時代に，日本への移住を余儀なくされた人たちや，意思に反して日本に連れてこられて働かされた人たちとその子孫も多くいる。しかし，日本では，今なおこれらの人たちに対する就職や結婚などでの差別がなくなっていない。

エ　女性は，仕事や職場において，採用や昇進などで男性よりも不利にあつかわれがちである。1985（昭和60）年に男女共同参画社会基本法が制定され，雇用における女性差別が禁止された。さらに，1999（平成11）年には男女雇用機会均等法が制定され，男性も女性も対等に参画し活動できる男女共同参画社会を創ることが求められている。

9　下線部**I**について，仕事を定年退職した高齢者の多くは，生活費を何にたよっているか，答えなさい。

10　下線部**J**について，次の日本国憲法の条文は，第何条に規定されているか，数字で答えなさい。

> 第１項　日本国民は，正義と秩序を基調とする国際平和を誠実に希求し，国権の発動たる戦争と，武力による威嚇又は武力の行使は，国際紛争を解決する手段としては，永久にこれを放棄する。
>
> 第２項　前項の目的を達するため，陸海空軍その他の戦力は，これを保持しない。国の交戦権はこれを認めない。

11　下線部**K**について，国と国との関係を支えるのは，人と人との関係である。そのため，人と人との関係を円滑にするために，文化交流を通じて相互理解を促進していくことは，重要な外交政策の一つである。日本と日本人について外国の人に理解してもらうために，どのような方法が考えられるか，あなたの考えを，簡潔に説明しなさい。

12　下線部**L**について，勤労の権利と労働基本権は，働く人たちのための権利である。労働三権のうち，団結権は，労働者が団結して，何をつくる権利か，答えなさい。

いうことなのか。

生徒Ｂ――そういえば、筆者は「日本」とか「日本人」とひとくくりにする言い方にも違和感を持っているよ。

生徒Ａ――「日本」という大きなくくりよりも、もっと身近な、地域との結びつきによって自己が形成されると考えていたからなんだね。

生徒Ｃ――そう考えると、人はみなそれぞれの風土に育まれた精神を持つという点で［ Ⅱ ］があるってことだね。

［二］※問題に使用された作品の著作権者が二次使用の許可を出していないため、問題を掲載しておりません。

（出典：原田マハ『生きるぼくら』より）

イ　東京に住む友人に薦められた映画を、同じ時期にパリの映画館で鑑賞する。

ウ　東京で使用していたパソコンが破損し、出張先のパリで同じ物を購入する。

エ　パリと東京では、若者の間において類似したファッションが流行している。

オ　パリと東京には、それぞれに伝統技術を継承してきた職人が存在している。

問十一　――線7「合理性だけではとらえられないもの」とありますが、その例として最も適切なものを次から選び、記号で答えなさい。

ア　自然豊かな地域の住人が、景観を守るために森林伐採の中止を訴える。

イ　地域の活性化を目的とした土地開発が進み、人間が自然を壊そうとする。

ウ　災害が多い地域であるのに、人々が先祖代々の土地に住み続けている。

エ　災害予測システムを導入し、人々が洪水の被害を軽減しようとする。

オ　台風の被害に苦しんだ経験を持つ人が、被害の少ない地域に移り住む。

問十二　――線8「日本人」とありますが、ここでの「日本人」の説明として最も適切なものを次から選び、記号で答えなさい。

ア　民族主義的な観念を重視し、すべてのものが合理性で割り切ることはできないと考える人間。

イ　日本という風土と深く結びつき、民族的な意識を大切にしながら物事を考えようとする人間。

ウ　日本国民という意識を忘れず、自分たちの暮らす地域が生み出した文化を守ろうとする人間。

エ　日本の風土と結びついたものの考え方をして、不可解なものすら受け入れる精神をもつ人間。

オ　地域に根ざした言語を継承しながら、すべての人が同じ共通性を持つことを知っている人間。

問十三　次は、この文章を読んだ生徒の会話です。［Ⅰ］・［Ⅱ］に入る適切な言葉を、Ⅰは十字以内で考えて答え、Ⅱは本文から七字以内で抜き出しなさい。

生徒Ａ――二十世紀の近代化は、日本という国に大きな変化や発展をもたらしたね。

生徒Ｂ――私たちの便利な暮らしは、まさに近代化が生み出したすばらしい成果だと思う。

生徒Ｃ――確かにそうだね。でも、筆者はその近代化やグローバル化された社会へ警鐘を鳴らしているよ。

生徒Ｂ――近代化は、確実に経済の発展につながったよね。それに、グローバル化が進んだことで世界に言語を含めた「共通性」が生まれたはずなのに、どこに問題があるんだろう。

生徒Ａ――同じ言葉を使うことで「共通性」が増すことには、利点の方が多いように思うけど。

生徒Ｃ――でもその反面、［Ⅰ］とも言えるよね。

生徒Ａ――なるほど。発展の裏側で、私たちには失ったものもあると

れて、世界的な、普遍的なものがあるかのごとく錯覚したことが、現代世界の不幸であった。

あるいは、こんなふうに述べればよいのかもしれない。私たちの世界には、表面的な共通性と深い共通性がある。表面的なものとは、現実のパリと東京の表面を覆っている共通性であり、今日の経済がもつ共通性だったりする。ところが、もうひとつ、深い共通性というのがあって、それはローカルな人間として誰もが同じ人間だという共通性のはずなのである。

（内山節『「里」という思想』より）

問一 ═══線①～⑤のカタカナを漢字に直しなさい。

問二 ――線1「翻訳語」とありますが、さまざまな翻訳語は人々に何をもたらしましたか。本文から七字で抜き出しなさい。

問三 ――線2「森羅万象」について、次の問いに答えなさい。

(1) 漢字の読みをひらがなで答えなさい。

(2) 意味として最も適切なものを次から選び、記号で答えなさい。

ア 宇宙間に存在するすべてのもの

イ 樹木が連なる緑豊かな環境　ウ 取るに足りない存在

エ 時代を超越したあらゆる概念　オ 目に映るさまざまな形

問四 ――線3「蓄積」と同じ構成の熟語を次から選び、記号で答えなさい。

ア 登山　イ 往復　ウ 歓喜　エ 雷鳴　オ 知的

問五 A に入る最も適切な言葉を次から選び、記号で答えなさい。

ア 感想　イ 精神　ウ 視点　エ 事実　オ 表現

問六 B 、 C に入る言葉の組み合わせとして最も適切なものを次から選び、ア～オの記号で答えなさい。

ア Bコミュニケーション ― C感覚

イ B思考 ― Cコミュニケーション

ウ B関係 ― Cコミュニケーション

エ B思考 ― C感覚

オ B思考 ― C関係

問七 ――線4「同じこと」とありますが、日本でも起きている「同じこと」とはどのようなことですか。解答欄に合わせて二十五字以内で説明しなさい。

・ローカルな言葉の破壊によって、（　二十五字以内　）こと。

問八 ――線5「の」と同じ用法で使われている例文を次から選び、記号で答えなさい。

ア 温泉のわく土地を探す。

イ 学校までの道を説明する。

ウ 歌うのが上手な友人に出会う。

エ 妹の手紙を預かる。

オ 信頼を得るのも難しい。

問九 《Ⅰ》・《Ⅱ》に入る最も適切な語を次から選び、記号で答えなさい。

ア たとえば　イ なぜなら　ウ すると　エ ところが　オ あるいは

問十 ――線6「いまのパリと東京は、ますます共通性を深めている」とありますが、ここでの「共通性」の例として適切でないものを次から選び、記号で答えなさい。

ア パリで人気のレストランが、東京にも出店して同じメニューが並んでいる。

る精神や文化、時間を認めあう方向へはすすまず、経済や政治、軍事力をもつ言葉が支配権を④カクリツし、風土とともにあった精神や文化を破壊する役割をはたしてしまったのである。

盆栽

何度かヨーロッパに足を延ばしていなかったら、私は現在のようには、自分を日本人だとは意識していなかったかもしれない。その「日本人」とは、日本国民という意識ではないし、もちろん民族的な意識ではない。その点でいえば、私はナショナリズムや民族主義的な観念[5]の、きわめて希薄な人間である。

にもかかわらず、私が「日本人」という言葉を使うのは、私自身が日本という東アジアの風土と分かちがたい精神をもっている、と感じるからである。《　Ⅰ　》、日本の風土が生んだ、あいまいな言語である日本語をとおして、ものを考える人間だと感じるからである。

表面的なことをみれば、《　Ⅱ　》[6]いまのパリと東京は、ますます共通性を深めている。パリと東京では、同時期に同じ映画が封切られ、同じ音楽が流れている。人々は同じようなファッションで装い、街には数多くのスーパーマーケットやハンバーガーショップがある。パリのブランド品は、そのまま東京のブランド品であり、どちらの街でもパソコンが浸透してきている。日本の電気製品やカメラは、パリでもありふれた商品であり、街を歩いていると、ときどき、「ボンサイ」という看板の⑤カカげられた店をみつける。ボンサイとは、盆栽のことである。

パリでも東京でも、今日の背景には、アメリカ文明の世界化があり、そのすき間を埋めるように、ヨーロッパや日本、アジアの文明が定着している。

ところが、そんなヨーロッパの街を歩いているときにも、私の感覚は、この世界には不可解なものが存在することを了解している。すべてのものを、合理性で割り切ることはできないと思っている。

この感覚は、日本という東アジアの風土が生みだしたものであろう。力が強く、変化の激しい東アジアのモンスーン地帯の自然とつき合いながら暮らしてきた日本人には、自然も、自然と人間との関係も、[7]合理性だけではとらえられないものであった。いわば人間が存在するための基層的な部分で、私たちは不可解なものを受け入れる精神をもっているのである。

私が自分は[8]日本人だと感じるのは、そんなところからきている。人間のものの考え方は、その風土に培われながらつくられる。そして風土とは、自然と人間との時間の蓄積によってつくられたものなのであろう。とすると、私の意識や感覚が、日本という風土によって育まれたと考えるのも、また大雑把すぎるのかもしれない。なぜなら、私が暮らしてきたのは、東京と北関東の山村、群馬県上野村である。このふたつの地域の風土が、深く影響を与えている。それは落葉樹の林に包まれ、畑作をしてきた地域の自然と人間の関係がつくりだした感覚である。

こうして、私は、日本というものよりも、もっとローカルな地域と分かちがたく自己形成をしている自分を感じるようになる。

そして、このことのなかに、私は、人間たちの新しい共通性を発見する。それは、誰もがローカル性をもった人間であり、自分の暮らした風土と分かちがたい精神をもっているという共通性である。そう考えれば、この世界には、ローカル性を帯びた人間しか存在しない。それを忘

【国　語】〈五〇分〉〈満点：一〇〇点〉

[一]　次の文章を読んで、後の問いに答えなさい。

国際化

明治時代に入ると、日本の社会は、1翻訳語という新しい言葉を生みだした。それは単に新しい単語が入ってきただけに終わらない現実をつくりだした。その単語を使ってものを考えるようになることによって、人間の思考そのものを変える役割をはたしたのである。

たとえば、個人という翻訳語がつくられている。それが人間を個人としてみる新しい思考形式を生みだした。自然という言葉もこの頃つくられた。それが、2森羅万象としてとらえられていた世界を、自然としてとらえる精神をつくりだしたのである。国家もこの頃の造語のひとつで、それがなかったら、ひとつの社会を国家としてとらえる視点は生まれなかっただろう。

さらに、戦後になると方言が消えていき、方言をとおしてしか語れなかったローカルな思考形式が①カイタイされていく。

言葉は単なる表示記号ではないのである。その言葉を用いて人々は思考する。そして、その言葉とともに3蓄積された精神や感覚が、新しい力をその言葉に付け加えていく。だから、たとえば「桜が咲いた」という言葉は、桜という木の花が開いたということを表現しているだけではない。それは冬が最終的に終わったことを、そしてついに春がきたことを示す言葉であり、野山が緑におおわれていく日の②トウライを、そして農民ならば、③ホンカクテキな農業の季節がきたことをあらわす言葉である。私たちは「桜が咲いた」という言葉のなかに、そういったさまざまな意味と、何となく訪れた開放感を感じとる。

言葉を用いた人間同士のコミュニケーションは、そのことによって成立してきた。言葉が単なる表示記号なら、「桜が咲いた」という言葉は、桜の木の花が開いたという［Ａ］しか伝えない。ところが、「桜が咲きはじめましたね」「本当に、ようやく」というような会話をとおして成立しているコミュニケーションは、言葉とともに蓄積されてきたさまざまな思いがあるからこそ可能なものなのである。

とすると言葉の変化は、その言葉を用いておこなわれる［Ｂ］を変えるばかりでなく、言葉を用いた［Ｃ］の内容まで変えてしまうのではなかろうか。

言葉は本質的にローカルなものである。なぜなら言葉に付着しているこのような意味合いは、その地域における長い時間がつくりだしたものであり、その地域がつくりだしてきた風土から離れることはできないからである。だから言葉のローカル性を否定するなら、それは、自分たちの暮らす地域の文化や風土、そこに流れ蓄積されてきた時間を、人間が読みとれなくなっていくことを意味する。

もしかすると、二十世紀とは、言葉を破壊してきた時代なのかもしれない。アジアやアフリカ、アメリカには、その地域で暮らした人々が用いてきた言葉が公用語ではなくなってしまった社会がたくさんある。アメリカの先住民たちの精神や文化は、彼らの言葉によってしか伝えられなかったはずなのに、英語やスペイン語はそれを破壊してしまった。4同じことが日本でも、アイヌの言葉の破壊によってもたらされている。

二十世紀の言葉の国際化は、言葉のローカル性や、そこに付着してい

A日程

2022年度

解答と解説

《2022年度の配点は解答欄に掲載してあります。》

<数学解答>

1 (1) $\frac{1}{6}$ (2) $\frac{-a+b}{4}$ (3) $(x-4)(x+3)$ (4) $3\sqrt{6}$ (5) $y=2x+1$

(6) 50.2kg (7) $\frac{2}{9}$ (8) $75\pi\,\mathrm{cm}^2$

(9) ① × ② ○ ③ × (10) 15番目

2 (1) 39個 (2) 27個

(3) アメリカ，中国，ROC，英国，日本

3 (1) $a=\frac{1}{4}$ (2) $\mathrm{AB}=3\sqrt{5}$ (3) D(0, 6)

(4) $y=\frac{5}{2}x$

4 (1) 右図 (2) ㋐ 円周角 ㋑ 90 ㋒ ⊥

㋓ 周上 (3) $\mathrm{AP}=2\sqrt{15}$ (4) $\mathrm{PQ}=\sqrt{15}$

5 (1) 90° (2) $\mathrm{AP}=2\sqrt{13}$ (3) $\mathrm{CP}=4\sqrt{2}$

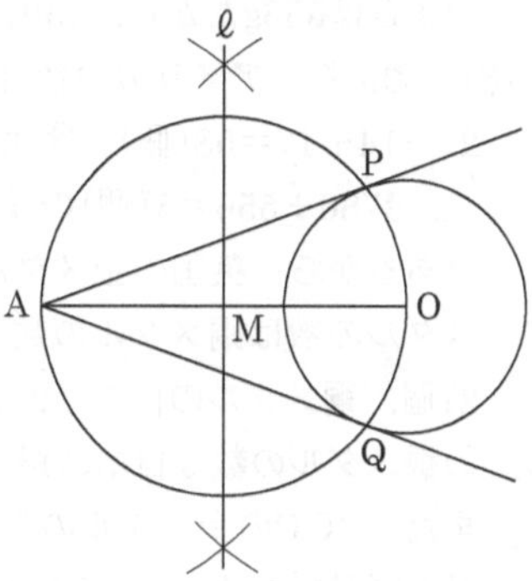

○推定配点○

1 各4点×10 2 (3) 6点 他 各4点×2 3 (4) 5点 他 各4点×3

4 (1) 5点 (2) 各1点×4 他 各4点×2 5 各4点×3 計100点

<数学解説>

基本 1 (数・式の計算，因数分解，平方根の計算，直線の式，平均値，確率，回転体の表面積，命題，規則性)

(1) $\left(\frac{1}{2}\right)^2-\frac{1}{3}\times0.25=\frac{1}{4}-\frac{1}{3}\times\frac{1}{4}=\frac{1}{4}-\frac{1}{12}=\frac{3}{12}-\frac{1}{12}=\frac{2}{12}=\frac{1}{6}$

(2) $\frac{a-2b}{2}-\frac{3a-5b}{4}=\frac{2a-4b}{4}-\frac{3a-5b}{4}=\frac{2a-4b-3a+5b}{4}=\frac{-a+b}{4}$

(3) $x^2-x-12=x^2+\{(-4)+3\}+(-4)\times3=(x-4)(x+3)$

(4) $\sqrt{8}\times\sqrt{3}+\sqrt{42}\div\sqrt{7}=\sqrt{24}+\sqrt{6}=2\sqrt{6}+\sqrt{6}=3\sqrt{6}$

(5) 求める直線の式を$y=ax+b$とすると，$a=\frac{-3-3}{-2-1}=\frac{-6}{-3}=2$ よって，$y=2x+b$ (1, 3)を通るから，$3=2\times1+b$ $b=1$ ゆえに，$y=2x+1$

(6) 平均値$=\frac{(\text{階級値}\times\text{度数})\text{の合計}}{\text{度数の合計}}$だから，

平均値$=\frac{(40\times1)+(44\times2)+(48\times7)+(52\times6)+(56\times3)+(60\times1)}{20}=\frac{1004}{20}=50.2$(kg)

(7) すべての場合の数は，$6\times6=36$(通り) $\sqrt{ab}$の値が整数となる場合は，(1, 1)，(1, 4)，(2, 2)，(3, 3)，(4, 1)，(4, 4)，(5, 5)，(6, 6)の8通り よって，求める確率は，$\frac{8}{36}=\frac{2}{9}$

(8) (半径5cmの球の表面積)÷2と(半径5cmの円の面積)の和が，求める表面積である。$(4\pi\times5^2)\div2+(\pi\times5^2)=50\pi+25\pi=75\pi\,(\mathrm{cm}^2)$

(9) ①の逆 「2つの三角形の面積が等しければ，それらは相似である。」正しくない。 ②の逆

「正三角形ならば3つの内角の大きさは等しい。」正しい。　③の逆　「四角形ABCDで対角線ACとBDが垂直に交わるならばひし形である。」正方形の場合もあるので，正しくない。

(10)　n番目の図形に使われている白玉の数は，$3(n+2)$個である。よって，$3(n+2)=51$
$3n+6=51$　　$3n=45$　　$n=15$　　ゆえに，15番目

2　**(資料の活用)**

(1)　㋒より，中国の銀メダルの数と銅メダルの数の合計は50個であることから，中国の金メダルの個数は88−50=38(個)とわかる。㋑より，金メダルの数は，アメリカが中国より1個多いので，アメリカの金メダルの個数は39個。

(2)　㋔より，金メダルの総重量について，日本は15012gである。この大会の金メダル1個あたりの重さは556gだから，15012÷556=27(個)

(3)　㋐より，アメリカの合計は，80+33=113(個)。中国の合計は，表より88個。日本の合計は，27+14+17=58(個)。㋔より，金メダルの総重量について，日本と英国の差は2780gであるから，2780÷556=5(個)の差があることになる。表は，金メダルの獲得数順に上から並べたものであるから，英国の金メダルの個数は27−5=22(個)とわかる。また㋓より，英国について，金メダルの数は銅メダルの数と等しく，銀メダルの数より1個多いから，英国の銀メダルの個数は21個，銅メダルの個数は22個。よって，英国の合計は，22+21+22=65(個)　㋕より，ROCの銀メダルの数は日本の銀メダルの個数の2倍だから，ROCの銀メダルの個数は14×2=28(個)。また，ROCの金メダルの数と銅メダルの数の合計は，英国の金メダルの数と銀メダルの数の合計と同じであるから，22+21=43(個)。よって，ROCの合計は，28+43=71(個)。ゆえに，メダルの合計個数の多い順に，チーム名を左から並べると，アメリカ，中国，ROC，英国，日本となる。

3　**(図形とグラフ・関数の融合問題)**

基本　(1)　$y=ax^2$が点A$(-2,\ 1)$を通るから，$1=a\times(-2)^2$，$4a=1$，$a=\frac{1}{4}$

(2)　(1)より，放物線の式は，$y=\frac{1}{4}x^2$である。この式に$x=4$を代入して，$y=\frac{1}{4}\times4^2=4$
B$(4,\ 4)$　A，B間の距離を求めるには，直角三角形をつくって，三平方の定理を利用すればよい。よって，$\{4-(-2)\}^2+(4-1)^2=\mathrm{AB}^2$　$\mathrm{AB}^2=45$　AB>0より，$\mathrm{AB}=\sqrt{45}=3\sqrt{5}$

(3)　四角形ABCDが平行四辺形だから，AB//CD　よって，AからBまでの変化の割合とDからCまでの変化の割合は等しい。AからBまでのxの増加量は6だから，Cのx座標は6　$y=\frac{1}{4}x^2$に$x=6$を代入して，$y=\frac{1}{4}\times6^2=9$　C$(6,\ 9)$　AからBまでのyの増加量は3だから，9−3=6より，Dのy座標は6　よって，D$(0,\ 6)$

重要　(4)　平行四辺形の面積を2等分するためには，求める直線が平行四辺形の対角線の交点を通ればよい。平行四辺形ABCDの対角線の交点は，線分BDの中点だから，$\frac{0+4}{2}=2$，$\frac{6+4}{2}=5$より，$(2,\ 5)$　よって，求める直線の式は，$y=\frac{5}{2}x$

重要　**4**　**(平面図形の問題−作図，証明，三平方の定理，三角形の相似)**

(1)　作図の手順にしたがって作図する。

(2)　［説明］　点Pは円Mの周上にあり，∠OPAは半円の弧に対する円周角だから，∠OPA=90°
すなわち，OP⊥AP　点Pは円Oの周上にもあり，OP⊥APだから，直線APは円Oの接線である。

(3)　AO=4×2=8，OP=2　△AOPで三平方の定理より，$\mathrm{AP}^2+\mathrm{OP}^2=\mathrm{AO}^2$，$\mathrm{AP}^2+2^2=8^2$
$\mathrm{AP}^2=64-4=60$，AP>0より，$\mathrm{AP}=\sqrt{60}=2\sqrt{15}$

(4)　PQとAOの交点をHとする。PQ⊥AOより，△AOP∽△APHで，AO：AP=OP：PH　8：

$2\sqrt{15}=2:\mathrm{PH}$　　$\mathrm{PH}=\frac{2\sqrt{15}\times 2}{8}=\frac{\sqrt{15}}{2}$　　よって，$\mathrm{PQ}=2\mathrm{PH}=2\times\frac{\sqrt{15}}{2}=\sqrt{15}$

5 (空間図形の計量問題－動点，角度，三平方の定理)

基本　(1)　点PがCG上のどの場所にあっても，$\angle \mathrm{ABP}=90^\circ$

(2)　△ABPの底辺をABとすると，高さはBPとなる。よって，$4\times\mathrm{BP}\times\frac{1}{2}=12$　　$\mathrm{BP}=12\times\frac{1}{2}=6$　　△ABPで三平方の定理より，$\mathrm{BP}^2+\mathrm{AB}^2=\mathrm{AP}^2$，$6^2+4^2=\mathrm{AP}^2$，$\mathrm{AP}^2=52$　　$\mathrm{AP}>0$から，$\mathrm{AP}=\sqrt{52}=2\sqrt{13}$

重要　(3)　△ABPは$\angle \mathrm{APB}=30^\circ$の直角三角形となるから，$\mathrm{BP}=\mathrm{AB}\times\sqrt{3}=4\sqrt{3}$　　△BPCで三平方の定理より，$\mathrm{BC}^2+\mathrm{CP}^2=\mathrm{BP}^2$　　$4^2+\mathrm{CP}^2=(4\sqrt{3})^2$　　$\mathrm{CP}^2=32$　　$\mathrm{CP}>0$より，$\mathrm{CP}=\sqrt{32}=4\sqrt{2}$

★ワンポイントアドバイス★

4(4)では，直角三角形の直角の角から斜辺へ垂線を引くと，2角が等しいことから相似な三角形ができることを利用しよう。

＜英語解答＞

〔Ⅰ〕 Part1 No.1 A ウ　B イ　No.2 A イ　B ア　Part2 No.1 エ　No.2 イ　No.3 イ

〔Ⅱ〕 問1 (1) エ　(2) ア　(3) イ　(4) ア　問2 traditional[seasonal, famous, popular]

〔Ⅲ〕 問1 ア　問2 They are 800 yen.[800 yen.]　問3 His company's sales each month　問4 natural[normal, ordinary, common, easy, ok]　問5 (1) ×　(2) ×　(3) ○　(4) ○　(5) ×

〔Ⅳ〕 (1) エ　(2) イ　(3) ア　(4) ウ　(5) イ

〔Ⅴ〕 (1) well as　(2) Has, taught　(3) who[that] teaches　(4) nothing to　(5) want, to

〔Ⅵ〕 (1) umbrella　(2) quickly[quietly]　(3) delicious　(4) scientist　(5) headache

〔Ⅶ〕
① It is also famous for the largest beech forest in East Asia.
② If you walk a little, you will see historic buildings and Oshu culture.
③ This made Japanese people happy.

○推定配点○

〔Ⅰ〕・〔Ⅳ〕・〔Ⅵ〕 各2点×17　他 各3点×22　計100点

＜英語解説＞

〔Ⅰ〕 リスニング問題解説省略。

〔Ⅱ〕 **(会話文読解問題：文補充・選択，語句補充)**

(全訳) ユキ　：ねえ，アリー。あなたの仕事は終わった？

アリー：こんにちは，ユキ。うん，終わったよ。グラフを見て。悪くないでしょ？

ユキ　：わあ，やったね。すごい。(1)どうやって作ったの？
アリー：タブレット端末を使ったの。でも，もちろん，私は姉に聞かなければならなかった。姉はこういうことについて，たくさん知っているの。
ユキ　：あなたは運がいいね。後でグラフの作り方を私に教えてくれる？
アリー：もちろん！　簡単よ。見て。これらはそれぞれの(ア)伝統的な日本の行事を紹介したい生徒の数よ。
ユキ　：うん。これは「外国の友人に紹介すべき行事」についての調査結果ね？
アリー：その通り。(2)ここの数字を全部足して。合計は29でしょ，そして私たちのクラスメートの数は29。だから完璧だと思うわ。
ユキ　：うん，すごいわ。私たちが次の発表でこのグラフを使ったら，みんな驚くでしょうね。
アリー：私たちはいつ発表をするの？
ユキ　：2週間後だと思う。
アリー：よかった。私たちは良い発表を作るのに十分な時間があるわね。(3)私がそのためにできることはもっとある？
ユキ　：うーん，今はないかもしれない。でもマイは手伝いが必要かも。彼女は幼稚園児向けの日本のゲームについて書くつもりよ。彼女に聞いてみたら？
アリー：わかった，そうするわ。彼女はちょっと前に図書館にいたと思うから，私はそこへ行って彼女を探してみるね。
ユキ　：あなたは親切ね。ありがとう。
アリー：きっと私たちの発表は素晴らしくなるよ。
ユキ　：私もそう思う。私は学級日誌を書き終えてそれをサトウ先生に提出したら，図書館へ行くわ。(4)そこで会いましょう。
アリー：いいわ。じゃあまた，その時に。

問1　全訳下線部参照。

重要　問2　グラフ参照。グラフの題は「外国の友人に紹介したい日本の行事調査」で，項目は上から「初詣」「年賀状」「豆まき」「ひな祭り」「お盆祭り」「仙台七夕祭り」「年末の大掃除」となっている。これらは日本の伝統的な行事なので，traditional「伝統的な」が適当。seasonal「季節の」やfamous「有名な」，popular「人気のある」などでもよい。

〔Ⅲ〕　(長文読解問題・紹介文：内容吟味，英問英答，指示語，語句補充，内容一致)

(全訳)　硬貨を1枚入れてハンドルを回すと，ガチャガチャのカプセルトイが出てくる。何が出るかな？　その驚きがカプセルトイのワクワクするところだ。かつては子供だけがお小遣いでそれらを買っていた。①しかし，近年，これらの小さなおもちゃは大人の間でも人気になっている。

東京の豊島区にある店は，巨大な200平方メートルの店内におよそ1,300のカプセルトイ販売機がある。販売機は店内中にあり，ほとんど天井に届きそうだ。客はそこでいとも簡単に迷ってしまう。トイの価格は100円から800円で，一番人気のある商品は1日で売り切れることもしばしばだ。

「カプセルトイは，食品や水のように私たちが毎日の生活で本当に必要とする商品ではありませんが，私たちの生活に小さな喜びをもたらしてくれます」と埼玉県の36歳の女性が言った。彼女はその店に家族4人と一緒にやってきた。彼女は手に，1つの販売機から手に入れたばかりのデニッシュパンの形のトイを持っていた。

「5年くらい前から，カプセルトイ産業にどんどんと新しい企業が参加してきています」と，東京のとあるおもちゃ会社の従業員が言った。「人々は本当に興味を持っています」　彼の会社の各月の販売数は2019年には約90万個に増え，2015年の②それの30倍だ。

それらの会社は1990年代後半から大人向けのトイを作っている。しかし現在では，多くの有名なアーティストがカプセルトイ産業で働く。彼らのカプセルトイが世界中の本物の食品，動物，あるいは車そっくりに見えることは驚きだ。彼らのデザインが非常に素晴らしいので，これらの新しいカプセルトイはかつてなかったほど多くの人に売られている。また，彼らの商品の多くはかわいいが，子供っぽくはない。

「昔は，大人がカプセルトイを買う時，トイの販売機の前に立つのを嫌がりました，なぜなら他の人に見られたくなかったからです」と日本ガチャガチャ協会の会長が言った。「しかし最近は，彼らにとってカプセルトイを買うことは(A)普通のことです。ブームのもう1つの理由は，それらのトイが大人が買うのに十分格好いいので，恥ずかしく感じないことです。だから，彼らは他人の意見を気にしないのです」

今，カプセルトイ産業は若者と年配の客たちの両方が楽しめる新しいトイを作ろうと，積極的に努力している。その業界が将来どのように変化するかを見ることは興味深いだろう。

問1　第5段落参照。現在は多くの有名なアーティストがカプセルトイ産業に関わっているおかげで，カプセルトイの出来栄えがよく，かわいいのに子供っぽくない。そのためたくさん売れるようになった。

問2　「最も高価なカプセルトイはいくらか。英語で答えなさい」「それらは800円だ」　第2段落第4文より，800円とわかる。完全な英文は<主語＋動詞>を含むので主語 the most expensive capsule toys を代名詞 They にし，They are 800 yen. と答える。

やや難　問3　この that は同文文頭の His company's sales each month「彼の会社の各月の売上」を指す。

重要　問4　かつて大人はあまりカプセルトイを買わなかったが，今はデザインが向上して大人がカプセルトイを買うことが普通のことになった。よって natural「自然な」，normal / ordinary「普通の」，common「ありふれた」，easy「容易に」などの形容詞を入れる。

重要　問5　(1)「豊島区には約1,300台のカプセルトイ販売機がある」(×)　第2段落第1文参照。豊島区のとある店に約1,300台の販売機がある。豊島区全体で1,300台というわけではない。　(2)「埼玉県から来た女性は，カプセルトイは私たちの生活に必要だと言った」(×)　第3段落第1文の内容に反する。　(3)「カプセルトイ産業にたくさんの新しい企業が参加したのは約5年前のことだった」(○)　第4段落第1文の内容と一致する。　(4)「最近，新しいカプセルトイをデザインするために，アーティストたちがカプセルトイ会社と一緒に仕事をしている」(○)　第5段落第2文の内容と一致する。　(5)「現在，ほとんどのカプセルトイは子供のためだけにデザインされている」(×)　近頃のカプセルトイはデザインが優れていて多くの大人が買っている，という本文の要旨に反する。

基本　**［Ⅳ］（語句補充・選択：受動態，疑問詞，代名詞，動名詞）**

(1)「それらの写真は10年前に仙台で撮影された」　受動態<be 動詞＋過去分詞>「～される」の文。take の過去分詞は taken。

(2)「私の弟は学校に入学するのに十分な年齢だ」　<old enough to ＋動詞の原形>「～するのに十分な年齢だ，～できる年齢だ」

(3)「私たちはどちらのバスに乗るべきかわからなかった」　<which ＋名詞＋ to ＋動詞の原形>「どちらの(名詞)を～するべきか」

(4)「私は2人の姉妹がいる。2人とも絵を描くことが上手だ」　be 動詞が are であることから，主語は複数だとわかる。よって Both「両方」が適切。

(5)「その少年は何も言わずに部屋を出て行った」　without ~ing「～せずに」

［Ⅴ］ **(言い換え・書き換え：比較，現在完了，関係代名詞，不定詞)**

(1) 「グリーンさんはホワイトさんより上手にバイオリンを弾くことができる」「ホワイトさんはグリーンさんほど上手にバイオリンを弾くことができない」 not as … as ～「～ほど…でない」

(2) 「ブラウン氏は日本で英語を教えた経験がありますか」「ブラウン氏は日本で英語を教えたことがありますか」 経験を表す現在完了<have ＋過去分詞>の疑問文にする。

(3) 「私たちの音楽の先生は美しい歌声をしている」「私たちに音楽を教える先生は美しい歌声をしている」 主格の関係代名詞 who を使い，who teaches us music「私たちに英語を教える」が teacher を後ろから修飾する形にする。

(4) 「私は今日，暇だ」「私は今日，やることがない」 nothing to do「やることが何もない」

(5) 「今晩，夕食を作りましょうか」「あなたは私に今晩夕食を作ってほしいですか」 <want ＋人＋ to ＋動詞の原形>「(人)に～してほしい」

［Ⅵ］ **(語句補充：単語)**

(1) 「雨が降っています。傘を持っていくのを忘れないで」 umbrella「傘」

(2) 「もし本当に友達と出かけたいなら，早く宿題をしなさい！」 quickly「素早く」

(3) 「祖母は今日，私たちにおいしいケーキを作ってくれた」 delicious「おいしい」

(4) 「野口英世医師は医学を学んだ科学者だ」 scientist「科学者」

(5) 「頭痛は頭部のひどい痛みだ」 headache「頭痛」

重要 ［Ⅶ］ **(語句整序・和文英訳：熟語，比較，接続詞，時制，助動詞，構文)**

① be famous for ～「～で有名である」 <the ＋最上級＋ in ～>「～で最も…」 also「また」は be 動詞の後ろに置く。

② 「ちょっと歩くと」は if you walk a little「あなたが少し歩いたら」とする。条件を表す副詞節は未来のことでも現在形で表すので，will は使わない。「目にします」は you will see「あなたは～が見えるでしょう」とし，こちらの主節で will を使う。

③ 「日本の人々を幸せな気持ちにしてくれました」は「日本人を幸せにした」として，made Japanese people happy とする。<make ＋目的語＋形容詞>「～を…にする」

★ワンポイントアドバイス★

［Ⅶ］の語句整序問題は，日本語訳が与えられているものの並べ替える語句数が多いので，難度が高い。

<理科解答>

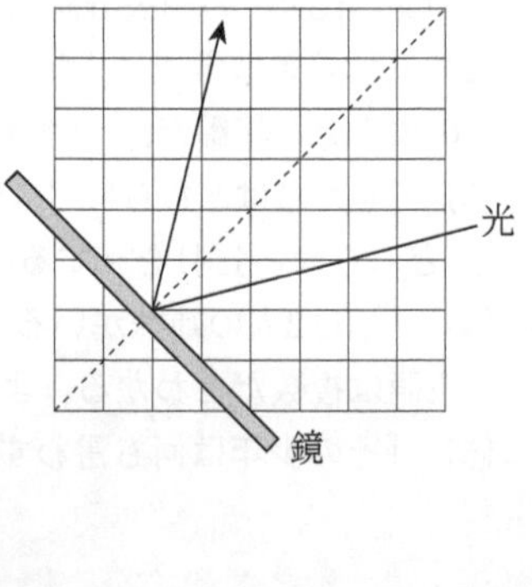

1 (1) 右図 (2) A 入射角 B 反射角 (3) ウ
(4) 図2 イ 図3 オ (5) ア (6) ウ
(7) 東

2 (1) ① 16.8g ② 5.88g ③ 116.8g
④ 5.0% (2) ア 塩酸［うすい塩酸］ イ 酸
ウ 水素 エ $HCl \rightarrow H^{+} + Cl^{-}$ (3) カ

3 (1) (赤花) ア (白花) ウ (2) 赤色

(3)　赤花：白花＝3：1　　AA：Aa：aa＝1：2：1　　(4)　①　エ　　②　AA：Aa：aa＝3：2：1　　③　ア

4　(1)　52度　　(2)　46.8度　　(3)　イ　　(4)　ア　　(5)　①　ウ　　②　エ

(6)　①　ア　　②　イ　　③　オ

○推定配点○

1　各3点×9　　2　(1)　各3点×4　　他　各2点×5　　3　各3点×8　　4　各3点×9

計100点

＜理科解説＞

1　(光の性質)

重要　(1)・(2)・(3)　入射角と反射角は等しくなるため，右図①のような光の道筋となる。

図①

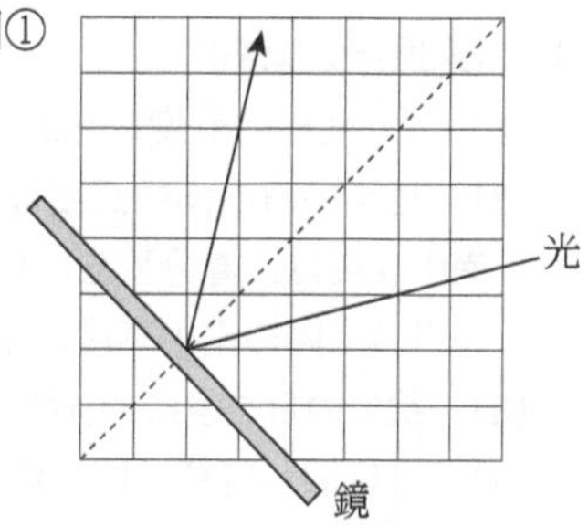

重要　(4)　図2　光が空気中から水中に進むときは，水面から遠ざかるように屈折する。　図3　光が水中から空気中に進むときは，水面に近づくように屈折する。

(5)　空気とガラスの境界の面に垂直な直線と屈折して進む光の間でできる角度を屈折角という。右下図②のように屈折角は赤色の光の方が大きい。

図②

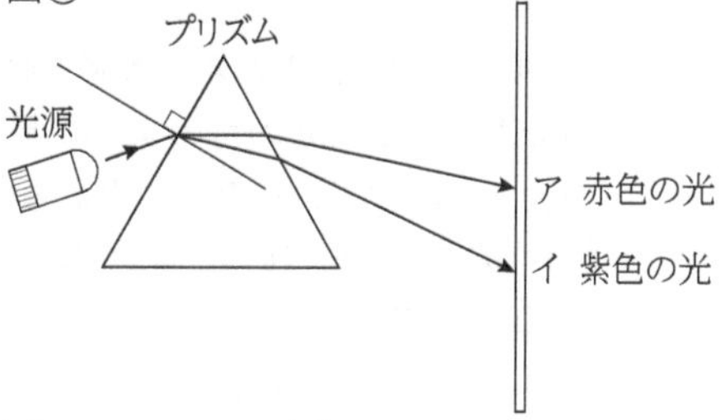

(6)　(5)より，紫色の光は屈折角が小さいことから，空気と水の境界面で赤色の光よりも屈折角が小さくなるようにして屈折する。

(7)　問題文の最後に時刻が16時半とあるので，太陽は西の方にあることがわかる。虹は太陽と反対の方向にできるので，東が最も適当である。

2　(電気分解とイオン)

重要　(1)　①　$1.2(g/cm^3)\times14(cm^3)=16.8(g)$　　②　$16.8(g)\times0.35=5.88(g)$

③　$16.8(g)+100(g)=116.8(g)$　　④　$\frac{5.88(g)}{116.8(g)}\times100=5.03\cdots$より，5.0%である。

基本　(2)　つまようじにはうすい塩酸が付着しているため，ストローの中央付近のBTB溶液を含む寒天は黄色に変化する。ここで，炭素棒に電圧をかけると，うすい塩酸は水溶液中で水素イオンと塩化物イオンに電離しているため($HCl\rightarrow H^+ + Cl^-$)，陰極側には陽イオンである水素イオンが引き寄せられる。そのため，つまようじを刺した位置から左側の寒天の色が黄色に変化しながら陰極に向かって移動しているように見える。

基本　(3)　うすい水酸化ナトリウム水溶液は，ナトリウムイオンと水酸化物イオンに電離する。水酸化物イオンによってアルカリ性の性質が決まるので，電圧がかかると，陰イオンである水酸化物イオンは陽極に引き寄せられ，右側の寒天の色が青色に変化する。

重要　3　(生殖と遺伝)

(1)　第0世代は純系なので，赤花個体の遺伝子型はAA，白花個体の遺伝子型はaaである。

(2)　AAの遺伝子型を持つ個体とaaの遺伝子型を持つ個体でできる子の遺伝子型はAaである。よって，花の色は赤色である。

(3)　第1世代の遺伝子型はAaなので右表1より，第2世代の遺伝子型はAA：Aa：aa＝1：2：1となり，赤花：白花＝3：1となる。

表1

	A	a
A	AA(赤花)	Aa(赤花)
a	Aa(赤花)	aa(白花)

(4)　①　自家受粉とは。1つの個体内でつくられた花粉をその個体のめしべにつけることである。

やや難　②　第2世代の赤花の遺伝子型の比はAA：Aa＝1：2である。AAの遺伝子型を持つ個体が自家受粉したら，表2の個体ができる。Aaの遺伝子型を持つ個体が自家受粉したら，表3の個体が2つできる事になる。よって，3つの表をまとめると，AA：Aa：aa＝6：4：2＝3：2：1となる。

表2

	A	A
A	AA(赤花)	AA(赤花)
A	AA(赤花)	AA(赤花)

表3

	A	a
A	AA(赤花)	Aa(赤花)
a	Aa(赤花)	aa(白花)

	A	a
A	AA(赤花)	Aa(赤花)
a	Aa(赤花)	aa(白花)

基本　③　赤花だけを選び，自家受粉させ続けていくと，世代を経るたびに，赤花の割合が大きくなる。

4　(地球と太陽系)

重要　(1)　90(度)－38(度)＝52(度)

基本　(2)　夏至の日の南中高度は，春分秋分の日の南中高度に23.4度を足した角度であり，冬至の日の南中高度は，春分秋分の日の南中高度から23.4度を引いた角度である。よって，夏至の日と冬至の日の太陽の南中高度の差は23.4(度)＋23.4(度)＝46.8(度)である。

基本　(3)　秋分の日を境に23.4度ずつ夏至の日と冬至の日の南中高度は離れるので，イが最も適当である。

重要　(4)　月は同じ時刻，同じ場所で観測すると，1日で12度西から東に位置が変わる。また，1週間後なので，月の形は上弦の月と満月の間の形となる。よって，アが最も適切である。

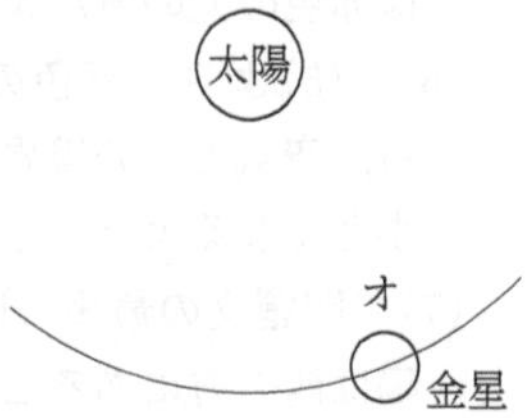

基本　(5)　金星の位置がウのとき，太陽と金星と地球のつくる角度が90度なので，金星は上弦の月のように見える。そこから，金星の見え方が大きくなっているので，ウからエの方面に進むことがわかる。(エの位置では三日月のように金星が見える。)

基本　(6)　金星が観察できなくなるのは，太陽と金星と地球が一直線に並んだ時で，その後，金星がオの位置になると観察できる。金星がオの位置にあるとき形は左側が少し光る逆三日月の形である。この金星を地球から観察すると，右図より，明け方，東の空に見える。

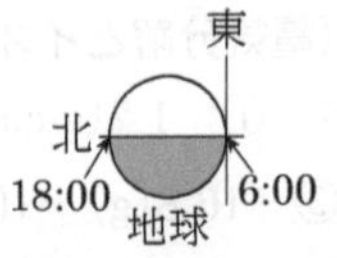

★ワンポイントアドバイス★

長い問題文のどこに必要な情報が書かれているのか見つけ出す練習をしよう。

<社会解答>

1　1　ア　　2　小麦　　3　OPEC　　4　天候と他国との関係に影響を受けやすい
5　(1)　ウ　　(2)　ウ　　(3)　(例)　水や太陽光，風力等自然の力を使って繰り返し利用できるエネルギー　　(4)　パリ協定　　(5)　(例)　資源を大切に使うため，日常からエコバックを使う　　6　(1)　750m　　(2)　イ　　(3)　A　　(4)　ハザードマップ

2　1　(1)　浄土信仰　　(2)　ウ　　2　(1)　(例)　外敵の侵入を防ぐため。　(2)　エ

(3) エ　(4) ア　3 (1) ウ　(2) ウ　4 公害対策基本法　5 ウ　6 ア　7 ア　8 (1) 同和問題[部落差別]　(2) (例) フェアートレード商品を購入する。

3 　1 ウ　2 公職選挙法　3 クーリングオフ　4 (1) リデュース・リユース・リサイクル　(2) 地産地消　5 フェアトレード　6 エ　7 (1) イ　(2) ウ　8 (1) (例) 供給量が需要量を上回るため，価格は下がると考えられる。　(2) 寡占　9 育児介護休業法　10 イ　11 エ

○推定配点○

1 　4・5(3)・5(5)　各4点×3　他　各2点×10

2 　1(1)・4・8(1)　各3点×3　2(1)・8(2)　各4点×2　他　各2点×9

3 　2・4(2)・9　各3点×3　8(1)　4点　他　各2点×10(4(1)完答)　計100点

＜社会解説＞

1 (地理―日本の地形図，世界の諸地域の特色，産業，その他)

1 ヴァチカン市国とブエノスアイレスの経度差は，15＋60＝75(度)である。15度で1時間の時差があるので，両方の時差は75(度)÷15＝5(時間)である。ヴァチカン市国が3月16日午前10時のとき，ブエノスアイレスでは，それより5時間前であるので，3月16日午前5時である。

基本　2 EU最大の農業国であるフランスの主な生産物は小麦である。

3 石油輸出国機構(略称：OPEC)は，国際石油資本などから石油産出国の利益を守ることを目的として，1960年9月に設立された組織である。設立当初は，イラン，イラク，クウェート，サウジアラビア，ベネズエラの5か国を加盟国としていたものの，後に加盟国は増加し，2022年には14カ国となっている。

4 モノカルチャー経済のデメリットは，①1つのものに依存しているので天候などの環境に左右されやすい，②国全体の産業が成長しない，③環境破壊につながる，④お金の面で圧倒的に輸入国が有利になる，などがある。まとめて1つ答えるとなると，たとえば，「天候と他国との関係に影響を受けやすい」などと書くことができる。

5 (1) 温室効果ガスとは，大気圏にあって，地表から放射された赤外線の一部を吸収することにより，温室効果をもたらす気体のことであり，二酸化炭素，水蒸気，メタン，一酸化二窒素，フロンなどが該当する。代表的な温室効果ガスである二酸化炭素の排出量割合は，1位中国，2位アメリカ，3位インドとなる。森林破壊は焼畑農業などによってひきおこされる。　(2) アメリカや日本で1番割合が高いのは火力発電である。ブラジルやカナダで1番割合が高いのは水力発電，フランスで1番割合が高いのは原子力発電である。　(3) 再生可能エネルギーとは，石油や石炭，天然ガスなどの化石エネルギーとは違い，太陽光や風力，地熱といった地球資源の一部など自然界に常に存在するエネルギーのことである。環境にやさしく，枯渇する心配がないため，新しいエネルギーとして注目されてきた。　(4) パリ協定は，第21回気候変動枠組条約締約国会議(COP21)が開催されたフランスのパリにて2015年12月12日に採択された，気候変動抑制に関する多国間の国際的な協定(合意)である。　(5) 地球温暖化を食い止めるためには，家庭や個人でもできることに取り組む必要がある。たとえば，次の4つの視点で取り組みを考えることができる。・節電のためにできること。・節水のためにできること。・外出時にできること。・買い物の時にできること。

6 (1) 縮尺25000分の1の地形図上の3cmは，実際には，25000×3＝75000(cm)＝750(m)とな

る。　(2)　地形図を注意深く考察すると，工場の地図記号が見当たらないことに気づく。発電所の地図記号は沢山に確認できる。　(3)　Aの方がBよりも，等高線の幅が狭いことが確認できる。したがって，Aの方が急である。　(4)　ハザードマップとは，自然災害による被害を予測し，その被害範囲を地図化したものである。

2　(日本の歴史一各時代の特色，政治・外交史，社会・経済史，文化史，日本史と世界史の関連)

1　(1)　浄土信仰とは，平安時代の後期に広まった，阿弥陀如来という仏を信じて，念仏を唱えることで，死後に極楽浄土に生まれ変わることを願う信仰である。極楽浄土とは，阿弥陀如来が住んでいて，苦しみや悲しみのない世界とされている。　(2)　1890年エルトゥールル号事件が起きたころの19世紀後半から20世紀前半にかけて，日本の朝鮮半島への進出により，朝鮮の支配化が進んでいた。したがって，ウが正解となる。フビライ＝ハンの元建国(13世紀)，新航路の開拓(15世紀後半から16世紀前半)，サラエボ事件(1914年：20世紀前半)。

2　(1)　弥生時代には稲作が始まり，人々に豊かな実りを約束し，生活の安定をもたらした。ところが一方では，収穫物や耕作地の水路などを巡ってムラ同士が争うようになる。そして，争いからムラを守るため周囲に深い濠を巡らした環濠集落が造られるようになった。　(2)　足利尊氏が京都に光明天皇をたてると，後醍醐天皇は京都を脱出して吉野へ逃れて朝廷を開き，光明天皇に渡した神器は偽物であると主張し，南北朝が成立した。以後，南北朝の動乱の続いた約60年間を南北朝時代といっている。　(3)　奈良時代，天皇家の由来を説明するためにつくられた歴史書は『古事記』や『日本書紀』である。したがって，エは『万葉集』のところが誤りとなる。　(4)　聖徳太子は，仏教や儒学の考え方を取り入れた十七条の憲法をつくり，天皇の命令に従うべきことなど，役人の心構えを示した。

基本

3　(1)　1945年太平洋戦争末期に沖縄戦があった。鮭などの漁が行われていたのは北海道であるから，アは誤り。中山の王は尚巴志であり，宗氏は対馬を支配していた豪族であるので，イは誤り。沖縄返還は1972年で，ベトナム戦争が始まったのは1955年であるので，エも誤りとなる。
　(2)　サンフランシスコ平和条約調印(1951年)，国際連合加盟(1956年)，日米安全保障条約改定(1960年)，日中国交正常化(1972年)。

4　公害対策基本法は，四大公害病である水俣病，第二水俣病(新潟水俣病)，四日市ぜんそく，イタイイタイ病の発生を受け制定された公害対策に関する日本の基本法である。1967年8月3日公布，同日施行。青森県陸奥湾沿岸では，ほたての養殖が盛んである。

5　ウは「鎌倉時代」が「室町時代」の誤りである。

やや難

6　アメリカによる原爆投下の理由はさまざまな説があるが，戦争の早期終結と戦後の世界戦略において，ライバルソ連に対して優位に立ち差をつけるため，というのが定説となっている。原水爆禁止運動は，日本では，1954年の第五福竜丸事件を契機に広がり，署名運動が全国的に展開された。そして，1955年8月広島で第一回原水爆禁止世界大会が開かれ，以後毎年世界大会が開催されている。

7　弥生時代，北海道などの北の地域は，本州以南の地域(沖縄や奄美など)やサハリン，カムチャッカ半島などとも交流していた。アイヌの人々が交易をしていたのは松前藩なので，イは誤り。蝦夷地の開拓にのりだしたのは田沼意次なので，ウは誤り。北海道旧土人保護法は，アイヌの人々を日本国民に同化させることを目的に制定されたので，エも誤りとなる。

重要

8　(1)　同和問題(部落差別)は，日本の歴史的過程で形作られた身分差別により，日本国民の一部の人々が，長い間，経済的，社会的，文化的に低い状態に置かれることを強いられ，同和地区と呼ばれる地域の出身者であることなどを理由に結婚を反対されたり，就職などの日常生活の上で差別を受けたりするなどしている，我が国固有の人権問題である。　(2)　人や国の不平等をなくすために，例えば，フェアトレード(公平貿易)を行うことが考えられる。それは，発展途上国でつくられた農作物や製品を適正な価格で継続的に取引することより，生産者の生活を支える貿易のありかたで，商品の購入から生産者の生活を支えられる取り組みとして，人や国の不平等をなくすのに役立ち，貧困課題の解決策にもなる。

[3] (公民―経済生活，憲法，政治のしくみ，国際経済，国際政治，その他)

1　ウは，法律案の議決における衆議院の優越についての文章で正しい。内閣も法律案を提出できるので，アは誤り。法律案の審議は，提出された議院から始まるので，イは誤り。公布するのは天皇なので，エも誤りとなる。

2　選挙権年齢を定めているのは公職選挙法である。

3　クーリングオフ制度とは，消費者が訪問販売などの特定の取引で商品やサービスを契約した後で，冷静になって考え直して「契約をやめたい」と思ったら，一定期間であれば理由を問わず，一方的に申し込みの撤回または契約の解除ができる制度である。

4　(1)　3RはReduce(リデュース)，Reuse(リユース)，Recycle(リサイクル)の3つのRの総称である。　(2)　地産地消とは，地域生産・地域消費の略語で，地域で生産された様々な生産物や資源(主に農産物や水産物)をその地域で消費することである。

やや難

5　フェアトレード(公平貿易)とは，発展途上国の原料や製品を適正な価格で継続的に購入することを通じ，立場の弱い途上国の生産者や労働者の生活改善と自立を目指す運動である。オルタナティブ・トレードとも言う。

6　国連の予算は，支払い能力に応じて決定される分担金でまかなっている。総会の投票権は一国一票制なので，アは誤り。加盟国が最も多いのはアフリカなので，イは誤り。国連は第二次世界大戦の戦勝国を中心に発足したので，ウも誤りとなる。

7　(1)　好景気の時は消費が伸び，需要が供給を上回るなど一般に物価が継続して上昇するインフレーションが起きる。実際に，高度経済成長期でも，それは起きているので，イが誤りとなる。　(2)　景気が過熱するときには，市場の貨幣量を少なくするため，増税を行うので，ウが正解となる。アは「活発にする」が誤り。イは「増税を行う」が誤り。エは「活動をおさえる」は誤り。

重要

8　(1)　豊作ということは，表の数量すなわち供給量が増加し，需要量を上回るようになる。すると，表のように価格は降下すると考えられる。　(2)　寡占とは，市場の形態の一つで，ある商品やサービスに係る市場が少数の売り手(寡占者，寡占企業)に支配されている状態のことである。少数が1社だけである場合は独占，2社ならば複占という。

9　育児介護休業法は育児休業法として1991年に公布，翌年に施行され，1995年の改正で，現在の名称になった。

10　自由権の中の経済活動の自由は，居住・移転および職業選択の自由の他に，財産権の保障が憲法で定められている。

11　エの司法は，地方公共団体の仕事ではなく国の仕事である。

★ワンポイントアドバイス★

[2]1　浄土信仰が広まると，阿弥陀如来像や，それをおさめる阿弥陀堂もつくらた。その代表的なものが，藤原頼通が建てた平等院鳳凰堂である。　[2]4　1993年11月，環境基本法施行に伴い，公害対策基本法は統合・廃止された。

＜国語解答＞

〔一〕 問一 ① 触(った) ② 営(み) ③ 採集 ④ 収穫 ⑤ 眺(め)
問二 (例) カブトムシが商品として売られていること。 問三 エ 問四 ウ
問五 (例) 農耕牧畜などの労働を通して自然を人間の社会に取り込むこと。
問六 ア 問七 エ 問八 文化による自然の社会化 問九 (例) 文化はその土地の風土を取り込むことで育まれること。 問十 Ⅰ イ Ⅱ オ 問十一 ウ
問十二 人間と自然の脱商品化 問十三 ① 里山が破壊された ② 新しい物質循環

〔二〕 問一 ① つな ② 斜面 ③ 着陸 ④ 擦(り) ⑤ ひら
問二 (1) 3 (2) 父は 問三 ウ 問四 イ 問五 ⅰ 鐘つき台のふち(に座り,) ⅱ 頭からタオルケットをかぶって(いた。) 問六 イ 問七 エ
問八 イ 問九 (例) 反応が薄くて話しがいがない 問十 イ
問十一 (例) 父の存在感の薄い様子から，父は本当にいないようなものかもしれないということ。 問十二 ⅰ (例) 世界 ⅱ (例) 具体的なもの

○推定配点○
〔一〕 問一・問三・問六・問十 各2点×9 問四・問七・問十三 各3点×4
他 各4点×6 〔二〕 問一～問五 各2点×11 他 各3点×8 計100点

＜国語解説＞

〔一〕 (論説文－漢字，文脈把握，内容吟味，品詞・用法，脱文・脱語補充，文節，接続語，要旨)

問一 ① 「触」の訓読みは「さわ(る)」「ふ(れる)」。音読みは「ショク」。熟語は「触覚」「感触」など。 ② 「営」の訓読みは「いとな(む)」。音読みは「エイ」。熟語は「営業」「経営」など。 ③ 「採」を使った熟語はほかに「採点」「採用」など。訓読みは「と(る)」。 ④ 「収」を使った熟語はほかに「収益」「収入」など。訓読みは「おさ(まる)」「おさ(める)」。 ⑤ 「眺」の訓読みは「なが(める)」。音読みは「チョウ」。熟語は「眺望」など。

問二 直前に「そのことに」とあり，前の「カブトムシが商品として売られていた」という内容を指すので，「カブトムシが商品として売られていること。(20字)」などとする。

問三 「子どもながらに」の「ながら」は，～にもかかわらず，という意味の接続助詞。ア・ウ・オは，二つの動作が同時に起こる様子を示す接続助詞。イは，そのまま，という意味の接尾語。エは，～にもかかわらず，という意味の接続助詞。

問四 直前に「私の母の実家はたいへんな山奥で……カブトムシはありふれた昆虫であった。それでもカブトムシは商品として売られていた」とある。ありふれた昆虫なのに商品として売られていた，とする文脈なので，ウが適切。

問五 「労働による自然の社会化」については，同段落最後に「この農耕牧畜によってわれわれは労働を通して自然を人間の社会に取り込み始めた。すなわち，労働による自然の社会化をはじめたのである」と説明されているので，この部分を要約して「農耕牧畜などの労働を通して自然を人間の社会に取り込むこと。(29字)」などとする。

問六 直後の「文化」を修飾し，「われわれの自然の見方を規定する文化」という意味になる。

問七 Aの直前の「まとまり」と，Bの直後の「ばらばらな」を言い換えているので，Aには「秩序」，Bには「無秩序」が入る。「秩序」は，物事の順序，規律という意味。

やや難 問八　前に「われわれの自然の見方を規定する，文化による自然の社会化」とあり，その説明として星座の例を示しているので，「文化による自然の社会化(11字)」を抜き出す。

やや難 問九　直後に「一方で，……」と説明が加えられており，「それぞれの文化は，その土地の風土と切り離すことができない。さまざまな風土のなかで生活していくことを通じて文化が形成された。たとえば日本であれば……日本の風土における四季折々の自然をふまえて歳時記が育まれていった。……これが第二の文化による自然の社会化である」としている。文化と風土のかかわりを「第二の文化による自然の社会化」として付け加えているので，文化とその土地の風土の関係を要約して「文化はその土地の風土を取り込むことで育まれること。(25字)」などとする。

問十　Ⅰ　直前に「さまざまな風土のなかで生活していくことを通じて文化が形成された。たとえば，日本であれば日本の風土における四季折々の自然の変化をふまえて歳時記が育まれていった」とあり，直後で「さまざまな自然条件を取り込むことで文化が育まれていった」と言い換えられているので，言い換え・説明を表す「つまり」が入る。　Ⅱ　直前に「労働による自然の社会化と文化による自然の社会化」とあり，直後で，具体例として「歳時記」と「〈農〉」の関係を示しているので，例示を表す「たとえば」が入る。

問十一　直前に「自然の社会化は労働による自然の社会化と文化による自然の社会化と大きく二つに分けることができる。そしてこの両者はそれぞれ別々の側面を備えながらも深い関係がある」とあり，「労働による自然の社会化」を「〈農〉」，「文化による自然の社会化」を「歳時記」として両者の関係の深さを説明しているので，ウが適切。

問十二　「物質循環」の「修復」については，「大事な……」で始まる段落に「人間と自然の物質循環に入った亀裂を修復することは，そのまま過去の生活や文化を取り戻すことを意味しない。……都市の生活や文化を踏まえた新しい物質循環の単位を考える必要がある。……新しい物質循環の単位を考えるポイントを簡単に述べておくならば，それは人間と自然の脱商品化である」と説明されているので，「人間と自然の脱商品化」10字)」を抜き出す。

やや難 問十三　①　「コモンズとしての里山」と，直前の「自然を商品化」の関係については，最終段落に「その里山に住まうカブトムシが商品として扱われる背景には里山が破壊されただけでなく……」と説明されているので，「里山が破壊された(8字)」を抜き出す。　②　直前に「将来社会に向けて」，直後に「あり方を模索する必要がある」とある。これから取り組むべき課題については，「大事な……」で始まる段落に「都市の生活や文化を踏まえた新しい物質循環の単位を考える必要がある」と述べられているので，解答欄に合わせて「新しい物質循環(7字)」を抜き出す。

〔二〕 (小説－漢字，品詞分解，文と文節，表現，語句の意味，文章構成，情景・心情，大意)

問一　①　「綱」の音読みは「コウ」。熟語は「綱領」「要綱」など。　②　「斜」を使った熟語はほかに「斜光」「傾斜」など。訓読みは「なな(め)」。　③　「着」を使った熟語はほかに「着席」「着目」など。訓読みは「き(せる)」「き(る)」「つ(く)」「つ(ける)」。　④　「擦」の訓読みは「す(る)」「す(れる)」。音読みは「擦過傷」「摩擦」など。　⑤　「開」の訓読みは「あ(く)」「あ(ける)」「ひら(く)」「ひら(ける)」。音読みは「カイ」。熟語は「開花」「開催」など。

問二　(1)　「座っ(動詞)・て(助詞)・いた(動詞)」と3単語に分けられる。　(2)　文頭の「父は」が主語になる。「父は」と「わたしの隣に」が「座っている」にかかる。

問三　「吹き飛んでしまいそうな」は，消えてなくなってしまいそうな，という意味なので，「忘れてしまいそうな」とするウが適切。「『ここ。来たことあるような気がするんだけど……』」という父の言葉を聞き，幼少期のおぼろげな記憶をたどっているのである。

問四　「センチメンタル」は，物事に感じやすい様子，感傷的，という意味。

問五　「写真」の様子は，「たしか……」で始まる段落に「頭からタオルケットをかぶって，青白くて不機嫌そうなわたしは向かって一番左に位置し，鐘つき台のふちに腰掛けていた」とあるので，ⅰには「鐘つき台のふち(7字)」，ⅱには「頭からタオルケットをかぶって(14字)」が入る。

問六　直前に「あの写真に写っていた子ども二人がいまやそれなりにものを知って，それぞれの生活を持って，兄など新しい家庭まで作ってしまって，十数年後の今に至るという事実は，なんだか作り話のように思える」とある。数十年前の記憶は遠く，今となっては現実味が乏しいことを「作り物」と表現しているので，「写真に写っている子ども時代こそが逆に非現実的」とするイが適切。

問七　Ⅰは，直前の「『お母さんや英二は，何やってるかな』」という父の問いかけに対する返事なので②が入る。Ⅱは，直後に「『英二も……』」とあるので，「お兄ちゃん」とある③が入る。Ⅲは，直前の「『英二も疲れているんだろう』」と言う父への返答なので，④の「『あたしだって疲れてるもん』」が入る。Ⅳは，「『いや』」と否定する父の言葉が続いているので，父に語りかけているⅠが入る。②→③→⑥→①となるのでエが適切。

問八　直後に「『お父さんて，ほんと話しがいがないね』」「『なんか，ただ水に石を落っことしてるみたいなんだよね。お父さんと話してると』」と続いている。話しがいのない父への不満を口にしているので，「気のない会話をする父に反抗」とするイが適切。

問九　何を話しかけても，こちらが期待するような反応がなく，話しがいのない様子の表現なので，解答欄に合わせて「反応が薄くて話しがいがない(13字)」などとする。

問十　直後に「『お父さん，そんなふうだとそのうち全部忘れちゃうよ』」「『それに，もっと主張しないと，あたしたちからだって忘れられちゃうよ』」とある。家族との思い出もよく覚えていないような父の態度に対する不満をあらわにしているので，イが適切。

やや難　問十一　直前に「『いいよ。お父さんは実際，いないようなものだ』」とあり，直後には「少しだけ，一緒に住んでいたころの父を思い出した」「食後の散らかったテーブルだとか……そんなもののあいだにすっとなじんで，そのまま同じ風景になっていた父。……すぐにまぎれてしまう父。」「今でも父と言う人間は，決してあのなんとかアルプスのようなくっきりとした形では，見えない」とある。「お父さんは実際，いないようなものだ」という父の言葉を聞き，確かに父の存在感は薄く，いないようなものだったのかもしれない，と記憶の中の父を思い出しながら考えを巡らせているのである。

やや難　問十二　父にとっての「かけら」とは，「『今，見ているものとか，ここにあるすべてのもの全部。お父さん。桐子。あの鐘。全部。……』」とある。自分を取り巻くものすべてを「かけら」と表現しているのである。「わたし」にとっての「かけら」とは，「青木金物店の看板だとか，道に転がった空き缶だとか，山の切れ端だと，わたしは思った」とある。実体のある具体的なものを「かけら」ととらえているのである。ⅰは，「構成する」につながる言葉として，「世界」などとする。ⅱは，「青木金物店の看板や空き缶」を表すものとして「具体的なもの」などとする。

★ワンポイントアドバイス★

読解問題に組み込まれる形で，漢字・語句・文法の出題があるので，確実に得点できる力をつけよう！　読解問題の記述対策として，本文の内容を要約する練習を重ねよう！

B日程

2022年度

解　答　と　解　説

《2022年度の配点は解答欄に掲載してあります。》

＜数学解答＞

1　(1)　$\frac{2b^2}{a}$　(2)　$-\frac{y}{6}$　(3)　$5\sqrt{6}$　(4)　②，④　(5)　-200

(6)　$x=0$，4043　(7)　$-18<y\leqq 0$　(8)　$\frac{1}{3}$　(9)　$75\pi\ \mathrm{cm}^2$　(10)　①，④

2　(1)　ア，オ　(2)　$x=30$，$y=40$　(3)　中学生24人，高校生46人

3　［1］　(1)　2個　(2)　エ　［2］　(1)　$a=\frac{1}{5}$　(2)　$a=-\frac{1}{3}$　(3)　$\frac{1}{20}\leqq a\leqq\frac{1}{5}$

4　(1)　∠BAE＝108度，∠CAD＝36度，∠FCD＝36度　(2)　2　(3)　解説参照

(4)　$\sqrt{5}-1$

5　(1)　辺BC，辺CD，辺FG，辺GH　(2)　ア)　$\frac{3\sqrt{2}}{2}$cm　イ)　8cm

ウ)　$\frac{351}{8}\mathrm{cm}^3$

○推定配点○

1　各3点×10　**2**　各4点×3　**3**　［1］(1)　3点　他　各4点×4

4　(1)　各3点×3　(3)　6点　他　各4点×2　**5**　各4点×4　計100点

＜数学解説＞

基本 **1**　(数・式の計算，平方根の計算，正誤問題，式の値，2次方程式，関数の変域，確率，表面積)

(1)　$(-ab^2)^2\div\frac{1}{2}a^3b^2=a^2b^4\times\frac{2}{a^3b^2}=\frac{2b^2}{a}$

(2)　$\frac{6x-5y}{3}-\frac{4x-3y}{2}=\frac{12x-10y}{6}-\frac{12x-9y}{6}=\frac{12x-10y-12x+9y}{6}=\frac{-y}{6}=-\frac{y}{6}$

(3)　$2\sqrt{6}+\frac{18}{\sqrt{6}}=2\sqrt{6}+\frac{18\sqrt{6}}{6}=2\sqrt{6}+3\sqrt{6}=5\sqrt{6}$

(4)　①　例えば，$a=-\frac{1}{2}$，$b=5$のとき，$a+b=-\frac{1}{2}+5=\frac{9}{5}$となり正になる。

②　aが負の数，bが正の数だから，それらの積は必ず負の数になる。

③　a^2は(負の数)^{2}だから正の数となる。bは正の数だから，それらの積は正の数となる。

④　$-1<a<0$だから，$0<a^2<1$となる。一方，$1<b$だから，$1<b^2$　よって，a^2-b^2は必ず負の数となる。

(5)　$(x^2+8xy-11y^2)-3(x^2-y^2)=x^2+8xy-11y^2-3x^2+3y^2=-2x^2+8xy-8y^2=-2(x^2-4xy+4y^2)=-2(x-2y)^2$　この式に$x=2$，$y=-4$を代入して，$-2\{2-2\times(-4)\}^2=-2\times10^2=-200$

(6)　$(x-2021)(x-2022)=2021\times2022$　2021＝A，2022＝Bとおくと，$(x-\mathrm{A})(x-\mathrm{B})=\mathrm{AB}$　$x^2-(\mathrm{A}+\mathrm{B})x=0$　$x\{x-(\mathrm{A}+\mathrm{B})\}=0$　A，Bを元に戻して，$x(x-4043)=0$　よって，$x=0$，4043

(7)　$y=-2x^2$…①　xの変域が0をまたいでいるので，①は$x=0$のとき最大値0をとる。-1と3では3の方が絶対値が大きいので，$x=3$を①に代入して，$y=-2\times(-3)^2=-18$　よって，

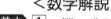

$-18<y\leqq 0$

(8) できる整数は，123，132，213，231，312，321の6通り。そのうち，偶数になるのは，132，312の2通り　よって，求める確率は，$\frac{2}{6}=\frac{1}{3}$

(9) 側面のおうぎ形の弧の長さは，底面の円周の長さに等しくなるので，10π　側面のおうぎ形の面積は，$\frac{1}{2}\times 10\pi\times 10=50\pi$　底面の円の面積は，$\pi\times 5^2=25\pi$　よって，求める表面積は，$50\pi+25\pi=75\pi\,(\mathrm{cm}^2)$

(10) ① 円周角の定理から，1つの円において同じ弧に対する円周角の大きさは等しい。

② 線分ABについて同じ側にある点Pの集まりは円になるが，反対側にも∠APBの大きさが等しくなるような点Pをとることができるので正しくない。

③ 一定の割合で拡大または縮小した図形を相似な図形というので，形は同じだが大きさは等しいとはいえない。

④ ひし形の2本の対角線は垂直に交わる。

2 (連立方程式の応用問題)

基本 (1) Aさんは昨年の中学生の人数をx人，高校生の人数をy人としている。そして，①の式では昨年の人数の合計について立式し，②の式では今年の人数の合計について立式している。Bさんも Aさんと同様，昨年の中学生の人数をx人，高校生の人数をy人とし，①の式では昨年の人数の合計について立式している。しかし，②の式では昨年の人数と今年の人数の増減について立式している。

(2) Bさんの立てた式を解くと，①×20＋②×100から，$35y=1400$，$y=40$　これを①に代入して，$x=30$　よって，$x=30$，$y=40$

(3) 中学生の人数について，今年は昨年に比べて20％へっているので，$0.8\times 30=24$(人)　高校生の人数について，今年は昨年に比べて15％増えているので，$1.15\times 40=46$(人)

3 (図形と関数・グラフの融合問題)

基本 [1] (1) グラフより，$x=5$に対応する点が2個あることがわかる。

(2) 2つの変数x，yについて，xの値が1つ決まると，それに対応してyの値がただ1つ決まるとき，yはxの関数であるという。$x=5$のとき対応するyの値が2つあるので，yはxの関数であるとはいえない。

[2] (1) $y=ax^2$に$x=5$，$y=5$を代入して，$5=a\times 5^2$　$25a=5$　$a=\frac{5}{25}=\frac{1}{5}$

(2) 変化の割合$=\frac{y\text{の増加量}}{x\text{の増加量}}$の公式から，$\frac{a\times 6^2-a\times 3^2}{6-3}=-3$　$\frac{36a-9a}{3}=-3$　$27a=-9$　$a=\frac{-9}{27}=-\frac{1}{3}$

重要 (3) グラフの開き方が大きいほど，比例定数aの絶対値は小さくなり，グラフの開き方が小さいほど，比例定数aの絶対値は大きくなる。したがって，aの絶対値が一番小さくなるのはGがB(10，5)を通るときだから，$y=ax^2$に代入して，$5=a\times 10^2$，$100a=5$，$a=\frac{5}{100}=\frac{1}{20}$

aの絶対値が一番大きくなるのはGがA(5，5)を通るときだから，$5=a\times 5^2$，$25a=5$，$a=\frac{5}{25}=\frac{1}{5}$　ゆえに，$\frac{1}{20}\leqq a\leqq\frac{1}{5}$

4 (平面図形の証明と計量問題－角度，三角形の相似の証明)

基本 (1) 正五角形の内角の和は，$180^\circ\times(5-2)=540^\circ$から，1つの内角の大きさは，$540^\circ\div 5=108^\circ$　よって，∠BAE$=108^\circ$　△ABCは頂角が108°の二等辺三角形だから，1つの底角は，$(180^\circ-108^\circ)\div 2=36^\circ$　よって，∠BAC$=36^\circ$　同様に，∠EAD$=36^\circ$　∠CAD$=108^\circ-36^\circ\times 2$

$=36°$　$\angle FCD=\angle ECD=36°$

(2) $\angle FAE=36°$, $\angle AEF=108°-36°=72°$, $\angle AFE=180°-36°-72°=72°$　よって，$\triangle AFE$は二等辺三角形になるので，$AF=AE=2$

(3) (証明) $\triangle ACD$と$\triangle CFD$において，共通な角だから，$\angle ADC=\angle CDF$…①　(1)より，$\angle CAD=\angle FCD=36°$…②　①と②より，2組の角がそれぞれ等しいので，$\triangle ACD \backsim \triangle CFD$

重要 (4) $FD=x$とおくと，$AD=FD+AF=x+2$　$\triangle ACD \backsim \triangle CFD$より，$AD:CD=CD:FD$　よって，$(x+2):2=2:x$　ゆえに，$x(x+2)=4$　$x^2+2x-4=0$　二次方程式の解の公式から，$x=\dfrac{-2\pm\sqrt{2^2-4\times1\times(-4)}}{2\times1}=\dfrac{-2\pm\sqrt{20}}{2}=\dfrac{-2\pm2\sqrt{5}}{2}=-1\pm\sqrt{5}$　$x>0$より，$x=-1+\sqrt{5}$

5 (空間図形の計量問題－ねじれの位置，図形の相似，三平方の定理，体積)

基本 (1) 辺AEと平行でなく，交わらない辺がねじれの位置にある辺である。

(2) (ア) (正四角錐O－EFGH)∽(正四角錐O－ABCD)で，正四角錐O－EFGHの高さが，正四角錐O－ABCDの高さの$\dfrac{1}{4}$であることから，相似比は1：4である。よって，$OH:OD=1:4$　$\triangle OEH \backsim \triangle OAD$より，$OH:OD=EH:AD$　$1:4=EH:6\sqrt{2}$　$EH=\dfrac{1\times6\sqrt{2}}{4}=\dfrac{3\sqrt{2}}{2}$

(イ) $BD=6\sqrt{2}\times\sqrt{2}=12$　PはBDの中点であるから，$BP=6$　$\triangle PBO$で三平方の定理より，$BP^2+OP^2=OB^2$　$6^2+OP^2=10^2$　$OP^2=64$　$OP>0$より，$OP=8$

重要 (ウ) 正四角錐O－EFGHの高さが，O－ABCDの高さの$\dfrac{1}{4}$であることから，正四角錐O－EFGHの高さは，$8\times\dfrac{1}{4}=2$　$EH=\dfrac{3\sqrt{2}}{2}$であるから，正四角錐O－EFGHの体積は，$\left(\dfrac{3\sqrt{2}}{2}\right)^2\times2\times\dfrac{1}{3}=3(cm^3)$　POと面EFGHとの交点をQとすると，$PQ=8-2=6$　正四角錐O－EFGHと入れた水を合わせてできる正四角錐をVとする。正四角錐O－EFGH∽Vで，相似比は，$2:\left(2+\dfrac{6}{2}\right)=2:5$　よって，体積比は，$2^3:5^3=8:125$　ゆえに，Vの体積は，$8:125=3:V$　$V=\dfrac{125\times3}{8}=\dfrac{375}{8}(cm^3)$　よって，求める水の体積は，V－(正四角錐O－EFGHの体積)$=\dfrac{375}{8}-3=\dfrac{351}{8}(cm^3)$

★ワンポイントアドバイス★

4では，対角線を引いた正五角形の中には，36°，72°，108°の3種類の角度が現れることを理解しておこう。

<英語解答>

〔Ⅰ〕 Part 1　No. 1　A　イ　B　ア　No. 2　A　エ　B　ウ　Part 2　No. 1　ウ　No. 2　エ　No. 3　イ

〔Ⅱ〕 問1　(1)　ウ　(2)　エ　(3)　ア　(4)　ウ　問2　volunteer[cleanup, outdoor]

〔Ⅲ〕 問1　草を刈るために使われているため。　問2　ウ，オ　問3　地域社会の人々を喜ばせることができること。　問4　(1)　×　(2)　○　(3)　×　(4)　×

［Ⅳ］ (1) エ (2) ウ (3) イ (4) エ (5) ア

［Ⅴ］ (1) good speaker (2) Listening to (3) to open (4) older than
(5) who helps [that helps, to help]

［Ⅵ］ (1) subjects (2) doctor (3) Thursday (4) forget
(5) exam [examination]

［Ⅶ］ ① In Japan, the first food bank was established [built / made] in 2000.
② I think that we should do something for people who are in need.
③ One way to support them may be to give some food to a food bank.

○推定配点○
［Ⅰ］・［Ⅲ］問2・［Ⅳ］ 各2点×14 他 各3点×24 計100点

<英語解説>

［Ⅰ］ リスニング問題解説省略。

［Ⅱ］ (会話文読解問題：文補充・選択，語句補充)

(全訳) エミ　：こんにちは，ルーシー。今，話せる？
ルーシー：もちろんよ！
エミ　：今度の土曜日に何か予定がある？
ルーシー：バードウォッチングと美しい景色を眺めるのを楽しむため，午前中に泉ヶ岳に行くつもりよ。
エミ　：それはよさそうね。以前そこに行ったことがある？
ルーシー：うん。3回行ったことがあるよ。
エミ　：山に登るのが好きなの？
ルーシー：うん。(1)登山はワクワクするわ。エミ，今度の土曜日，あなたの計画は何？
エミ　：私の友達何人かと広瀬川に行くつもりよ。
ルーシー：そこで何をするつもりなの？
エミ　：川沿いを歩いて空き缶や他のごみを拾うつもり。
ルーシー：すごい！　そうするためにそこによく行くの？
エミ　：私たちは(ア)ボランティア活動に興味があるので，時々そうするのよ。
ルーシー：何時に始めるの？
エミ　：午前10時に始めて11時45分に終える予定よ。その後，昼食に牛タンを食べるわ。
ルーシー：わあ，牛タン！　私は大好き。私も参加していい？
エミ　：(2)ぜひ参加しない？　午前9時ごろ，仙台駅の前で会うのはどう？
ルーシー：わかった。私は9時にそこにいるわね。
エミ　：(3)どうやって駅まで来るつもり？
ルーシー：バスで行くわ。
エミ　：そう。(4)今度の土曜日，あなたに会うことを楽しみにしているわ。
ルーシー：私も。じゃあ，またね。

問1 全訳下線部参照。 (3) Why don't you? は相手を誘ったり勧めたりするときの言い方で「ぜひやったら？」の意味。 (4) look forward to ~ing「~するのを楽しみにする」

重要 問2 友人たちと一緒に川でゴミ拾いをする理由として，「ボランティア活動に興味がある」とすると文脈にあう。または cleanup「清掃」や outdoor「屋外の」などでもよい。

〔Ⅲ〕 **(長文読解問題・紹介文：内容吟味，指示語，内容一致)**

(全訳) 私たちはふだん，牛や馬のような動物を日本の田舎や山間部の畑や農場で目にする。しかし，都市部の小さな土地でヤギを見かけることもある。それらは実は，草を刈るために使われている。これは①環境と都市の人々の両方に対し，たくさんの利点がある。

ヤギは毎日6kgから10kgの草を食べる。除草剤を使う必要がないし，芝刈り機の騒音もないので，これはいいことだ。また，ヤギは機械のように燃料や電気も必要ではない。代わりに，彼らはただ，食料として草を食べるので，刈られた草を捨てる必要がない。さらに，人が斜面で芝刈り機を使うことは難しいが，ヤギは簡単に上ったり下りたりする。

1960年代まで，日本には30万頭以上のヤギがいて，私たちの毎日の生活に身近だった。今ではヤギは約2万頭しかいない。近所の人々はヤギが静かに草を食べているのを見ると，珍しがって幸せな気持ちになる。子供たちにとって，ヤギは優しくてかわいい動物だ。ある母親が5歳の娘と一緒にヤギを見るために立ち止まった。彼女は「娘はヤギを眺めて楽しんでいます。ヤギたちはたくさん草を食べますね」と言った。彼女たちの近くでは，何人かの若者たちが携帯電話でヤギの写真をとっていた。

大人にとって，ヤギを眺めることはリラックスにもなる。実際に，近所にいるヤギたちは異なる世代の人々の会話の話題になる。言い換えると，それは彼らがお互いに話しかけるのに役立ち，地域社会を強めるのだ。これは，この環境にやさしい草刈り方法が日本で人気になったもう1つの理由である。

近頃は，ますます多くの企業，市役所，病院，大学が草を刈るために動物を使っている。楽しいイベントを開く会社もある。そこでは地域の人々と草を刈るヤギのチームが協力しあう。こうしたイベントはとても人気になってきている。「私たちは地域社会の人々を幸せにすることができます。そして②これは単に草を刈ることよりも大切です」と担当者が言った。「動物を使って環境にやさしく草を刈ることは，きっと将来，増えていくと思います」

問1 「私たちが時々，都市部でヤギを見かけるのはなぜか」 第1段落第2，3文参照。草を刈るために使われている，と述べられている。

やや難 問2 ①「環境に対する利点」として適切なものは，ウ「除草剤を使う必要がない」とオ「捨てるべき刈られた草がない」(刈り取った草を捨てる必要がない)が適切。ア「ヤギは人がお互いに話しかけるのに役立つ」(ヤギが会話の話題になる)，イ「人々はヤギを見ると幸せに感じる」，エ「楽しいイベントをすることができる」は人々に対する利点である。

問3 この this は直前の We can make people in the local community happy. を指す。＜ make ＋目的語＋形容詞＞「～を…にする」

重要 問4 (1) × 第2段落最終文の内容に反する。 (2) ○ 第4段落第1文の内容と一致する。
(3) × 第3段落第1，2文参照。かつては30万頭以上いたが，現在はおよそ2万頭。 (4) × 第2段落第1文参照。10キロを超える量ではなく，6～10キロの草を食べる。

基本 〔Ⅳ〕 **(語句補充・選択：代名詞，疑問詞，現在完了，時制)**

(1) 「私のラケットは良くない。あなたのものを貸してください」 yours「あなたのもの」
(2) 「ここからあなたの学校までどのくらいの距離ですか」 How far ～？は距離を尋ねる。
(3) 「私はまだ宿題を終わらせていない」 yet は現在完了の否定文で「まだ(ない)」を表す。
(4) 「あなたは彼がふだんディックとどこへ行くのか知っていますか」 he が主語なので goes となる。
(5) 「明日晴れならサッカーをしよう」 時・条件を表す副詞節中では，未来のことでも現在形で表す。

重要〔Ⅴ〕 **(言い換え・書き換え：動名詞，不定詞，比較，関係代名詞)**

(1)「ローズさんは日本語を上手に話す」「ローズさんは日本語の上手な話者だ」 上の文の動詞 speak を名詞 speaker にし，上の副詞 well「上手に」を形容詞 good「上手な」にする。

(2) 「音楽を聴くことは楽しい」 下は動名詞句 Listening to music が主語の文。

(3) 「ベスは彼に『窓を開けてください』と言った」「ベスは彼に窓を開けるよう頼んだ」 <ask＋人＋to＋動詞の原形>「(人)に～するよう頼む」

(4) 「私の辞書はあなたのほど古くない」「あなたの辞書は私のものより古い」

(5) 「彼女には親切な友人がいる。そして彼は彼女を手伝う」「彼女は自分を手伝ってくれる親切な友人がいる」 主格の関係代名詞 who を使って who helps とするか不定詞で to help と表す。

〔Ⅵ〕 **(語句補充：単語)**

(1)「数学，国語，体育は私たちが学校で習う教科の名前だ」 subject「教科，科目」 複数の科目について述べているので複数形 subjects にすることに注意。

(2) 「医師は病院で働く人だ」 doctor「医師」

(3)「今日は土曜日だから一昨日は木曜日だった」 Thursday「木曜日」

(4) 「私たちはここでの滞在をとても楽しむことができた。決して忘れないだろう」 forget「～を忘れる」

(5) 「彼は一生懸命勉強してその試験に合格した」 exam，examination「試験」

やや難〔Ⅶ〕 **(語句整序・和文英訳：前置詞，受動態，接続詞，助動詞，関係代名詞，熟語，不定詞)**

(1)「日本では」は In Japan, として後ろにコンマを置く。「最初のフードバンク」は the first food bank となる。「設立された」は受動態<be 動詞＋過去分詞>で was established や was built, was made などとする。「～年に」は in ～とする。

(2) I think that ～「私は～だと思います」を文頭にする。次に we should do something for people「私たちは人々に対して何かすべきだ」とし，主格の関係代名詞 who を使って who are in need「困っている」が people を後ろから修飾する。in need「困っている」

(3) to という単語が3つある。そのうち2つは不定詞<to ＋動詞の原形>の形で用いて，1つは前置詞として用いる。主語は One way to support them「彼らを支援する1つの方法」，動詞は may be「～かもしれない」，補語が to give some food to a food bank「フードバンクに食べ物を寄付すること」となる。give ～ to … 「～を…に与える，渡す」

★ワンポイントアドバイス★

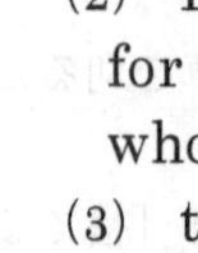

〔Ⅶ〕の和文英訳および語句整序問題はA日程より難度が高い。

<理科解答>

1 (1) ア (2) 300mA[0.3A] (3) 20Ω (4) 40Ω (5) 10Ω
(6) 540J (7) (記号) 図6 (理由) 回路全体に流れる電流が大きいため，発生する熱量が大きくなるから。

2 (1) 質量保存の法則 (2) 硫酸バリウム (3) ア

(4) $H_2SO_4+Ba(OH)_2 \rightarrow BaSO_4+2H_2O$　(5) 右図

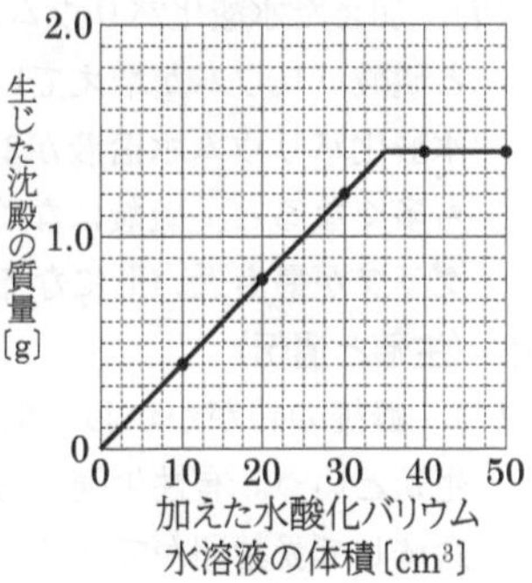

(6) 4.2g　(7) (記号) イ　(理由) 沈殿が生じる中和反応によって，混合溶液中のイオンの減少に伴い電流は流れにくくなる。完全に中和したとき電流は最も流れにくくなるが，さらに水酸化バリウム水溶液を加えることで混合溶液中のイオンは増加し，電流は流れやすくなる。

3　(1) ア　有性　イ　無性　ウ　生殖細胞　エ　受精卵　(2) 13本　(3) 26本　(4) ②，⑤　(5) 0個　(6) 図3で分割した細胞集団で発生が途中で止まるので，8個に分けても正常に発生しない。

4　(1) イ，エ　(2) 湖や河口付近[汽水域]　(3) 示相化石　(4) 川に流されている間に互いにぶつかり合って角が削れたから。(5) 東　(6) イ　(7) ア　石英[長石]　イ　長石[石英]　ウ　等粒状組織　エ　マグマが地下深くでゆっくり冷えて固まって

○推定配点○

4 (6)・(7)　各2点×5　他　各3点×30(3(4)，4(1)各完答)　計100点

<理科解説>

1 (電流と電圧)

重要 (1) 電流は＋極から－極に流れる。

重要 (2) －端子が500mAとつながっているので，回路に流れる電流の大きさは300mAである。

重要 (3) $6(V)=x(\Omega)\times 0.3(A)$より，20Ωである。

基本 (4) 回路全体の合成抵抗が，$6(V)=x(\Omega)\times 0.1(A)$より，60Ωである。よって，電熱線bの抵抗値は$60(\Omega)-20(\Omega)=40(\Omega)$である。

基本 (5) 回路は並列につながっているため，電熱線aに流れる電流は0.3Aである。よって，電熱線cに流れる電流は$0.9(A)-0.3(A)=0.6(A)$であるので，電熱線cの抵抗値は，$6(V)=x(\Omega)\times 0.6(A)$より，10Ωである。

基本 (6) $6(V)\times 0.3(A)\times 5\times 60(s)=540(J)$

基本 (7) 図5の合成抵抗は$20(\Omega)+40(\Omega)=60(\Omega)$，図6の合成抵抗は$\frac{1}{20(\Omega)}+\frac{1}{10(\Omega)}=\frac{1}{6.6...(\Omega)}$より，約6.7Ωである。よって，抵抗の小さい図6の方に多くの電流が流れるので，図6の方が発生する熱が多くなる。

重要 2 (酸とアルカリ・中和)

(1) 化学変化の前後で，変化に関係した物質全体の質量は変わらないことを質量保存の法則という。

(2) 硫酸と水酸化バリウム水溶液を反応させると，硫酸バリウムが沈殿する。

(3) 硫酸バリウムは，X線撮影の造影剤として用いられる。

(4) $H_2SO_4+Ba(OH)_2 \rightarrow BaSO_4+2H_2O$

基本 (5) A，B，Cの点を打ち，それらの点を直線でつなげ線を伸ばす。D，Eの点を打ち，それらの点を直線でつなげ線を伸ばす。線が交わり合ったところで完全中和が行われ，模範解答のような折れたグラフとなる。

基本 (6) 硫酸$20cm^3$がすべて中和すると，1.4gの沈殿が生じるので，硫酸$60cm^3$がすべて中和すると，$20(cm^3):1.4(g)=60(cm^3):x(g)$より，4.2gの沈殿が生じる。

基本 (7) 加えた水酸化バリウム水溶液の体積が$35cm^3$までは((5)でかいたグラフからわかること)，水と硫酸バリウムが増えていくので，H^+と$SO_4{}^{2-}$は減少する。そのため，電流は流れにくくなり，水酸化バリウム水溶液が$35cm^3$のとき電流は流れなくなる。水酸化バリウム水溶液が$35cm^3$よりも多くなると，硫酸はなくなるため，H^+と$SO_4{}^{2-}$が増加し電流が流れるようになるので，イのグラフが最も近い形になる。

3 (生殖と遺伝)

重要 (1) 雌雄の親がかかわる生殖を有性生殖，親の体の一部が分かれてそのまま子になる生殖を無性生殖という。有性生殖において，雌のつくる卵や雄のつくる精子は生殖細胞と呼ばれ，これらが合体して受精卵ができる。

重要 (2) 受精卵の核内に26本の染色体があるので，ウニの精子の染色体数は13本である。

重要 (3) 8細胞期胚の細胞1個にも，受精卵と同じく26本の染色体が含まれている。

基本 (4) 実験1と実験2の違いは8細胞期胚を縦に4等分したか，横に2等分したかである。縦に4等分した方でその後の胚は正常発生したので，正常発生に必要な物質は8細胞期胚において片寄りがあると考えられる(②が正解)。また，実験2で，8細胞期胚を上下にわけると，発生は止まることから，上下の細胞で相互に影響しあって発生が進んでいくことがわかる(⑤が正解)。

基本 (5)・(6) 実験2で上下の細胞を分けると発生が途中で止まるので，正常発生には上下の細胞がくっついていることが必要である。よって，8細胞期胚の細胞をそれぞれ1個に分けてしまうと，正常発生をする細胞は0個となる。

重要 4 (地層と岩石)

(1) アンモナイトは中生代の化石であるので，この層の下で見つかる可能性のある化石は古生代のものである。よって，フズリナとサンヨウチュウの化石が見つかる可能性がある。

(2)・(3) シジミは示相化石であり，シジミが見つかった場所は化石ができた当時，湖や河口付近(汽水域)であると考えられる。

(4) れき，砂，泥は，流水の働きでできる。上流から下流に流される間に互いにぶつかり合って角が削れるため，これらの形は丸みを帯びている。

やや難 (5) AとCを比べると，Aで地表面からの深さが10mのところから下の地層の重なりがCと一致しているため，この地層は南北に傾いていないことがわかる。AとBを比べると，Aの地表面から深さが20mのところから下の地層の重なり方は，Bとは一致しておらず，このことから東西方向に地層が傾いていることがわかる。このとき，Aの地表面から深さが20mの位置のすぐ下には，凝灰岩の層があるのに対し，Bでは地表面から10mほど下に凝灰岩の層があるので，地層は東向きに傾いていると考えられる。

(6) 凝灰岩は主に火山灰が堆積してできたものなので，凝灰岩の粒は角ばった形が多い。

(7) 花崗岩は深成岩の仲間であり，マグマが地下深くでゆっくり固まってできた岩石である。深成岩は等粒状組織をしており，花崗岩には，石英や長石などの無色鉱物が多く含まれている。

★ワンポイントアドバイス★

ポイントをおさえた長文を記述する練習をしよう。

＜社会解答＞

[1] 1 (1) イ，ウ　(2) (例) 地熱発電ができる，美しい景観が観光資源となる。　2 ウ
3 施設園芸農業　4 (例) 過疎が問題となり，地域社会の存続が困難になっている地域がある。これを解決していく1つの手段として，IターンやUターンで都会から移住してくる若者が増えるように，移住体験プログラムを設けることが考えられる。　5 (1) エ
(2) (例) 農家や古民家に宿泊しながら，農業体験や伝統的な生活体験ができるグリーンツーリズムを提供する取り組み。　6 (1) ア　(2) エ　(3) ア　背景：(例) 16世紀以降，ヨーロッパの人々が南アメリカに進出し，植民地をつくり，ヨーロッパの文化を持ち込んだから。　7 (1) リアス海岸　(2) ア　8 ア

[2] 1 ウ　2 ウ　3 イ　4 治外法権を認める。関税自主権がない。　5 イ
6 (1) エ　(2) サン・ファン・バウティスタ号　7 ウ　8 教育基本法
9 ア　10 ア　11 (例) 開発途上国にワクチンが届くように募金活動を行う。

[3] 1 イ　2 (1) 象徴　(2) 国事行為　3 ア　4 (1) 高度経済成長
(2) 公共投資　5 (1) 憲法は国の基礎となるものであり，憲法に反する法律や命令は効力をもたない。　(2) エ　(3) エ　6 子ども[児童]の権利条約　7 ウ
8 エ　9 公的年金　10 第9条　11 (例) お祭りを開いて，お茶やアニメなどの日本文化を紹介する。　12 労働組合

○推定配点○

[1] 1(2)・5(2)　各4点×2　4・6(3)背景　各4点×2　他　各2点×10
[2] 4・11　各4点×2　他　各2点×10　[3] 5(1)・11　各4点×2　他　各2点×14
計100点

＜社会解説＞

[1] **(地理—日本と世界の諸地域の特色，気候，産業，その他)**

1 (1) アンデス山脈とロッキー山脈は環太平洋造山帯に属し，アルプス山脈とヒマラヤ山脈はアルプス・ヒマラヤ造山帯に属する。　(2) 火山のめぐみを生かした取り組みには，温泉だけでなく地熱の利用がある。その1つが地熱発電所である。また，古くからの温泉が保養に利用でき，美しい景観のある豊かな自然は観光資源として利用されている。

2 ケニアやスリランカは，高温多雨な気候や自然環境が茶の生産に適した国である。

3 施設園芸農業とは，ガラス室やビニールハウスを利用して野菜などの園芸作物(野菜類・花き・果樹)を栽培する農業のことである。

やや難　4 高齢化に伴う主な課題として，①経済規模が縮小化する，②過疎化など地方消滅の危機，③社会保障制度の維持が困難，④病院・介護施設の不足，⑤斎場・火葬場の不足，などがあげられる。これらの中から1つ選び解決法を考えると，たとえば，過疎化を止めるために，該当地域の良さを理解してもらう各種体験プログラムの実践などが考えられる。

5 (1) 日本などの先進国では，第3次産業に従事する人口の割合が最も高くなっている。

重要　(2) 政府は，地域資源を生かすことや農林水産物の利用促進につながる六次産業化を推進してきた。例えば，グリーンツーリズムという，農山漁村に滞在し農漁業体験を楽しみ，地域の人々との交流を図る余暇活動がある。これは，長期バカンスを楽しむことの多いヨーロッパ諸国で普及し，日本でも取り入れられている。グリーンツーリズムの振興は，都市住民に自然や地元の人

とふれあう機会を提供するだけでなく，農山漁村を活性化させ，新たな産業を創出すると期待されている。

6 (1) ケープタウンはヨハネスブルクに次ぐ南アフリカ共和国第二の都市である。 (2) ニュージーランドは南半球にあるため，北半球と季節が逆になっている西岸海洋性の気候となる。したがって，エが正解となる。アは砂漠気候のリアド(サウジアラビア)，イは温暖湿潤気候の東京，ウは高山気候のリマ(ペルー)である。 (3) 南アメリカは，16世紀以降，スペイン人やポルトガル人によって植民地にされた。その影響で，ブラジルはポルトガル語，その他の大部分の国はスペイン語が公用語となっている。したがって，アルゼンチンやチリも例外ではなく，スペイン語が公用語である。

7 (1) リアス海岸は，波がおだやかで水深が深いことから，天然の良港として使用されている。(2) 日本の漁業は，とる漁業から育てる漁業に変化している。かつては，沖合漁業や遠洋漁業がさかんであったが，現在は養殖業や栽培漁業がさかんである。したがって，アが誤りとなる。

8 茶やみかん，サクラエビなどが特産物として有名な県は静岡県で，同県は東海工業地域に含まれている。

2 (日本と世界の歴史―各時代の特色，政治・外交史，社会・経済史，日本史と世界史の関連)

1 ルネサンス(14世紀)，大航海時代(15世紀)，ルイ14世の絶対王政(17世紀)，フランス革命(18世紀)。

2 インカ帝国はアンデス山系の高原地帯に栄えたので，Xは誤り。ブラジルで黒人奴隷制度が廃止されたのは世界で最も遅く1888年のことであった。それ以後，コーヒー農家は，日本などの移民の労働力にたよることになった。

3 アヘン戦争は，1840～1842年なので，ロシア使節ラクスマンの根室来航(1792年)とペリーの浦賀来航(1854年)の間のイに起きている。

4 日米修好通商条約(1858年7月)は安政五カ国条約ともいい，アメリカ側に領事裁判権(治外法権)を認め，日本に関税自主権が無く，日本だけがアメリカに最恵国待遇を約束するなど，日本側に不利な不平等条約であった。

5 明治政府は北海道に屯田兵を置いた。樺太千島交換条約では，樺太はロシア領，千島全島は日本領と定められたので，Yは誤りとなる。

6 (1) エは戊辰戦争についての文章であるので正解となる。アは「吉野ヶ里遺跡」が「三内丸山遺跡」の誤り。シャクシャインはアイヌの指導者なので，イは誤り。ウは奥州藤原氏の根拠地は平泉なので，誤りとなる。 やや難 (2) サン・ファン・バウティスタ号は，支倉常長が率いた慶長遣欧使節に使われた帆船である。その復元船が，石巻市の渡波にある宮城県慶長使節船ミュージアム(サンファン館)のドックで内部も公開されていたが，老朽化のため解体が決定され，2021年11月10日より解体された。

7 ウは「板垣退助」が「伊藤博文」の誤りである。

重要 8 教育基本法は，日本国憲法の精神にのっとり，教育の基本を確立するとともに，その振興をはかるために制定された法律で，1890年に発布された教育勅語に代わり，1947年旧教育基本法が学校教育法とともに成立した。現行法は，科学技術の進歩，情報化，国際化，少子高齢化などの新たな課題に対応するため，旧法を全面的に改正して2006年に公布，施行された。

9 フビライ＝ハンが滅ぼしたのは南宋であるので，アは誤りとなる。

10 岩手県は原敬の出身県である。熊本県では四大公害の1つ水俣病が起きている。

11 目標3「すべての人に健康と福祉を」を，特に現在の状況下で考えると，新型コロナウィルス感染症への対応で，なかなかワクチンが行き届かない途上国に対して，少しでも多くのワクチンが届くよう募金活動をする，などが考えられる。

3 (公民―経済生活，憲法，政治のしくみ，日本経済，国際政治，その他)

1 国民の三大義務とは，普通教育を受けさせる義務，勤労の義務，納税の義務である。

2 (1) 日本の象徴天皇制は，日本国憲法で規定された，天皇を日本国及び日本国民統合の象徴とする制度である。憲法第1条は，天皇を日本国と日本国民統合の「象徴」と規定する。その地位は，主権者(主権在民)たる日本国民の総意に基づくものとされている。 (2) 国事行為とは，日本国憲法上，天皇が行うものとして規定されている行為である。いずれも「内閣の助言と承認」が必要で内閣がその責任を負うと規定されている(憲法第3条)。

3 気候変動枠組条約(1992年調印)，モントリオール議定書(1987年採択)，ラムサール条約(1971年採択)，ワシントン条約(1973年採択)。

4 (1) 1955年に高度経済成長期に入ったが，1973年の石油危機(オイルショック)によって経済成長率は低下し，高度経済成長は終わった。 (2) 公共事業への支出を公共投資という。

5 (1) 日本国憲法の中でも第10章が「最高法規」に充てられ，最高法規性がうたわれている。「最高法規」という語には，①他の法令の全てに勝る形式的効力を有すること，②国政もしくは国の在り方の最高の方針又は指標を定めたものであることの2つの意味があるとされ，それぞれ「形式的最高法規性」，「実質的最高法規性」などと呼ばれている。 (2) 憲法改正の国民投票の投票権は，参政権に属する。 (3) 最高裁判所長官の指名は内閣の権限であり，衆議院の優越とは関係がない。

6 子どもの権利条約とは，子どもが一人の人間として基本的人権を所有し，行使する権利を保障するための条約であり，世界中のすべての子どもが健康に生きて存分に学んだうえで自由に活動し，大人や国から守られ援助されながら成長する権利があると定めている。

基本 7 排他的経済水域の外側は公海であり，ウが正解となる。

8 男女雇用機会均等法は1985年に制定され，男女共同参画社会基本法は1999年に制定されているので，エが誤りとなる。

9 保険料を積み立てて，老齢になったときなどに給付を受けるしくみを年金保険といい，国が実施している年金保険を公的年金という。退職者の多くは，この公的年金にたよっている。

基本 10 設問の条文は「平和主義」についての条文であり，憲法第9条に規定されている。

11 外国人と日本人では関心を持つ点が異なる。例えば，神社の鳥居は日本人にとって当たり前の光景だが，外国人は「なぜ存在するのか」「なぜ朱色なのか」と疑問に思う。そのため，アンケート調査などで，外国人の関心がどのようなところにあるかを情報収集し，それに対応する形で日本文化を紹介するとより効果的である。例として，世界に誇る日本のアニメなどを，案内板，パンフレット，ガイドブック，音声ガイドなどの媒体で紹介したり，祭りなどで紹介するなどの方法が考えられる。

12 労働者は使用者に対して弱い立場にあるため，一人一人がばらばらに交渉したのでは，不利な条件になりがちである。そのため，労働者は，労働三権のうち団結権を使って，労働組合を結成し，労働条件の改善を使用者に要求することができる。

★ワンポイントアドバイス★

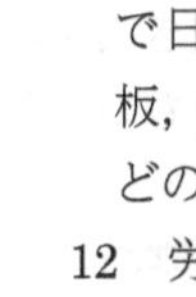

1 7(2) 沖合漁業や遠洋漁業などが振るわなくなったのは，各国が排他的経済水域を設定して他国の漁業を規制するようになってからである。 3 12 労働三権とは，団結権，団体交渉権，団体行動権(争議権)の三つを指す。

＜国語解答＞

〔一〕 問一 ① 解体 ② 到来 ③ 本格的 ④ 確立 ⑤ 掲(げる)
問二 新しい思考形式 問三 (1) しんらばんしょう (2) ア 問四 ウ
問五 エ 問六 イ 問七 (例) (ローカルな言葉の破壊によって,)風土とともにある精神や文化,時間が破壊されてしまう(こと。) 問八 ア 問九 Ⅰ オ Ⅱ ア 問十 オ 問十一 ウ 問十二 エ 問十三 Ⅰ (例) ローカル性を失った Ⅱ 深い共通性

〔二〕 問一 ① 脇 ② 寝室 ③ 送迎 ④ 反抗 ⑤ 迫力 問二 (1) 形容詞 (2) 連体形 問三 エ 問四 ウ 問五 イ 問六 ア 問七 人間としての誇りみたいなもん 問八 エ 問九 (例) つぼみをひとりぼっちにさせず,自分が守ってみせるという覚悟。 問十 (例) 自分の発言が恥ずかしくなり,ごまかそうとしたから。 問十一 Ⅰ (例) 多くの仲間 Ⅱ (例) はげまそう
問十二 ア,エ

○推定配点○

〔一〕 問一 各1点×5 問三～問六・問八・問九 各2点×8 他 各4点×7

〔二〕 問一 各1点×5 問二・問三 各2点×3 問十一・問十二 各3点×4
他 各4点×7 計100点

＜国語解説＞

〔一〕 (論説文－漢字,文脈把握,内容吟味,語句の意味,熟語,脱語補充,助詞,接続語,要旨)

問一 ① 「解」を使った熟語はほかに「解釈」「解除」など。音読みはほかに「ゲ」。熟語は「解毒」「解熱」など。訓読みは「と(かす)」「と(く)」「と(ける)」。 ② 「到」を使った熟語はほかに「到達」「到着」など。訓読みは「いた(る)」。 ③ 「本格的」には,ものごとが本調子である様子,という意味がある。「本」を使った熟語はほかに「本懐」「本心」など。訓読みは「もと」。 ④ 同音の「確率」と区別する。「確」を使った熟語はほかに「確執」「確信」など。訓読みは「たし(か)」「たし(かめる)」。 ⑤ 「掲」の音読みは「ケイ」。熟語は「掲載」「掲示」など。

問二 直後に「それは単に新しい単語が入ってきただけに終わらない現実を作りだした。……人間の思考そのものを変える役割をはたした」とあり,さらに「たとえば……それが人間を個人とみる新しい思考形式を生みだした」と説明されているので,「新しい思考形式(7字)」を抜き出す。

問三 「しんらばんしょう」と読む。「森羅万象」は,宇宙間に存在する数限りない全てのもの,という意味。

問四 「蓄積」は,似た意味の漢字を組み合わせたもの。アの「登山」は,下の字が上の字の目的語になる構成。イの「往復」は,反対の意味の漢字を組み合わせたもの。ウの「歓喜」は,似た意味の漢字を組み合わせたもの。エの「雷鳴」は,主語と述語の関係。オの「知的」は,下に意味を添える語である「的」を付けたもの。

問五 「桜の花が咲いた」しか伝えない,とする文脈なので,「事実(しか伝えない)」とするのが適切。

問六 直前の「会話をとおして成立しているコミュニケーションは,言葉とともに蓄積されてきたさまざまな思いがあるからこそ可能なものなのである」という内容を言い換えている。「コミュニケーション」と「思い」の組み合わせが考えられるので,Bを「思考」,Cを「コミュケーション」とするイが適切。

やや難 問七　直前の「その地域で暮らした人々が用いてきた言葉が公用語ではなくなってしまった」を指して「同じこと」とする文脈である。直後に「アイヌ語の破壊によってもたらされている」とあり，「破壊」については，次の段落に「二十世紀の言葉の国際化は，言葉のローカル性や，そこに付着している精神や文化，時間を認めあう方向にはすすまず，……風土とともにあった精神や文化を破壊する役割をはたしてしまったのである」と説明されているので，これらを要約して解答欄に合わせて「(ローカルな言葉の破壊によって,)風土とともにある精神や文化，時間が破壊されてしまう(こと。)」などとする。

問八　「観念の」の「の」は，その文節が主語であることを示す用法で，「が」に置き換えることができる。アは，その文節が主語であることを示す用法。イ・エは，その文節が連体修飾語であることを示す用法。ウ・オは，「こと」と置き換えることができる，準体言の用法。

問九　Ⅰ　直前に「私自身が日本という東アジアの風土と分かちがたい精神をもっている，と感じるからである」とあり，直後で「日本の風土が生んだ，あいまいな言語である日本語をとおして，ものを考える人間だと感じるからである」と，同じ形の文を並立させているので，対比・選択を表す「あるいは」が入る。　Ⅱ　直前に「表面的なこと」とあり，直後に「いまのパリと……」と，具体例を示しているので，例示を表す「たとえば」が入る。

問十　直後に「パリと東京では，同時期に同じ映画が封切られ，同じ音楽が流れている。人々は同じようなファッションで装い，街には数多くのスーパーマーケットやハンバーガーショップがある。パリのブランド品はそのまま……」と，パリと東京の「共通性」が説明されているので，オの「それぞれに伝統技術を継承」はあてはまらない。

問十一　直後に「私たちは不可解なものを受け入れる精神をもっている」とあり，同様のことは，直前の段落に「私の感覚は，この世界には不可解なものが存在することを了解している。すべてのものを，合理性で割り切ることはできないと思っている」とある。ウは，「合理性」では説明できない例といえる。

問十二　直後に「そんなところ」とあり，直前の「私たちは不可解なものを受け入れる精神をもっている」という内容を指す。後に「人間のものの考え方はその風土に培われながらつくられる」と説明されているので，これらの内容と合致するエが適切。

やや難 問十三　Ⅰ　直前に「反面」とあることから，生徒Aの発言の「同じ言葉を使うことで『共通性』が増す」」とは反対の内容が入るとわかる。「二十世紀の……」で始まる段落に「二十世紀の言葉の国際化は，言葉のローカル性や，そこに付着している精神や文化，時間を認めあう方向へはすすまず，経済や軍事力が支配権をカクリツし，風土とともにあった精神や文化を破壊する役割をはたしてしまったのである」とあり，「『共通性』」を「言葉の国際化」と言い換えている。この部分が「同じ言葉を使うことで『共通性』が増す」とは反対の意味にあたるので，文脈に合わせて「ローカル性を失った(9字)」などとする。　Ⅱ　直前に「人はみなそれぞれの風土に育まれた精神を持つ」とあり，同様のことは，本文最後に「もうひとつ，深い共通性というのがあって，それはローカルな人間として誰もが同じ人間だという共通性のはずなのである」と表現されているので，「深い共通性(がある)」とするのが適切。

〔二〕　(小説－漢字，品詞・用法，文脈把握，情景・心情，内容吟味，大意)

問一　①　「脇」を使った熟語は「脇見」「脇道」など。音読みは「キョウ」。熟語は「脇息」など。②　「寝」を使った熟語はほかに「寝食」「就寝」など。訓読みは「ね(かす)」「ね(る)」。　③　「送」を使った熟語はほかに「送信」「郵送」など。訓読みは「おく(る)」。　④　「抗」を使った熟語はほかに「抗議」「抵抗」など。　⑤　「迫」を使った熟語はほかに「迫真」「気迫」など。訓読みは「せま(る)」。

問二　(1)「火のない」の「ない」は，存在しない，という意味の「形容詞」。助詞に接続していることに着目する。　(2)　直後の名詞「囲炉裏」を修飾しているので「連体形」。

問三　「口火を切る」は，物事を最初に始めて，他が続くためのきっかけを作る，という意味。

問四　直後に「心底わからない，という調子で」とある。これより前に，「『あのね，つぼみちゃん，ひとつ，提案があるんだけど』」「『週に一度でいい，マーサさんを，デイケアに行かせてあげなさいな』」と，志乃さんから思いがけない提案があり，その意味がわからず驚いている様子なので，ウが適切。

問五　「血の気が失せる」は，恐怖や驚きなどにより，顔の赤みがなくなる，青ざめる，という意味。ここでは，「『マーサさんが家にいていちばん安心なのは，マーサさん本人じゃない。あんたでしょ？』」と，志乃さんに言われたときの「つぼみ」の様子である。直前の「真一文字に口を結んで」からは，その言葉を受けとめる様子もうかがえるので，「反発を感じながらも，思い当たる節がないわけでもない」とするイが適切。

問六　直後に「つぼみの表情が完全に固まってしまったのを見て，人生は思わず口を出した」とある。志乃さんの鋭い指摘に衝撃を受けるつぼみを見て，つぼみのことが心配になったことがわかるので，「つぼみのことが心配でたまらない」とするアが適切。

問七　マーサさんの「大切にすべき」ことについては，後に「『いい？　つぼみちゃん。たとえ認知症になったって，マーサさんにも『自我』ってものがある……』」とあり，「自我」は後で「人間としての誇りみたいなもん(14字)」と言い換えられている。

問八　直後に「『……おれが，いるだろ』」とある。「つぼみは，ひとりじゃない。絶対に，ひとりぼっちになんてさせない」「君には，おれがいるじゃないか」と，人生のつぼみへの思いが続いているので，「つぼみへの思いを打ち明けようとした」とするエが適切。

やや難　問九　「心の声」とは，直前の「『……おれがいるだろ』」であり，直後に「つぼみは，ひとりじゃない。絶対にひとりぼっちになんてさせない」とある。つぼみを絶対にひとりぼっちにさせない，自分が守る，という「覚悟」である。

問十　直前に「おれが，きっと守ってみせる。君とばあちゃんと，おれらの田んぼを，と言いたいところだったが」とあることから，つぼみへの思いをストレートに打ち明けたことが恥ずかしくなり，話題を変えようとしている様子が読み取れるので，「自分の発言が恥ずかしくなり，ごまかそうとしたから。(25字)」などとする。

問十一　直後に「『あんただって，ひとりじゃない。……みーんな，あんたたちを応援してるんだよ』」とある。人生に，あんたは一人じゃない，みんなが応援してるんだよ，と励ましているので，Ⅰは「多くの仲間(5字)」，Ⅱは「はげまそう(5字)」などとするのが適切。

問十二　本文には，「つぼみ」が，志乃さんや人生とのやりとりを通して精神的に成長していく過程が描かれているので，ア・エは合致する。イは「人生は二人のやりとりを見ているだけ」，ウは「つぼみの涙は人生という理解者に気づいたことへの感動から」，オは「分かった振りをしているだけ」，カは「自分一人でおばあちゃんの面倒を見ることに限界を感じて」という部分が合致しない。

★ワンポイントアドバイス★

論説文・小説ともに，記述対策として，内容を要約する練習をしておこう！　読解に組み込まれる形で出題される漢字・語句・文法などの国語知識は，幅広い出題に備えよう！

2021年度

★★★★★★★★★★★★★★★★★★★★★★★★

入　試　問　題

2021年度

仙台白百合学園高等学校入試問題（A日程）

【数　学】（50分）　＜満点：100点＞

答えはすべて解答用紙に書きなさい。

$\boxed{1}$ 次の問いに答えなさい。

(1) $-2^3\times(-3)^2\times\frac{1}{4}$ を計算しなさい。

(2) $\frac{x+2y}{4}-\frac{x-3y}{6}$ を計算しなさい。

(3) $-3x^2+18x-24$ を因数分解しなさい。

(4) $\frac{\sqrt{2}-1}{\sqrt{3}}\times\frac{\sqrt{2}+1}{\sqrt{6}}$ を計算しなさい。

(5) 家から体育館まで，分速70mで歩いていくと，分速280mで自転車に乗っていくよりも12分多く時間がかかった。このとき，家から体育館までの道のりは何mか求めなさい。

(6) 1，2，3，4の数字が1つずつ書かれた4枚のカード$\boxed{1}$，$\boxed{2}$，$\boxed{3}$，$\boxed{4}$がある。この4枚のカードから2枚選んで横一列に並べて2けたの整数をつくるとき，3の倍数になる確率を求めなさい。

(7) 右の図の双曲線の式を求めなさい。

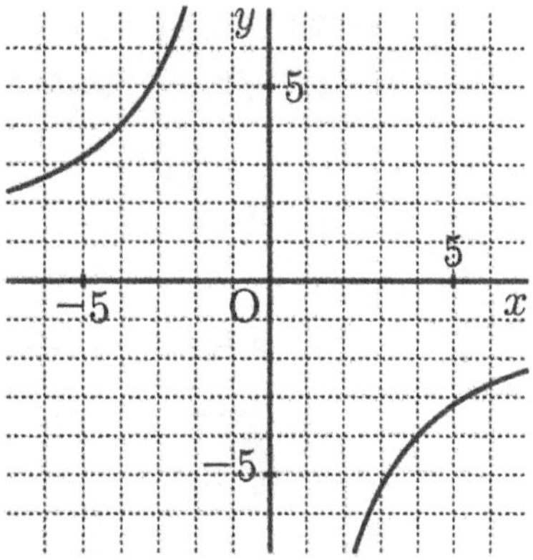

(8) 高いところから物体を自然に落とすとき，物体が落ち始めてからx秒間に落ちる距離をymとすると，$y=5x^2$という関係が成り立つ。物体が落ち始めてから，1秒後から3秒後までの間の平均の速さを求めなさい。

(9) 右の図で，4点A，B，C，Dは円Oの周上の点である。四角形OABCがひし形，∠OCD＝38°であるとき，∠OADの大きさを求めなさい。

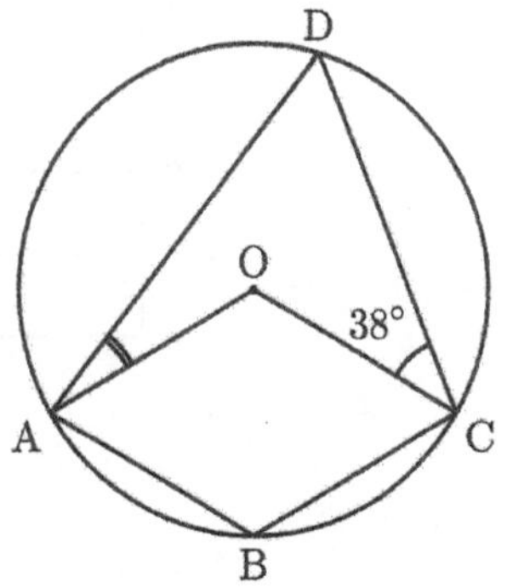

(10) 下の図のように，3辺の長さが$BC=a$，$CA=b$，$AB=c$である△ABCがあり，この△ABCの3つの辺に接する円をかく。この円の半径をrとするとき，△ABCの面積を，a，b，c，rを用いて表しなさい。

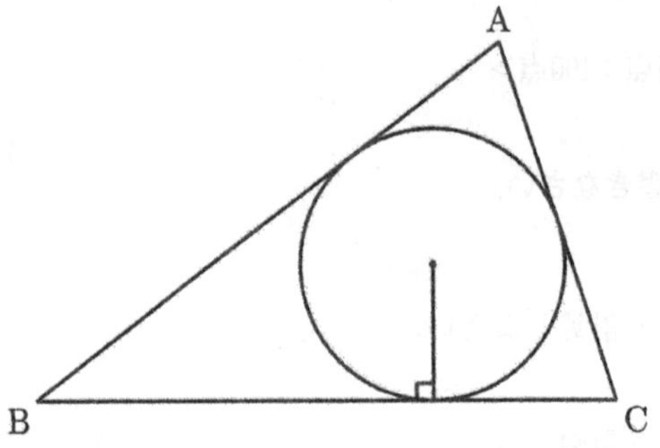

2 右の表は，ある中学校3年生のクラスの生徒の，年間の図書館利用回数について調べた結果を，度数分布表にまとめたものである。ただし，□の部分は未記入である。

次の問いに答えなさい。

(1) 表のア～ウにあてはまる数値を答えなさい。

(2) 表をもとにヒストグラムをかきなさい。

(3) 利用回数が9回の生徒は，利用回数が少ないほうから見て何%以内に入っているか答えなさい。

(4) 利用回数の平均値を求めなさい。

階級(回) 以上　未満	度数(人)	相対度数
4～8	1	0.05
8～12	ア	□
12～16	9	0.45
16～20	□	0.15
20～24	2	ウ
計	イ	1.00

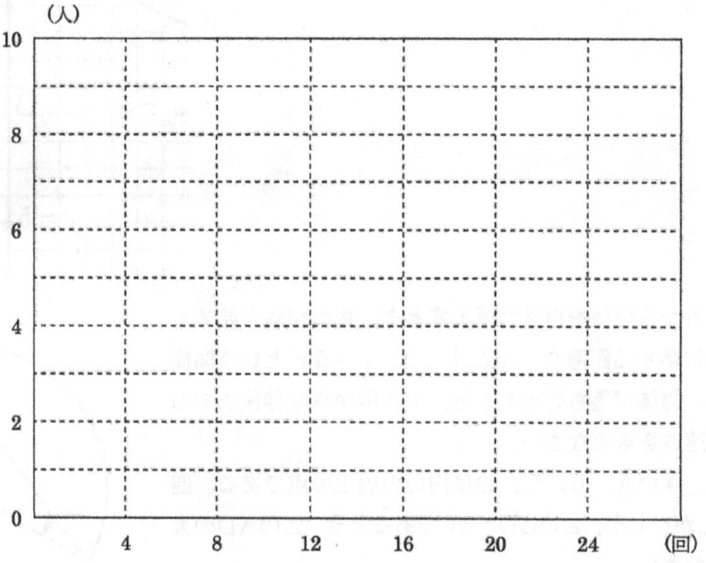

3　右の図の三角柱ABC－DEFで，AB＝6㎝，BC＝8㎝，BE＝12㎝，∠ABC＝90°である。点Pは点Eから辺BE上を毎秒3㎝の速さで動き，点Bまできたら BE上を点Eまで戻って止まる。また，点Qは点Pと同時に点Eを出発し，辺EF上を毎秒1㎝の速さで点Fまで動く。

2点P，Qが出発してから x 秒後の三角錐P－DEQの体積を y ㎝^{3}とするとき，次の問いに答えなさい。

(1)　2点P，Qが同時に点Eを出発してから1秒後の，三角錐P－DEQの体積を求めなさい。

(2)　x の変域が $0 \leqq x \leqq 4$ のとき，y を x の式で表しなさい。

(3)　x の変域が $4 \leqq x \leqq 8$ のとき，y を x の式で表しなさい。

(4)　三角錐P－DEQの体積が三角柱ABC－DEFの体積の $\frac{1}{8}$ になるのは，2点P，Qが同時に点Eを出発してから何秒後か，すべて求めなさい。

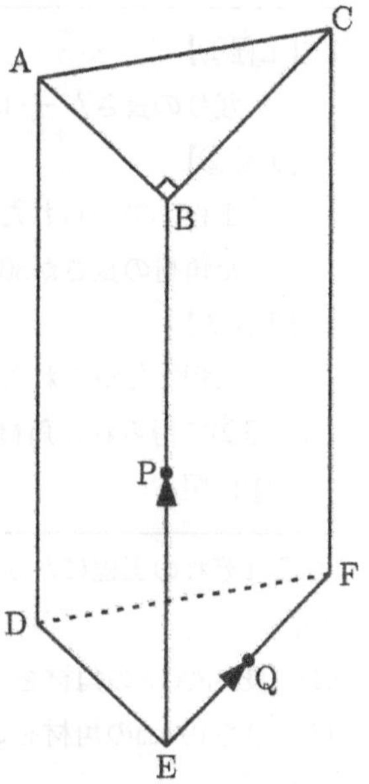

4　下の図のような△ABCがある。辺AB上の点Dを通り辺ACに平行な直線と，辺BCとの交点をEとする。また，辺BCをCの方に延長し，その延長線上に点Fをとる。DとFを結び，線分DFと辺ACとの交点をGとするとき，次の問いに答えなさい。

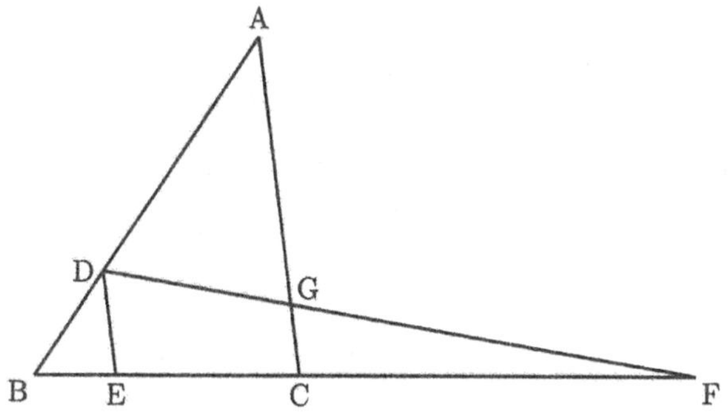

(1)　△BED∽△BCAであることを証明しなさい。

(2)　AD：DB＝8：3，BC＝22㎝，CF＝44㎝のとき，次の問いに答えなさい。

ア）ECの長さを求めなさい。

イ）DG：GFを，最も簡単な整数の比で表しなさい。

ウ）AG：GCを，最も簡単な整数の比で表しなさい。

5　ある工場に角材の自動切断機がある。この機械は，切断しようとする角材の長さが20㎝未満の場合，切断を行わず停止する。角材の長さが20㎝以上の場合に限り，次のように動作するようプログラムされている。(次のページ)

なお，各工程で，切り落とされた後に残った角材が次の工程に送られるものとし，切り落とされた角材は考えないこととする。

【工程①】

残りの長さが$\frac{1}{2}$になるよう，角材を切断する。

【工程②】

工程①で得られた角材を，残りの長さが$\frac{1}{2}$になるよう切断する。ただし，工程①で得られた角材の長さが80cm以下の場合，残りの長さが$\frac{2}{3}$になるよう切断する。

【工程③】

工程②で得られた角材を，残りの長さが$\frac{1}{2}$になるよう切断し，工程①に戻る。ただし，工程②で得られた角材の長さが50cm以下の場合，残りの長さが$\frac{3}{4}$になるように切断し，工程①に戻る。

それぞれの工程にかかる時間は10秒で，工程と工程の間の時間は考えない。次の問いに答えなさい。

(1) 長さ300cmの角材をこの機械にかけた。機械が停止したときの角材の長さは何cmか求めなさい。

(2) 長さ192cmの角材をこの機械にかけた。機械が停止するまでにかかった時間は何秒か求めなさい。

(3) ある長さの角材をこの機械にかけたところ，機械が停止するまでに40秒かかり，18cmの角材が残った。このとき，考えられるもとの角材の長さは何cmかすべて求めなさい。

【英　語】（50分）　＜満点：100点＞

〔Ⅰ〕リスニングテスト

放送の指示に従って答えなさい。

＜Part 1＞　英文を聞き，その質問に答えなさい。その答えとして最も適切なものを１つ選び，記号で答えなさい。英文は２度読まれます。

No.1

Question A
ア．He lives in Osaka.
イ．He doesn't like e-mail messages.
ウ．He wants to see the pictures she draws.
エ．He can't use a computer.

Question B
ア．He likes dogs.
イ．Coco is his favorite dog.
ウ．Mari is going to visit him in Osaka.
エ．Mari is sending him an e-mail.

No.2

Question A
ア．Eating Japanese foods.
イ．Learning how to make Japanese dishes.
ウ．Cooking for her family.
エ．Reading recipe books.

Question B
ア．She will buy a birthday cake.
イ．She will read many recipe books.
ウ．She will send a present.
エ．She will try to make a new Japanese menu.

＜Part 2＞　この問題は，対話を聞き，その最後の文に対する応答として最も適切な答えを選ぶ形式です。例題を聞いてください。対話が読まれます。

例題　（対話が放送されます）
ア．I don't like reading books.
イ．I'm really busy today.
ウ．It was very cold.
エ．That will be OK.　（正解）

ここでは エ が正しい答えになります。

では，実際の問題を放送しますので準備して下さい。対話は２度読まれます。

No.1

ア．Yes, she will.　　イ．I know she will.
ウ．Before dinner.　　エ．After she comes back.

No.2

ア. You should open the window.　　イ. Are you sleeping?

ウ. My room is here.　　エ. You shouldn't go to sleep.

No.3

ア. Thank you. It's blue and white.　　イ. Thank you. Where is it?

ウ. Thank you. I don't need it.　　エ. Thank you. What color is it?

＜リスニング台本＞

【放送原稿】

No.1 Mari's grandfather lives in Osaka. She can't visit him often, so she sometimes sends a letter. Her grandfather likes to get letters because Mari draws cute pictures. Today, she is writing about her new dog, Coco. She thinks her grandfather will be happy because he likes dogs. She drew some pictures of Coco in the letter, too.

Question A: Why does Mari's grandfather like to get letters?

Question B: Why will Mari's grandfather be happy?

No.2 Kanna loves to cook. Everyone in her family enjoys the Japanese dishes she makes. Her mother says that Kanna is her favorite cook. Now, Kanna wants to learn how to make a special dish. She looked at many recipe books and the Internet too. Her mother's birthday is next week, and she wants to surprise her with a special meal of rice with red beans.

Question A: What does Kanna like doing?

Question B: How will Kanna surprise her mother?

【放送原稿】

No.1 A: Where did Janet go?

B: She went to the library.

A: When will she come back?

No.2 A: I'm very tired. I can't sleep well these days.

B: Why not?

A: My room is very hot.

No.3 A: What are you doing?

B: I'm looking for my pen case. I think I left it in this room.

A: I'll help you.

〔Ⅱ〕次の会話文を読み，あとの問いに答えなさい。

Kelly: Hi, Yuri. How are you today?
Yuri: Well, I'm very sleepy.
Kelly: Oh, are you? What did you do last night?
Yuri: I studied my part in a play for two hours. It was hard for me to do that.
Kelly: Your part in a play? (1)
Yuri: We are going to perform a *drama in English in our school festival next month.
Kelly: How nice! What's the title of it?
Yuri: It's *Peter Pan*. I'm going to play the part of Tinker Bell.
Kelly: Wow, you are lucky to have a chance to perform it (ア) a large audience.
Yuri: Yes, I am. But it wasn't easy to prepare for the drama.
Kelly: Oh, what happened?
Yuri: First, we couldn't have enough time to practice together because we stayed home for five days to keep us safe from *the coronavirus.
Kelly: That's too bad.
Yuri: (2)
Kelly: You can do it!
Yuri: And second, some of my friends who are practicing together *have trouble studying their parts. However, Ms Smith, our ALT, helps them a lot. She sometimes comes and gives advice. We are (3).
Kelly: You have already learned many things, Yuri.
Yuri: Yes, Kelly. I can't wait for our school festival!
Kelly: I'm looking forward to seeing your play next month.
Yuri: Thank you, Kelly. (4)

*drama 演劇　*the coronavirus 新型コロナウイルス　*have trouble ～ ing ～するのに苦労する

問1 文中の（1）～（4）に入る最も適切な表現を，下のア～エから一つずつ選び，記号で答えなさい。

(1) ア．Why do you like it?　イ．Why was it hard?
ウ．What do you mean?　エ．What do you want to play?

(2) ア．So we'll change the schedule.
イ．So we are going to the theater today.
ウ．So we'll stay home tomorrow.
エ．So we are practicing very hard now.

(3) ア．very surprised to hear that
イ．very happy to spend time with her
ウ．very lucky to call her
エ．very scared of her

(4) ア．I'll meet Ms Smith next month.
イ．I'll go and see the play with you.
ウ．I'll study abroad next month.
エ．I'll try my best.

問２　文脈から判断して，（ア）に入る最もふさわしい一語を答えなさい。

〔Ⅲ〕次の英文を読んで，あとの問いに答えなさい。

In Japan, more and more people have cats and cat goods. It may be a *boom. However, before this cat boom, people in the old days believed that having a *maneki-neko* was *auspicious. This traditional *ceramic or plastic *ornament is a sitting white cat. It raises one *paw and has an inviting *gesture.

Maneki-neko are sometimes just called "lucky cats." When a *maneki-neko* raises its right paw, it will bring "money." When its left paw is raised, it will bring "people" and *"happiness." Both are often seen near the entrance of shops, restaurants, hotels, and other places with customers.

*In addition to the traditional white cat, pink cats and green cats are also sold these days. Different colors show different hopes or *wishes. For example, pink is for people who wish for "successful results in love," and green is for "successful results in school."

There are several places which may be the *origin of *maneki-neko*. One of ①them is Gotokuji Temple in Setagaya-ku, Tokyo. A very old story says that there was a *high-ranking samurai who walked by Gotokuji Temple. < A > From this, the auspicious *maneki-neko* was born.

These days, many *maneki-neko* are seen in Gotokuji Temple. People believe that their wishes are answered by *maneki-neko*, so they buy them and *make offerings with those cats at the temple. Some trains have *maneki-neko* designs. The "Lucky Maneki-neko Train" on the Tokyu-Setagaya line in Tokyo started in 2017 on the 110th *anniversary of the temple's opening. There is a *maneki-neko* face on the front of the train. It also has cat-shaped *straps in the train cars and cat *footprints on the floors.

Now, there are many *maneki-neko* places and shops all over Japan. *Maneki-neko* are perfect gifts for family and friends. They show not only your *kindness but also your hope that their dreams and wishes will come true.

*boom　ブーム　　*auspicious　縁起の良い　　*ceramic　陶器の　　*ornament　装飾品
*paw　（動物の）足　　*gesture　身ぶり，ジェスチャー　　*happiness　幸せ
*in addition to　～に加えて　　*wish　願い事　　*origin　起源　　*high-ranking　高位の
*make offerings　お供えをする　　*anniversary　～周年　　*strap　つり革　　*footprint　足跡
*kindness　優しさ

問１　次の質問に30字程度の日本語で答えなさい。（句読点も含む。）

You bought a *maneki-neko* ornament for your friend. It's green and raising its left paw. What wishes do you have for your friend?

問２　下線部①が表すものを本文中から抜き出し，２語で答えなさい。

問３　＜Ａ＞に入る物語を話が通じるように適切な順番に並べなさい。

ア．While he rested within the temple, he was able to *avoid a dangerous *thunderstorm.

イ．Then the temple was able to develop.

ウ．So, the samurai followed the cat and went into the temple.

エ．A cat in front of the temple *gate invited him in.

オ．After that, the samurai gave a lot of money to the temple.

*avoid　～を避ける　　*thunderstorm　雷雨　　*gate　門

問４　本文の内容に合っているものには○，合っていないものには×と答えなさい。

(1)　招き猫は伝統的には白い猫だが，最近は色付きのものも販売されている。

(2)　豪徳寺は，招き猫で有名な上，たくさんの猫も飼われている。

(3)　東京にある東急世田谷線では，招き猫のデザインの車両に乗り，招き猫のストラップを購入することができる。

〔Ⅳ〕次の各文の（　）内に入る適語を選び，記号で答えなさい。

(1)　I know Junko's sisters, but my mother doesn't know (　　　).

ア．me　　イ．us　　ウ．you　　エ．them

(2)　The boy has a (　　　) books in his bag.

ア．few　　イ．lot　　ウ．little　　エ．much

(3)　When they (　　　) at school, it was raining outside.

ア．arrive　　イ．arriving　　ウ．arrives　　エ．arrived

(4)　The man (　　　) I saw there was kind.

ア．whose　　イ．which　　ウ．who　　エ．where

(5)　Our school begins (　　　) 8:30 in the morning.

ア．at　　イ．on　　ウ．in　　エ．for

〔Ｖ〕次の各組の文がほぼ同じ意味になるように（　）に入る適語を答えなさい。

(1)　The tea was very hot. I couldn't drink it.

The tea was (　　　) hot (　　　) I couldn't drink it.

(2)　Look at the photo taken by him.

Look at the photo (　　　)(　　　).

(3)　What is your plan for the spring vacation?

What (　　　) you going to (　　　) during the spring vacation?

(4)　This book is easier than that one.

That book is (　　　)(　　　) than this one.

(5) There was a lot of snow around our house last week.
( )( ) a lot of snow around our house last week.

〔Ⅵ〕次の文の空所に入る，与えられたアルファベットで始まる適語を答えなさい。

例） My favorite season is（w ）.　答え winter

(1) The Internet is really（u ）. We can look up many things on it.
(2) The boy was very（h ）and ate all the boiled eggs.
(3) My grandmother wakes up very early in the morning, and she has a short sleep in the（a ）.
(4) My brother was sick. So, my mother took him to the（h ）yesterday.
(5) Please go to the（k ）and find a bottle of milk in the refrigerator.

〔Ⅶ〕日本語の意味に合うように下線部①～③を英語に直しなさい。ただし②と③は[ ]内の語(句)を並べかえなさい。

①『SDGs』について聞いたことがありますか。カラフルなロゴを目にしたことがある人もいるかもしれません。SDGsは，Sustainable Development Goalsの頭文字で，「持続可能な開発目標」という意味です。国連加盟193か国が2016年から2030年の15年間で達成するために掲げた目標です。17のゴールと169のターゲットがあります。また，②地球上の「誰一人取り残さない」と書かれてあります。③私たちと一緒にSDGsについて学んで，未来を変える行動をしてみませんか。

② [earth / that / no / behind / they / one / on / say / left / is].
③ [SDGs / why / the future / and / change / learn / act / we / about / to / don't]?

【理　科】（50分）　＜満点：100点＞

1　ばねXをばねばかりとして活用した以下の実験について，つづく各問いに答えなさい。ただし，100gの物体にはたらく重力の大きさを1Nとし，実験で使用するばねや糸の重さは，無視できるほど軽いものとします。

【実験1】

①　ばねXと重さ2.0Nのおもりを5個用意した。

②　ばねXにおもりを1つずつつり下げ，ばねXの長さを調べたところ，表のようになった。

表

つり下げたおもりの個数［個］	1	2	3	4	5
ばねXの長さ[cm]	17.5	20.0	22.5	25.0	27.5

【実験2－1】

①　十分大きな水槽を用意し，底面から高さh［cm］の位置に破線を引いた。

②　図1のような質量600gの直方体の物体Yを，面Aが下になるようにして水槽の底面に置いた。

③　図2のように，ばねXの上端の位置を固定し，物体Yに糸をつけてばねXにつるし，面Aが破線の高さにくるようにした。

④　水槽に水を入れていくと，あるときから物体Yが少しずつ水中に沈むとともに，面Aの位置が破線の高さから変化した。

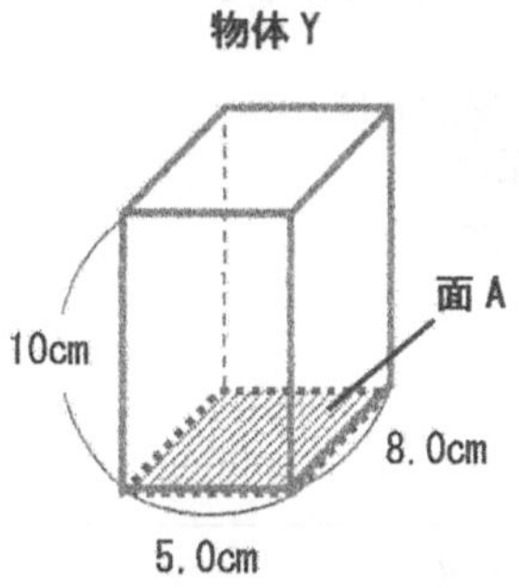

図1

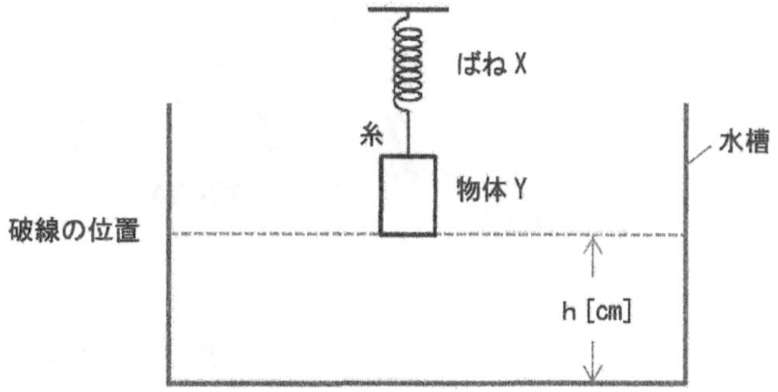

図2

(1)　物体Yにはたらく重力は何Nですか。

(2)　物体Yを水槽の底面に置いたとき，水槽の底面にはたらく圧力は何Paですか。

(3)　【実験2－1】④の下線部について，物体Yの面Aの位置は破線よりも上になりますか，それとも下になりますか。理由とともに答えなさい。

【実験2－2】

①　【実験2－1】で使用した水槽の水を捨てて空にし，今度は，ばねXの上端が上下に可動できるようにし，面Aが破線の高さにくるようにした。

②　物体Yの面Aが破線の高さから動かないように，必要に応じてばねXの上端の高さを調整するものとし，水槽に水を入れていくと，【実験2－1】の④と同様に，あるときから物体Yが少し

ずつ水中に沈んでいった。

③　水槽の底面から水面までの高さを横軸，そのときのばねXの長さを縦軸にとり，実験結果をグラフにしたところ，図３のようになった。ただし，糸は十分に長く，ばねXが水中に沈むことはなかったものとする。

(4)　水槽に引いた破線の底面からの高さｈは何cmですか。

(5)　図３のａの値はいくつですか。

(6)　水槽の底面から水面までの高さが10cmのとき，以下の問いに答えなさい。

①　物体Ｙにはたらく浮力は何Ｎになりますか。

②　ばねＸのばねののびは何cmですか。

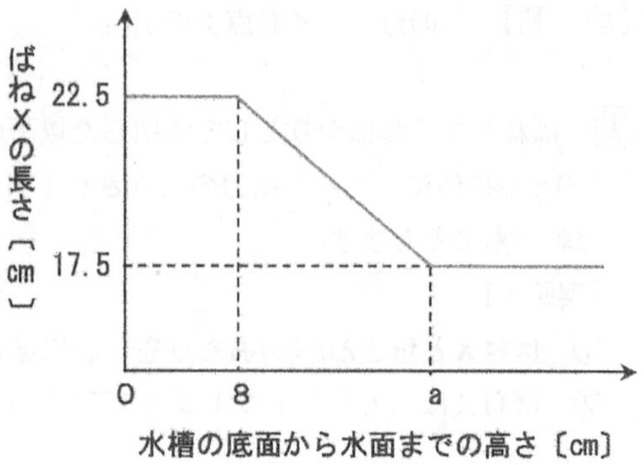

図３

2　蒸留水に，食塩，砂糖，塩酸，エタノールをそれぞれ加えて水溶液をつくりました。亜鉛板と銅板を２枚ずつ用意し，図のように蒸留水またはそれぞれの水溶液が入ったビーカーに金属板を２枚入れ，モーターにつないでモーターが回ったかどうかを調べました。表は，それぞれの水溶液に対して，金属板２枚を３通りの組み合わせで入れたときの実験の結果をまとめたものです。

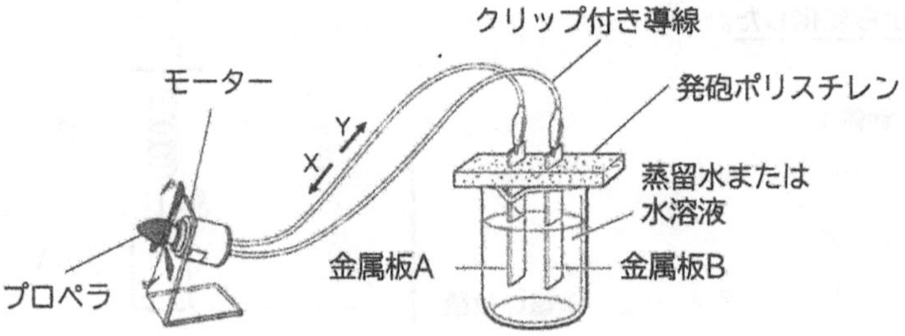

図

表　実験の結果

		金属板の組み合わせ		
		A：亜鉛板　B：亜鉛板	A：亜鉛板　B：銅板	A：銅板　B：銅板
蒸留水に加えたもの	なし（蒸留水のみ）	ア	イ	ウ
	食塩	エ	オ	カ
	砂糖	キ	ク	ケ
	塩酸	回らなかった	回った	コ
	エタノール	サ	シ	ス

(1) 実験の結果，モーターが回ったものと，モーターが回らなかったものがありました。結果が「回った」となるものを前のページの表中のア～スからすべて選び，記号で答えなさい。

(2) 表中の下線部に関して，この結果では，モーターは回らなかったが，亜鉛板から気体が発生するのが確認できました。発生した気体の名称を答えなさい。

(3) うすい塩酸の中に，金属板Aとして亜鉛板，金属板Bとして銅板を入れて実験を行いました。次の文章を読み，以下の問いに答えなさい。

銅板と亜鉛板をうすい塩酸に入れると，金属と金属の間に（あ）が生じて電流が流れた。この仕組みを利用して，化学変化によって電流を取り出すしくみを（い）という。

銅板と亜鉛板を用いた（い）では，亜鉛板が（う）極，銅板が（え）極となる。亜鉛板の表面では，お<u>亜鉛原子が亜鉛イオンになる反応</u>が起き，銅板の表面ではか<u>気体が発生する反応</u>が起こる。

① 文章中の空欄（あ）・（い）に当てはまる語句を漢字で答えなさい。

② 文章中の（う）・（え）には，＋もしくは－のどちらかの記号が入ります。当てはまる記号の組み合わせをa～dから1つ選び，記号で答えなさい。

	（う）	（え）
a	＋	＋
b	＋	－
c	－	＋
d	－	－

③ 電子の移動の向きと，電流が流れる向きは図中の記号X，Yどちらの向きと同じになりますか。当てはまる記号の組み合わせをa～dから1つ選び，記号で答えなさい。

	電子の移動の向き	電流が流れる向き
a	X	X
b	X	Y
c	Y	X
d	Y	Y

④ 下線部**お**，下線部**か**について，それぞれの反応をイオン式を使って表しなさい。その際，電子の受け渡しもわかるように記入することとし，電子は記号e^-を使って表しなさい。

⑤ 実験前の亜鉛板と銅板の質量を測定しておき，実験後にそれぞれの質量を再度測定しました。実験の前後で質量の値はどうなりましたか。「大きくなった」「小さくなった」「変わらない」の中から選び，答えなさい。

⑥ モーター，プロペラ，ビーカー，クリップ付き導線は同じものを同じ数のみ使用するという条件で，モーターをより速く回すには，どのような工夫を装置に加えればよいでしょうか。あなたの考えを1つ述べなさい。

3 ヒトは自ら養分を作り出すことができないため，植物やほかの動物などの有機物を食べる必要があります。食べたものはそのままでは養分として吸収できないため，各消化器官で吸収しやすい物質（養分）に変えられます。吸収された物質は全身の細胞に運ばれ，そこで生命活動に必要なエネルギーが生み出されます。その際，細胞からはアンモニアなどの不要物が生じてしまうため，それを排出する仕組みが私たちのからだには備わっています。次の図の説明を読み，以下の各問いに答えなさい。

［図１］ ヒトの血液循環を示した模式図である。A～Dは肝臓，肺，じん臓，小腸のいずれかの器官を，a～iは血管を，矢印は血液の流れをそれぞれ表している。また器官Bは，あタンパク質の分解によって生じるアンモニアを，無害な尿素に変えるはたらきをする。

［図２］ じん臓の一部を簡単に示したものである。動脈から分かれた毛細血管XはYと接しており，糖や不要物などが，血しょうの主成分である多量の水とともにYにこし出される。これをろ過と呼ぶ。その中にふくまれる水や糖などは，からだにとって必要な物質であるため，そのほとんどがPにからまっている毛細血管Qに吸収される。これを再吸収と呼ぶ。その後，吸収されなかった水の一部と尿素などの不要物が尿として体外に排出される。

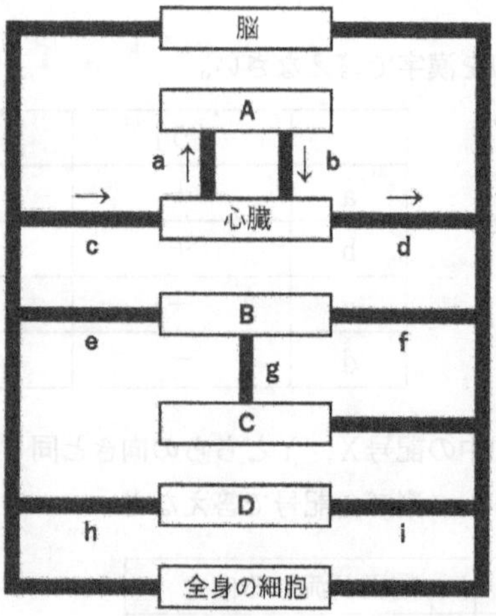

図１

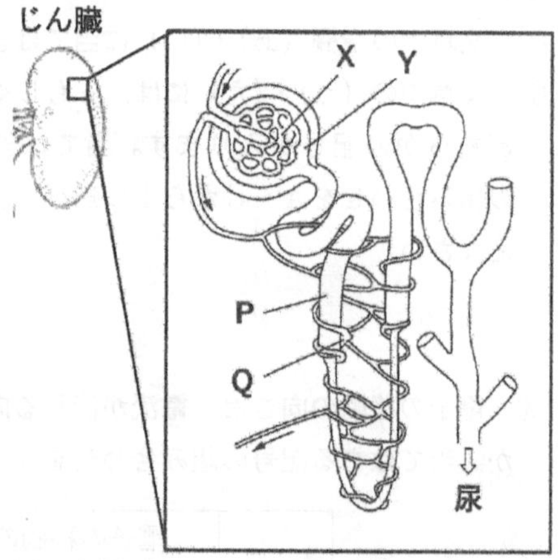

図２

⑴ だ液に含まれる消化酵素は，デンプンを分解することができます。この消化酵素の名称を答えなさい。

⑵ 図１の器官A，Bの名称をそれぞれ答えなさい。

⑶ 図１の血管a～iのうち，動脈をすべて選び，記号で答えなさい。

⑷ 図１の血管a～iのうち，次の条件①～③に当てはまるものをそれぞれ選び，記号で答えなさい。

① 血液に含まれる酸素の割合がもっとも大きい血管

② 血液に含まれる尿素の割合がもっとも小さい血管

③ 食後しばらくして，養分がもっとも多く含まれる血液が流れる血管

⑸ 下線部あのように，アンモニアができるのはタンパク質がどんな元素を含んでいるためだと考えられますか。次のア～オから１つ選び，記号で答えなさい。

ア 酸素　イ 銅　ウ 硫黄　エ 鉄　オ 窒素

⑹ 次の文章を読み，後の①～③の問いにそれぞれ答えなさい。ただし，次のページの図は図２を模式的に表したものであり，ヒトのからだで１日にできる尿の量は1.5Ｌとします。

ニンニクやゴボウなどに含まれるイヌリンという物質は，もともと体内に存在しない物質で，かつ，からだの中では利用されない。また，体内にとり入れられたイヌリンは図２のXからYに

こし出されるが，その後まったく再吸収されないことがわかっている。その性質から，イヌリンはじん臓のはたらきを調べるために使われる。

イヌリンをある正常な人の体内に静脈注射したところ，血しょう中のイヌリンの質量は1mLあたり0.12mgだった。その後，尿中の成分を測定したところ，イヌリンの質量は1mLあたり14.4mgだった。

① 血しょう中のイヌリンは，何倍の濃度になって尿中に排出されましたか。
② 毛細血管XからYにろ過される液体の量は，1日当たり何Lですか。
③ PからQに再吸収された液体の量は，1日当たり何Lになりますか。

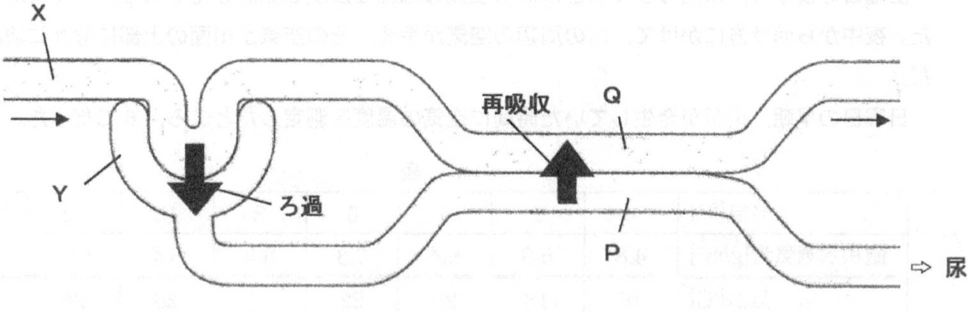

4　ゆり子さんと花子さんは，放課後に校庭で会話をしています。2人の以下の会話文を読み，各問いに答えなさい。

ゆり子：今日は雨が降ってなくて良かった。
花子：本当にね。そういえばこの前の授業で雲量と天気について習ったよね。
「雲量」って何だっけ。
ゆり子：雲量は［　　あ　　］。
今の雲量は1かな。だから天気は（　い　）だね。
花子：そうか。それにしても心地よい風が顔に当たって気持ちいいね。
ゆり子：あそこの桜の木の葉も風でそよそよと動いているから，今の風力はおそらく2だね。
花子：風は校舎の方から川に向かって吹いているから，風向は（　う　）になるね。aこれらを組み合わせて天気・風向・風力を記号で示すと，（地面に書きながら）こうなるね。

……………（会話　中略）……………

ゆり子：そういえば，この前の日曜日の早朝に，そこの川のそばを散歩したんだけど，川霧が発生していて幻想的だったな。
花子：b川霧って，あたたかい川から発生した水蒸気が，周囲から流れ込む冷たい大気で冷やされて発生するんだよね。たしかに日曜日の朝は，結構寒かったものね。川霧，私も見たかったな。

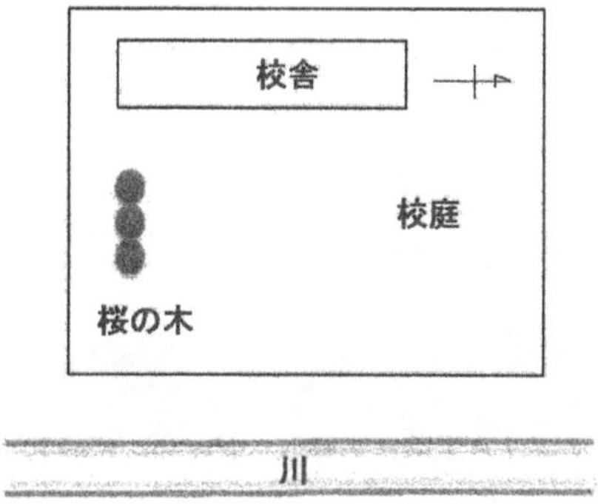

図　学校および学校周辺の地図

(1) [あ] には雲量についての説明が入ります。雲量の最小値と最大値にもふれ，答えなさい。

(2) （い）に入る天気として最も適切なものを次のア～ウの中から1つ選び，記号で答えなさい。

ア　快晴　　イ　晴れ　　ウ　くもり

(3) （う）に入る方角を4方位で答えなさい。

(4) 下線部ａについて，花子さんが書いた今日のこの場所での天気・風向・風力に関する記号を解答用紙の所定の欄に記しなさい。

(5) 下線部ｂの川霧について，下の文章を読み，あとの各問いに答えなさい。ただし，下表は，気温に対する飽和水蒸気量を示したものです。

土曜日の夜中に，川面のすぐ上部にある空気の温度と湿度を測定したところ，14℃で95%だった。夜中から明け方にかけて，川の周辺の空気が冷え，その空気が川面の上部に静かに流れこんだ。

日曜日の早朝，川霧が発生していた時間に空気の温度を測定したところ，6℃だった。

表

気温[℃]	0	2	4	6	8	10	12	14
飽和水蒸気量[g/m^3]	4.8	5.6	6.4	7.3	8.3	9.4	10.7	12.1
気温[℃]	16	18	20	22	24	26	28	30
飽和水蒸気量[g/m^3]	13.6	15.4	17.3	19.4	21.8	24.4	27.2	30.4

① 日曜日の早朝，空気中に霧として凝結した水滴は，1 m^3 あたり何ｇですか。小数第2位を四捨五入し，小数第1位まで答えなさい。ただし，1 m^3 の空気にふくまれる水蒸気の質量は，夜中から早朝まで変わらなかったものとします。

② 日曜日は，早朝から昼にかけて気温が上がり，正午で22℃となりました。さらに，このときの湿度は70%でした。空気中にふくまれる水蒸気量は，土曜日の夜中と比べてどうなりましたか。最も適切な説明を，次のア～エから1つ選び，記号で答えなさい。

ア　気温が上がり，飽和水蒸気量も多くなったため，空気中にふくまれる水蒸気量も増えた。

イ　気温が上がったものの，湿度が下がり，空気中にふくまれる水蒸気量は減った。

ウ　気温が上がり，湿度は下がったものの，空気中にふくまれる水蒸気量は増えた。

エ　気温が上がり，湿度は下がったものの，空気中にふくまれる水蒸気量は変わらなかった。

【社　会】（50分）　＜満点：100点＞

1　次は，３人の中学生が，修学旅行で訪れる九州地方の調べ学習について話している場面である。会話文を読み，あとの１～７の問いに答えなさい。

ユリコ：九州といえば，何を思い浮かべるかな。
イズミ：私は，災害が多いなというイメージがあると思った。４年前には熊本地震が起こって，写真のように熊本城が崩れてしまったみたい（次のページの**資料Ⅰ**）。それに近年，豪雨による災害も多く起こってしまっているね。
メグミ：梅雨の時期から台風が通過する時期には，毎年のように集中豪雨が起こって，土砂くずれや洪水などの被害が出ているよね。
ユリコ：博多市では，河川が氾濫しないように，地下に雨水を溜められる池をつくって，A「防災」の町づくりを進めているみたいだよ。
イズミ：過去にはB火山による大きな災害も起こったよね。この写真は，鹿児島市の ① だね（19ページの**資料Ⅱ**）。
ユリコ:他には，熊本県には阿蘇山，長崎県には雲仙岳があるね。今でもときどき噴火のニュースを目にするよね。
メグミ： ① がある鹿児島市では，高齢者や障がい者などの逃げ遅れをなくせるような，住民主体の避難訓練が行われているみたいだよ。これも，町づくりの一つといえそう。
ユリコ：他にも，工夫した「防災」の町づくりの事例がありそうだね。
メグミ：防災以外に思い浮かんだことも，意見として出していいかな。身近なところで，食べ物のイメージがあると思った。スーパーに行くと，C九州産のお肉や野菜をよく見るよね。
ユリコ：たしかに，そうだね。お肉だけど，グラフを見ると ② 県が鶏の飼育数で全国１位， ③ 県が豚の飼育数で全国１位だね（20ページの**資料Ⅲ**）。
メグミ：ブランド肉もよく話題になっているよね。
イズミ：お肉の他に，野菜に注目すると，D熊本平野ではトマトやすいか，宮崎平野ではきゅうりやピーマンの生産が盛んだと書いてある。熊本県では，「くまもとの赤」という名称でブランド化して，すいかやいちご，馬肉，マダイなどをPRしているみたい。
ユリコ：E地域おこしの取り組みの一つだね。国内外の観光客を呼びこむことにつながりそう。
メグミ：F九州を訪れる外国人観光客も，アジアからの観光客を中心に増加してきたみたいだね。
ユリコ：いろいろな話になったけど，これまであがった意見の中で「町づくり」に関わるものが多かったね。九州地方で行われている様々な町づくりの特性をテーマにして調べ学習を進めるのはどうかしら。

１　次のページの地図中にあるａの都道府県名を答えなさい。

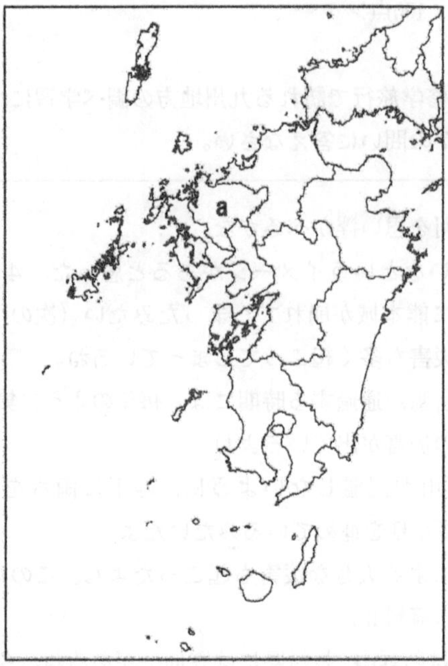

2　下線部Aについて，次の資料Ⅰを見て，あとの(1)～(3)の問いに答えなさい。

資料Ⅰ

（2016年9月6日撮影）

(1)　地震や豪雨，台風などによって被害が起こるのを防ぐ「防災」に対して，被害状況を想定し，できるだけ被害を少なくしようとする考え方を何というか，答えなさい。

(2)　災害時の救助に関する語句について説明した次の文X・Yを読み，正誤の組み合わせとして正しいものを，あとのア～エから1つ選び，記号で答えなさい。

X　公助とは，国や県，市町村などが被災者の救助や支援を行うことである。 Y　共助とは，自分自身や家族を守ることである。

ア	X－正　Y－正	イ	X－正　Y－誤
ウ	X－誤　Y－正	エ	X－誤　Y－誤

(3)　2019年，地域での防災意識を高めるために，13年ぶりとなる新しい地図記号「自然災害伝承《しぜんさいがいでんしょう》碑《ひ》」が作られた。これは，先人達が災害の様子や教訓を後世の私たちに伝える石碑・モニュメントの場所を示したものである。福岡県のある地域を示した次のページの地図を見て，この地

図記号として正しいものを，あとのア～エから１つ選び，記号で答えなさい。

地図

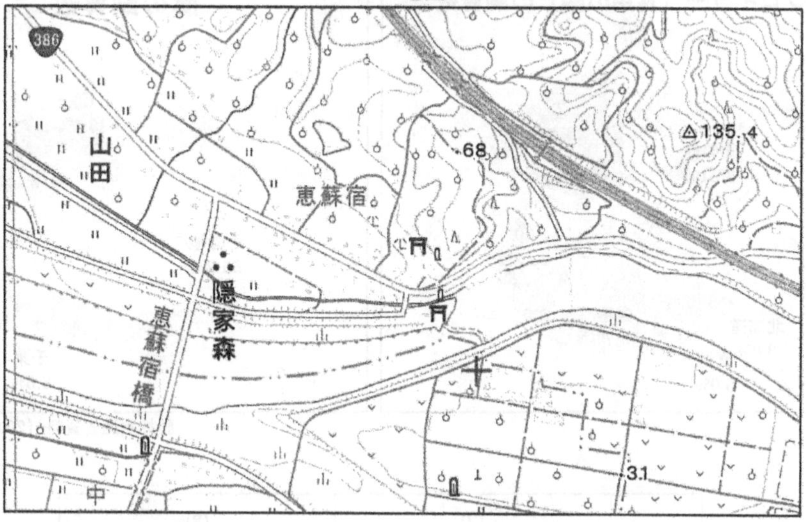

ア 　イ 　ウ 　エ 

3　下線部Ｂについて，次の(1)～(3)の問いに答えなさい。

(1)　次の**資料Ⅱ**を見て，空欄 ① にあてはまる語句として正しいものを，あとの**ア**～**エ**から１つ選び，記号で答えなさい。

資料Ⅱ

（2019年９月９日撮影）

ア　屋久島　　**イ**　徳之島　　**ウ**　桜島　　**エ**　長島

(2)　九州の中央部に位置する阿蘇山には，火山の爆発や噴火による陥没などによってできた大きなくぼ地がみられる。このくぼ地を何というか，カタカナ４文字で答えなさい。

(3)　火山は，噴火による災害のリスクがあるが，電力などを生み出すエネルギー産業にも生かされている。火山を利用した発電方法を，１つ答えなさい。

4　下線部Ｃについて，次のページの**資料Ⅲ**を見て，文中の空欄 ② ・ ③ にあてはまる語句の組み合わせとして正しいものを，あとの**ア**～**エ**から１つ選び，記号で答えなさい。

資料Ⅲ　ブロイラー（食用の鶏）と豚の飼育数の都道府県別割合

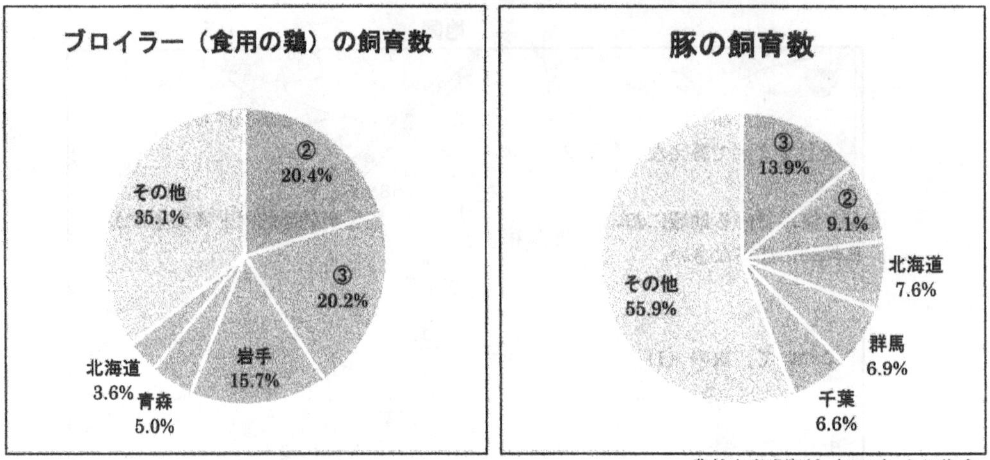

農林水産省資料（2019）より作成

	②	③
ア	大分	宮崎
イ	鹿児島	福岡
ウ	宮崎	鹿児島
エ	福岡	大分

5　下線部Dについて，次の(1)・(2)の問いに答えなさい。

(1)　温暖な気候を生かし，ビニールハウスや温室を利用して，農作物を他の地域よりも早い時期に出荷できるよう工夫した栽培方法として最も適当なものを，次のア～エから１つ選び，記号で答えなさい。

ア　抑制栽培　　イ　促成栽培　　ウ　早期栽培　　エ　露地栽培

(2)　九州の農業について，この他には，鹿児島県ではさつまいもの生産が盛んである。鹿児島県において，さつまいもは，古い火山の噴出物によってできた台地で栽培が広く行われている。この台地の名称を答えなさい。

6　下線部Eについて，次の(1)・(2)の問いに答えなさい。

(1)　地域おこしを行う理由の１つに，都市部へ若い人たちが流出した農村・山間部などにおいて，老年人口の割合が高くなり，地域社会を支える活動が困難になることがあげられる。この現象を何というか，漢字２文字で答えなさい。

(2)　自分が今住んでいる地域において，どのような地域おこしが効果的だと考えますか。あなたの考えを，具体的に述べなさい。

7　下線部Fについて，次の(1)～(3)の問いに答えなさい。

(1)　国や地域の枠を越えて人・モノ・カネ・情報の移動が行われ，地球規模で結びつきが強まることを何というか，答えなさい。

(2)　九州を訪れる，アジア州からの観光客のうち，特に東アジアからの観光客の割合が高い。東アジアに区分される国としてあてはまるものを，次の**ア**～**エ**から１つ選び，記号で答えなさい。

ア　インド　　**イ**　ベトナム　　**ウ**　フィリピン　　**エ**　韓国

(3)　日本を訪れる観光客が多く，その様子が話題になることも多い中国について，説明した文章として適当なものを，次の**ア**～**エ**から１つ選び，記号で答えなさい。

ア　1980年代以降，経済を発展させるために，内陸部に経済特区をつくった。

イ　従来「世界の市場」とよばれてきたが，近年では「世界の工場」ともよばれるようになった。

ウ　1950年におよそ５億人だった人口は，現在14億人をこえている。

エ　降水量の多い南部では畑作，降水量の少ない北部では稲作がさかんである。

2　2015年９月，国連サミットで「持続可能な開発のための2030アジェンダ」が採択され，17の目標が定められた。目標４は「質の高い教育をみんなに」である。次の教育に関する文を読み，あとの１～11の問いに答えなさい。

> 1989年，国連総会において「児童の権利に関する条約（子どもの権利条約）」が採択された。この条約は，18歳未満の児童（子ども）の基本的人権を国際的に保障するために定められたものである。前文と本文54条からなるが，第28条では「教育を受ける権利」が定められている。現在，世界の６歳～17歳の子どもの６人に１人にあたる２億5,800万人が初等・中等教育を受けられずにいる。すでに196の国と地域が締約しているが，条約を批准した各国政府は，国内法の整備などを進めることで，子どもたちの権利を実現することが求められている。
>
> 1994年，日本も「児童の権利に関する条約」を批准した。しかし，実際は，日本の教育の公的支出の割合は，ＯＥＣＤ（経済協力開発機構）加盟国35か国の中で最下位である。公正な教育の機会に十分にアクセスできない子どもたちがいることが実情である。教育は，子どもたちの豊かな人格形成と平和で民主的な国家および社会の形成者を目指すものである。教育活動は，学校内に留まるのではなく，家庭や地域などの社会全体に求められている。中学生・高校生は，まもなく18歳選挙権を手にすることになる。A社会の形成者としての自覚をもち，主体的に学びに向かうことを期待したい。

１　古墳時代には，倭国において，漢字が使用されていたことがわかる資料として正しいものを，次の**ア**～**エ**から１つ選び，記号で答えなさい。

ア　金印　　**イ**　稲荷山古墳出土の鉄剣　　**ウ**　和同開珎　　**エ**　日本書紀

２　607年，聖徳太子は，亡き父用明天皇のために「法隆寺」を完成させた。聖徳太子は，仏教を新しい政治理念として重んじた。７世紀前半に，蘇我氏や王族により広められた仏教中心の文化を，次の**ア**～**エ**から１つ選び，記号で答えなさい。

ア　飛鳥文化　　**イ**　天平文化　　**ウ**　国風文化　　**エ**　元禄文化

３　平安時代に成立した，紀貫之の『土佐日記』には，「男もすなる日記といふものを，女もしてみむとてするなり（現代語訳：男が書くと聞く日記というものを，女の私も書いてみようと思って書くのです）」と記されている。紀貫之は，当時女性が使うものとされていた文字を使用したが，この文字は何か，答えなさい。

4　「源氏物語絵巻」は，『源氏物語』を題材とする絵巻物である。『源氏物語』は，平安時代中期に，紫式部が書いた，宮廷貴族の生活を題材とした物語である。紫式部は，中宮彰子に仕えたが，女性が教養を身に着けることが求められた理由を，15字程度で説明しなさい。

5　**資料Ⅰ**について，次は，僧侶の全国遊行の生涯を描いた絵巻の一部である。鎌倉時代には，仏教の布教は民衆の中で行われていた。**資料Ⅰ**に登場する僧侶の名前と宗派の組み合わせとして正しいものを，あとの**ア**～**エ**から１つ選び，記号で答えなさい。

資料Ⅰ

	僧侶の名前	宗　派
ア	空　海	真言宗
イ	親　鸞	浄土真宗
ウ	一　遍	時　宗
エ	最　澄	天台宗

6　**資料Ⅱ**について，次のページの写真は，栃木県足利市にある中世の学校施設である。室町時代，足利学校では全国から集まった僧侶・武士に対して高度な教育がほどこされた。あとの(1)～(3)の問いに答えなさい。

(1)　足利学校は，16世紀に来日したキリスト教宣教師によって，「日本国中最も大にして最も有名」と紹介された。16世紀半ばから17世紀初頭まで，貿易活動と一体化してキリスト教布教が行われていたが，この貿易は何か，次の**ア**～**エ**から１つ選び，記号で答えなさい。

ア　日宋貿易　　**イ**　日明貿易　　**ウ**　南蛮貿易　　**エ**　朱印船貿易

(2)　(1)の宣教師は，都に大学を設立し，ヨーロッパと日本との思想および文化の交流拠点とすることをめざした。日本にキリスト教を伝えたイエズス会の宣教師は誰か，答えなさい。

(3)　(1)の宣教師は，都に大学をつくるという夢を果たせないまま日本を離れたが，その遺志を継いで，1928年に開設されたカトリックの大学の名称を，次の**ア**～**エ**から１つ選び，記号で答えなさい。

ア　津田塾大学　　**イ**　慶應義塾大学　　**ウ**　早稲田大学　　**エ**　上智大学

資料Ⅱ

（提供：一般社団法人 足利市観光協会）

7　**資料Ⅲ**について，次の絵は，江戸幕府直轄の教学機関における，講義の様子が描かれたものである。毎月，定期的に講義が行われ，武士たちが受講した。老中松平定信は，特定の学問以外の講義を禁止した。学問所において認められていた学問は何か，答えなさい。

資料Ⅲ

8　**資料Ⅳ**について，次の絵は，江戸時代の一般庶民の初等教育機関の様子が描かれたものである。町や村に設立された教育機関の名称を答えなさい。

資料Ⅳ

9　**資料Ⅴ**について，このグラフは「義務教育における就学率の向上」について示している。1878年，仙台白百合学園の経営母体であるシャルトル聖パウロ修道女会から３名の修道女が函館の地に降り立った。明治初期の教育について述べた次の文**X**・**Y**を読み，正誤の組み合わせとして正しいものを，あとの**ア**～**エ**から１つ選び，記号で答えなさい。

資料Ⅴ

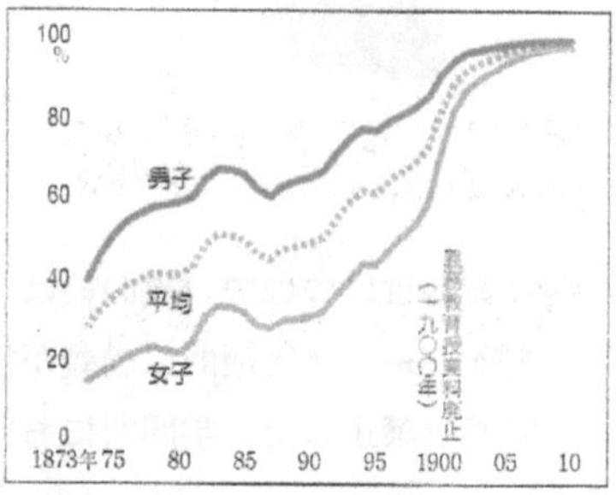

『シャルトル聖パウロ修道女会 300 周年記念誌ルヴェヴィルのこころ』より

X	1878年，義務教育期間の就学率は，男女ともに約30%であった。
Y	1900年，義務教育期間の授業料が廃止されると，1902年に就学率が90%を超えた。

ア　X－正　Y－正　　**イ**　X－正　Y－誤
ウ　X－誤　Y－正　　**エ**　X－誤　Y－誤

10　**資料Ⅵ**は，1947（昭和22）年に制定された，教育の原則を定めた日本の法律の前文である。この法律は何か，答えなさい。

資料Ⅵ

> 我々日本国民は，たゆまぬ努力によって築いてきた民主的で文化的な国家を更に発展させるとともに，世界の平和と人類の福祉の向上に貢献することを願うものである。
> 我々は，この理想を実現するため，個人の尊厳を重んじ，真理と正義を希求し，公共の精神を尊び，豊かな人間性と創造性を備えた人間の育成を期するとともに，伝統を継承し，新しい文化の創造を目指す教育を推進する。
> ここに，我々は，日本国憲法の精神にのっとり，我が国の未来を切り拓く教育の基本を確立し，その振興を図るため，この法律を制定する。（平成18年改正）

11　文中の下線部A「社会の形成者としての自覚」について，あなたは，社会の形成者として，中学生の立場からどのような行動を起こすことができるか，15字程度で具体的に説明しなさい。

3　次のページの表は，令和２年９月16日に発足した菅内閣の閣僚名簿である。この表を見て，あとの１～15の問いに答えなさい。

1　下線部Aについて，内閣総理大臣について述べた文として正しいものを，次の**ア**～**エ**から１つ選び記号で答えなさい。

ア　内閣総理大臣は，国務大臣を国会議員のなかから任命しなければならない。

イ　内閣総理大臣は，閣議を開いて，行政の運営について決定する。

ウ　内閣総理大臣は，衆議院と参議院のそれぞれ３分の２以上の賛成によって，憲法改正の発議を行う。

エ　内閣総理大臣は，最高裁判所の裁判官に対して，任命が適任かどうか，国民審査を行う。

2　下線部Bについて，金融において，企業が出資してもらったことの証明書としての株式や企業などがお金を借りたときの証明書としての社債のほか，国や地方公共団体が発行する国債や地方債のことを何というか答えなさい。

3　下線部Cについて，デフレーションを説明したものとして正しいものを，次の**ア**～**エ**から１つ選び記号で答えなさい。

ア　需要量が供給量を下回り，物価が下がり続ける状態のこと

イ　需要量が供給量を下回り，物価が上がり続ける状態のこと

ウ　需要量が供給量を上回り，物価が下がり続ける状態のこと

エ　需要量が供給量を上回り，物価が上がり続ける状態のこと

4　下線部Dについて，教育を受ける権利とは，基本的人権のどの権利に分類されるか，正しいものを次の**ア**～**エ**から１つ選び記号で答えなさい。

ア　自由権　　**イ**　平等権　　**ウ**　社会権　　**エ**　請求権

5　下線部Eについて，かつて日本では，学校を卒業して企業に就職し，同じ企業で定年まで勤め続けるという終身雇用制度が多く見られた。また，賃金が年齢とともに上昇していくこともあり，労働者の生活設計も容易であった。賃金が年齢とともに上昇していくしくみを何というか，答えなさい。

職名	氏名
A内閣総理大臣	菅義偉
財務大臣　内閣府特命担当大臣（B金融）　Cデフレ脱却担当	麻生太郎
総務大臣	武田良太
法務大臣	上川陽子
外務大臣	茂木敏充
文部科学大臣　D教育再生担当	萩生田光一
厚生労働大臣　E働き方改革担当	田村憲久
農林水産大臣	野上浩太郎
経済産業大臣　産業競争力担当　ロシア経済分野協力担当 原子力経済被害担当 内閣府特命担当大臣（原子力損害賠償・廃炉等支援機構）	梶山弘志
国土交通大臣	赤羽一嘉
F環境大臣　内閣府特命担当大臣（原子力防災）	小泉進次郎
防衛大臣	岸信夫
内閣官房長官　G沖縄基地負担軽減担当　拉致問題担当	加藤勝信
復興大臣　H福島原発事故再生総括担当	平沢勝栄
国家公安委員会委員長　国土強靭化担当　領土問題担当 内閣府特命担当大臣（防災　海洋政策）	小此木八郎
I行政改革担当　国家公務員制度改革 内閣府特命担当大臣（沖縄及び北方対策　規制改革）	河野太郎
一億総活躍担当　まち・ひと・しごと創生担当 内閣府特命担当大臣（少子化対策　J地方創生）	坂本哲志
経済再生担当　全世代型K社会保障改革担当 内閣府特命担当大臣（経済L財政政策）	西村康稔
デジタル改革担当　M情報通信技術（IT）政策担当 内閣府特命担当大臣（マイナンバー制度）	平井卓也
東京オリンピック競技大会・東京パラリンピック競技大会担当 女性活躍担当　内閣府特命担当大臣（N男女共同参画）	橋本聖子
国際博覧会担当　内閣府特命担当大臣（O消費者及び食品安全 クールジャパン戦略　知的財産戦略　科学技術政策　宇宙政策）	井上信治

6　下線部Fについて，新しい人権のうち良好な環境を求める権利として環境権が主張されている。具体的な環境権の例を１つ答えなさい。

7　下線部Gについて，沖縄は戦後，アメリカの統治の下に置かれ，1972（昭和47）年に沖縄県として日本に復帰した後も，基地をはじめとするアメリカ軍施設が残り続けている。アメリカ軍が日本の領域内に駐留することを認め，他国が日本の領域を攻撃してきたときに，日本とアメリカが共同で対応することを定めた条約を何というか，答えなさい。

8　下線部Hについて，2011（平成23）年の東日本大震災では，福島の原子力発電所で事故が起こり，大量の放射性物質が放出された。福島の原子力発電所の事故による影響として**誤っているもの**を次の**ア**～**エ**から１つ選び記号で答えなさい。

ア　多くの周辺住民が，長期の避難生活を強いられた。

イ　地元産業が風評被害になやまされた。

ウ　東京電力の電力不足が生じ，計画停電などで倒産する企業が発生した。

エ　在宅で仕事をするテレワークを導入する企業が増えた。

9　下線部Ｉについて，次の年表はこれまでの行政改革を表している。このように，行政改革が進められてきた理由を，「大きな政府」という語を使って，簡潔に説明しなさい。

1985	日本電信電話公社民営化
1987	日本国有鉄道民営化
2001	中央省庁再編　特殊法人改革　独立行政法人制度導入
2003	日本郵政公社設立　郵政事業庁廃止
2007	郵政民営化
2008	公務員制度改革

10　下線部Ｊについて，地方創生とは，東京への人口の過度の集中を是正し，それぞれの地域で住みよい環境を確保して，将来にわたって活力ある日本社会を維持することを目的とした政策のことである。地方公共団体が住民の声を生かすために，特定施設の建設や市町村合併など地域の重要な問題について，住民全体の意見を明らかにしようとする具体的な方法がとられることがある。2020（令和２）年11月１日には，大阪市民に対して，政令指定都市の大阪市を廃止して，四つの特別区に再編する「大阪都構想」の賛否が問われた。この具体的な方法を何というか，答えなさい。

11　下線部Kについて，日本の社会保障制度の四つの柱のうち，高齢者や障がいのある人，子どもなど，社会生活を営むうえで不利だったり立場が弱かったりする人々を支援するしくみを何というか，答えなさい。

12　下線部Lについて，政府が歳入や歳出を通じて景気を安定させようとする政策を，財政政策という。景気が過熱しているとき，過熱している景気を抑えるために行う財政政策として正しいものを，次の**ア**～**エ**から１つ選び記号で答えなさい。

ア　日本銀行が持っている国債を，普通銀行に売る。

イ　日本銀行が，普通銀行の持っている国債を買い取る。

ウ　政府が，公共事業への支出を増加させて民間企業の仕事を増やす。

エ　政府が増税をして，企業や家計の消費を減少させる。

13　下線部Mについて，現代の社会では，コンピューターやインターネットなどの情報通信技術が発達した。情報化の進展した情報社会で生活していくために，私たち一人一人は，情報を正しく活用する力を身につけなければならない。あわせて，私たちは情報を正しく利用していく態度が問われている。情報を正しく利用していく態度を何というか，答えなさい。

14　下線部Nについて，1999（平成11）年，男性も女性も対等に社会に参加できる男女共同参画社会を創ることが求められて制定された法律を答えなさい。

15　下線部Oについて，1962（昭和37）年に，アメリカのケネディ大統領が「消費者の四つの権利」を初めて明確にかかげ，諸外国の消費者行政に大きな影響を与えた。「消費者の四つの権利」として**誤っているもの**を次の**ア**～**エ**から１つ選び記号で答えなさい。

ア　安全を求める権利　　**イ**　知る権利
ウ　選択する権利　　　　**エ**　意見を反映させる権利

さい。

ア　まぎれもなく投身という感じでしたよ―

イ　この世のものではない感じでしたよ―

ウ　まるで宇宙から生還したようでしたよ―

エ　もう少しでゴールできそうでしたよ―

オ　ほんとうにイルカみたいに見えましたよ―

問十　――線8「すかさず」の意味として最も適切なものを次から選び、記号で答えなさい。

ア　間をおくことなく　　イ　心を込めることもなく

ウ　人目をはばかることなく　　エ　遠慮することなく

オ　あわてることもなく

問十一　――線9「知る由《よし》もない」とありますが、「由」はここではどういう意味ですか。次から一つ選び、記号で答えなさい。

ア　事情や内容　　イ　理由や原因　　ウ　手段や方法

エ　権利や義務　　オ　感情や意志

問十二　――線10「ばかみたいだわね」とありますが、静子はなぜ「ばかみたい」と感じたのですか。次から最も適切なものを選び、記号で答えなさい。

ア　若いスタッフが年長者に対して敬意を払わずにあれこれ指示するのは、社会常識に反していて、とても失礼なことだと感じたから。

イ　大人相手に注意を喚起したいのなら面と向かって言えばいいのに、貼り紙で済ませようとするところがとても卑怯《ひきょう》だと思ったから。

ウ　誰もが常識的に行う行為に対していちいち注意されたくないと反発しながらも素直に従っている自分が、可愛いらしく感じたから。

エ　三歳の子供でも知っているようなつまらないことをわざわざ注意書きにしてあちこちに貼り出していることが、無益に思えたから。

オ　いくら注意書きの貼り紙をしても貼る位置が悪ければ読まない人もいることに気づかないスタッフが、とても鈍感だと感じたから。

問十三　本文における「静子」の人柄として最も適切なものを次から選び、記号で答えなさい。

ア　普段使っている言葉の意味を正しく理解しようと努力する、探究心が旺盛な人物。

イ　興味を持ったことにチャレンジして楽しむことができる、前向きで活動的な人物。

ウ　家族を振り回し迷惑をかけることも意に介さない、やりたい放題の楽天的な人物。

エ　家族や仲間との人間関係を何よりも大切にする、人間愛に満ちた情の深い人物。

オ　苦手なことを克服しようと高い目標を立ててひたすら努力する、真面目な人物。

――が、静子は勿論、髪をごしごし拭いた。濡れた場所から乾いた場所へ入るときは、体の水気を拭《ぬぐ》わなければならないことくらい、三歳の頃から知っている。

ばかみたいだわね。

注意書きに向かって、ほとんど言い聞かせるように、心の中でそう呟《つぶや》いた。注意書きを見る度、あまりにも頻繁にその感想が浮かぶ。それが今朝、

「ばか」を辞書で調べた理由のひとつだ。

「あ、宇陀川さーん、お疲れさまー。帰り、お茶して行きませんかー?」

浴室の前で立ち話していた数人に、声をかけられた。薫子と同じ年頃のグループだ。

「ありがとう。ぜひご一緒したいわ。待っててね」

静子は手を振って、朗らかに応えた。

（井上荒野《いのうえあれの》『静子の日常』より　一部改変）

＊広辞苑……国語辞典の一つ。

＊下訳の仕事……正式な翻訳の前に大まかな訳をつける仕事。

問一　＝線①～⑤のカタカナを漢字に直し、漢字は読みをひらがなで書きなさい。

問二　――線１「旺盛な緑」とありますが、ここでの「旺盛な」と同意の語を、本文から五字で抜き出しなさい。

問三　――線２「嫁がさらに何か言わないうちに、『それじゃあ、ね』と背中を向けた」とありますが、静子のこのような態度は、どのような経験がもとになっているのですか。三十字以内で説明しなさい。

問四　――線３「そのこと」とはどのようなことですか。解答欄に合わせて、本文から二十字以内で抜き出しなさい。

問五　――線４「それはそうだ。当然だ。」とありますが、静子は何を「当然だ」と感じたのですか。最も適切なものを次から選び、記号で答えなさい。

ア　静子がフィットネスクラブに入会することに家族みんなが難色を示したこと。

イ　静子の年齢でフィットネスクラブの水泳を始めるのは危険すぎるということ。

ウ　静子がフィットネスクラブに通うことに愛一郎が最後まで反対していたこと。

エ　静子のフィットネスクラブ通いに反対していた愛一郎が最後には折れたこと。

オ　静子がどこにだって行ける生きものに生まれ変わることができたということ。

問六　――線５「『売れない漫才師』みたいな感じ」とありますが、コーチのどのような様子がそのような印象を生んだと考えられますか。本文の表現を使い、十五字以内で説明しなさい。

問七　――線６「こりごりした」とありますが、その理由を本文から三十字以内で抜き出し、はじめの五字を書きなさい。

問八　――線７「水中はすばらしい」とありますが、静子は「水中」をどのような空間だと感じているのですか。次の文の空欄に最も適する語句を、本文から五字以内で抜き出しなさい。

・（　五字以内　）な空間。

問九　［Ｉ］に入れるのに最も適するものを次から選び、記号で答えな

「さあ、それではいつものように、イルカ飛びからまいりましょう」

コーチは三十歳くらいで気の毒なほど腰が低くて、静子の印象だと5「売れない漫才師」みたいな感じの人だった。ピッと笛が鳴り、ひとりずつ水中に身を投げる。

イルカ飛びの行進だ。まず水中に立ち、イルカのジャンプの要領で水の中に頭から突っ込んで、プールの底すれすれまで沈んだら、身を反らせてすうっと浮かんで、立つ。その繰り返し。だから「身を投げる」というのは少々大げさではあるのだが、静子には実際、毎回――プールの端まで行くのに八回のイルカ飛びが必要だとするなら、八回――まぎれもない投身の実感があった。

もともと、水は大の苦手だった。静子が子供だった時分、東京の学校には水泳の授業なんてなかったし、結婚してから家族で海水浴に行ったときも、波打ち際に足を浸してみるのがせいぜいだった。

それが去年、町内会のバス旅行に参加してみたら、ホテルに温水プールがついていて、どうしたはずみか、試してみる気になった。バス旅行はその一回かぎりで6こりごりしたが、水中の魅力にはすっかりとらわれてしまったのだった。

7水中はすばらしい。

静子にとって、水中は、この世のものではない天候、みたいなものだった。晴れでも曇りでも雨でも雪でもない、非現実的な空。静子はまず、その感触をぞんぶんに味わい、興奮し、少しだけ怖くなって、それから、現実の世界に無事生還できた安堵《あんど》と確信に充たされる。

イルカ飛びの一連の動作をする、ほんの数秒の間にさえ、それだけのことが起きる。静子はまだ、五メートルと泳げない（実際のところ、それは泳ぎともいえない）のだが、このクラスの最終的な目標である二十五メートルを本当に泳げるようになったら、さらに、五十メートル、百メートルと泳げるようになってしまったら、いったいどんな感じがするものだろうか、とわくわくする。

「宇陀川さーん、たいへんけっこうですよー。［Ⅰ］」

静子がプールの向こうの端まで行き着くと、8すかさずコーチがほめ、ぱちぱちと拍手が起きた。

プールとロッカールームとは、ひみつの抜け穴みたいな渡り廊下で繋《つな》がっている（つまりそこは、水着を着た人しか通れない仕組みになっている）。

渡り廊下の入口には足拭《ふ》きマットとガラスのドアがあり、そのドアに、前回まではなかった貼り紙があった。

　髪をよく拭いてから通ってください

これで何枚目になるかしら、と静子は思う。フィットネスクラブというのはそういうものなのか、このクラブにかぎったことなのかは9知る由《よし》もないが、とにかくこの種の注意書きは、建物のあちこちに貼ってある。

曰《いわ》く、洗面所はきれいに使いましょう。冷水器でうがいをしないでください。サウナの中では静かにしましょう……。

町内会のバス旅行にうんざりしたのは、何でもかんでも決められた通りにしなければいけなかったからだが、残念ながらこのフィットネスクラブにも、一寸似たようなところがある。

「あら……今日、プールの日でしたっけ?」

薫子は微《かす》かな④ドウヨウを見せた。

「ええ、そうなの。これから週に二回行くことにしたの」

静子は微笑《ほほえ》む。2嫁がさらに何か言わないうちに、「それじゃあ、ね」と背中を向けた。

駅までは遠いが、バス停までは五分で、そこに来るバスに乗れば、たいていのところへ行ける。

日盛りの下のベンチには座らず、ひんやりした石垣にもたれて、⑤小粋な黒のつば広帽子で胸元を扇《あお》ぎながら、「たいてい」どころじゃないわ、どこだって行けるわ、と静子は思う。行きたいところにはどこだって行ける。

実際、行こうと思えば、アメリカにだって、南極にだって行けるだろう——行こうとは思わないけれど。お金の問題もあるけれど。とにかく、バスという交通手段の意外な便利さ（それは静子にとってだけのもので、息子の愛一郎《あいいちろう》はこの地の不便さと、それを軽視していた自分をいつも嘆いている）に気づくのとほぼ同時に、静子は3そのことに気づいたのだった。そんなにも万能な場所に、自分が今立っていることにはいまだ驚きがあり、興奮を覚えた。

バスはすぐに来た。どの路線もフィットネスクラブの前を通るし、十分足らずで、クラブの真ん前の停留所まで運んでくれる。ドア・ツー・ドアみたいなものでしょう？　ひと月ほど前、水泳を習うためにフィットネスクラブに通いたい、と宣言したとき、家族を説得するためにそう言った。

勿論《もちろん》、ほかにもいろいろ言った。昼間のフィットネスクラブに来ているのは、ほとんどが静子のような老人であること（一寸嘘《うそ》）。入会の前にはクラブ専属の医師による健康チェックがあること（これは本当）。七十歳以上はシルバー会員で、月会費が安くなること。勿論お金は静子の年金から、余裕で賄《まかな》えること。

家族が難色を示していたのは、主に「その年で水泳なんて、危険すぎる」という理由からだったが、最後まで反対していた愛一郎も、結局は折れた。4それはそうだ。当然だ。だって私は、もう、どこにだって行ける生きものに生まれ変わったんだもの、と静子は思う。

広々した清潔なロッカールームで、静子は、すみれ色の水着に着替えた。

静子の身長は、最後に——あれは何十年前だったのだろう——測ったときは百五十五センチ、ふわっと太っていて色白で、緩くパーマをかけて短めに揃えた髪の毛は、もうすっかり真っ白になっている。すみれ色は、そういう自分のプロフィールに合わせて選んだ。

半地下にある二十五メートルプールは、天井の明《あか》りとりの窓から、光が縞《しま》模様に入ってくる。六コースのうち端の二コースを使って、コーチによるスイミングレッスンが毎日行われている。

今までは月曜日午前の初心者クラスにだけ出ていたのだが、これからは水曜日にも通うことにしたというわけだった。水中でコーチを待っているメンバーは十人ほどで、月曜日のクラスで知り合った顔見知りも四、五人いる。静子が入ってきたのに気づいて、「宇陀川《うだがわ》さーん」と口々に呼んでくれる。なにしろ静子は「可愛《かわい》らしいおばあさん」なのだから、みんなが親切にしてくれる。

し、最初と最後の五字を抜き出しなさい。（句読点を含む。）

問十一　――線7「技術というのは、その特質をよく理解してこそ本当に使いこなすことが出来ます」とありますが、在庫管理を例に考えた時、具体的にどうしたらよいと筆者は提案していますか。三十字以内で答えなさい。

問十二　［Y］に最も適切な語句を次から選び、記号で答えなさい。

ア　多様　　イ　効率　　ウ　絶対　　エ　断片　　オ　抽象

問十三　次に掲げるのは、本文を読んだ後、生徒が交わした会話です。本文の内容に合致するものを一つ選び、アからオの記号で答えなさい。

ア　生徒A――インターネットは、たった一つのキーワードさえあれば正確で絞り込まれた的確な情報を得ることができるから、本当に便利で色々と助かるよね。

イ　生徒B――そうだね。情報の世界と現実の空間を、今はコンピュータがつなげてくれるから、人間は何もしなくてもいいし、とっても楽になったんだよね。

ウ　生徒C――本当だね。今となってはどんな小規模の会社でもコンピュータが導入されていて、在庫管理、給料計算などはコンピュータが完璧にやってくれるんだね。

エ　生徒D――確かにコンピュータはとっても便利だけれど、ただ都合のよいところだけに注目するのではなくて、特徴を正しく認識することが大切なんだね。

オ　生徒E――結局は物に電子のタグを付けて完璧に在庫管理しようとしても、人間が関わらない限り完全にはできないのだから、コンピュータってたいしたことないね。

［二］　次の文章を読んで、後の問いに答えなさい。

静子《しずこ》は、「ばか」という言葉について調べたいと思った。

「*広辞苑《こうじえん》、一寸《ちょっと》お借りできるかしら」

ダイニングのテーブルの上に①ゲンコウを広げている嫁の薫子《かおるこ》に、そう聞いた。薫子は、翻訳小説の*下訳の仕事をしている。

「広辞苑。えーと、どこだったかしら。あ、そこです、そこの②棚」

「ありがとう」

静子は居間のソファーに座って、広辞苑をめくった。日よけの簾《すだれ》越しに、庭の1旺盛な緑が見える。一年と少し前、息子夫婦が静子と同居するために借りてくれた③イッケンヤは、築二十八年というオンボロで、駅からも遠いが、周囲はふんだんな自然に恵まれている。

ばか【馬鹿・莫迦】

1　おろかなこと。社会的常識に欠けていること。また、その人。愚。愚人。あほう。

2　取るに足りないつまらないこと。無益なこと。また、とんでもないこと。

3　役に立たないこと。

あら、いいじゃない。静子は思う。とくに「2」が気に入った。

静子は広辞苑を台所の棚に戻しにいくと、

「それじゃ、プールに行ってくるわ」

と薫子に告げた。

ば、倉庫に実際に行って数えてみても必ず三八〇個あるという、そういう世界が実現できるはずです。

つきつめていうならば、ユビキタス・コンピューティング研究の究極の目的は、現実の世界のコンピュータによる完全認識ということになるでしょう。それによって、社会全体の［Y］化をはかろうということなのです。

（坂村健『ユビキタスとは何か―情報・技術・人間』より）

＊インターフェース……コンピュータで、異なるシステムを仲介する装置のこと。

問一　＝＝線①～⑤のカタカナを漢字に直しなさい。

問二　――線1「知り」について、終止形と活用の種類を答えなさい。

問三　［X］に最も適する言葉を本文から五字以内で抜き出しなさい。

問四　《Ⅰ》・《Ⅱ》に最も適する語を次から選び、それぞれ記号で答えなさい。

ア　しかし　　イ　せめて

ウ　なぜなら　　エ　たとえば

オ　どんなに

問五　――線2「インターネット」とありますが、インターネットの弱点はどのような点ですか。次の解答欄に合うように、二十五字以内で答えなさい。

・インターネットは（　二十五字以内　）

問六　――線3「この対応づけ」とありますが、何と情報とを対応づけているのですか。本文から探し、十字以内で抜き出しなさい。

問七　次の文は本文の一文です。【a】～【e】のどこに入るのがふさわしいですか。最も適切な箇所を選び、記号で答えなさい。

・キーボードから検索するだけで、Aという商品はいま倉庫に三八〇個入っているというような情報が両面に出てきます。

問八　――線4「周知」の意味として最も適切なものを次から選び、記号で答えなさい。

ア　知らないと恥ずかしいこと。

イ　多くの人の知恵が集まっていること。

ウ　人類の知能が発達していること。

エ　広く知れ渡っていること。

オ　実際に見ることにより知ること。

問九　――線5「コンピュータによる管理は、実は完全ではありません」とありますが、在庫管理を例に考えた時、コンピュータによる管理が完全ではない理由として正しくないものを、次から一つ選び、記号で答えなさい。

ア　人間が細心の注意を払ってデータを打ち込んだとしても、入力を間違えてしまうことがあるから。

イ　商品が売れたというデータを、すぐさまコンピュータに打ち込むことができない場合があるから。

ウ　店員の気づかないところで万引きがおこるように、物が店からなくなってしまうことがあるから。

エ　商品に関するリアルタイムのデータが、常にコンピュータの画面上に出ているとは限らないから。

オ　決まったペースで商品の「棚卸し」をすることで、実際の在庫と画面のズレを修正しているから。

問十　――線6「これ」とは何のことですか。本文から四十字以内で探

【b】生産の進行管理や製品在庫状況の把握、給料の計算など、あらゆる情報がコンピュータの中に入っているといってもいいでしょう。

しかしこうした5コンピュータによる管理は、実は完全ではありません。【c】在庫管理を例に考えてみます。現在ほとんどの会社では、自社の倉庫の中に製品在庫がいくつあるかということはコンピュータですぐ調べられるでしょう。【d】本屋さんならどの本が何冊あるかが出てくるはずです。ところが、調べたその時すぐに倉庫に④カけつけて、実際に物を数えたら、本当に三八〇個製品があるのかというと、ない場合がほとんどです。【e】

これは一見不思議なようですが、現実の世界で起こっていることを考えれば、実は⑤サけられないことです。そもそも、なぜコンピュータの中で「倉庫には在庫が三八〇個入っている」となっているのかといえば、ほとんどの場合は人が在庫を管理するためのソフトウェア、いわゆるデータベースといわれるものにキーボードを使ってその数字を打ち込んだからです。するとまず、その時点で打ち間違いをするという可能性があります。そうでなくても、とりあえず手書きの伝票を使って製品を持ち出し、コンピュータへの入力は後日ということは日常的にあるでしょうし、もっといえば書店での万引きのように物が盗まれてしまうこともあり得ます。

つまり、実際の在庫と画面上の数字にズレが出るのはある意味当然であって、常にリアルタイムのデータがコンピュータの画面に出ているという保証は実際にはないのです。そのために多くの企業は「棚卸し」といって、一週間あるいは一カ月に一度という決まったペースで倉庫の中に実際に在庫が何個あるのかということを調べて、その時点で実際の数がコンピュータのデータと合うように修正を繰り返すことにより、コンピュータで在庫管理が出来るようにしているのです。

コンピュータの中に入っているデータは現実と完全にイコールではないということ。このことは単純なようで、実に大きな問題をはらんでいます。6これはコンピュータを使っていく上で、ものすごく大事な認識なのです。

7技術というのは、その特質をよく理解してこそ本当に使いこなすことが出来ます。まさか今どき、コンピュータが絶対だとか、常に正しいとか信じている人は少ないと思いますが、ズレを認識した上で、さらにそれを利用して使いこなすことが大事なのです。

話をもとに戻します。ユビキタス・コンピューティングがやろうとしていることは、この現実世界と仮想世界のズレを自動的になくす、究極的にはそういうことなのです。例えば在庫管理の例でいうならば、データと実際の個数のズレをなくすためには、まず人間がコンピュータのキーボードから入力するということをやめなければいけない。そのためには倉庫自身が何らかの方法で、その中に何が何個入っているのかということを自動的に――ここが大事です――認識するような、何かそういう方法を考えなければいけない。

そこで今注目されているのが、物に付ける電子のタグです。管理したい物に小さな電子のタグを「荷札」として付けて、それを倉庫の入り口で自動認識することが出来れば、今倉庫の中に何が何個入っているかは自動的に分かるようになります。さらにそれを従来の技術でつくられているデータベースに接続することが出来れば、データベースの数値は自動更新されることになり、コンピュータの画面に三八〇個と出ていれ

【国 語】（五〇分）〈満点：一〇〇点〉

〔一〕 次の文章を読んで、後の問いに答えなさい。

今、みなさんの目の前に、植木鉢に入った一本の木があると想像してください。それはこれまでに一度も見たことのない木で、何の木かが分からない。何しろ木というのは世界に何万種類もあるわけですから、初めて見る木の場合、植物に詳しい人でなければ、名前といわず種類だけでも言いあてることは難しいはずです。

でもどうしても、この木について詳しいことが1知りたい——そんな時、今ではインターネットという非常に便利なものがあって、もしもその木についてほんの少しでもヒントが得られた場合には、①ボウダイな情報を引き出すことが出来ます。今やコンピュータ・ネットワークの世界には大量の情報が満ち溢《あふ》れていて、いわゆる「検索エンジン」といっているものにキーワードを打ち込むことさえ出来れば、関連するあらゆる情報を世界中から集めてきて、画面に表示することが出来るのです。

少なくともこの木がゴムの木の一種じゃないだろうかというようなことが分かれば、「 X 」と打つだけで、世界中のゴムの木の写真や、葉っぱや幹の特徴を、画面に呼び出せることでしょう。キーワードの数が多ければ多いほど——《 Ⅰ 》、どこの地域原産かまで入力できれば、より正確かつ絞り込まれた的確な情報が得られるはずです。

《 Ⅱ 》、もし、この木について、まったく何のヒントもなかったとしたらどうでしょう。断片的なキーワードすらないということになった場合にはお手上げで、情報集めにとりかかることすら出来ません。どんなに2インターネットが発達し、百科事典を調べる以上の情報が②イッシュンのうちに得られるようになったとしても、最初のたった一つの手がかりがなければ利用することは出来ないのです。

それはつまり、一番最初のきっかけになる情報を入力することだけは、人間がやらなければならないということです。大量の情報を③ソナえたコンピュータの世界、いわゆる「情報の世界」と、私たちが暮らしている現実の空間とは、実はまったく切り離されたもので、その二つの世界を対応させているのはまさに人間なのです。木でも絵でも、あるいは場所でも、現実の物と、それにまつわる情報との*インターフェースを担《にな》うのは人間であって、「この木」と「その情報」をコンピュータが自動的に対応づけてくれるわけではないのです。

3この対応づけを出来るだけ自動化する技術というのはないのでしょうか。実はそれこそが、本書の主題である「ユビキタス・コンピューティング（ubiquitous computing）」という技術なのです。現実の世界にある物と仮想的な世界にある情報を自動的に関係づけるような技術、例えば目の前に見えている木について何も知らなくても、その木にある特別な装置を近づけると、この木はショウナンゴムの木だと分かる——名前に限らず、その木に関連するあらゆる情報を引き出せるような仕組みのことです。この技術は、コンピュータ・サイエンスの分野でわりと最近になって出てきたのですが、特に二〇〇〇年あたりから世界的にも注目され始め、その重要性が認識されるようになってきています。

こうした情報の検索に限らず、「現在の状況」を把握するために多数のコンピュータが使われています。【a】もはや「コンピュータのない会社」というのは、絶対ないとはいえないにしても非常に珍しく、どんな小規模の会社でもコンピュータが導入されていることは4周知の通りです。

2021年度

仙台白百合学園高等学校入試問題（B日程）

【数　学】（50分）　＜満点：100点＞

答えはすべて解答用紙に書きなさい。

1　次の問いに答えなさい。

(1)　$(-5)^3+(-5)^2-5^3$　を計算しなさい。

(2)　$\dfrac{3x+4y}{7}-\dfrac{5x-4y}{8}$　を計算しなさい。

(3)　$\sqrt{\dfrac{24}{49}}-\sqrt{6}$　を計算しなさい。

(4)　方程式 $(x+1)(x-2)=3(x+2)$　を解きなさい。

(5)　72にできるだけ小さい自然数 k をかけて，その積をある自然数の２乗にしたい。このような自然数 k の中で最小の数を答えなさい。

(6)　関数 $y=\dfrac{1}{2}x^2$ について x の値が－２から５まで増加したときの変化の割合を答えなさい。

(7)　紫山デパートで商品Aに定価の３割引きの値札がついていたが，商品いれかえのためにその値札のさらに半額の2100円で買うことができた。商品Aの定価を求めなさい。

(8)　図形とその性質の組み合わせとして最も適切なものを次の①～⑥の中から１つ選び，番号で答えなさい。

（図形）

あ…長方形　　い…ひし形　　う…平行四辺形　　え…台形

（図形の性質）

A…２組の対角がそれぞれ等しい　　B…１組の対辺が平行である

C…対角線が垂直に交わる　　D…対角線の長さが等しい

① あ・A，い・B，う・C，え・D

② あ・A，い・B，う・D，え・C

③ あ・B，い・A，う・D，え・C

④ あ・D，い・C，う・B，え・A

⑤ あ・D，い・C，う・A，え・B

⑥ あ・C，い・D，う・A，え・B

(9)　半径が５㎝の半球の表面積を求めなさい。ただし，円周率を π とする。

(10)　10円，５円，１円の硬貨が１枚ずつある。この３枚の硬貨を同時に投げるとき，表の出た硬貨の金額が６円になる確率を求めなさい。

2　放物線$y=ax^2$と直線ℓが図のように２点A，Bで交わり，ℓはy軸と点Cで交わっている。BC：CA＝２：３，点Aのx座標が３のとき，次の問いに答えなさい。

⑴　点Aのy座標をaを用いて表しなさい。

⑵　点Bのx座標を求めなさい。

⑶　△OABの面積が15のとき，aの値を求めなさい。

⑷　⑶のとき，△ＱＡＢの面積が△ＯＡＢの面積の２倍になるようなx軸上の点Qの座標をすべて求めなさい。

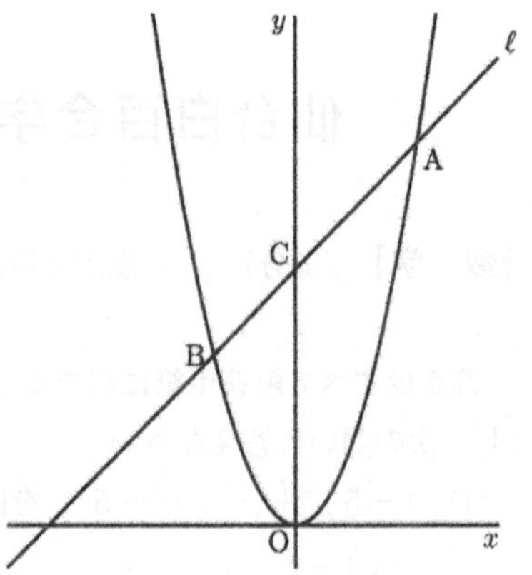

3　下の図のように，半径４㎝の円Oの円周上に４点A，B，C，Dがあり，AB＝６㎝である。BDは円Oの直径であり，弧BCの点Aを含まない方の長さは円周の長さの３分の１である。点Bから弦ACに垂線をひき，その交点をEとする。このとき，次の問いに答えなさい。

⑴　△BCD∽△BEAであることを証明しなさい。

⑵　∠ABEの大きさを求めなさい。

⑶　BEの長さを求めなさい。

⑷　△ABCの面積を求めなさい。

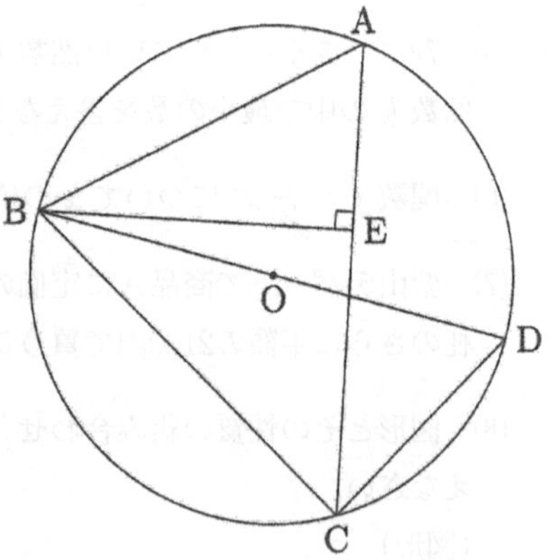

4　百合さんと紫さんは，次のルールで遊んでいます。

ルール

・お互い１回ずつさいころを投げ，大きい目が出た方を勝ちとし，小さい目が出た方は負けとなる。ただし，同じ目が出た場合は引き分けとする。これを１ゲームとする。
・１ゲームで，勝った方は自分の出た目の数だけ得点がもらえる。負けた方は，得点はもらえない。引き分けのときは２人とも得点はもらえない。

このルールで１ゲームを何回か行ったとき，次の問いに答えなさい。

⑴　百合さんと紫さんは，１ゲームを２回行いました。百合さんは，１回目は５の目が出て勝ち，２回目は３の目が出て負けました。

このとき，紫さんが獲得した得点として起こりうる点数をすべて書きなさい。

⑵　⑴のゲームの後，百合さんと紫さんは，新たに１ゲームを30回行いました。

結果は百合さんの14勝９敗７引き分けで，百合さんの獲得した点数は65点でした。次のページの表は，百合さんがどの目を出したときに何回勝ったかを表しています。

このとき，次の問いに答えなさい。

(ア)　xにあてはまる数を求めなさい。

(イ)　y，zにあてはまる数をそれぞれ求めなさい。

百合さんの出した目	その目で勝った回数
1	x
2	1
3	0
4	y
5	z
6	4

5　下の図の直方体ABCD－EFGHは，底面EFGHが１辺１㎝の正方形で，AE＝２㎝である。この直方体の対角線ECと面AFHとの交点をPとし，底面EFGHの対角線EGとFHの交点をMとする。このとき，次の問いに答えなさい。

(1)　AFの長さを求めなさい。

(2)　ECの長さを求めなさい。

(3)　AMの長さを求めなさい。

(4)　EPの長さを求めなさい。

(5)　点ＥからAMに垂線をひき，その交点をＱとする。このとき，$\frac{\mathrm{EQ}}{\mathrm{EP}}$を求めなさい。

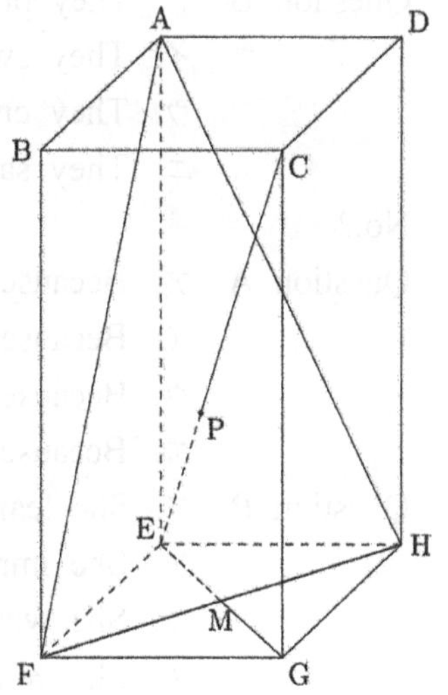

【英　語】（50分）　＜満点：100点＞

〔Ⅰ〕リスニングテスト

放送の指示に従って答えなさい。

＜Part 1＞　英文を聞き，その質問に答えなさい。その答えとして最も適切なものを1つ選び，記号で答えなさい。英文は2度読まれます。

No.1

Question A
ア．Because his brother is a good swimmer.
イ．Because it was difficult for him to swim 100 meters.
ウ．Because now he can swim 1,000 meters.
エ．Because his father gave too much advice.

Question B
ア．They practiced several times a week.
イ．They swam 100 meters together.
ウ．They encouraged him to swim more.
エ．They said it was too difficult for him.

No.2

Question A
ア．Because Emily came to Japan.
イ．Because she didn't have to speak English much.
ウ．Because she had many new experiences.
エ．Because there were many festivals.

Question B
ア．She learned to ride a horse.
イ．She improved her English.
ウ．She went to a festival.
エ．She could eat American food.

＜Part 2＞　この問題は，対話を聞き，その最後の文に対する応答として最も適切な答えを選ぶ形式です。例題を聞いてください。対話が読まれます。

例題（対話が放送されます）
ア．I don't like reading books.
イ．I'm really busy today.
ウ．It was very cold.
エ．That will be OK.（正解）

ここでは エ が正しい答えになります。

では，実際の問題を放送しますので準備して下さい。対話は2度読まれます。

No.1
ア．No, it doesn't.
イ．It's not only delicious, but it's also healthy.

ウ. I'm afraid it's not very healthy.

エ. Yes, we'll eat it for dinner.

No.2

ア. I ate some bread and an egg.　　イ. I wanted to eat something.

ウ. I didn't have anything to do.　　エ. I wasn't hungry.

No.3

ア. I play soccer with my brother a lot.

イ. I play soccer four times a week.

ウ. I didn't play soccer last weekend.

エ. I play soccer before going home.

＜リスニング放送台本＞

【放送原稿】

No.1　Robert is becoming a good swimmer. Two years ago, he couldn't swim at all. Last year, it was difficult for him to swim 100 meters. He thought about giving up, but his father and his brother encouraged him to continue. After that, Robert practiced several times a week, and now he can swim 1,000 meters easily. He is glad that he didn't give up.

Question A: Why did Robert think about giving up?

Question B: What did Robert's father and brother do for him?

No.2　Last summer, Anna went to the United States and lived with an American family for three weeks. She made new friends, improved her English, and had many new experiences. She went to a football game and a festival, but the most exciting thing was learning to ride a horse with her American sister, Emily. She had a great time and hopes Emily will visit Japan someday.

Question A: Why did Anna have a great time?

Question B: What was the most exciting thing for Anna?

【放送原稿】

No.1　A: Hi, Mom. What are you making?

B: I'm making a fruit salad for lunch.

A: It looks delicious.

No.2　A: What did you eat for breakfast today?

B: I didn't eat anything.

A: Why not?

No.3	A: What did you do last weekend? B: I played soccer at my school. A: How often do you play soccer there?

〔Ⅱ〕 次の会話文を読み，あとの問いに答えなさい。

Holly: Welcome to our house, Mayu.

Mayu: Thank you very much for inviting me to your house, Holly. You have a beautiful garden!

Holly: Thank you. Various kinds of birds come to our garden, so (1)

Mayu: That's nice!

Holly: Well, I'm wondering what your national bird is. Can I ask you a few questions about it?

Mayu: (2) I'm from Japan. The green pheasant is our national bird.

Holly: The green pheasant?

Mayu: Yes. It's called a *kiji* in Japanese.

Holly: (3)

Mayu: Well, the *kiji* has been very famous in an old Japanese tale for a long time. For example, in the story called "Momotaro," a green pheasant, a monkey and a dog met a boy named Momotaro and they became friends and fought against *ogres to save people.

Holly: Wow. So Japanese have a good feeling for *kijis*, don't they?

Mayu: I think so. Holly, what's your national bird?

Holly: Well, our national bird is the American *bald eagle. (4)

Mayu: Oh, I remember that a picture of the bird is on the U.S. passport, and it's used as a design for money. Right?

Holly: You know a lot. People in America chose this bird as the national bird for its majestic beauty, great power, and long life.

Mayu: I see. I'm going to study about national birds and I want to know about the different (ア) behind them.

Holly: Me, too! Well, let's sit down, have tea, and talk some more.

*ogres 鬼　*bald eagle ハクトウワシ

問1 文中の（1）～（4）に入る最も適切な表現を，下のア～エから一つずつ選び，記号で答えなさい。

(1) ア. I'm really bored with birds.　イ. I'm quite scared of birds.
ウ. I'm very interested in birds.　エ. I'm just taking birds home.

(2) ア. Yes, I do.　イ. No, you can't.　ウ. Really?　エ. Of course.

(3) ア. Will you take a picture of that bird?
イ. Will you give food to that bird?

ウ. Will you tell me more about that bird?

エ. Will you sing like that bird?

(4) ア. Have you ever read one? イ. Have you ever heard of it?

ウ. Have you ever written about it? エ. Have you ever caught one?

問2 文脈から判断して，（ア）に入る最もふさわしい一語を答えなさい。

〔Ⅲ〕次の英文を読んで，あとの問いに答えなさい。

Calligraphy was brought to Japan as a *writing system from China around the 6th and 7th centuries. Chinese calligraphy is written only with Chinese *characters called *kanji*. However, Japanese calligraphy improved on the Chinese calligraphy. They added *unique characters called *kana*. Beautiful examples of calligraphy are seen not only at *exhibitions, but also in various places, such as signs, posters, clothes designs, and stage performances.

Japanese children study calligraphy to write beautiful characters. In elementary schools, students learn the *basics in a class called *shuji*, or "penmanship." After greeting their teacher, they make *ink by *grating sumi with water. Next, they put a piece of paper on the floor or a desk and start practicing with a *brush. However, the brush's *tip is *soft and *elastic with ink, so its shape changes when a line is drawn. It is difficult to write like the teacher's model. They practice it many times to write (①).

② The way of writing characters is not the only thing children learn through calligraphy lessons. By looking at the teacher's example carefully, they will be able to see things carefully and broaden their *viewpoint. Also, they develop *endurance and the *ability to concentrate on a single activity because they are making a *work that they cannot change with an eraser.

It is traditional to practice calligraphy in a quiet room. These days, however, calligraphy performances are becoming popular among young people. At these performances, a person creates a dramatic work of calligraphy while dancing to music on a stage. There is even a "Shodo Performance Koshien." It is held every year for high school calligraphy club members. In this contest, 20 teams are chosen from around Japan. Each team uses a huge brush to create a single work on a special piece of paper. It is 4 meters long and 6 meters wide. They are *scored on the beauty of the work and the performance of the students' dance with music.

Japanese calligraphy is now seen as a *fine art, and many exhibitions and *solo shows are done in and outside of Japan. There are also special groups that do *promotional activities. They hope that many people will learn calligraphy both in Japan and abroad.

*writing system 筆記の方法　*character 文字　*unique ユニークな　*exhibition 展覧会

*basics　基本　*ink　墨　*grate　（墨を）する　*brush　筆　*tip　穂先　*soft　柔らかい
*elastic　弾力のある　*viewpoint　視野　*endurance　忍耐力　*ability to concentrate　集中力
*work　作品　*score　評価する　*fine art　芸術　*solo　単独の
*promotional activity　普及活動

問１　次の質問に30字程度の日本語で答えなさい。（句読点も含む。）
What is the difference between Chinese calligraphy and Japanese calligraphy?

問２　（①）に入る適切な１語を答えなさい。

問３　下線部②の内容として本文に述べられているものを１つ，日本語で説明しなさい。

問４　本文の内容に合っているものには○，合っていないものには×と答えなさい。

(1)　書道は６～７世紀に中国で生まれ，日本に持ち込まれた。
(2)　日本の小学生は，授業で「習字」を習い，美しい文字の書き方の練習をする。
(3)　伝統的に書道は静かな部屋で書くものであったが，最近は音楽に合わせてパフォーマンスをする書道も若者の間で人気である。
(4)　「書道パフォーマンス甲子園」では，20チームが作品の美しさのみで競い合う。
(5)　日本よりも海外で書道の普及活動を行うグループがある。

〔Ⅳ〕次の各文の（　）内に入る適語を選び，記号で答えなさい。

(1)　It will be (　　) fun to play the piano with you.
ア. too many　イ. a lot of　ウ. a few　エ. few

(2)　I have never (　　) to London.
ア. visited　イ. been　ウ. stayed　エ. seen

(3)　Stop (　　) and listen to your teacher.
ア. to laugh　イ. laugh　ウ. laughs　エ. laughing

(4)　A: Must I go there with you?
B: No, (　　).
ア. you don't have to　イ. you didn't
ウ. you shouldn't　エ. mustn't

(5)　I met a tall girl (　　) long hair on the train.
ア. at　イ. on　ウ. by　エ. with

〔Ⅴ〕次の各組の文がほぼ同じ意味になるように（　）に入る適語を答えなさい。

(1)　Why don't you send her a birthday card?
(　　)(　　) sending her a birthday card?

(2)　My father and I caught no fish.
My father and I didn't catch (　　) fish.

(3)　Reading this book is very interesting.
(　　) is very interesting (　　) read this book.

(4)　Don't enter the room.
You (　　)(　　) enter the room.

(5) She became very happy to see the flower from her son.
The flower from her son (　　)(　　) very happy.

〔VI〕次の文の空所に入る，与えられたアルファベットで始まる適語を答えなさい。

例) My favorite season is (w　　).　　　　答え winter

(1) These beautiful dolls came from (f　　) countries one hundred years ago.
(2) OK, class. We have read this. Do you have any (q　　)?
(3) Emi lives near my house. So we go to school (t　　).
(4) The north side of the building is cold but the (s　　) side is warm.
(5) Do you (r　　) your first day at elementary school?

〔VII〕日本語の意味に合うように下線部①～③を英語に直しなさい。ただし①と②は［ ］内の語（句）を並べかえなさい。

今日は私たちの学校を紹介します。私たちの学校は仙台市の北部にあり，ほとんどの生徒はバスを利用しています。①仙台駅から学校までバスで35分くらいかかります。私たちの学校は自然が豊富で，時々ウサギが遊びにやってきます。また，②空気が澄んでいるので，夜はきれいな星を楽しむことができます。地学部では，③実際，それらを見るために学校に泊まる生徒もいます。校舎の屋上からは，仙台の中心地が見えます。西側には蔵王連峰や泉ヶ岳を望むことができます。

① [it / thirty-five / bus / about / Sendai Station / minutes / takes / school / by / to / our / from].

② [can / the air / stars / we / beautiful / at / enjoy / clear / night / because / is].

【理　科】（50分）　＜満点：100点＞

1　ゆりこさんは家庭の電気器具の消費電力を調べ，図1のようにまとめました。以下の各問いに答えなさい。ただし，家庭用コンセントの電圧は100Vとします。

100Vの電源につないだときの消費電力

電子レンジ	600W
トースター	1000W
炊飯器	500W
ホットプレート	1300W
冷蔵庫	500W
ドライヤー	1200W
テレビ	150W
エアコン	750W
洗濯機	320W
ノートパソコン	20W
室内照明	30W

図1

(1)　家庭の配線は，コンセントに対してすべて並列になっています。電子レンジ，トースター，炊飯器，冷蔵庫，室内照明を一度に使用したときの消費電力は何Wですか。

(2)　ゆりこさんの家庭の配線で，一度に流すことができる電流の最大値は40Aです。(1)の電気器具をすべて使用しているときに同時に使うことができない電気器具の組み合わせを，次のア～オからすべて選び，記号で答えなさい。

ア　ホットプレート，ノートパソコン

イ　ドライヤー，テレビ

ウ　ドライヤー，エアコン

エ　ホットプレート，洗濯機

オ　テレビ，エアコン，洗濯機，ノートパソコン

(3)　室内照明を24時間つけっぱなしにしたときの電力量は，電子レンジを何分使用したときの電力量と同じですか。

(4)　家庭の配線だけでなく，複数のプラグをつなげられるテーブルタップ（延長コード）の内部も並列回路になっています。

①　家庭の配線やテーブルタップが直列回路になっていると，どんな不都合があるか説明しなさい。

②　1つのテーブルタップにいくつもの電気器具をつなぐと危険です。その理由を説明しなさい。

(5)　ゆりこさんは，購入しておいたお弁当を電子レンジで温めて食べることにしました。次のページの図2は，お弁当に貼ってあったラベルです。600Wの電子レンジでは，何分何秒温めればよい

ですか。

紫山ランチ（惣菜）
¥４９８（税込¥５３７）
消費期限　２１．２．４　午前６時
保存方法　１０℃以下
レンジ加熱目安
５００Ｗ　３分３０秒　　１５００Ｗ　１分１０秒
製造者
紫山フーズ（株）泉工場
宮城県仙台市泉区紫山 1-2-*　　012-345-****

図 2

2　図１のように装置を組み立て，4.0 g の酸化銅を異なる質量の炭素で還元する実験を行いました。ア試験管Ａに入れた酸化銅と炭素の混合物を加熱すると気体が発生し，試験管Ｂの石灰水が白くにごりました。気体の発生が止まった後，イガラス管を試験管Ｂから取り出して加熱をやめ，試験管Ａに残った固体の質量を測定しました。表は，用いた炭素の質量と反応後に試験管Ａに残った固体の質量の関係を表したものです。以下の各問いに答えなさい。ただし，必要があれば図２にグラフを描いてもかまいません。

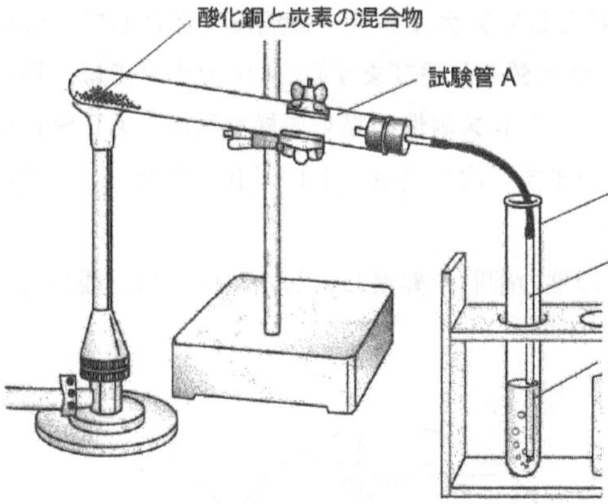

図 1

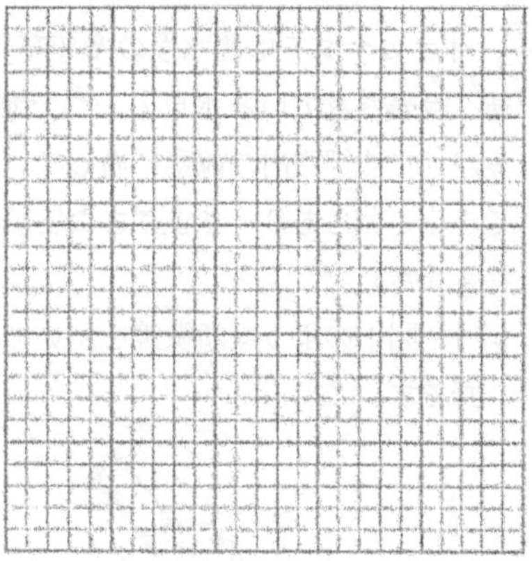

図 2

表

用いた炭素の質量〔g〕	0	0.10	0.20	0.30	0.40	0.50
反応後の試験管Ａに残った固体の質量〔g〕	4.00	3.74	3.46	3.20	3.30	3.40

(1)　下線部アについて，発生した気体の名称を答えなさい。

(2)　下線部イの操作をする理由を説明しなさい。

(3)　この実験で，酸化銅の還元を表す化学反応式を書きなさい。

(4)　用いた炭素が0.15 g のとき，反応後に試験管Aに残った固体の名称を，すべて答えなさい。

(5)　用いた炭素が0.15 g のとき，酸化銅からうばわれた酸素の質量は何 g ですか。

(6)　用いた炭素が0.20 g のとき，反応後にできる銅の質量は何 g ですか。小数第３位を四捨五入して小数第２位まで答えなさい。

(7)　用いた炭素が0.40 g のとき，反応後に試験管Aに残った固体の名称を，すべて答えなさい。

(8)　この実験で，用いた炭素の質量と反応後にできた銅の質量の関係を表すグラフを解答用紙に描きなさい。

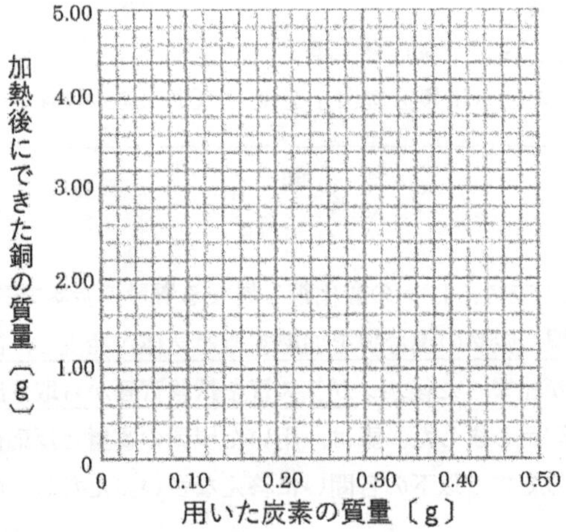

3　オオカナダモは沈水性の多年草で，別の呼び名としてアナカリス，金魚藻などとして一般に流通，販売されている水草の一つです（以下，オオカナダモと呼びます）。オオカナダモは，葉の厚みがうすく細胞内の観察に適していること，種々のストレス耐性が高く多様な環境でも正常に成長できることもあり，さまざまな実験に用いられています。次の文章［Ⅰ］・［Ⅱ］を読み，各問いに答えなさい。

［Ⅰ］　図１のような顕微鏡を用いてオオカナダモの葉の細胞を観察しました。図２は，観察者の視野です。

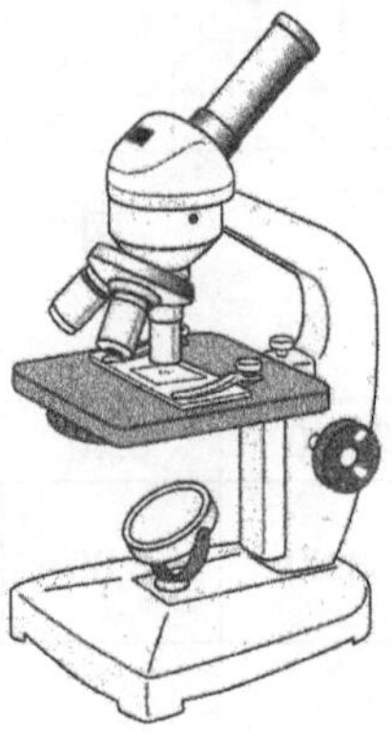

図１

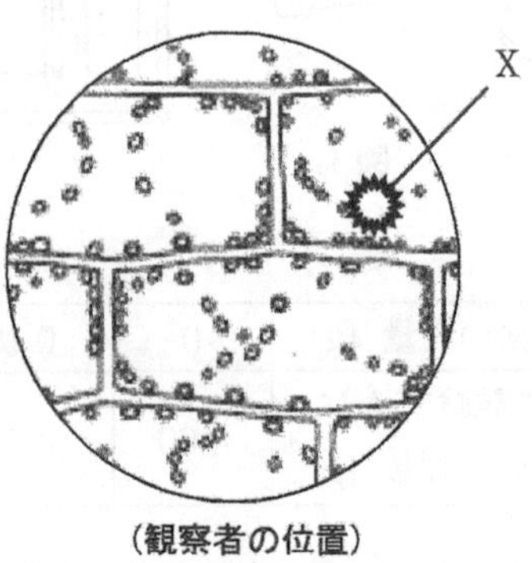

図２

(1)　前のページの図1の顕微鏡を使って観察したとき，どのような操作を行いましたか。次のア～オを操作の順に並べかえ，記号で答えなさい。

ア　接眼レンズをのぞいて，プレパラートを対物レンズから遠ざけながら，ピントを合わせた。

イ　接眼レンズをとりつけ，次に対物レンズをとりつけた。

ウ　視野全体が明るく見えるように，反射鏡やしぼりを調節した。

エ　プレパラートをステージにのせ，クリップでとめた。

オ　横から見ながら調節ねじを回し，プレパラートと対物レンズをできるだけ近づけた。

(2)　オオカナダモの葉の細胞内に見られる緑色の小さな粒を何といいますか。漢字で答えなさい。

(3)　細胞内に存在する核を赤く染色する染色液として最も適当なものを，次のア～エから1つ選び，記号で答えなさい。

ア　ベネジクト液　　イ　酢酸カーミン液　　ウ　食紅液　　エ　ヨウ素液

(4)　前のページの図2で，顕微鏡の視野の右上に気になる物体Xを見つけました。この物体Xを視野の中央に移動させたいとき，プレパラートをどの向きに動かせばよいでしょうか。右図のア～エから1つ選び，記号で答えなさい。

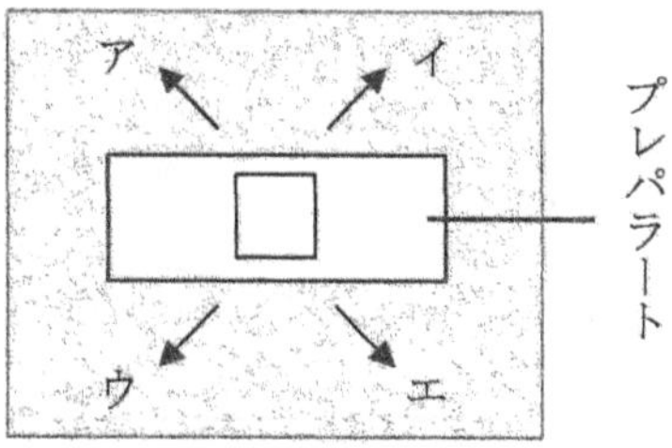

（観察者の位置）

［Ⅱ］植物の光合成と呼吸のはたらきについて調べるため，ほぼ同じ大きさのオオカナダモ5つ，ほぼ同じ大きさのメダカ3匹，日の当たる場所に数時間置いた水，ふたがついている容器A～Eを用意し，以下の実験を行いました。ただし，この実験を通してメダカの健康状態は良好であったものとします。

［実験］

①　用意したオオカナダモとメダカを，以下のような条件で容器A～Eにそれぞれ入れ，図のようにした。

容器A…水のみを入れた。

容器B…水にオオカナダモを入れた。

容器C…水にオオカナダモを入れ，アルミホイルで容器全体をおおった。

容器D…水にオオカナダモとメダカを1匹入れた。

容器E…水にオオカナダモとメダカを1匹入れ，アルミホイルで容器全体をおおった。

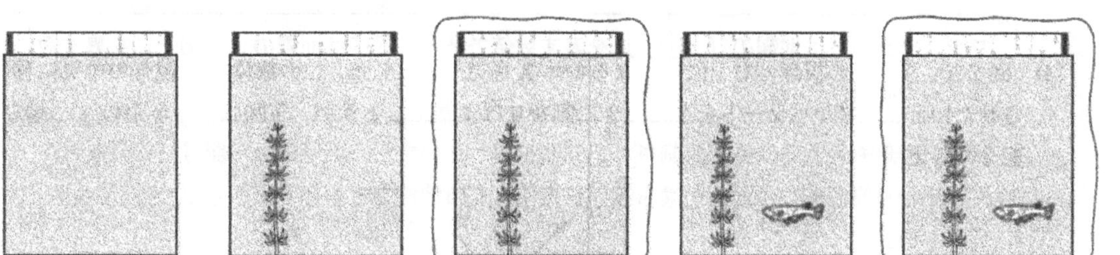

A　　B　　C　　D　　E

② 容器Ａ～Ｅ内の酸素量を測定し，ふたをして十分な光を１時間当てた。その後，容器内の酸素量をもう一度測定した。結果は下の表の通りである。

容器	A	B	C	D	E
はじめの酸素量(mg)	6.0	6.0	6.0	6.0	6.0
光を当てた後の酸素量(mg)	6.0	10.9	4.9	8.0	2.0

③ 実験②の後，容器Ａにオオカナダモとメダカを１匹入れ，ふたをした。一定時間光を当て続けた後，アルミホイルで容器全体をおおった。実験を始めてから24時間後に容器内の酸素量を測定したところ，酸素量はちょうど6.0mgだった。

(5) 実験②について，オオカナダモがこの１時間でつくった酸素量は何mgですか。

(6) 実験②について，メダカの呼吸によって，この１時間で使われた酸素量は何mgですか。

(7) 下図は，実験③を模式的に表したものです。このとき，光を当て続けた時間を求めなさい。ただし，光合成によってオオカナダモがつくった１時間当たりの酸素量と，呼吸によってオオカナダモとメダカが使った１時間当たりの酸素量は，実験②と変わらないものとします。

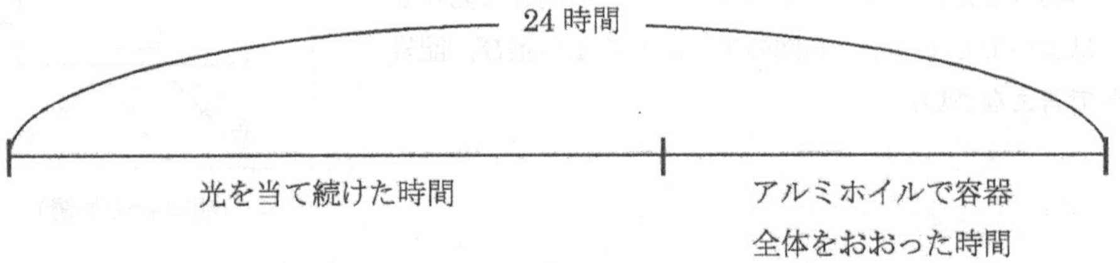

4 次の文章［Ⅰ］・［Ⅱ］を読み，各問いに答えなさい。

［Ⅰ］ 右の表は，ある地点Ｇで観測された５つの地震ア～オについて，それぞれのマグニチュードと，地点Ｇでの震度をまとめたものです。

表 地点Ｇで観測した地震Ａ～Ｅのデータ

地震	マグニチュード	震度
ア	6.7	3
イ	5.4	2
ウ	8.0	2
エ	7.1	4
オ	6.2	3

(1) 「マグニチュード」と「震度」は，それぞれ地震の何を表していますか。それぞれの語句の説明となるように次の文章中の空欄①・②に当てはまる言葉を答えなさい。

マグニチュードは地震の（ ① ）を表す数値であり，震度は地震の（ ② ）を表す数値である。

(2) 地点Ｇで最も大きいゆれが観測された地震をア～オの中から１つ選び，記号で答えなさい。

(3) 地点Ｇから震源までの距離が最も遠いと考えられる地震をア～オの中から１つ選び，記号で答えなさい。

［Ⅱ］ 図１は，ある地震を地点Ｇの地震計で記録したものです。図２は，この地震についての，Ｐ波およびＳ波の到達時間と震源からの距離との関係を表したグラフです。

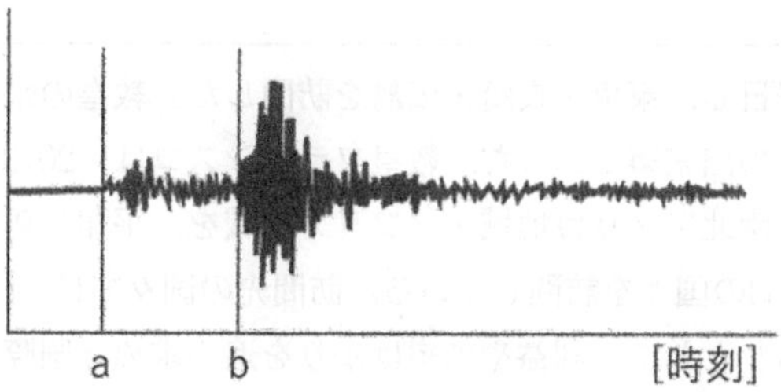

図１

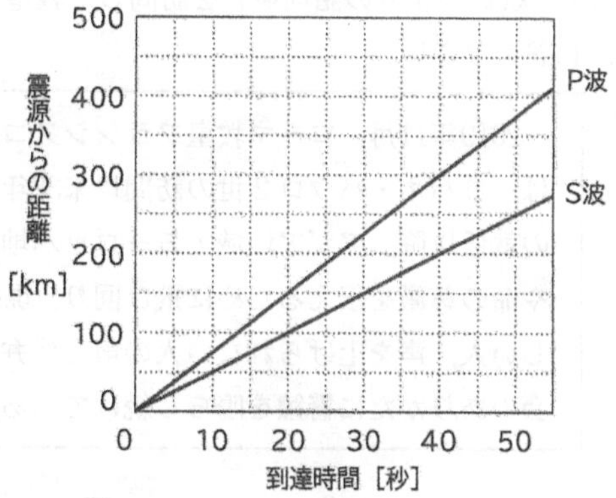

図２

⑷ 図１のｂから観測された，小さなゆれの後に続く大きなゆれを何といいますか。漢字で答えなさい。

⑸ この地震の，Ｐ波の速さは何km/秒ですか。小数第１位まで答えなさい。

⑹ 図１のａの時刻は12時24分48秒，ｂの時刻は12時25分３秒でした。

① 震源から観測点までの距離は何kmですか。

② この地震の発生した時刻は何時何分何秒ですか。

⑺ 次の文章は，日本列島付近に地震や火山が多い理由を説明したものです。

日本列島付近のプレートの境界では，（　あ　）プレートが（　い　）プレートの下にしずみこむことによって，［　Ｘ　］が生じ，それがもとにもどるときに地震が発生する。また，（　あ　）プレートが地中にもぐりこみ，地球内部の熱によってかたい岩石が溶けて（　う　）ができ，火山活動が活発になる。

① 空欄（あ）～（う）に当てはまる語句を答えなさい。

② 文中［Ｘ］に当てはまるかたちで，地震が発生する原因となる現象を10文字以内で答えなさい。

【社　会】（50分）　＜満点：100点＞

1　次は，「世界の諸地域」を訪問した教皇フランシスコに関する文章である。あとの１～７の問いに答えなさい。

> 2019年11月，ローマ教皇フランシスコが来日し，東京・長崎・広島を訪問した。教皇の来日は，ヨハネ・パウロ２世の訪問以来38年ぶりの出来事であった。教皇フランシスコは，2013年の就任以降，アジア地域・ヨーロッパ地域・南北アメリカ地域・アフリカ地域を，平和の尊さや命の尊厳を伝えるために飛び回り，現在，53の国々を訪問している。訪問先の国々では，「貧しい人，声を上げられない人の声を代弁する」として，利益や効率ばかりを追い求める国際社会のありかたに警鐘を鳴らし続けている。

《教皇フランシスコが訪れた国》

1　教皇フランシスコは，就任後まもなく，最初の訪問地としてリオデジャネイロ市を訪れ，現地の人々や世界各国から集まってきた若者と交流を深めた。リオデジャネイロ市の雨温図を，次のア～エから１つ選び，記号で答えなさい。

ア

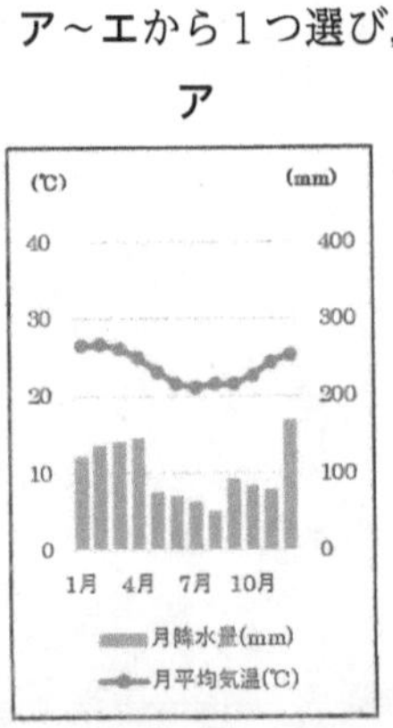

イ

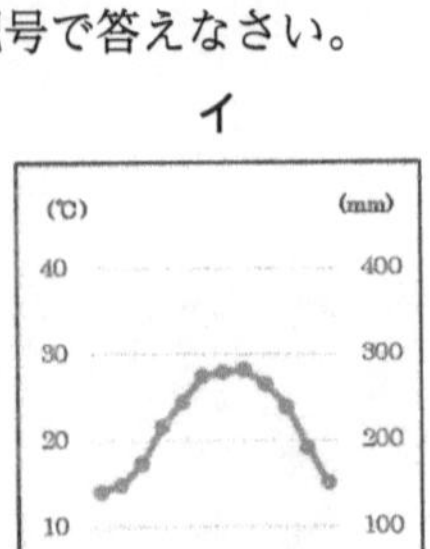

ウ

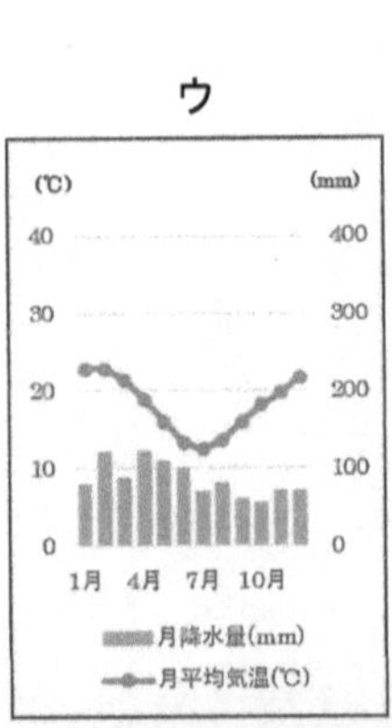

エ

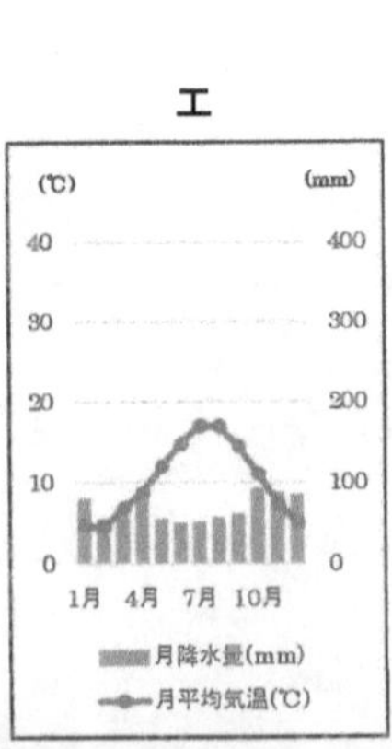

（気象庁「世界の天候データツール」より作成）

2　次のａ～ｄの写真は，前のページの地図中にある教皇フランシスコが訪れた４つの国の伝統的な住居である。写真と国名の組み合わせとして正しいものを，**ア**～**カ**から１つ選び，記号で答えなさい。

a

b

c

d

	a	b	c	d
ア	モロッコ	ミャンマー	ポルトガル	韓国
イ	モロッコ	韓国	ミャンマー	ポルトガル
ウ	ミャンマー	ポルトガル	韓国	モロッコ
エ	ミャンマー	モロッコ	ポルトガル	韓国
オ	韓国	ミャンマー	モロッコ	ポルトガル
カ	韓国	ポルトガル	ミャンマー	モロッコ

3　教皇フランシスコの居住地であり，「面積，人口ともに世界最小の国家」はどこか，国名を答えなさい。

4　教皇フランシスコは，2014年，聖地エルサレムを訪れ，中東地域に平和が訪れるように祈りをささげた。日本が午前10時のとき，聖地エルサレムを含むイスラエルの時刻として適当なものを，次の**ア**～**エ**から１つ選び，記号で答えなさい。なお，イスラエルは東経30度を標準時子午線としている。

ア　午前２時　　**イ**　午前３時　　**ウ**　午後２時　　**エ**　午後３時

5　教皇フランシスコは，ヨーロッパ地域の連帯と結束の必要性についても，度々メッセージを発信している。あとの⑴・⑵の問いに答えなさい。

⑴　次のページの文は「EU」について説明した文である。空欄 X ～ Z にあてはまる語句の組み合わせとして正しいものを，あとの**ア**～**カ**から１つ選び，記号で答えなさい。

ヨーロッパの国々は，面積や人口規模が小さい国が多いことから，経済や政治で力を増したアメリカ合衆国，ロシアなどの大国に対抗するために，1993年にEUという地域連合を組織した。この組織では，共通通貨である［X］を導入することにより，域内においては国境をこえた通勤や買い物が活発になったほか，輸入品にかかわる税金を免除したことにより，各国間の貿易が盛んに行われている。

また，［Y］の分野では，スペイン・ドイツ・フランスなどの国々が国境を越えた技術協力を行い，現在では世界の市場をアメリカ合衆国の企業と二分するほどまでに成長した。しかし，2020年［Z］が国民投票の結果を受けてEUから正式に離脱したことは世界に衝撃を与えた。

	X	Y	Z
ア	ユーロ	自動車産業	イギリス
イ	ポンド	ICT関連産業	フランス
ウ	フラン	航空機産業	ベルギー
エ	ポンド	自動車産業	ベルギー
オ	フラン	ICT関連産業	フランス
カ	ユーロ	航空機産業	イギリス

(2) ヨーロッパ地域では，長い歴史の中で様々な地域から移民を受け入れてきた。多様な民族が共存し，それぞれの民族の文化を尊重することを目指した社会の名称は何というか，答えなさい。

6 教皇フランシスコは，アジア地域を訪問する中で，タイ・ミャンマー・フィリピンを訪れた。これら3か国が加盟している東南アジアの国々が政治と経済の面で協力し，地域の安定と発展を求めて設立した組織の名称を何というか，アルファベットの略称で答えなさい。

7 教皇フランシスコが日本に滞在中には，自然災害に見舞われた地域の農産物を利用した食事が提供された。次は，「日本の食料事情」に関する文章である。あとの(1)~(5)の問いに答えなさい。

日本では，年々，A農業に携わる人々が減少しており，それにともない，国内のB食料自給率も低下の一途をたどっている。農産物の内訳をみると，C米は，ほぼ100％近く収穫できるのだが，それ以外の農産物の自給率は年々減少している。そのため，私たちが普段，口にしている食料品の多くは，D原料を輸入に頼っているのが現状である。近年では，E日本やカナダ・ニュージーランド等の間で輸入品にかける税金を互いに免除するなどを行い，貿易をさらに活性化させようとする動きがある。

しかし，国内の農業の場合，将来的に，外国の安い農産物の輸入が増えて，国内の生産が減少し，農家の収入の減少が懸念されている。

(1) 下線部Aについて，次のページのグラフは，日本の農業就業人口の推移を表したものである。1975年と2015年を比較し，どのような変化があったかを答えなさい。

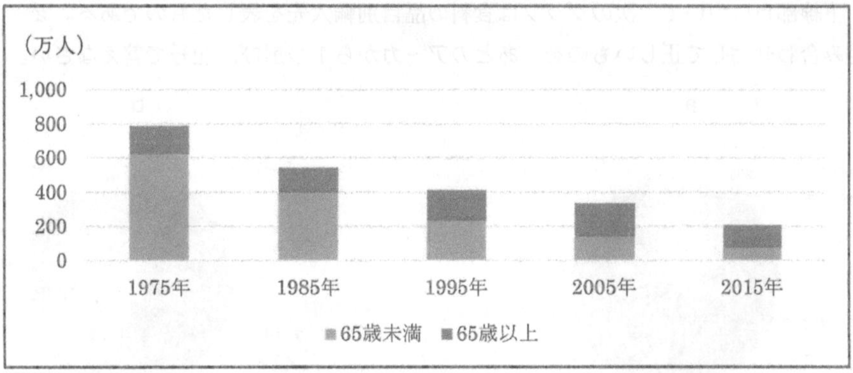

（農林水産省「農業労働力に関する統計」より作成）

⑵　下線部Ｂについて，次のグラフは，主な食料（米・野菜・果実・大豆）の自給率の推移を表したものである。1993年に米の自給率が減少しているが，その理由を次の**ア**～**エ**から１つ選び，記号で答えなさい。

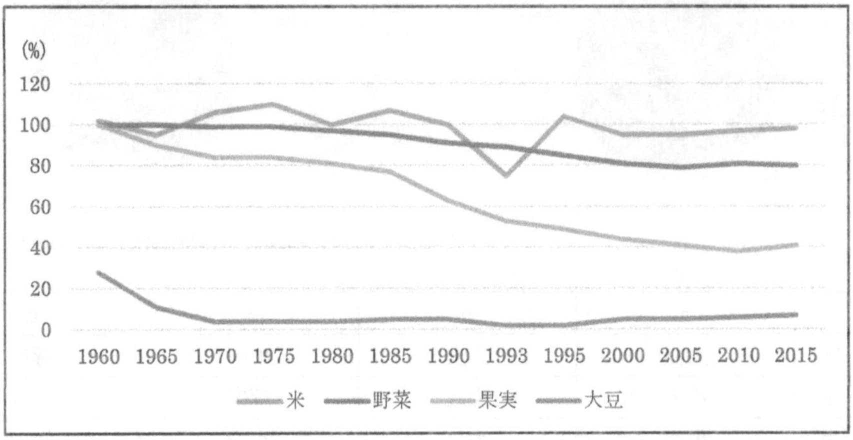

（農林水産省「食糧需給表」より作成）

ア　春から夏にかけて気温が上がらず，農産物が育たない記録的な冷害が東北地方で発生したため。

イ　年々，国内の人口が減少する他，家庭内における食の志向が変化し，消費量が下降傾向にあるため。

ウ　保存や輸送の技術が発展し，海外からの輸入品がこの年から増加したため。

エ　年ごとの収穫量が天候に左右されることから，専門的に米を扱う農家が一時的に減少したため。

⑶　下線部Ｃについて，右の表は，日本の主な米の生産地と，その地域を流れる河川の組み合わせである。［Ｘ］・［Ｙ］にあてはまる語句を答えなさい。

米の生産地	河川名
秋田平野	雄物川
庄内平野	［Ｙ］
石狩平野	石狩川
［Ｘ］	信濃川

(4) 下線部Ｄについて，次のグラフは食料の品目別輸入先を表したものである。ａ～ｄの品目の組み合わせとして正しいものを，あとの**ア**～**カ**から１つ選び，記号で答えなさい。

a

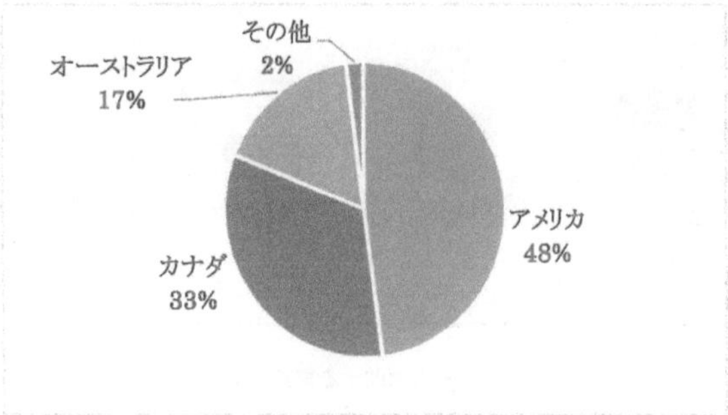

b

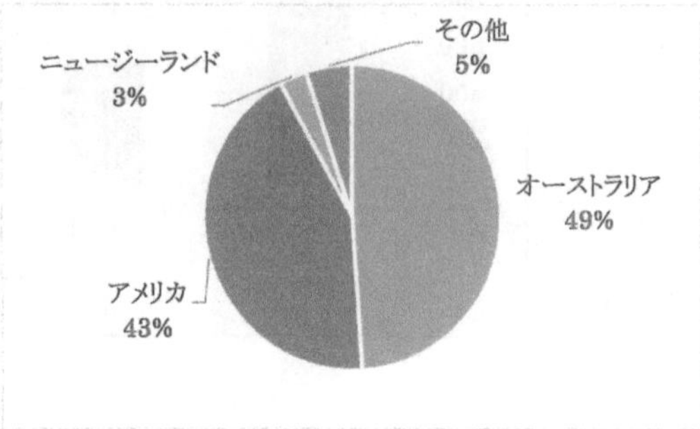

c

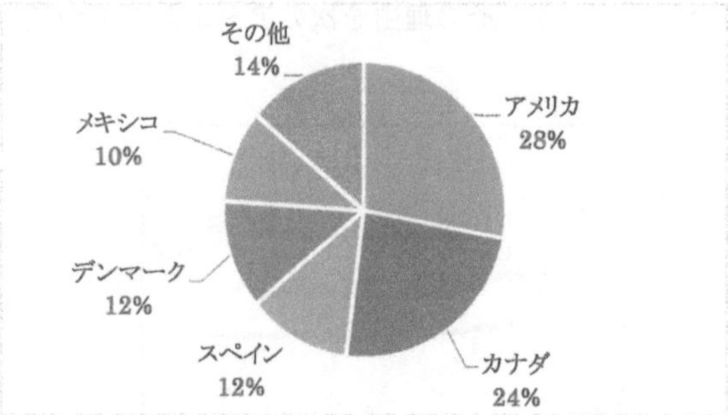

d

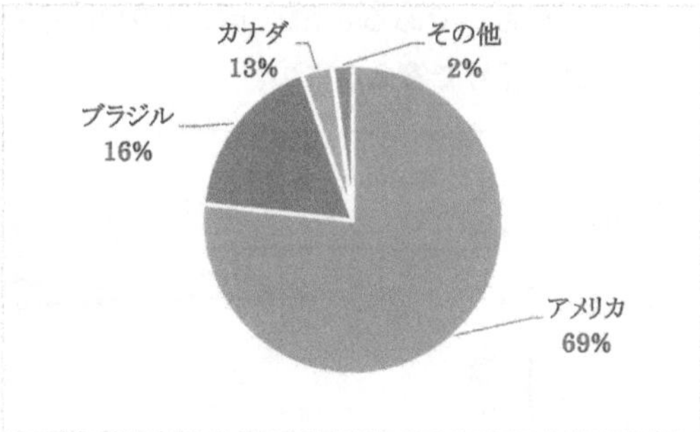

（農林水産省　「農水産物輸出入概況（2018）」より作成）

	a	b	c	d
ア	大豆	小麦	牛肉	豚肉
イ	小麦	牛肉	豚肉	大豆
ウ	牛肉	大豆	小麦	豚肉
エ	豚肉	小麦	大豆	牛肉
オ	大豆	牛肉	豚肉	小麦
カ	小麦	大豆	豚肉	牛肉

(5) 下線部Ｅについて，参加国間で貿易の自由化を進めることを目指して，日本・オーストラリア・カナダ等，世界11か国が署名し，2018年12月に発効された協定の名称を何というか，アルファベットの略称で答えなさい。

2 次は，中学３年生の社会の授業における，教師と生徒の会話である。次の会話文を読み，生徒による「動物と日本人の歴史」に関する**発表Ⅰ～Ⅷ**を参考にして，あとの１～10の問いに答えなさい。

教　師：令和元年６月19日に，動物の愛護及び管理に関する法律等の一部を改正する法律が公布されました。

生徒Ａ：劣悪な環境で動物を飼育する事業者から，動物を守ろうとしているのですよね。

教　師：環境省が犬や猫を飼うケージの大きさや飼育できる動物の数について，初めて数値基準を設ける方針です。

生徒Ｂ：事業者としては，経営に影響がでますね。

生徒Ａ：近年，動物虐待の件数が増加していると聞きます。一方で，熊や猪といった野生動物の被害が深刻化し，野生動物と人間の共生が問題になっていますね。

教　師：動物と人間はともに歴史を歩んできていますね。前回の授業では，皆さんに「動物と日本人の歴史」について調べてもらいました。それでは，皆さんが調べたことを発表してください。

1　**発表Ⅰ**について，次の文**Ｘ・Ｙ**を読み，正誤の組み合わせとして正しいものを，あとの**ア**～**エ**から１つ選び，記号で答えなさい。

> Ｘ　現在よりも海面が低く，大陸と地続きであった日本列島に，大型動物が大量に移動した。
>
> Ｙ　この時代の人類を原人とよび，現代人に直接つながっている。

ア　Ｘ－正　Ｙ－正　　**イ**　Ｘ－正　Ｙ－誤

ウ　Ｘ－誤　Ｙ－正　　**エ**　Ｘ－誤　Ｙ－誤

発表Ⅰ

1973年，野尻湖底から2～3万年前のナウマンゾウの牙とオオツノジカの角が発掘された。4万年前には，旧石器人が狩り場として野尻湖を利用していた。

2　**発表Ⅱ**について，次の問い(1)・(2)について答えなさい。

(1)　空欄［　　］の史料から，３世紀ごろの倭国の様子がわかる。空欄に適する史料の名称を答えなさい。

(2)　(1)の史料に**記載されていない**語句を，次の**ア**～**エ**から１つ選び，記号で答えなさい。

ア　邪馬台国　　**イ**　卑弥呼

ウ　漢委奴国王　　**エ**　銅鏡

発表Ⅱ

［　　　　］によると，倭人の死後，喪主は10日余り喪に服し，肉食を避け，泣き叫んだという。また，埋葬が終わると，一家そろって水の中に入り，死の穢《けが》れを水で洗い清めたと記述されている。

3　**発表Ⅲ**について，次の(1)～(3)の問いに答えなさい。

(1)　空欄［　　］に適する天皇を，次の**ア**～**エ**から１つ選び，記号で答えなさい。

ア　天智天皇　　**イ**　天武天皇

ウ　聖武天皇　　**エ**　桓武天皇

発表Ⅲ

675年，［　　　　］は仏教を信仰し，牛・馬・犬・猿・鶏の肉を食することを禁止する詔を出した。以降，1200年にわたって肉食を避ける風潮が広がっていった。

(2)　仏教について説明した文として**誤っているもの**を，次の**ア**～**エ**から１つ選び，記号で答えなさい。

ア　紀元前６世紀ごろ，シャカが身分制度を批判し，仏教を説いた。

イ　紀元前４世紀ごろから紀元７世紀ごろまで，インドでは国家の保護のもと仏教が栄えた。

ウ　仏教はシルクロードを通って中国に伝えられ，やがて朝鮮や日本にも広まった。

エ　聖武天皇の時代，渡来人が倭国に仏教を伝え，人々の信仰や文化に大きな影響を与えた。

4　**発表Ⅳ**について，次の文**ア**～**エ**は，鎌倉時代のできごとである。時代の古い順に並び替え，３番目にくるできごととして正しいものを，次の**ア**～**エ**から１つ選び，記号で答えなさい。

ア　北条泰時が御成敗式目を制定した。

イ　幕府は徳政令を出して御家人を救おうとした。

ウ　二度にわたって元軍の襲来を受けた。

エ　後鳥羽上皇が幕府を倒すための兵をあげた。

> **発表Ⅳ**
>
> 鎌倉中期の僧侶である一遍の全国遊行の生涯を描いた絵巻には，筑前国の武士の館を一遍が訪れた様子が描かれている。馬をつないでいる板敷きの馬小屋があり，近くには馬の守り神として猿が置かれている。

5　**発表Ⅴ**について，宣教師ルイス・フロイスは，織田信長と豊臣秀吉に謁見した。当時のキリスト教政策について述べた次の文**Ｘ**・**Ｙ**を読み，正誤の組み合わせとして正しいものを，あとの**ア**～**エ**から１つ選び，記号で答えなさい。

> Ｘ　信長は，貿易の利益を得るため，仏教を保護した。
>
> Ｙ　秀吉は，宣教師の海外追放を命じた。

ア　Ｘ－正　Ｙ－正　　**イ**　Ｘ－正　Ｙ－誤

ウ　Ｘ－誤　Ｙ－正　　**エ**　Ｘ－誤　Ｙ－誤

> **発表Ⅴ**
>
> 宣教師ルイス・フロイスは，イエズス会の総長の命令により『日本史』を執筆した。その中で，日本人は動物を殺すのを見ると肝を潰すが，人殺しはありふれたことであると書かれている。

6　**発表Ⅵ**について，次の⑴・⑵の問いに答えなさい。

⑴　1841年から1851年の間に起きたできごととして正しいものを，次の**ア**～**エ**から１つ選び，記号で答えなさい。

ア　桜田門外の変が起こる。

イ　水野忠邦が天保の改革を行う。

ウ　異国船打払令を出す。

エ　薩長同盟が結ばれる。

> **発表Ⅵ**
>
> 1841 年，土佐の漁師ジョン万次郎は，出漁中に漂流し，アメリカの捕鯨船に救助され，アメリカで教育を受けた。1851 年に帰国し，翻訳・軍艦の教授として人材育成に努めた。

⑵　幕末の日米関係について説明した文として**誤っているもの**を，次の**ア**～**エ**から１つ選び，記号で答えなさい。

ア　19世紀半ば，アメリカは捕鯨船の寄港地として，日本の港を利用することを考えていた。

イ　1854年，ペリーが再来航し，日米和親条約を結び，下田と箱館の２港を開くこととした。

ウ　1858年，日米修好通商条約を結び，外国人居留地での自由貿易を認めた。

エ　貿易開始後，アメリカは最大の貿易相手国であった。

7　**発表Ⅶ**について，1901年には官営八幡製鉄所の操業を開始した。日本の工業化のための資金は，どのように調達されたか，10字程度で説明しなさい。

8　**発表Ⅷ**について，太平洋戦争に関して説明した文として**誤っているもの**を，次の**ア**～**エ**から1つ選び，記号で答えなさい。

ア　1941年，日本はアメリカ・イギリスに宣戦布告し，太平洋戦争が始まった。

イ　太平洋戦争が始まると，植民地である朝鮮や台湾において皇民化政策が強化された。

ウ　1944年，アメリカ軍による本土空襲が激しくなり，軍事施設や工場がある各地の中小都市も爆撃された。

エ　戦争中，新聞・雑誌・ラジオ放送などのマス＝メディアは，戦争批判や反対の声をあげた。

9　**発表Ⅷ**について，GHQについて述べた次の文**X**・**Y**を読み，正誤の組み合わせとして正しいものを，あとの**ア**～**エ**から1つ選び，記号で答えなさい。

X　1950年，GHQの指示で，治安維持のための警察予備隊がつくられた。

Y　1956年，日ソ共同宣言に調印すると，GHQによる占領は終了した。

ア　X－正　Y－正　**イ**　X－正　Y－誤

ウ　X－誤　Y－正　**エ**　X－誤　Y－誤

発表Ⅶ

1901年，キリスト教牧師広井辰太郎により，動物虐待防止会が設立された。日本で初めて，動物愛護の運動が展開された。

発表Ⅷ

太平洋戦争中，動物園の猛獣が逃亡し，国民に被害がでることを防ぐことを大義名分として，猛獣の殺処分が行われた。1943年8月16日，上野動物園を皮切りに，日本各地の動物園で実施された。

発表Ⅷ

1949年，GHQから春分の日（3月21日）を動物愛護デーとして実施するように指示が出された。日本畜産協会などが中心となって行事が行われた。

10　2015年，国連サミットで採択された「持続可能な開発目標（SDGs）」において，目標15「陸の豊かさも守ろう」と定められている。生物の多様性を失わないために，どのように陸の豊かさを守ることができるか，具体例を1つ挙げなさい。

3　次の年表は，日本と世界の現代社会における主な出来事についてまとめたものである。また，あとの文は年表を見た百合さんと祖母の会話である。これらを読んで，あとの1～9の問いに答えなさい。

日本の主な出来事	世界の主な出来事
1946 A日本国憲法公布	**1945** 国際連合発足
1951 サンフランシスコ平和条約調印	
B日米安全保障条約調印	
1956 国際連合に加盟する	**1957** ソ連が世界初の人工衛星打ち上げ
1964 東京オリンピック開催	**1962** キューバ危機

1968 GNP が資本主義国２位になる	1969 アメリカの宇宙船が世界初の月面着陸
1970 高齢化率，7%に達する	
1973 第１次石油危機	1979 ソ連，アフガニスタンに侵攻
1984 日本，世界一の長寿国になる	米中国交正常化
1989 消費税始まる，参議院選挙で自民党大敗	1986 チェルノブイリ原発事故
1992 PKO 協力法公布	1991 ソ連解体
1994 高齢化率，14%に達する	1993 ヨーロッパ連合発足
	2001 アメリカ同時多発テロ
2007 高齢化率，21%に達する	2008 c世界金融危機
2011 東日本大震災	

祖母：戦後の年表をまとめているのね。日本国憲法と私は同い年なのよ。

百合：1946年生まれだったね，憲法も今年で75歳なのね。

祖母：日本が国際連合に加盟した時の新聞も見た記憶があるわ。この時，日本とソ連が国交を回復したのよね。

百合：1962年のキューバ危機というのは何かしら。

祖母：アメリカとソ連の対立から核戦争の危機にあったのよ。アメリカのDケネディ大統領はテレビで見たわ。

百合：お母さんが生まれた1973年には石油危機，なんだか危機ばっかりね。

祖母：この時はトイレットペーパーが手に入らなくて危機だったの。E翌年にかけて物価がすごく高くなったことも覚えているわ。

百合：1994年に高齢化率14%とあるわ。

祖母：日本は1970年に高齢化社会，1994年に高齢社会になったのね。

百合：おばあちゃんが65歳の高齢者になったのは2011年よね。社会保障関係費が年々増加していると授業で知ったわ。

祖母：社会保障の財源を補うために，消費税の税率も上がったわね。

百合：私たち若い世代が負担するのかしら。

祖母：いいえ，高齢化は日本だけでなく世界でも進行していることだし，社会全体で考えていかなければならないわ。私が毎日ウォーキングをして健康の増進に努めていることも，社会保障関係費の抑制につながっているのよ。

百合：F私たちの生活は政治や経済と密接につながっているのね。日本では最近，G働き方改革という言葉を聞くようになったけれど，実際にお母さんとお父さんの帰宅時間が早くなったように思うわ。

祖母：社会にはさまざまな課題があるけれど，Hみんなが考え方や立場の違いにうまく折り合いをつけて，前向きに協力できるといいわね。

1　下線部Ａについて，次の⑴・⑵の問いに答えなさい。

⑴　次のページの日本国憲法の条文における空欄（Ｘ）～（Ｚ）に適する語句の組み合わせを，あとのア～エから１つ選び，記号で答えなさい。

第14条 「すべて国民は，法の下に平等であって，人種，（　X　），性別，社会的身分又は門地により，（中略）差別されない」 第19条 「思想及び（　Y　）の自由は，これを侵してはならない」 第25条 「すべて国民は，健康で（　Z　）的な最低限度の生活を営む権利を有する」

ア　X：信教　Y：良心　Z：衛生　**イ**　X：信教　Y：学問　Z：文化
ウ　X：信条　Y：学問　Z：衛生　**エ**　X：信条　Y：良心　Z：文化

⑵　日本の法律では，感染症の患者に対する入院措置が可能であり，これは憲法で保障されている居住・移転の自由を制限することになる。このような，憲法の第12条に明記されている，基本的人権を制限することもできる社会全体の利益を何というか，答えなさい。

2　下線部Ｂについて，条約の調印をはじめとし安全保障は日本において大きな政治的課題である。日本では2014年に閣議決定された，日本と密接な関係にある国が攻撃を受け日本の存立がおびやかされた場合に行使できるとされる権利を何というか，答えなさい。

3　下線部Ｃについて次の⑴・⑵の問いに答えなさい。

⑴　世界金融危機の際には世界の為替相場が大きく動き，貿易にも多大な影響を及ぼした。為替相場と貿易について述べた文として適するものを，次の**ア**～**エ**から１つ選び，記号で答えなさい。

ア　１ドル＝200円から１ドル＝100円になることを円安になるといい，日本にとってアメリカへ輸出をする場合，円安だと有利になる。

イ　１ドル＝200円から１ドル＝100円になることを円高になるといい，日本にとってアメリカから輸入をする場合，円高だと有利になる。

ウ　１ドル＝100円から１ドル＝200円になることを円安になるといい，日本にとってアメリカから輸入をする場合，円安だと有利になる。

エ　１ドル＝100円から１ドル200円になることを円高になるといい，日本にとってアメリカへ輸出をする場合，円高だと有利になる。

⑵　日本では世界金融危機などを契機に「産業の空洞化」が進行しているが，「産業の空洞化」の説明として**誤っているもの**を，次の**ア**～**エ**から１つ選び記号で答えなさい。

ア　日本の企業が，工場の海外移転や部品の調達先を海外企業に切り替えたことにより進行した。

イ　多国籍企業が，市場と安い労働力を求めて海外展開していることにより進行した。

ウ　世界金融危機以降の円高が要因となり進行した。

エ　産業の空洞化により，輸出額が輸入額を上回る貿易黒字が進行した。

4　下線部Ｄについて，次の⑴・⑵の問いに答えなさい。

⑴　1962年にアメリカのケネディ大統領が，安全を求める権利，知らされる権利，選択する権利，意見を反映させる権利という「消費者の四つの権利」を示した。このような，消費者が自分の意思と判断で適切な商品を選び出し購入することができるという考え方を何というか，答えなさい。

⑵　ケネディは1960年の大統領選挙で，テレビというメディアの特性を巧みに生かして選挙に勝利した。新聞やテレビなどのマスメディアは世論を形成する力を持っているが，マスメディア

から発信される情報をさまざまな角度から批判的に読み取る力を何というか，答えなさい。

5　下線部Ｅについて，1973年から1974年にかけて日本では激しい物価の上昇が起こった。このような，物価が上昇していく現象を何というか，答えなさい。

6　下線部Ｆについて，次の(1)・(2)の問いに答えなさい。

(1)　本文中の話題の一つである消費税の増税をはじめ，私たちの生活をよりよいものにするため国会で審議が行われているが，衆議院と参議院の議決が異なる場合は衆議院の優越が認められている。衆議院が，参議院よりも強い権限を与えられている理由を，「任期」・「解散」・「国民の意思」の３つの語句を用いて，簡潔に説明しなさい。

(2)　仙台市では，平成31年４月１日に，自転車利用者に自転車損害賠償保険等への加入を義務付ける決まりが制定された。このような，地方公共団体が法律の範囲内で独自に制定する決まりを何というか，答えなさい。

7　下線部Ｇについて，「仕事と生活の調和」と訳され，国民一人一人が仕事と家庭生活や地域生活とを両立できる，充実した生き方の実現を何というか，答えなさい。

8　下線部Ｈについて，多様な考え方や価値観を持つ人々が互いに尊重し合い，ともに生きていく社会を共生社会という。共生社会について，人種・年齢・障がいの有無などに関係なくすべての人が利用しやすいように製品や生活環境などを設計することを何というか，次の**ア**～**エ**から１つ選び記号で答えなさい。

ア　バリアフリー　　　　**イ**　ノーマライゼーション

ウ　ユニバーサルデザイン　　**エ**　セーフティネット

9　百合さんは年表や祖母との会話から，安全保障の問題や日本の経済，また，高齢化や国の予算の問題について考えるきっかけを得た。次のグラフは，あとの**ア**～**エ**のいずれかを示したものであるが，このグラフが示すものを１つ選び，記号で答えなさい。

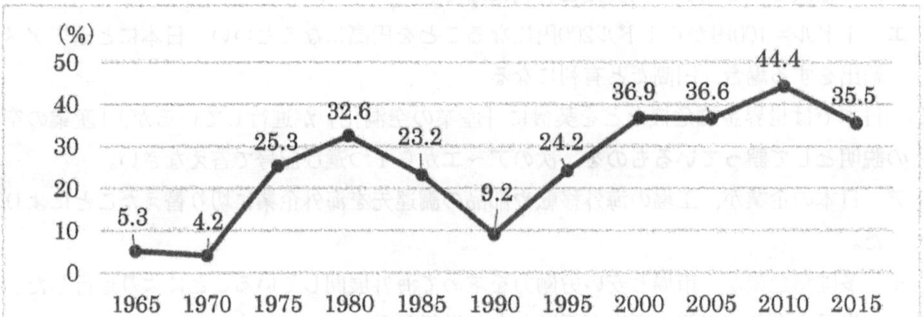

（財務省「関連資料・データ」より作成）

ア　国の予算に占める防衛関係費の割合　　**イ**　国の歳入に占める国債の割合

ウ　就業者数に占める第３次産業の割合　　**エ**　総人口に占める65歳以上の割合

ウ　巧みな比喩表現により、登場人物一人ひとりの喜怒哀楽をくまなく読み取ることができる。

エ　情景描写が多く用いられ、まるで読者がその場にいるような臨場感を味わうことができる。

オ　第三者の視点から物語が展開していくことで、読者が客観的に状況を分析することができる。

かせてあげたいと考えている自分。

エ　玲於奈より優秀な演奏者として、どんな手段を用いても瑛太郎に認めてもらいたいと考えている自分。

オ　玲於奈に演奏を見てもらっている状況でなければ、自分の力を十分に発揮できないと考えている自分。

問六　――線４「この時間」とはどのような時間のことですか。最も適切なものを次から選び、記号で答えなさい。

ア　つまらない時間　　イ　あなどれない時間

ウ　かけがえのない時間　　エ　やるせない時間

オ　まじりけのない時間

問七　［Ⅱ］に入る言葉として最も適切なものを次から選び、記号で答えなさい。

ア　何としても優勝する　　イ　玲於奈にソロを譲る

ウ　先生に認めてもらう　　エ　全力で玲於奈に勝つ

オ　二人で演奏をしたい

問八　――線５「歯を食いしばっている」とありますが、瑛太郎はなぜ「歯を食いしばっている」のですか。三十字以内で説明しなさい。

問九　――線６「一人になりたい」とありますが、このときの玲於奈の心情として最も適切なものを次から選び、記号で答えなさい。

ア　翌日に控えているコンクールに備えて、基とのソロパートの練習で疲れた体を休めたいという気持ち。

イ　ソロパートの演奏者を決めるという緊張を乗り越えた喜びを、一人になってかみしめたいという気持ち。

ウ　ソロパートを演奏できないことに悔しさを感じているが、基の前では弱さを見せたくないという気持ち。

エ　瑛太郎に認められずやりきれなさを感じていることを基に気づかれずに、翌日を迎えたいという気持ち。

オ　天気も悪く荷物も多いので、基や瑛太郎に迷惑をかけないように帰宅する方法を考えたいという気持ち。

問十　――線７「込み上げて来たもの」とは何ですか。一語で答えなさい。

問十一　――線８「臆病で幼くて優しいこと」とは、①誰が、②どのように考えたことですか。次の文の空欄を指定された字数で埋め、説明を完成させない。

・（　①　五字以内　）が、（　②　二十字以内　）と考えたこと。

問十二　――線９「駄目ですよ」とありますが、基はなぜ「駄目」だと考えていますか。最も適切なものを次から選び、記号で答えなさい。

ア　泣いてばかりいるといい音楽が作れないから。

イ　戦わないと吹奏楽なんてやっていられないから。

ウ　ソロパートは一人でなければならないから。

エ　ぶつかり合うからこそ音楽は輝くものだから。

オ　たとえ心が痛んでも我慢するべきだから。

問十三　この文章の特徴として最も適切なものを次から選び、記号で答えなさい。

ア　一定の人物の視点から描かれ、登場人物それぞれの心の揺れ動きが繊細に表現されている。

イ　会話文が多く用いられ、登場人物たちの軽快なやりとりで物語がテンポよく展開されている。

「二人で吹かせてやりたかった」

　ぽつりと、彼がそんなことを言う。8臆病で幼くて優しいことを言う。

「ソロを前半と後半で分けるとか、掛け合いにするとか、そんなことばかり、ここ数日、ずっと考えてた」

「9駄目ですよ」

　即答して、唇を噛んだ。そうしないと、涙があふれてきそうだった。

「ぶつかり合うから、音楽は輝くんだ。仲良しこよしじゃなくて、戦って、たくさんの敗者が出て、そうやって、磨かれていくんだ」

　そう思わないとやっていられない。吹奏楽なんて、やっていられない。コンクールなんて、やっていられるか。

「そうだな」

　瑛太郎の掌《てのひら》は強《こわ》ばったままだった。伝わってくる震えに、基は目を伏せた。ずっと一緒に練習してきたアルトサックスをもう一度抱きしめ、金色のボディに額を擦りつけた。

　ずっと、聞こえる。

　玲於奈の泣き声が、体育館から聞こえてくる。

　稲妻のようだった。体育館の扉も、雨音をも突き破って、基と瑛太郎の体を切り刻むように、ずっと聞こえていた。ずっとずっと、何分、何十分待っても、消えなかった。

　ぶつかり合うから、僕達は昨日までの自分になかったものを手に入れる。

　ひたすら、自分に言い聞かせた。

（額賀澪《ぬかがみお》『風に恋《こ》う』より　一部改変）

＊西関東大会……全日本吹奏楽コンクールの予選会。この予選会ではソロパートは基が演奏した。

問一　＝線①～⑤のカタカナを漢字に直し、漢字は読みをひらがなで書きなさい。

問二　――線1「言葉を交わさなくても彼女が言おうとしていることがわかった」とありますが、このときの二人の状態を表す四字熟語として最も適切なものを次から選び、記号で答えなさい。

ア　付和雷同　　イ　以心伝心　　ウ　玉石混交

エ　異口同音　　オ　温故知新

問三　――線2「から」とありますが、この「から」と同じ働きをしているものを次から一つ選び、記号で答えなさい。

ア　学校から家までは徒歩で三十分かかる。

イ　ホワイトソースは小麦粉から作る。

ウ　ご飯を食べるから、ゲームをやめた。

エ　昨晩は緊張から一睡もできなかった。

オ　多くの成功は失敗から生まれるものだ。

問四　二つの［Ｉ］に共通して入る言葉として最も適切なものを次から選び、記号で答えなさい。

ア　憂《うれ》い　　イ　祈り　　ウ　憧れ　　エ　喜び　　オ　いらだち

問五　――線3「弱い自分」とありますが、それはどういう「自分」ですか。最も適切なものを次から選び、記号で答えなさい。

ア　憧れの舞台であったコンクールを目前に控え、緊張のあまりうまく演奏できそうにないと考えている自分。

イ　よきライバルである玲於奈と出場できるこのコンクールで、ソロパートを吹きたいと考えている自分。

ウ　明日のコンクールが最後の舞台になる玲於奈に、プロパートを吹

＊西関東大会が終わってからずっと、そう思う自分がいた。弱い自分。優しい自分。でも、やっぱり3弱い自分。

最後だとか、来年もあるとか、そんなんじゃない。4この時間は、いつ終わるかわからない貴重で愛しいものなのだ。

玲於奈と一緒のコンクールは、明日が最後だ。だから僕は、［Ⅱ］。

最後の音の⑤残響が、いつもより長く聞こえた。がらんとした体育館のフロアに響き、遠くから雨音が忍び寄ってくる。

「ありがとう」

瑛太郎の声に、基ははっと我に返った。

彼は静かな目をしていた。でも、5歯を食いしばっているのがわかった。

その目が、玲於奈へ向く。

「すまない」

間髪入れず瑛太郎は言った。擦《かす》れ声で、ガラスを嚙《か》み砕くような苦しそうな言い方で。

そしてすぐに基へと視線を移し、言った。

ソロはお前だ、と。

大きく息を吸って、吐き出して、基は「はい」と返事をした。

「ありがとうございました」

玲於奈が瑛太郎に頭を下げる。平坦《へいたん》な声で、何の感情も見えてこない。

「先生、もうみんな帰っちゃいましたよね？　私達、電車で帰るんですか？」

ふっと表情を和らげて、玲於奈が聞く。

「天気も悪いし、駅までもちょっと距離があるし、タクシーで帰ろうかなと思ってた」

「ちょっと6一人になりたいんで、私だけ電車で帰っちゃ駄目ですか？」

ホテルの場所、頭に入ってますから。笑みまでこぼしながら、玲於奈はそう続けた。瑛太郎が口を開きかけ、閉じる。だいぶ間を置いてから、首を横に振った。

「悪いな、一人じゃ帰せない」

そう言って、瑛太郎は基の腕を摑《つか》んだ。強く強く、引かれる。

「俺と茶園はちょっとトイレに行って来るから、戻ったらタクシーを呼んで帰るぞ」

玲於奈を一人残し、基と瑛太郎は体育館を出た。一歩外に出ると、湿気が体にまとわりつく。扉をしっかり閉めた瑛太郎は、誰一人ここを通さないという顔で扉に寄りかかった。

サックスを首から提げたまま、基も体育館の外壁に背中を預ける。外はすっかり暗くなって、雨脚が強くなっていた。サッシの下から雨粒を眺めていたら、水滴がメガネのレンズに当たった。丸い雫《しずく》が、いくつもいくつも、レンズに模様を作る。

瑛太郎に肩を摑まれた。

「お前は泣いちゃ駄目だ」

低い声で、そう言われる。

「わかってます」

瞬《まばた》きを繰り返して、7込み上げて来たものを体の奥へ戻す。肩にのった瑛太郎の手に、一際《ひときわ》力がこもった。痛い。指が肩にめり込みそうだ。

ウ　元々の文章にはリズムや生命感と骨組みがあったが、現代語訳によって緊迫感が失われてしまうこと。

エ　元々の文章は合戦の生き生きとした感じがあったが、現代語訳によって骨組みが失われてしまうこと。

オ　元々の文章は名誉を重んじる武士の気概があったが、現代語訳によって身近さが失われてしまうこと。

問十三　次は、この文章を読んで行われた話し合いである。本文の内容に合致しない発言を選び、アからオの記号で答えなさい。

ア　生徒Ａ――英語で大学教育を行う考えがあるみたいだけれど、筆者はそれに賛成していないみたいだね。

イ　生徒Ｂ――筆者は日本語の大切さを重視しているんだね。私も、文語体をしっかり学ぶのが大切だと思う。

ウ　生徒Ｃ――確かに、『源氏物語』のような文を作れるようになることって、これから必要な能力だよね。

エ　生徒Ｄ――今は話し言葉と書き言葉を区別しているけど、『源氏物語』が書かれた時代は一緒だったんだね。

オ　生徒Ｅ――『平家物語』は語りで伝えられた文学なんだね。だから声に出して読むとリズムを感じるんだ。

〔二〕　次の文章を読んで、後の問いに答えなさい。

茶園基《ちゃえんもとき》は吹奏楽部に所属する高校一年生。翌日に行われる全日本吹奏楽コンクールのソロパートの演奏者を、基と玲於奈《れおな》のどちらにするか、コーチの不破瑛《ふわえい》太郎《たろう》に決めてもらうことになった。

「どっちが先に吹く？」

ジャンケンで決めるか？　と問われ、基は玲於奈と視線を合わせた。何故《なぜ》か、1言葉を交わさなくても彼女が言おうとしていることがわかった。

「私が先に吹きます」

玲於奈がそう①センゲンし、オーボエのリードを口に咥《くわ》える。息を吸う音に、天井2から響いていた雨音が掻《か》き消された。じっとりと湿った体育館に木漏れ日が差すみたいに、オーボエが歌う。同じソロなのに、同じ音符を追っているのに、自分が吹くのとは全然違う。

やっぱり、［Ｉ］だ。最後のコンクールでソロを吹き切って終わりたいと願う音。新しい場所へ行くから、自分の過ごした場所を名残②オしく撫《な》でる。そんな演奏だった。

でも、それでも、ソロは僕が吹きたい。玲於奈の演奏を聞き届け、基は楽器を③カマえた。

「玲於奈」

サックスを抱きしめて、二歳年上の幼馴染《おさななじ》みの名前を呼ぶ。同じものに憧れて、一緒に吹奏楽を始めた、幼馴染みを。

「見てて」

自分がそう言えば、玲於奈は、絶対に見ていてくれる。オーボエを両手で抱えて、玲於奈は基の方へ体を向けた。正面から、基を見た。

マウスピースを口に含んで、息を吹き込んだ。胸の中に④滞留する精一杯の［Ｉ］を、音にのせる。自分は不破瑛太郎と音楽を続けるために全日本のステージに立つ。ソロを吹く。お前にはあと二年ある。玲於奈に譲ってやればいいのに。耳の奥で、そんな声がする。

があふれていると評しています。それは文語体だからこそなし得たことです。それを現代語訳してみますと、不思議なことに、あの緊迫感が抜けてしまって、9気の抜けた炭酸飲料みたいになってしまうのです。

（齋藤《さいとう》 孝《たかし》『日本語力で切り開く未来』より 一部改変）

＊ドナルド・キーン……アメリカ合衆国出身の日本文学研究者。
＊紫の上と光源氏……共に『源氏物語』の登場人物。
＊小林秀雄…文芸評論家。

問一 ＝＝線①～⑤のカタカナを漢字に直しなさい。

問二 《Ⅰ》・《Ⅱ》に入る最も適切な語を次から選び、記号で答えなさい。
ア そこで　イ 決して　ウ そもそも
エ どれほど　オ ところが

問三 ――線1「警鐘を鳴らしたい」とありますが、「警鐘を鳴らす」の意味を次から選び、記号で答えなさい。
ア 楽器を演奏する　イ 危険を知らせる　ウ 予定を進める
エ 計画を振り返る　オ 時間を計る

問四 ――線2「それ」とはどのようなことですか。「～こと」につながるように二十字以内で抜き出し、初めの五字を答えなさい。

問五 ――線3「ない」の品詞を答えなさい。

問六 ――線4「日本語力に等しいそれは、語彙力に支えられている」とありますが、どのようなものが語彙力に支えられていますか。三十五字以内で答えなさい。

問七 ――線5「あのような日本語」とは、①誰の、②どのような日本語のことですか。解答欄に合わせてそれぞれ指定された字数で抜き出しなさい。

・（ ①五字以内 ）の、（ ②二十字以内 ）もの。

問八 次の一文は、本文から抜き出したものです。【a】～【c】のどこに入れるのが最も適切ですか。記号で答えなさい。

・ですからまずは「知る」ということが大事になってくるのです。

問九 ――線6「香りを漂わせる」を言い換えたものとして最も適切なものを次から選び、記号で答えなさい。
ア わくぐみを持っている　イ めざとさを持っている
ウ たしなみを持っている　エ ためらいを持っている
オ おもむきを持っている

問十 ――線7「文語体」とありますが、文語体で書かれた短歌を次から選び、記号で答えなさい。
ア たっぷりと真水を抱きてしづもれる昏《くら》き器を近江《おうみ》と言へり
イ 四万十《しまんと》に光の粒をまきながら川面《かわも》をなでる風の手のひら
ウ 対岸をつまずきながらゆく君の遠い片手に触りたかった
エ 秋草の直《す》ぐ立つ中にひとり立ち悲しすぎれば笑いたくなる
オ 団栗《どんぐり》はまあるい実だよ樫《かし》の実は帽子があるよ大事なことだよ

問十一 ――線8「その点」とは、どのような点ですか。二十字以内で答えなさい。

問十二 ――線9「気の抜けた炭酸飲料」の比喩の説明として最も適切なものを次から選び、記号で答えなさい。
ア 元々の文章には自然な言葉の勢いや流れがあったが、現代語訳によってリズムが失われてしまうこと。
イ 元々の文章には仏教的な諦念及びリズムがあったが、現代語訳によって生命感が失われてしまうこと。

もいるかもしれません。しかし、『源氏物語』のように人の心の機微を、少ない言葉で表現したものは古今東西を見回しても稀有《けう》で、世界に誇る小説になっている。＊ドナルド・キーンさんが驚き、感動したのもそこで、「こんなものがこの世に存在していたのか」と思われて日本文学者になることを決意したのです。【a】

訳してしまえば消えてしまうような6香りを漂わせる日本語。そういうものを、私たちにはもう生み出すことができないのです。

そんな今、私たちができることは消えつつある日本語の灯を絶やさないように、もう一度、7文語体を味わって、かつての日本語の水準というものを学び直すことなのだと思います。【b】それにはまず、驚かないといけません。皆さんが日本語を第一言語にしているのであれば「この日本語がすごい！」という例をたくさん挙げられるようになる必要があります。「本当に『源氏物語』のあそこの描写、＊紫の上と光源氏のあのやりとりって、たまらないよね」というような理解を共有できれば、日本語のすごさが共通認識になります。この共通認識というものが非常に大事で、これがなければ、私たちは一体何をめざしたらよいのかわからなくなってしまいます。【c】

とはいえ、『源氏物語』の時代は、話し言葉も書き言葉と同じだったということがわかっていて、それは今の日本語とはかなり隔たりがあります。いくら文語体を学び直すといっても、あのレベルに戻って書いて話せということは難しいでしょう。

ではどうしたらよいのかというと、いきなり自らの生活に取り入れようとするのではなく、まずは『源氏物語』『徒然草《つれづれぐさ》』などを読んで、当時の日本語のすごさを認識する、味わうことから始めるのです。

少し時代が下がって『平家物語』になってくると、『源氏物語』よりは普通の文語体に近くなってきます。和漢混淆文《こんこうぶん》と言われる大和言葉と漢語が交じった文体の傑作ですが、8その点で現代の日本語と共通しています。

さらに琵琶法師が語り、その語ったものを聞くことでわかる内容であった「語り」の文学ということで、言葉の勢い、流れも自然なものになってきてより身近に感じられてきます。ですから、音読し、暗唱することによって、リズムを自分の中に入れて、今の日本語に生かせるようになってくるのです。

書くときにも、『平家物語』そのままの語彙で書くというわけにはいきませんが、文語体のリズムが入ることによって、文章にリズムが出てくる。このリズムが大事なのです。今の小学校の国語教育を見ていると、そのようなリズム感を持ち、生命感にあふれ、骨組みの強い日本語は少なくなっています。生き生きとした言葉よりは、説明文に埋め尽くされていますが、言葉には命が必要です。

『平家物語』には、滅びていく平家の者たちの命が詰まっています。あるいは戦う武士の気概も各所で感じられます。そうしたものがあふれて、合戦の場面をはじめ、生命感に満ちている。宇治川の合戦に川を馬で渡っていって誰が一番乗りをしたか、その名乗りを上げるときも、戦うこと以上にその名誉が大事なわけです。そうしたワクワクドキドキするような生命感と文章がセットとなって、『平家物語』の魅力になっています。

＊小林秀雄（一九〇二〜一九八三）も『平家物語』には、「祇園精舎《ぎおんしょうじゃ》の鐘の声」といった仏教的な諦念だけでなく、合戦の生き生きとした感じ

【国語】（五〇分）〈満点：一〇〇点〉

〔一〕次の文章を読んで、後の問いに答えなさい。

今、英語をグローバルスタンダードにしようという波が日本の教育①キカンにも押し寄せてきています。大学教育を英語で行ったほうがいいのではないかという声もあります。日本人の先生が、日本人の学生に日本文学を教えるにあたって、「あなたは英語で教えられますか」という質問が来るほどです。

それはもうひとつのコントみたいになってしまうわけです。でも、それができるか否かということが、現実に教員②サイヨウのひとつの基準にもなってきているのです。留学生対策なのかもしれませんが、《 Ｉ 》日本のことは日本で学びたいと言ってやってくる留学生は、日本語で生活することを③ゼンテイとしています。そこまでグローバルスタンダードに④カビンになって、高等教育、大学教育、大学院教育で日本語よりも英語を重視する、この日本語軽視の傾向に対して、私は改めて1警鐘を鳴らしたいと思います。

日本語が現在の形になったのは先人の残した⑤オンケイであるというところに、私たちは今一度立ち返ってみる必要があります。そのお陰で、私たちはものを読んだときに意味を取ることができる。《 Ⅱ 》世界的にレベルの高い言説であっても、それをきちんと日本語で読むことができる。

そうしたレベルの言語を扱う非常に優れた文学者や作家が大勢いるということは、言わば強い国の証です。経済力や軍事力とは関係なく、文化的に強い、総合的に強い、知の強さを持っていることを示しているのです。日本語という母語だけで、すべての分野において未来を切り開くことができる、そのことを意味しているのです。

世界には、高校までは母語で学ぶけれども、大学教育は英語でないとカバーできないという国もあります。そのお陰で英語ができるようになって羨ましいと思うかもしれません。しかし2それは、第二言語でしか学べないという弱さの裏返しでもあるわけです。

英語は非常に便利なものかもしれませんが、どれだけの日本人が、そこまで英語を使って生活をしているかということです。たとえば英語がなくて経済が追いこまれるような事態になっているのか、英語でないと不便で意思の疎通が図れないのか――。

そうではありません。日本は経済的に成功した国ですが、それは英語力によってでは3ないはずです。落ち着いて考えれば、この国を支えているものは、精密に頭を働かせることができる知力です。そして知力を支えているのが母語の使用能力なのです。

まさに4日本語力に等しいそれは、語彙力に支えられている。そう考えると、その語彙を豊富に使え、しかも文法的にも破綻がなく、話すときにも書き言葉で話せるような人がもしいたとしたら、どんな分野でも活躍できる能力の持ち主だということになるでしょう。

私たちは何もかも、時代が進めば進歩すると思いがちですが、科学技術と違って言語はそういうわけにはいきません。私たちが二度とたどり着けない領域で、紫式部は日本語を駆使したのです。5あのような日本語を書くことは、私たちはもうできないでしょう。

紫式部の書いている文章も、現代の作家が書く文章も、それぞれによさがあって価値が高いものであるから比べるわけにはいかないという方

A日程

2021年度

解　答　と　解　説

《2021年度の配点は解答欄に掲載してあります。》

＜数学解答＞

1 (1)　-18　(2)　$\dfrac{x+12y}{12}$　(3)　$-3(x-2)(x-4)$　(4)　$\dfrac{\sqrt{2}}{6}$

(5)　1120m　(6)　$\dfrac{1}{3}$　(7)　$y=-\dfrac{16}{x}$　(8)　秒速20m　(9)　22°

(10)　$\triangle ABC=\dfrac{1}{2}ar+\dfrac{1}{2}br+\dfrac{1}{2}cr$

2 (1)　ア　5　イ　20　ウ　0.10　(2)　右図

(3)　少ない方から見て30%以内　(4)　14回

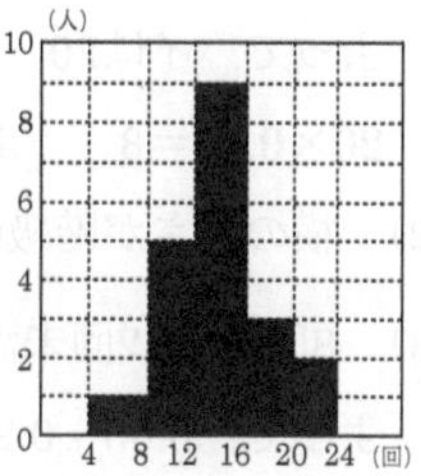

3 (1)　$3cm^3$　(2)　$y=3x^2$　(3)　$y=-3x^2+24x$

(4)　$2\sqrt{3}$秒後，6秒後

4 (1)　解説参照　(2)　ア）16cm　イ）4：11　ウ）4：1

5 (1)　18.75cm　(2)　40秒　(3)　288cm, 192cm, 144cm

○推定配点○

1　各3点×10　2　(1)　各3点×3　(2)～(4)　各4点×3

3　(1)～(3)　各4点×3　(4)　6点　4　(1)　5点　(2)　各4点×3

5　(1)，(2)　各4点×2　(3)　6点　計100点

＜数学解説＞

基本 1 （数・式の計算，因数分解，平方根の計算，1次方程式の応用問題，確率，関数，角度，面積）

(1)　$-2^3\times(-3)^2\times\dfrac{1}{4}=-8\times9\times\dfrac{1}{4}=-18$

(2)　$\dfrac{x+2y}{4}-\dfrac{x-3y}{6}=\dfrac{3(x+2y)-2(x-3y)}{12}=\dfrac{3x+6y-2x+6y}{12}=\dfrac{x+12y}{12}$

(3)　$-3x^2+18x-24=-3(x^2-6x+8)=-3(x-2)(x-4)$

(4)　$\dfrac{\sqrt{2}-1}{\sqrt{3}}\times\dfrac{\sqrt{2}+1}{\sqrt{6}}=\dfrac{(\sqrt{2}-1)(\sqrt{2}+1)}{\sqrt{18}}=\dfrac{2-1}{3\sqrt{2}}=\dfrac{1}{3\sqrt{2}}=\dfrac{\sqrt{2}}{6}$

(5)　家から体育館までの道のりをxmとすると，時間の関係から，$\dfrac{x}{70}=\dfrac{x}{280}+12$

両辺を280倍して，$4x=x+3360$　$3x=3360$　$x=1120$(m)

(6)　できる2けたの整数は，12, 13, 14, 21, 23, 24, 31, 32, 34, 41, 42, 43の12通り

そのうち，3の倍数になるのは，12, 21, 24, 42の4通り

よって，求める確率は，$\dfrac{4}{12}=\dfrac{1}{3}$

(7)　双曲線の式は$y=\dfrac{a}{x}$と表せる。グラフは，(4, −4)を通るので，これを式に代入すると，

$-4=\dfrac{a}{4}$　$a=-16$　よって，$y=-\dfrac{16}{x}$

(8)　$\dfrac{5\times3^2-5\times1^2}{3-1}=\dfrac{45-5}{2}=\dfrac{40}{2}=20$　よって，秒速20m

(9)　四角形OABCはひし形だから，$OA=AB=BC=CO$　$OA=OB$だから，△OABと△OBCはともに正三角形である。よって，$\angle AOC=60^\circ\times2=120^\circ$

ACに対する円周角より，$\angle ADC=120^\circ\times\frac{1}{2}=60^\circ$　$\angle OAD+\angle ADC+\angle OCD=\angle AOC$から，$\angle OAD+60^\circ+38^\circ=120^\circ$　$\angle OAD=120^\circ-98^\circ=22^\circ$

(10)　円の中心をOとすると，$\triangle ABC=\triangle OBC+\triangle OCA+\triangle OAB$

よって，$\triangle ABC=\frac{1}{2}ar+\frac{1}{2}br+\frac{1}{2}cr$

2　(統計ーグラフの作成)

基本　(1)　4回以上8回未満の階級から，$\frac{1}{(\text{全度数})}=0.05$　$(\text{全度数})=\frac{1}{0.05}=20$

よって，イは20　$\frac{2}{20}=0.1$からウは0.10　16回以上20回未満の階級の度数は，$20\times0.15=3$　よって，アは，$20-(1+9+3+2)=5$

(2)　横の長さが階級の幅，縦の長さが各階級の度数を表す長方形をかく。

(3)　8回以上12回未満の階級の相対度数は$\frac{5}{20}=0.25$

よって，$0.05+0.25=0.30$から，少ない方から見ると30％以内

(4)　$(\text{平均値})=\frac{(\text{階級値}\times\text{度数の合計})}{(\text{度数の合計})}$から，

$\frac{6\times1+10\times5+14\times9+18\times3+22\times2}{20}=\frac{280}{20}=14(\text{回})$

3　(図形と関数の融合問題ー動点，体積)

基本　(1)　1秒後，$PE=3\times1=3$，$EQ=1\times1=1$

よって，三角錐P－DEQの体積は，$\frac{1}{3}\times\frac{1}{2}\times6\times1\times3=3(\text{cm}^3)$

(2)　$0\leqq x\leqq4$のとき，$PE=3x$，$EQ=x$　よって，$y=\frac{1}{3}\times\frac{1}{2}\times6\times x\times3x=3x^2$

(3)　$4\leqq x\leqq8$のとき，$PE=12\times2-3x=24-3x$，$EQ=x$

よって，$y=\frac{1}{3}\times\frac{1}{2}\times6\times x\times(24-3x)=-3x^2+24x$

重要　(4)　三角柱ABC－DEFの体積は，$\frac{1}{2}\times6\times8\times12=288$　$288\times\frac{1}{8}=36$から，

三角錐P－DEQの体積が36になるときのxを求めればよい。

$0\leqq x\leqq4$のとき，$y=3x^2$に$y=36$を代入して，$36=3x^2$　$x^2=12$　$0\leqq x\leqq4$より，$x=\sqrt{12}=2\sqrt{3}$　$4\leqq x\leqq8$のとき，$y=-3x^2+24x$に$y=36$を代入して，$36=-3x^2+24x$

$3x^2-24x+36=0$　$x^2-8x+12=0$　$(x-2)(x-6)=0$　$4\leqq x\leqq8$より，$x=6$

よって，$2\sqrt{3}$秒後と6秒後

4　(平面図形の証明，計量問題ー三角形の相似の証明問題，平行線と線分の比の定理)

(1)　(証明)　△BEDと△BCAにおいて，共通な角だから，$\angle EBD=\angle CBA$…①

DE//ACより同位角は等しいので，$\angle BED=\angle BCA$…②

①と②から，2組の角がそれぞれ等しいので，△BED∽△BCA

(2)　ア)　DE//ACより，$EC:BE=DA:BD=8:3$　よって，$EC=22\times\frac{8}{11}=16(\text{cm})$

イ)　DE//GCより，$DG:GF=EC:CF=16:44=4:11$

ウ） GC:DE＝GF:DF＝11:15　GC＝11k，DE＝15kとおく。

DE:AC＝BD:BA＝3:11　15k:AC＝3:11から，$AC=15k\times\frac{11}{3}=55k$

AG＝55k－11k＝44k　よって，AG:GC＝44k:11k＝4:1

5 （規則性の文章問題）

基本 (1)　300cm→①$300\times\frac{1}{2}=150$→②$150\times\frac{1}{2}=75$→③$75\times\frac{1}{2}=37.5$→①$37.5\times\frac{1}{2}=18.75$
20cm未満になるので，18.75cm

(2)　192cm→①$192\times\frac{1}{2}=96$→②$96\times\frac{1}{2}=48$→③$48\times\frac{3}{4}=36$→①$36\times\frac{1}{2}=18$
4つの工程が行われるので，40秒かかる。

重要 (3)　機械が停止するまでに40秒かかったので，行われた工程は①→②→③→①である。
逆にたどって考えていく。18cm→①18×2＝36←③36×2＝72　または　$36\times\frac{4}{3}=48$
←72のとき，②72×2＝144　48のとき，②48×2＝96　または$48\times\frac{3}{2}=72$
←144のとき①144×2＝288　96のとき①96×2＝192　72のとき①72×2＝144
よって，288cm，192cm，144cm

★ワンポイントアドバイス★

3（4）は，xの変域に気を付けて，解答を導き出そう。

＜英語解答＞

【Ⅰ】 Part1　No.1　A　ウ　B　ア　No.2　A　ウ　B　エ
Part2　No.1　ウ　No.2　ア　No.3　ア

【Ⅱ】 問1　(1)　ウ　(2)　エ　(3)　イ　(4)　エ　問2　before［for,to］

【Ⅲ】 問1　学校で良い成績を取り，友人に恵まれ楽しい生活ができるようにという願い。
問2　several places　問3　エ→ウ→ア→オ→イ　問4　(1)　○　(2)　×
(3)　×

【Ⅳ】 (1)　エ　(2)　ア　(3)　エ　(4)　ウ　(5)　ア

【Ⅴ】 (1)　so that　(2)　he took　(3)　are,do　(4)　more difficult
(5)　We had

【Ⅵ】 (1)　useful　(2)　hungry　(3)　afternoon　(4)　hospital　(5)　kitchen

【Ⅶ】 ①　Have you ever heard of(about) SDGs ?
②　They say that no one on earth is left behind.
③　Why don't we learn about SDGs and act to change the future.

○推定配点○

【Ⅰ】 各2点×7　【Ⅱ】 各3点×4　【Ⅲ】 問4　各3点×3　他　各5点×3
【Ⅳ】 各2点×5　【Ⅴ】 各2点×5　【Ⅵ】 各3点×5　【Ⅶ】 各5点×3　計100点

＜英語解説＞

【Ⅰ】 リスニング問題解説省略。

【Ⅱ】 （会話文－語句補充・選択－進行形，不定詞）

（全訳） Kelly：はい，ユリ。ご機嫌いかがですか？

Yuri ：うーん，とても眠いわ。

Kelly：おお，どうしたの？昨夜，何をしていたの？

Yuri ：私は2時間，演劇の自分のパートを勉強していたの。それをすることはとても大変だったわ。

Kelly：演劇のあなたのパート？ $_{1}$どういうこと？

Yuri ：私たちは来月，文化祭で英語の演劇を行う予定なの。

Kelly：それはいいね！それのタイトルは何？

Yuri ：ピーター・パンよ。私はティンカー・ベルの役をする予定なの。

Kelly：わぁ，あなたは大観衆$_{ア}$の前で，それをする機会があるなんてラッキーね。

Yuri ：うん，そうだね。しかし演劇を準備するのは簡単ではなかったわ。

Kelly：おお，何かあった？

Yuri ：まず，新型コロナウイルスから身を守るために5日間，家にいたから一緒に練習する十分な時間をとれなかったわ。

Kelly：それは最悪だね。

Yuri ：$_{2}$だから今，とてもハードな練習をしているの。

Kelly：あなたならできるよ！

Yuri ：次に，一緒に練習している友達の何人かは，自分のパートを勉強するのに苦労しているわ。しかし，ALTのスミス先生は，彼らをとても助けてくれているわ。彼女は時々やってきて，アドバイスをくれるの。私たちは$_{3}$彼女と一緒に過ごせてとても幸せだわ。

Kelly：ユリ，あなたはすでに多くのことを学んでいるよ。

Yuri ：そうね，ケリー。私は文化祭まで待てないわ！

Kelly：私は来月，あなたの演劇を見るのを楽しみにしているわ。

Yuri ：ありがとう，ケリー。$_{4}$最善を尽くすわ。

問1 (1) （　）の後に，「来月の文化祭で英語劇を行う予定です」と述べられていることを考えると，劇のセリフの練習をする理由について質問するのが適当。

ア　なぜそれが好きなの？　　イ　なぜそれが難しかったの？

ウ　どういうこと？　　　　　エ　あなたは何を演じたいの？

(2) 次のセリフが「あなたならできる」と言っている。このセリフにつながる答え方を考える。

ア　それで，私たちは予定を変更するつもりなの。

イ　それで，私たちは明日劇場に行く予定なの。

ウ　それで，私たちは明日家で過ごす予定なの。

エ　それで，今私たちは一生懸命練習しているところなの。

(3) 英語のセリフを覚えるのに苦労している仲間に対して，Smith先生がうまくサポートしてくれていることに対してどんなコメントが適切かを考える。

ア　それを聞いてとても驚いている。

イ　彼女と一緒の時間を過ごせてとても嬉しい。

ウ　彼女に電話できてとても幸運です。

エ　彼女がとてもこわいです。

(4)「来月，あなたの劇を見るのを楽しみにしている」と話したKellyにお礼を言って，もう一言加えるとすればどんな言葉が適当かを考える。

ア　来月Smith先生にお会いする予定です。

イ　あなたと一緒に演劇を見に行くわ。

ウ　来月留学するの。

エ　最善を尽くしてみるわ。

問2　Peter Panを上演することと大勢の観客との間の関わりはどうなるのかを考える。劇は観客の前で上演するものであるから，その意味になるような語を想定した場合，前置詞のbefore,for,toなどが当てはまる。

【Ⅲ】（長文読解問題－内容吟味，指示語，文整序，要旨把握－接続詞，助動詞）

（全訳）日本ではますます多くの人が猫を飼い，猫の商品を持っている。猫ブームかもしれない。しかしながら，この猫ブームの前に，昔の人々は招き猫を持つことは縁起が良いと信じていた。この伝統的な陶器やプラスチックの装飾品は座っている白猫である。片方の前足を上げ，招くジェスチャーをしている。

招き猫は時々，単に「幸運の猫」と呼ばれる。招き猫が右足を上げているときは，「お金」をもたらす。左足を上げているときは，「人」と「幸せ」をもたらす。どちらもお客が来る店やレストラン，ホテルやその他の場所の入り口の近くでよく見られる。

伝統的な白猫に加え，最近はピンク色や緑色のものも売られている。色によって望みや願い事も違う。例えば，ピンク色は恋愛成就を願う人のためであり，緑色は学校での良い成績を願う人のためのものである。

招き猫の起源かもしれない場所もいくつかある。その一つは東京の世田谷区にある豪徳寺である。昔の言い伝えでは，ある高位の侍が豪徳寺のそばを歩いていた。<A>寺の門にいた一匹の猫が侍を寺に招き入れた。そして，その侍は猫について行って，寺に入っていた。寺で侍が休憩している間に危険な雷雨を避けることが出来た。その後，侍は寺にたくさんのお金を寄付した。それから，寺が発展することが出来た。このことから，縁起の良い招き猫が生まれたのだ。

最近は，豪徳寺で数多くの招き猫が見られる。人々は招き猫によって願いが叶ったと信じ，招き猫を買って寺にお供えする。招き猫のデザインの電車もある。寺の110周年を祝い，2017年に東京の東急世田谷線で「幸運の招き猫電車」が始まった。電車の正面には招き猫の顔がある。また，車内には猫の形のつり革があったり，猫の足跡が床にあったりする。

今では日本中に招き猫がある場所や店がある。招き猫は家族や友人にぴったりの贈り物である。あなたの優しさだけでなく，相手の夢や希望が叶うようにという想いも贈ることができる。

問1「あなたは友人に招き猫の飾りを買いました。それは緑色で左足を上げています。あなたは友達にどのような願いを込めていますか。」

本文に緑色は学校での良い成績の願い，また左足を上げているときは，「人」と「幸運」をもたらす，とある。

問2　one of them is Gotokuji Temple「その一つは豪徳寺である」。傍線部の前に，There are several places which may be the origin of maneki-neko. とあるので，その1つというのが「いくつかの場所」の1つ，すなわちseveral placesとわかる。

問3　＜　A　＞の前に，「ある高位の侍が豪徳寺のそばを歩いていた。」とあるので，その後は物語の筋が通るように並べていく。

ア　寺で侍が休憩している間に危険な雷雨を避けることが出来た。

イ　それから，寺が発展することが出来た。

ウ　それで，その侍は猫について行って寺に入っていた。

エ　寺の門にいた一匹の猫が侍を寺に招き入れた。

オ　その後，侍は寺にたくさんのお金を寄付した。

問4　(1)　緑やピンク色のものも売られていると第三段落にあるので一致する。(2)　豪徳寺は招き猫で有名ではあるが，本文には猫が飼われているという記載はないので不一致。(3)　東急世田谷線では招き猫のデザインの車両に乗ることが出来る。本文に招き猫のストラップが購入できるという記載はないため不一致。

【Ⅳ】（語句補充・選択－接続詞，進行形，関係代名詞，前置詞）

(1)「私はジュンコの姉妹を知っているけれど，母は彼女達のことを知りません。」複数形の目的格の代名詞が適当。

(2)「その男の子は鞄の中に2，3冊の本を持っています。」books は可算名詞なので，ア few が適当。

(3)「彼らが学校に着いた時，外は雨が降っていました。」雨が降っていた時という過去のある地点を表すので，エ arrived が適当。

(4)「私がそこで見た男性は親切だった。」目的格の関係代名詞なので who が適当。

(5)「私達の学校は朝8時30分に始まります。」時刻を表す前置詞なのでア at が適当。

【Ⅴ】（書き換え－接続詞，関係代名詞，進行形，比較）

(1)「お茶はとても熱かった。私はそれを飲めなかった。」という文を「お茶はとても熱くて飲めなかった。」に書き換える。文全体の内容を so that を用いて表現する。

(2)「彼によって撮られた写真を見なさい。」という文を「彼が取った写真を見なさい。」に書き換える。過去分詞を用いた形を「主語＋動詞」の形の後置修飾に変える。

(3)「春休みのあなたの計画は何ですか。」という文を「春休みの間に何をする予定ですか」という文に書き換える。"plan" という語から "be going to ～" という表現を導く。

(4)「この本はあの本よりも簡単だ。」という文を "That book" を主語にして「あの本はこの本よりも難しい。」と書き換える。"difficult" の比較級は "more difficult"。

(5)「先週，私達の家の周りにはたくさん雪があった。」という文の主語を書き換える。"There was" は "We had" と同意である。

【Ⅵ】（語句補充－接続詞）

(1)「インターネットは本当に（ ）だ。多くのことを調べることができる。」。インターネットは「便利だ，役に立つ」の意味の言葉を入れるのが適当。

(2)「その男の子はとても（ ）であった。そして全てのゆで卵を食べた。」。全てのゆで卵を食べたことから，おそらく空腹であったと想定できる。

(3)「わたしの祖母は朝とても早く起きる。そして（ ）に短い睡眠をとる。」。「午後に」の意味の afternoon が適切である。

(4)「私の兄(弟)は具合が悪かった。なので，母が昨日( )に連れて行った。」。「具合が悪かった」とあるので，病院を表す hospital が適切。

(5)「( ) に行って冷蔵庫の中から牛乳を1本見つけてください。」。「冷蔵庫」とあるので，台所であると想像できる。

【Ⅶ】（条件英作文，文整序－現在完了，接続詞，受動態，不定詞）

① 日本文を読み，「聞いたことがありますか」という表現から，経験を表す現在完了である。「～について聞く」は hear of ～か hear about ～を使う。

② 「誰一人残さない」には，leave ～ behind「～を置き去りにする」を使い，それを受動態で使う。

③ 日本語の「～してみませんか」という表現から「提案や勧誘」を表す Why don't we ～？や How about ～？を使う。「未来を変える行動」は不定詞を使って act to change the future とする。

★ワンポイントアドバイス★

文法問題は中１・中２で学習する範囲が数多く出題されているので，復習してその英文法を理解しておこう。また英作文にも，熟語や英文法が幅広く使われていることから，それぞれどれを用いるのか十分に考えてから，取り組む練習をしておこう。

＜理科解答＞

[1] (1) 6N　(2) 1500Pa

(3) 物体Yに浮力がはたらくため，面Aの位置は破線よりも上になる。

(4) 8cm　(5) 18cm　(6) ① 0.8N　② 6.5cm

[2] (1) オ　(2) 水素　(3) ① あ 電圧　い （化学）電池　② c　③ b

④ 下線部お Zn → Zn^{2+} ＋ $2e^-$　下線部か $2H^+$ ＋ $2e^-$ → H2

⑤ 亜鉛板 小さくなった　銅板 変わらない

⑥ （例）（イオン化傾向の差が大きくなるように）金属板の組み合わせを変える。

[3] (1) アミラーゼ　(2) A 肺　B 肝臓　(3) a,d,f,i

(4) ① b　② h　③ g　(5) オ　(6) ① 120倍　② 180L

③ 178.5L

[4] (1) （雲量は）空全体に占める雲の割合で，0～10で表される。　(2) ア　(3) 西

(4) 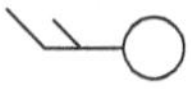　(5) ① 4.2g　② ウ

○推定配点○

[1] 各3点×7　[2] 各3点×11

[3] (1)・(2) 各2点×3　(3)～(6) 各3点×8（(3)完答）

[4] (1)・(4)・(5) 各3点×4　(2)・(3) 各2点×2　計100点

＜理科解説＞

[1] （力・圧力）

重要 (1) 100gの物体にはたらく重力の大きさを1Nとしているので，600gの物体Yにはたらく重力の大きさは6Nとなる。

基本 (2) 面Aの面積は0.05(m)×0.08(m)＝0.004m^2なので，水槽の底面にはたらく圧力は6(N)÷0.004(m^2)＝1500(Pa)である。

基本　(3)　水槽に水を入れていくと，物体Yに浮力がはたらくため，面Aの位置は破線よりも上になる。

基本　(4)　図3のグラフを見るとばねの長さが短くなり始めたのが，水槽の底面から水面までの高さが8cmのところなのでこのとき，物体Yの面Aが水面と接触したと考えられる。よって，水槽に引いた破線の底面からの高さhは8cmである。

基本　(5)　図3のグラフを見ると，水槽の底面から水面までの高さがa以降ばねXの長さが変わっていないことから，aの段階で物体Yがすべて水に入ったことがわかる。物体Yの高さは面Aを下にしたとき10cmなので，aの値は8(cm)＋10(cm)＝18(cm)である。

やや難　(6)　①　図3から物体Yが水中に10cm沈むとばねXの長さが5cm短くなることがわかる。また，水槽の底面から水面までの高さが10cmのとき，物体Yは水中に10(cm)－8(cm)＝2(cm)沈んでいる。よって，ばねXの長さは，10(cm)：5(cm)＝2(cm)：x(cm)より，1(cm)短くなる。

表より，おもり1個（2N）でばねXは20.0(cm)－17.5(cm)＝2.5(cm)変化することがわかる。よって，ばねXが1cm短くなる時の浮力の大きさは2(N)：2.5(cm)＝x(N)：1(cm)より，0.8Nである。

やや難　②　表から，ばねXの元の長さは17.5(cm)－2.5(cm)＝15(cm)であることがわかる。①のときのばねXの長さは22.5(cm)－1(cm)＝21.5(cm)なので，このときのばねXの伸びは21.5(cm)－15(cm)＝6.5(cm)である。

重要　2　（電気分解とイオン）

(1)　蒸留水，食塩水，砂糖水，エタノール水のうち，電解質の水溶液は食塩水だけである。電解質の水溶液にはイオンが存在し，そこに2種類の金属板を入れると電流を流すことができる。

(2)　塩酸と亜鉛が反応すると水素が発生する。

(3)　①　電解質の水溶液に2種類の金属板を入れて導線でつなぐと電圧が生じる。このような化学変化によって電流を取り出す仕組みを持つものを（化学）電池という。

②　2種類の金属のうち，イオン化傾向の大きい金属が－極になる。銅と亜鉛では亜鉛の方がイオン化傾向が大きいので，亜鉛板が－極，銅板が＋極となる。

③　電子は－極（亜鉛板）から＋極（銅板）に流れる。電流は電子とは逆に＋極（銅板）から－極（亜鉛板）に流れる。

④　下線部お　亜鉛板の表面では亜鉛原子が電子を2個失って亜鉛イオンとなり，うすい塩酸に溶けだす。これをイオン式にすると，$Zn \rightarrow Zn^{2+} + 2e^-$となる。電子は導線を通って＋極（銅板）に流れる。

下線部か　＋極となった銅板の表面には水溶液中の水素イオンが導線から流れてくる電子を1個受け取って水素原子となる。この水素原子2つがくっついて水素となる。これをイオン式にすると，$2H^+ + 2e^- \rightarrow H_2$となる。

⑤　亜鉛板は亜鉛原子が電子を失って亜鉛イオンとなり，うすい塩酸にとけるため，質量が小さくなる。

銅板の表面では水溶液中の水素イオンが電子を受け取って水素になる反応がおこるだけなので，銅板自体の質量は変化しない。

基本　⑥　模範解答の他に，金属板を大きくする，電解質水溶液を濃くする，水溶液を温めるなどがある。

重要 [3] （ヒトの体のしくみ）

(1) だ液に含まれる消化酵素はアミラーゼである。

(2) Aは心臓と血液のやり取りをしているので肺である。Bは有害なアンモニアを無害な尿素に変える働きをしているので，肝臓である。

(3) 心臓から送り出される血液が流れる管を動脈という。

(4) ① 血液中に含まれる酸素の割合が最も大きいのは，肺から心臓に向かう血管bである。

② 血液中に含まれる尿素の割合が最も小さいのは，腎臓を通った後の血管hである。

③ 食後は，小腸で吸収した栄養分が肝臓に運ばれるので，食後しばらくして養分が最も多く含まれているのは，血管である。

(5) アンモニアは窒素と水素で構成される。

(6) ① 14.4(mg/mL) ÷ 0.12(mg/mL) ＝ 120(倍)

やや難 ② 血しょう中のイヌリンの濃度が尿中では120倍になっていることから，1日の尿量は1.5(L) × 120 ＝ 180(L) である。

やや難 ③ ろ過された液体が180Lで，排出される尿量が1.5Lなので，再吸収される液体は180(L) － 1.5(L) ＝ 178.5(L) である。

[4] （ヒトの体のしくみ）

重要 (1)・(2) 雲量は空全体に占める雲の割合であり，雲量が0～1は快晴，2～8は晴れ，9～10はくもりである。

重要 (3) 風は校舎（西側）から川（東側）に向かって吹いている。よって，風は西風である。

重要 (4) 風向は西なので，西から東に向けて丸の位置まで線を引く。風力2なので，風力は円から見て右側に2本の線を書く。

基本 (5) ① 土曜日の夜中の川面のすぐ上部にある水蒸気量は，12.1(g/m^3) × 0.95 ＝ 11.495(g) である。日曜日の朝の気温は6℃なので，凝結した水滴は11.495(g) － 7.3(g) ＝ 4.195(g) より，4.2gである。

やや難 ② 日曜日の正午に空気中に含まれる水蒸気量は19.4(g) × 0.7 ＝ 13.58(g) である。土曜日の夜中と比べると，気温は上がり，湿度は下がっているが，空気中に含まれている水蒸気量は増えている。

★ワンポイントアドバイス★

やさしい問題と難度の高い問題を見抜き，やさしい問題から解いていこう。

＜社会解答＞

[1] 1 佐賀　2 (1) 減災　(2) イ　(3) エ　3 (1) ウ　(2) カルデラ　(3) 地熱発電　4 ウ　5 (1) イ　(2) シラス台地　6 (1) 過疎　(2) （例） SNSを用いて，地域の特産品をPRする。　7 (1) グローバル化　(2) エ　(3) ウ

[2] 1 イ　2 ア　3 かな文字　4 天皇にふさわしい后になるため　5 ウ　6 (1) ウ　(2) フランシスコ・ザビエル　(3) エ　7 朱子学　8 寺子屋　9 ウ　10 教育基本法　11 （例） ボランティア活動に参加する

3　1　イ　　2　公債［債券］　　3　ア　　4　ウ　　5　年功序列賃金　　6　日照権など
7　日米安全保障条約　　8　エ　　9　（例）大きな政府のように政府の役割が大きいと，行政が企業に任せるべき仕事まで行ってしまうことになるから　　10　住民投票
11　社会福祉　　12　エ　　13　情報モラル　　14　男女共同参画社会基本法　　15　イ

○推定配点○

1　3(3)・7(1)　各3点×2　　6(2)　4点　　他　各2点×12
2　4・10・11　各4点×3　　他　各2点×10
3　5・6・9・14　各3点×4　　他　各2点×11　　　計100点

＜社会解説＞

1　（日本の地理－九州地方の自然，産業，観光など）

基本　1　佐賀県は，九州地方の北西部に位置する。県庁所在地は佐賀市。福岡県との県境には，九州地方を代表する米の産地である筑紫平野が広がる。

重要　2 (1)　1995年の阪神・淡路大震災や，2011年の東日本大震災を経て提唱されるようになった考え方である。災害を完全になくすことは困難であるため，災害が発生することを前提として，その被害を最小限にとどめるための取り組みや具体的な行動を取ることが求められる。

(2)　エは「自助」を説明する文章である。「共助」とは，住民同士が協力して助け合う行動のことをさす。

やや難　(3)　2018年7月の西日本豪雨災害で甚大な被害を受けた広島県坂町では，111年前に起きた大水害の被災状況を伝える石碑が現地に建立されていたものの，地域住民にその伝承内容が十分に知られていなかった。これを踏まえ，2019年，国土地理院は，自然災害伝承碑を表す新たな地図記号を制定した。本文中の地図における「自然災害伝承碑」は，川沿いにあることを示しているが，1953年に発生した西日本水害を後世に伝えるものである。選択肢アは針葉樹林，イは果樹園，ウは竹林の地図記号である。

基本　3 (1)　九州地方には，他に阿蘇山，雲仙岳（普賢岳）霧島山などの火山がある。

(2)　阿蘇山のカルデラは，世界最大級である。カルデラの中に広がる平野には約15万人の人々が暮らしている。

重要　(3)　地下の地熱エネルギーを使うため，枯渇する心配がなく，再生可能エネルギーとして注目されている。

基本　4　ブロイラーの飼育数が最も多いのは宮崎県，次いで鹿児島県であり，豚の飼育数が最も多いのは鹿児島県，次いで宮崎県である。宮崎県の地鶏や，鹿児島県の「かごしま黒豚」など，各地で食肉のブランド化を図る動きが進んでいる。

基本　5 (1)　ビニールハウスや温室を利用して，農作物をほかの地域よりも早い時期に栽培・出荷する方法である。夏野菜を，市場で出回る量が少ない冬から春にかけて出荷することで，高い価格で販売することができる。アの抑制栽培は，生長を遅らせる工夫をした栽培方法，ウの早期栽培は，主に稲作において，人工的な方法により普通期よりも作期を早める栽培方法，エの露地栽培は，ビニールハウスなどの施設を使わずに露天の畑で栽培する方法である。

基本　(2)　第二次世界大戦後，食料を増産するためにシラス台地の開発が進められた。鹿児島県の笠野原では，ダムや農業用水を整備することによって，それまで栽培の中心であった

さつまいもに加え，野菜や茶などの収益の多い作物の栽培や，飼料用作物の栽培とあわせた畜産がさかんに行われるようになった。

重要 6 (1) 山地や離島から，進学や就職のために都市部へ移り住む人が増えたことや，少子高齢化の影響で，過疎化が進んでいる地域が各地にみられる。逆に，東京などの大都市圏では，人口が集中することで過密となり，通勤時間帯のラッシュやごみの増加など，さまざまな都市問題が発生してきた。

(2) 「空き家を活用し，定住希望者のための宿泊施設を設ける」「地域の観光名所をめぐるスタンプラリーができるアプリを開発する」など。

基本 7 (1) グローバル化の進展とともに，国籍や民族，宗教などの異なる人々が，互いの個性や文化を尊重していく多文化共生が求められている。

(2) 日本は東アジアに含まれる。アのインドは南アジア，イのベトナムとウのフィリピンは東南アジアに分類される。

重要 (3) 2020年現在，中国の人口は世界で最も多い。アは「内陸部」ではなく「沿海部」である。経済的な優遇措置が設けられた経済特区には，日本企業をはじめ外国企業が次々に進出した。イは「世界の市場」と「世界の工場」の順が逆である。経済の発展に伴って収入の多い人が増え，輸出向けだった家電製品や自動車などが国内向けに生産されるようになった。エは「畑作」と「稲作」の順が逆である。

2 （日本の歴史－古代から現代までの文化，政治，教育など）

基本 1 イの稲荷山古墳出土の鉄剣は，1968年に出土した古墳時代のもの。「辛亥年…獲加多支鹵大王…」の銘文があることから，古墳時代5世紀末（辛亥年=471年）には漢字が使用されていたことがわかる。

2 イの天平文化は8世紀聖武天皇の時代を中心とした奈良時代の文化。ウの国風文化は唐風文化の消化の上に日本風（国風）の文化が生まれた摂関政治時代を中心とする文化。エの元禄文化は江戸時代前期の文化。

基本 3 かな（仮名）文字は，平安時代の初めごろから広まった文字。漢字の草書体からひらがな，漢字のへんやつくりからカタカナが作られた。

4 藤原道隆の娘の定子の家庭教師についたのが清少納言，藤原道長の娘の彰子の家庭教師をつとめたのが紫式部。道隆と道長は兄弟でもあり，同時に天皇に次ぐ地位を争うライバルでもあった。自分の娘を天皇にふさわしい后にさせることは自分の地位を作ることにもつながっている。

基本 5 資料Ⅰの『一遍上人絵伝』は，時宗の開祖である一遍の生涯を描いた絵巻である。

6 (1) 南蛮貿易は，16世紀中頃から17世紀初期までポルトガル人やスペイン人との間で行われた貿易をいう。アの日宋貿易は平安後期，イの日明貿易は室町時代，エの朱印船貿易は安土桃山～江戸時代に行われた。

基本 (2) フランシスコ・ザビエルは，1549年に鹿児島に上陸し，1551年まで鹿児島，山口で布教活動をしていた。

(3) アの津田塾大学は津田梅子，イの慶應義塾大学は福沢諭吉，ウの早稲田大学は大隈重信によって創設された。

7 1790年に松平定信が「寛政異学の禁」によって儒学のうち朱子学を正学とし，それ以外は異学として聖堂学問所で教授することを禁止した。

基本 8 寺子屋は，庶民の教育機関。僧侶・浪人・神官・医師などが教師となって町人や農民の子供に読み・書き・そろばんなどの日常生活に必要な知識を教えた。

9　1878年の就学率は，男子は約58%，女子は約24%であつた。

10　教育基本法は，9年間の義務教育，男女共学などが規定された。

11　地域の福祉施設や社会教育施設等での様々なボランティア活動，また，地域の文化・スポーツ行事，防災や交通安全など有意義な社会的活動への参加・協力，さらに，学校間の交流，幼児や高齢者との交流，障害のある人々などとの交流及び国際交流活動などが考えられる。

3　（公民－政治の仕組み，経済，情報化社会，時事問題など）

基本　1　アは，内閣総理大臣の国務大臣の任命については，過半数は必ず国会議員から選ばれるが，その条件を満たせば民間からも任命できる。ウは，憲法改正の発議を行うのは内閣総理大臣ではなく，国会である。エは，国民審査は，国民が最高裁判所の裁判官が適任が否かを審査する制度である。

重要　2　税金だけでは必要な収入をまかなえない場合，国の場合は国債を，地方公共団体の場合は地方債を発行する。

重要　3　デフレーションとは，不景気のときは供給量が需要量を上回り，物価が下がって通貨の価値が上がることをいう。

基本　4　社会権には，生存権，教育を受ける権利，勤労の権利，労働基本権などがある。

5　日本の労働環境としては，年功序列賃金と終身雇用制が一般的であったが，このような労働のあり方は，近年大きく変化しつつある。

基本　6　環境権の具体例としては，日照権，静穏権，景観権，眺望権，嫌煙権など様々なものが想定される。

基本　7　日米安全保障条約は，サンフランシスコ平和条約と同時に締結された。

8　ア～ウは，東日本大震災の影響である。エは，新型コロナウィルス感染拡大の影響で，2020年から日本の社会に多く導入されてきた。

重要　9　19世紀半ばまでのヨーロッパやアメリカには，政府の役割を安全保障や治安の維持などの最小限にとどめようという考え方が中心で，これを小さな政府という。これに対して，現代では，政府は人々の生活を安定させるため，社会保障や教育，雇用の確保など，さまざまな仕事を行うべきだとする考え方が大きな政府である。政府の仕事が広がるにつれて，行政がになう役割が拡大し，行政の役割大きくなりすぎると，企業などに任せるべき仕事まで行ってしまうことが問題視されている

やや難　10　大阪都構想の住民投票では，反対が賛成を上回り，大阪都構想の実現には至らず，それまでの大阪市が存続することになった。

基本　11　日本の社会保障制度の四つの柱とは，社会保険，公的扶助，社会福祉，公衆衛生である。

重要　12　アとイは日本銀行が行う政策であり，これは金融政策である。財政政策とは，政府が行う景気安定のための政策であり，加熱している景気を抑えるためには，市場に出回っている資金量を減少させなければならないのでエとなる。

13　情報を正しく活用する力をメディアリテラシーといい，情報を正しく利用していく態度は情報モラルである。

14　男女共同参画社会基本法は，男性も女性も対等に社会に参画し活動できる男女共同参自社会を創ることが求められている。

15　消費者の四つの権利とは，安全を求める権利，知らされる権利，選択する権利，意見を反映させる権利である。

★ワンポイントアドバイス★

問題数など昨年度と大きな変化はない。問題のリード文は，昨年度の世界，日本で起こったことを題材にしている。時間が50分なので解きなおしの余裕は出てくると思われる。誤字など注意するように。

＜国語解答＞

[一]　問一　①　膨大　②　一瞬　③　備（えた）　④　駆（ける）　⑤　避（ける）
問二　（終止形）知る　（活用の種類）五段活用　問三　ゴムの木　問四　Ⅰ　エ　Ⅱ　ア　問五　（例）（インターネットは）最初の手がかりがなければ利用することができない点。　問六　現実の世界にある物　問七　d　問八　エ　問九　オ　問十　最初…コンピュー最後…いうこと。　問十一　（例）管理したい物に電子のタグを付けて自動認識したらよい。　問十二　イ　問十三　エ

[二]　問一　①　原稿　②　たな　③　一軒家　④　動揺　⑤　こいき
問二　ふんだんな　問三　（例）フィットネスクラブに通うことを家族に反対されたという経験。　問四　行きたいところはどこだって行ける　問五　エ　問六　気の毒なほど腰が低い様子。　問七　何でもかん　問八　非現実的　問九　オ　問十　ア　問十一　ウ　問十二　エ　問十三　イ

○推定配点○

［一］　問一　各2点×5　問五　4点　他　各3点×13（問十完答）
［二］　問一　各2点×5　問三　4点　他　各3点×11　計100点

＜国語解説＞

[一]　（論説文－漢字の書き取り，用法，脱文・脱語補充，接続語の問題，内容吟味，語句の意味，指示語の問題，大意・要旨）

問一　①　「膨大」とは，非常に大きいこと。または多量なこと。　②　「一瞬」とは，一度またたきをするほどの，きわめてわずかな時間。　③　「備える」とは，物事に応じて行動ができるよう準備すること。　④　「駆ける」とは速く走る，疾走するなどの意味。　⑤　「避ける」とは何かをすることを控える，接触がないままでいるという意味。

問二　「知り」は終止形「知る」のラ行五段活用の連用形である。

問三　［X］の前後に「この木がゴムの木の一種じゃないだろうか」「世界中のゴムの木の写真や，葉っぱや幹の特徴を，画面に呼び出せる」とあることから，共通している言葉は「ゴムの木」である。

問四　Ⅰ　情報のより具体的な入力方法についてまで，［Ⅰ］の後では述べられている。　Ⅱ　［Ⅱ］の前では，「より正確かつ絞り込まれた的確な情報が得られるはず」としているのに対し，後では，「この木について，まったく何のヒントもなかったとしたら」と逆のことを言っているので，逆接の接続詞が入る。

問五　インターネットの弱点についてまとめる問い。傍線部の後に，「最初のたった一つの手

がかりがなければ利用することは出来ないのです。」とある。

問六　「何と情報とを対応づけているのか」を答える。傍線部の前に「『情報の世界』と，私たちが暮らしている現実の空間とは，実はまったく切り離されたもので，その二つの世界を対応させているのはまさに人間なのです。」とあり，その内容を「十字以内」という文字数でまとめる。

問七　個数の内容に合わせてみると，【d】の前に「製品在庫がいくつあるかということはコンピュータですぐ調べられる」とある。また，その数が380個入っているという文章の流れと合うことから，【d】に入れるのが適当。

問八　「周知」とは世間一般に広く知れ渡っていること。また，広く知らせること。

問九　在庫管理を例に考えた時，コンピュータによる管理が完全ではない理由として「正しくないもの」を選択する。「棚卸し」をした後，実際に在庫が何個あるのかを調べることにより，コンピュータのデータを修正するので，理由として不適当。

問十　傍線部の前の段落で，コンピュータのデータ≠現実であることが述べられている。

問十一　「在庫管理を例に考えた時，具体的にどうしたらよいか」を考える。傍線部の後に，「管理したい物に小さな電子のタグを『荷札』として付けて，それを倉庫の入り口で自動認識することが出来れば，今倉庫の中に何が何個入っているかは自動的に分かるようになります。」と，在庫管理への具体的な対策方法について述べている。

問十二　現実の世界がコンピュータにより完全認識されるとどうなるのかを考える。コンピュータ完全認識にすることによって，人間による誤った判断が生じることはなく，またコンピュータによるオートマティックが進むことによって，人間社会をコンピュータが助けることになり，作業がよりスムーズになることを示している。

問十三　本文の「技術というのは，その特質をよく理解してこそ本当に使いこなすことが出来ます」という部分を根拠に考える。

[二]　（物語文－漢字の読み書き，語句の意味，内容吟味，指示語の問題，脱文・脱語補充，心情，大意・要旨）

問一　①「原稿」とは，印刷・公表するもののもとになる文章・書画・写真など。特に，その目的で文章を書いたもの。　②「棚」とは，物をのせておくために板を横に渡したもの。また植物のつるを広くはわせるため，木や竹を組んで高い所にかけ渡したもの。　③「一軒家」とは，長屋や集合住宅でなく独立した家屋。　④「動揺」とは，ゆれ動くこと。また心や気持ちがゆれ動くこと，社会などが秩序を失い乱れること。　⑤「小粋」とは，どことなく粋なこと。洗練されていること。また，こましゃくれているさま。

問二　「旺盛な」とは，活動力が非常に盛んであること。簾越しにも庭に緑が多く，自然一杯に囲まれている様子が分かる。また，次の行にある「周囲はふんだんな自然に恵まれている」と同義であることを読み取る。

問三　傍線部の後に，「家族が難色を示していたのは，主に『その年で水泳なんて，危険すぎる』という理由からだったが，最後まで反対していた愛一郎も」とあることから，家族は静子がフィットネスクラブに行くことを快く思っていない所があるので，何か言われる前に席を外した様子が窺える。

問四　傍線部の前に，住居地の不便さとそれを軽視していた愛一郎の思いに対して，静子は交通手段の意外な便利さに気づいたことが述べられている。

問五　傍線部の後に，「私は，もう，どこだって行ける生きものに生まれ変わったんだもの」とあることから，前部分の反対意見を納得させたことは当然だと思っている。

問六　傍線部の「売れない漫才師」は比喩的な表現。なぜそのように思ったのかを，傍線部の前から抜き出す。

問七　傍線部の後に，「町内会のバス旅行にうんざりしたのは，何でもかんでも決められた通りにしなければいけなかったから」とバス旅行を一回かぎりにした理由が述べられている。

問八　傍線部の後に「静子にとって，水中は，この世のものではない天候，みたいなものだった。晴れでも曇りでも雨でも雪でもない，非現実的な空」とある。問題文では「～な空間」とあるので，それに合うように言葉を抜き出す。

問九　コーチが「たいへんけっこうですよー。」とほめている。また[I]の前に「イルカ飛びの一連の動作をする」とあることから，イルカの動きをしたことでコーチがほめたので，それに合う選択肢を選ぶ。

問十　「すかさず」とは機を逸することなく，直ちに対応して行動するさま。また，間をおかずにすぐさま。

問十一　「知る由もない」とは，知るための手掛かりも方法もないという意味。

問十二　傍線部の前に，「濡れた場所から乾いた場所へ入るときは，体の水気を拭わなければならないことくらい，三歳の頃から知っている」とあり，また本文冒頭の「ばか」を広辞苑で調べたことと関連しているので，その2つの事柄から読み取る。

問十三　「もともと，水が大の苦手だった」静子が，家族の心配をよそに水泳に挑戦し「水中の魅力にすっかりとらわれて」いくこと，「行きたいところは，どこだって行ける」と思っている様子から，静子の人となりを考える。

★ワンポイントアドバイス★

論説文は指示語や接続語，脱文補充の問題を多く練習しよう。また，物語文は登場人物の心情などを丁寧に読む，物語の大意をつかめるような問題に取り組もう。

B日程

2021年度

解答と解説

《2021年度の配点は解答欄に掲載してあります。》

＜数学解答＞

[1] (1) -225　(2) $\frac{-11x+60y}{56}$　(3) $-\frac{5\sqrt{6}}{7}$　(4) $x=2\pm2\sqrt{3}$

(5) k=2　(6) $\frac{3}{2}$　(7) 6000円　(8) ⑤　(9) $75\pi\,\mathrm{cm}^2$

(10) $\frac{1}{8}$

[2] (1) $9a$　(2) -2　(3) $a=1$　(4) $(6,0)$, $(-18,0)$

[3] (1) 解説参照　(2) 30度　(3) $3\sqrt{3}$cm　(4) $\frac{9\sqrt{3}+9\sqrt{7}}{2}\mathrm{cm}^2$

[4] (1) 4点, 5点, 6点　(2) (ア) $x=0$　(イ) $y=6$, $z=3$

[5] (1) $\sqrt{5}$cm　(2) $\sqrt{6}$cm　(3) $\frac{3\sqrt{2}}{2}$cm　(4) $\frac{\sqrt{6}}{3}$cm　(5) $\frac{\sqrt{6}}{3}$

○推定配点○

[1] 各3点×10　[2] (1)～(3) 各4点×3　(4) 6点

[3] (1) 6点　(2)～(4) 各4点×3　[4] 各4点×3　[5] (1)～(4) 各4点×4

(5) 6点　計100点

＜数学解説＞

基本 [1] （数・式の計算，平方根の計算，方程式，平方数，変化の割合，方程式の応用問題，図形の性質，表面積，確率）

(1) $(-5)^3+(-5)^2-5^3=-125+25-125=-225$

(2) $\frac{3x+4y}{7}-\frac{5x-4y}{8}=\frac{8(3x+4y)-7(5x-4y)}{56}=\frac{24x+32y-35x+28y}{56}=\frac{-11x+60y}{56}$

(3) $\frac{\sqrt{24}}{49}-\sqrt{6}=\frac{2\sqrt{6}}{7}-\sqrt{6}=\frac{2\sqrt{6}-7\sqrt{6}}{7}=-\frac{5\sqrt{6}}{7}$

(4) $(x+1)(x-2)=3(x+2)$　$x^2-x-2=3x+6$　$x^2-4x-8=0$　二次方程式の解の公式から，$x=\frac{-(-4)\pm\sqrt{(-4)^2-4\times1\times(-8)}}{2}=\frac{4\pm\sqrt{52}}{2}=\frac{4\pm2\sqrt{13}}{2}=2\pm\sqrt{13}$

(5) $72=2^3\times3^2=(2\times3)^2\times2$　よって，k=2

(6) $y=\frac{1}{2}x^2$に$x=-2$，5を代入して，$y=\frac{1}{2}\times(-2)^2=2$，$y=\frac{1}{2}\times5^2=\frac{25}{2}$

(変化の割合)$=\frac{(y\text{の増加量})}{(x\text{の増加量})}$から，$\left(\frac{25}{2}-2\right)\div\{5-(-2)\}=\frac{21}{2}\div7=\frac{3}{2}$

(7) 商品Aの定価をx円とすると，$x\left(1-\frac{3}{10}\right)\times\frac{1}{2}=2100$　$x=2100\times\frac{20}{7}=6000$(円)

(8) 2組の対角がそれぞれ等しいのは平行四辺形，1組の対辺が平行であるのは台形，対角線が垂直で交わるのはひし形，対角線の長さが等しいのは長方形である。

(9) 半径rの球の表面積は$4\pi r^2$であるから，求める半球の表面積は，$4\pi\times5^2\times\frac{1}{2}+\pi\times5^2=75\pi$ (cm^2)

(10)　3枚の硬貨の表裏の出方は全部で，$2\times2\times2=8$(通り)　そのうち，表の出た硬貨の金額が6円になるのは，(10円, 5円, 1円)＝(裏, 表, 表)の1通り　よって，求める確率は$\frac{1}{8}$

2 (図形と関数・グラフの融合問題)

基本 (1)　$y=ax^2$に$x=3$を代入して，$y=a\times3^2=9a$

(2)　BC:CA＝2:3で点Aのx座標は3だから，点Bのx座標の絶対値は2になるから-2

(3)　$A(3, 9a)$　$a\times(-2)^2=4a$から，$B(-2, 4a)$　$\frac{9a-4a}{3-(-2)}=\frac{5a}{5}=a$から，直線$\ell$の傾きは$a$　直線ℓの式を$y=ax+b$として点Aの座標を代入すると，$9a=3a+b$　$b=6a$

よって，直線ℓの式は，$y=ax+6a$　$C(0, 6a)$　$\triangle OAB=\triangle OCB+\triangle OCA=\frac{1}{2}\times6a\times2+\frac{1}{2}\times6a\times3=6a+9a=15a$　$\triangle OAB=15$だから，$15a=15$より，$a=1$

重要 (4)　$a=1$より，直線ℓの式は$y=x+6$　△QABの面積が△OABの面積の2倍になるようにするには，共有する辺ABを底辺として，△QABの高さを△OABの高さの2倍にすればよい。y軸上にCD＝2COとなる点Dをとると，$D(0, -6)$, $(0, 18)$　点Dを通り直線ℓに平行な直線上にQをとると，△QAB＝2△OABとなる。$y=x-6$，$y=x+18$に$y=0$を代入して，$x=6$，$x=-18$　よって，点Qの座標は，$(6, 0)$, $(-18, 0)$

3 (平面図形の証明と計量問題－三角形の相似の証明，円の性質，角度，三平方の定理，面積)

(1)　△BCDと△BEAにおいて，BCに対する円周角だから，∠BDC＝∠BAE…①

半円の弧に対する円周角だから，∠BCD＝90°　仮定から，∠BEA＝90°

よって，∠BCD＝∠BEA…②

①と②から2組の角がそれぞれ等しいので，△BCD∽△BEA

(2)　$\overset{\frown}{BC}$に対する中心角は，$360^\circ\times\frac{1}{3}=120^\circ$　円周角の定理から，$\angle BAC=120^\circ\times\frac{1}{2}=60^\circ$

△ABEの内角の和の関係から，$\angle ABE=180^\circ-90^\circ-60^\circ=30^\circ$

(3)　△ABEは∠ABE＝30°の直角三角形だから，$BE=AB\times\frac{\sqrt{3}}{2}=6\times\frac{\sqrt{3}}{2}=3\sqrt{3}$(cm)

重要 (4)　$AE=AB\times\frac{1}{2}=6\times\frac{1}{2}=3$　$BD=4\times2=8$　△BDCは∠DBC＝30°の直角三角形だから，$BC=8\times\frac{\sqrt{3}}{2}=4\sqrt{3}$　△BCEにおいて三平方の定理を用いると，$CE=\sqrt{BC^2-BE^2}=\sqrt{(4\sqrt{3})^2-(3\sqrt{3})^2}=\sqrt{21}$　よって，$\triangle ABC=\frac{1}{2}\times AC\times BE=\frac{1}{2}\times(3+\sqrt{21})\times3\sqrt{3}=\frac{9\sqrt{3}+9\sqrt{7}}{2}$(cm^2)

4 (連立方程式の応用問題)

基本 (1)　1回目は百合さんが勝ったので，紫さんは得点をもらえない。2回目は百合さんが3で負けているので，紫さんの目は4か5か6　よって，紫さんが獲得した得点は，4点か5点か6点

(2)　(ア)　1の目では，相手の目が何であっても勝てないので，$x=0$

(イ)　百合さんは14回勝ったから，$0+1+0+y+z+4=14$　$y+z=9$…①

百合さんの獲得した点数は65点であったから，$1\times0+2\times1+3\times0+4\times y+5\times z+6\times4=65$

$4y+5z=39$…②　①×5－②から，$y=6$　これを①に代入して，$6+z=9$　$z=3$

5 （空間図形の計量問題－三平方の定理，三角形の相似）

基本 (1)　△AEFで三平方の定理より，$AF=\sqrt{AE^2+FE^2}=\sqrt{2^2+1^2}=\sqrt{5}$(cm)

(2)　△EFGは直角二等辺三角形だから，$EG=1\times\sqrt{2}=\sqrt{2}$　△CEGで三平方の定理より，$EC=\sqrt{CG^2+EG^2}=\sqrt{2^2+(\sqrt{2})^2}=\sqrt{6}$(cm)

(3)　正方形の対角線はそれぞれの中点で交わるから，$EM=MG=\dfrac{\sqrt{2}}{2}$

△AEMで三平方の定理より，$AM=\sqrt{AE^2+EM^2}=\sqrt{2^2+\left(\dfrac{\sqrt{2}}{2}\right)^2}=\sqrt{4+\dfrac{2}{4}}=\dfrac{\sqrt{18}}{4}=\dfrac{3\sqrt{2}}{2}$(cm)

重要 (4)　2組の角がそれぞれ等しいことから，△PEM∽△PCA　よって，EP：CP＝EM：CA

EP：CP＝1：2　したがって，$EP=EC\times\dfrac{1}{3}=\sqrt{6}\times\dfrac{1}{3}=\dfrac{\sqrt{6}}{3}$(*cm*)

重要 (5)　△PEM∽△PCAより，PM：PA＝EM：CA＝1：2　よって，$PM=AM\times\dfrac{1}{3}=\dfrac{3\sqrt{2}}{2}\times\dfrac{1}{3}=\dfrac{\sqrt{2}}{2}$　$PQ=x$とおくと，$QM=\dfrac{\sqrt{2}}{2}-x$　△EPQと△EMQにおいて，EQ^2の関係から，

$\left(\dfrac{\sqrt{6}}{3}\right)^2-x^2=\left(\dfrac{\sqrt{2}}{2}\right)^2-\left(\dfrac{\sqrt{2}}{2}-x\right)^2$　$\sqrt{2}x=\dfrac{2}{3}$　$x=\dfrac{2}{3\sqrt{2}}=\dfrac{2\sqrt{2}}{6}=\dfrac{\sqrt{2}}{3}$

$EQ=\sqrt{\left(\dfrac{\sqrt{6}}{3}\right)^2-\left(\dfrac{\sqrt{2}}{3}\right)^2}=\dfrac{\sqrt{4}}{9}=\dfrac{2}{3}$　したがって，$\dfrac{EQ}{EP}=\dfrac{2}{3}\div\dfrac{\sqrt{6}}{3}=\dfrac{2}{\sqrt{6}}=\dfrac{2\sqrt{6}}{6}=\dfrac{\sqrt{6}}{3}$

★ワンポイントアドバイス★

5(4)，(5)は，長方形AEGCを取り出して作図し，AMとCEの交点をPとして考えよう。

＜英語解答＞

【Ⅰ】 Part1　No.1　A　イ　B　ウ　No.2　A　ウ　B　ア　Part2　No.1　イ　No.2　エ　No.3　イ

【Ⅱ】 問1　(1)　ウ　(2)　エ　(3)　ウ　(4)　イ　問2　story[episode]

【Ⅲ】 問1　中国の書道は漢字のみで書かれるが，日本の書道は漢字に加え仮名も書く。
問2　well[better, beautifully]　問3　(例)　先生の手本をよく見ることにより，生徒は注意深く物事を見ることができるようになり，視野が広がる。[消せない作品を作ることで生徒は忍耐力や集中力を身につける。]　問4　(1)　×　(2)　○　(3)　○　(4)　×　(5)　×

【Ⅳ】 (1)　イ　(2)　イ　(3)　エ　(4)　ア　(5)　エ

【Ⅴ】 (1)　How about　(2)　any　(3)　It to　(4)　must not　(5)　made her

【Ⅵ】 (1)　foreign　(2)　questions　(3)　together　(4)　south　(5)　remember

【Ⅶ】 ①　It takes about thirty-five minutes from Sendai Station to our school by bus.
②　We can enjoy beautiful stars at night because the air is clear.
③　(例)　In fact, some students stay at school to see them.

○推定配点○

【Ⅰ】 各3点×7　【Ⅱ】 各2点×5　【Ⅲ】 問4　各2点×5　他　各4点×3

【Ⅳ】 各3点×5　【Ⅴ】 各2点×5　【Ⅵ】 各2点×5　【Ⅶ】 各4点×3　計100点

＜英語解説＞

【Ⅰ】 リスニング問題解説省略。

【Ⅱ】 （会話文－語句補充・選択－受動態，助動詞，現在完了）

（全訳）Holly：私の家へようこそ，マユ。

Mayu：あなたの家に私を招待してくれてどうもありがとう，ホーリー。美しい庭ね！

Holly：ありがとう。様々な種類の鳥たちが私たちの庭にやって来るの，だから1私はとても鳥に興味があるわ。

Mayu：それは，いいね！

Holly：ええ，あなたの国鳥は何なのかしら。少しあなたに質問してもいい？

Mayu：2もちろん。私は日本出身よ。その緑のキジが私の国鳥よ。

Holly：緑のキジ？

Mayu：うん，日本語で「雉」と呼ばれているわ。

Holly：3その鳥について教えてくれない？

Mayu：ええ，雉は長い間，古代の日本よりとても有名よ。例えば，「ももたろう」と呼ばれる話の中で，緑のキジ，サル，イヌがももたろうという名の少年と出会って友達となって，人々を救うために鬼と戦うの。

Holly：おお，だから日本人は雉に良い感情を持っているんだね？

Mayu：私はそう思うわ。ホーリー，あなたの国鳥は何かな？

Holly：ええ，私たちの国鳥はアメリカのハクトウワシよ。4今までに聞いたことある？

Mayu：おお，私は鳥の絵がアメリカのパスポートやお金のデザインとして使われているのを覚えているわ，そうよね？

Holly：よく知っているね。アメリカの人々は堂々とした美しさ，大きな力，そして長命からこの鳥を国鳥として選んだの。

Mayu：なるほど。私は国鳥について勉強し，それらの背景にある様々なア話について知りたいわ。

Holly：私も！うん，座って，お茶を持ってくるから，続きを話そうよ。

問1 (1) 「様々な種類の鳥が私たちの庭に来る。だから（ ）」に続くセリフとなる。

ア 本当に鳥たちに退屈しているの。　イ 鳥がかなり怖いの。

ウ 鳥にとても興味があるの。　エ 鳥をちょうど家に連れて帰るところよ。

(2) Hollyが「あなたの国鳥は何なのかしら。少しあなたに質問してもいい？」と聞いている。

ア はい，わたしがします。　イ いいえ，あなたはできません。

ウ 本当？　エ もちろん。

(3) 日本の国鳥がキジであることを受けている。（ 3 ）のセリフの後に，Mayuが日本の昔話でキジが有名であるという話の流れになっている。

ア その鳥の写真を撮ってくれる？

イ あの鳥に食べ物をあげてくれない？

ウ もっとその鳥について教えてくれない？

エ その鳥みたいに歌ってくれない？

(4)　Hollyが「ええ，私たちの国鳥はハクトウワシよ。（ 4 ）」と言っている。次のMayuのセリフが，「おお，アメリカのパスポートやお金のデザインとして使われているのを覚えているわ。」と続く。

ア　今までにハクトウワシについて読んだことはある？

イ　今までにハクトウワシについて聞いたことはある？

ウ　今までにハクトウワシについて書いたことはある？

エ　今までにハクトウワシを捕まえたことはある？

問2　（　ア　）までに，桃太郎に出てくるキジの話や，ハクトウワシがアメリカの国鳥に選ばれた話が出てきた。Mayuのセリフに「国鳥について勉強し，それらの背景にある様々な（ ア ）について知りたいわ。」から，「物語」や「エピソード」を意味するstory, episodeなどを入れるのが適当。

【Ⅲ】　（長文読解問題－内容吟味，語句補充・選択，要旨把握）

（全訳）　6，7世紀ころ，書道は日本に筆記の方法として中国からもたらされた。中国の書道は漢字と呼ばれる中国の文字のみで書かれる。また一方で，日本の書道は中国の書道を改良したものだ。日本の書道には仮名とよばれるユニークな文字が加えられている。美しい書道の例は展覧会だけでなく，様々な場所，例えば看板やポスター，服のデザイン，そしてステージのパフォーマンスでも見られる。

日本の子どもは美しい文字を書くために書道を学ぶ。小学校では，習字と呼ばれる授業で基本を学ぶ。教師にあいさつをした後，水に墨をすって，墨汁を作る。次に床か机に一枚の紙を置き，筆で練習を始める。しかし，筆の穂先は墨汁に浸すと，柔らかく弾力を持つので，線が書かれる時に形が変わる。先生の手本のように書くのは難しい。生徒は①上手く書くために何度も練習する。

②習字の授業を通して子どもたちが学ぶのは，文字の書き方だけではない。教師の手本をよく見ることにより，注意深く物事を見ることが出来るようになり，視野も広げることが出来る。また消しゴムで消すことが出来ない作品を作るので，一つの活動に対する忍耐力と集中力を身に着ける。

静かな部屋で書道を練習するのが伝統的である。しかしながら，最近では書道パフォーマンスが若者の間で人気になってきている。このようなパフォーマンスでは，ステージの上で音楽に乗ってダンスをしながら1つの劇的な書道作品を創る。「書道甲子園」も存在する。毎年，それは高校の書道部の部員のために開かれる。この大会では日本中から20チームが選ばれる。それぞれのチームは巨大な筆を使い，特別な用紙に一つの作品を創る。それは，縦が4メートル，横が6メートルにもなる。作品の美しさと音楽に合わせた生徒のダンスパフォーマンスで評価される。

今日，日本の書道は芸術として見られ，日本の内外で多くの展覧会や単独の個展などが開かれている。普及活動をする特別な団体もある。それらは，日本でも海外でも多くの人々が書道を学ぶことを願っている。

問1　「中国の書道と日本の書道の違いは何か。」という質問。本文に，違いは中国の書道は漢字のみで，日本の書道は中国のものに仮名を加えたもの，と書かれている。

問2　They practice it many times to write（ ）.「生徒は（ ）書くために何度も練習する」と本文にあるので，ここでは動詞writeを修飾するための「上手に」や「美しく」という副詞が適切である。

問3　下線部②「習字の授業を通して子どもたちが学ぶのは，文字の書き方だけではない。」

下線部の後に，説明されている文が 2 つあるので，どちらかを答える。

問 4 （1） 中国で生まれたことについて，本文にないので不適当。

（2） 第 2 段階にある文と一致。

（3） 第 4 段落にある文と一致。

（4） 20 チームの情報は正しいが，審査方法は作品の美しさとダンスパフォーマンスであるので，不一致。

（5）「日本よりも海外で」の部分が違うので不適当。

【Ⅳ】（語句補充・選択－現在完了，動名詞，助動詞，前置詞）

（1）「あなたと一緒にピアノを弾けたらとても楽しいだろう。」"fun" という不可算名詞の前に置くことができるのは　イ a lot of である。

（2）「私は一度もロンドンに行ったことがない。」"have been to ～ " で「～へ行ったことがある」という意味になる。

（3）「笑うのをやめて先生の話を聞きなさい。」「動作をやめる」という場合，"stop ～ ing" を用いる。

（4）「私はあなたと一緒に行かなければなりませんか。」「その必要はない」と答えるので，ア you don't have to が適当。

（5）「私は電車で髪の長い女の子に会った。」「髪の長い」という表現は，前置詞 "with" を用いて言うことができる。

【Ⅴ】（書き換え－動名詞，接続詞，不定詞，助動詞）

（1）「彼女に誕生日カードを送ってはどうですか。」という文を動名詞を用いた表現に書き換える問題。空所の後ろが "sending" となっていることから，"How about ～ ing ? " を用いる。

（2）「父と私は一匹も魚を捕まえなかった。」"no+ 名詞 " の部分を "not+any+ 名詞 " に書き換える問題。

（3）「この本を読むことはとても面白い。」動名詞を主語とする文を，形式主語 "it" と不定詞を用いて書き換える。

（4）「その部屋に入ってはいけない。」助動詞 must を用いた否定文にする。

（5）「彼女は息子からの花を見てとても幸せな気持ちになった。」与えられた文の後半部分を主語に持ってきた時に，動詞 "make" を用いる。

【Ⅵ】（語句補充－現在完了，接続詞）

（1）「これらの美しい人形は 100 年前に外国から来ました。」「外国の」という意味の foreign が入る。

（2）「何か質問がありますか ?」any との関連で，複数名詞となるので，questions が適当。

（3）「Emi は私の家の近くに住んでいる。だから一緒に私達は学校へ行く。」「一緒に」を表す together が入る。

（4）「建物の北側は寒いが，（s　　）は暖かい。」北側の反対の意味の south が適当。

（5）「あなたは小学校での最初の日を覚えていますか。」。「覚えている」の意味の remember を入れる。

【Ⅶ】（条件英作文，文整序－助動詞，不定詞）

①「時間がかかる」は It takes ～を使う。「仙台駅から私たちの学校まで」は from ～ to… の表現を使う。

②「原因・理由」を表す because ～を使う。ただし，because ～で始めるとコンマが必要になるので，後ろに置く。

③ 「実際」は熟語の in fact。「星」を受ける代名詞 them を使う。

★ワンポイントアドバイス★

文法問題が数多く出題されているので，確実に正解できるように，また長文に時間を残しておくために的確に分かるようになるまで，問題演習に積極的に取り組んでおこう。

＜理科解答＞

1 （1） 2630（W）　（2） ウ・エ　（3） 72（分）

（4） ① （例） 複数接続すると 100V の電圧がかからず，接続する組み合わせにより電圧が変化する。　② （例） 一度に大きな電流が流れ，テーブルタップが発熱する。

（5） 2分55秒

2 （1） 二酸化炭素

（2） 石灰水が逆流して試験管Aが割れるのを防ぐため。

（3） $2CuO + C \rightarrow 2Cu + CO_2$

（4） 酸化銀・銅　（5） 0.4（g）　（6） 2.13（g）

（7） 銅・炭素　（8） 右図

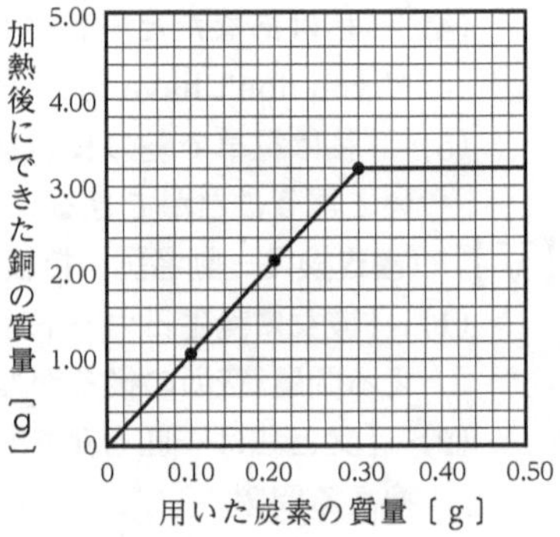

3 （1） イ→ウ→エ→オ→ア　（2） 葉緑体

（3） イ　（4） イ　（5） 6.0（mg）

（6） 2.9（mg）　（7） 16（時間）

4 （1） ① 規模　② ゆれの大きさ　（2） エ　（3） ウ

（4） 主要動　（5） 7.5km/秒　（6） ① 225km　② 12時24分18秒

（7） ① あ 海洋　い 大陸　う マグマ　② 大陸プレートにひずみ

○推定配点○

1 各3点×6（(2) 完答）

2 (1)～(7) 各3点×7（(3)・(4)・(7) 完答）　(8) 4点

3 各3点×7（(1) 完答）　4 各3点×12　計100点

＜理科解説＞

1 （電流と電圧）

重要 （1） 600（W）＋1000（W）＋500（W）＋500（W）＋500（W）＋30（W）＝2630（W）

基本 （2） (1) で流れる電流の合計は，2630（W）÷100（V）＝26.3（A）なので，さらに同時に使用できる電気器具に流れる電流の合計は，40（A）－26.3（A）＝13.7（A）までとなる。アは13（A）＋0.2（A）＝13.2（A），イは12（A）＋1.5（A）＝13.5（A），ウは12（A）＋7.5（A）＝19.5（A），エは13（A）＋3.2（A）＝16.2（A），オは1.5（A）＋7.5（A）＋3.2（A）＋0.2（A）＝12.4（A）必要なので，ウとエは同時使用できない。

基本 （3） 室内照明を24時間使用した場合の電力量（30（W）×60×60×24（s）＝2592000（W））は，2592000（W）÷600（W）（電子レンジの消費電力）＝4320（s）＝72（分間）電子

レンジを使用した場合と同じ電力量となる。

やや難 (4) ① 模範解答の他に，1 つのスイッチを切ると，すべて使用できなくなるなども挙げられる。

やや難 ② 並列回路の電流の大きさは，各電気器具の電流の和となるので，複数の電気器具をテーブルタップにつなぎ，同時に使うと，流れる電流が大きくなり発熱し，発火する危険性がある。

やや難 (5) 500W で 3 分 30 秒加熱すると，500（W）× 210（s）＝ 105000（J）の熱量を加えたことになる。よって，600W の電子レンジでも 105000J の熱量が加えられればよいので，600W の電子レンジでは，105000（J）÷ 600（W）＝ 175（s）＝ 2 分 55 秒加熱すればよい。

2 （気体の発生とその性質）

重要 (1) 試験管 B の石灰水がにごったことから，発生した気体は二酸化炭素である。

基本 (2) 加熱をやめると，試験管 A 内の気体が冷え気圧が低くなり，試験管 B の石灰水が試験管 A に逆流して，試験管 A の加熱部に当たると試験管が割れる恐れがある。そのため，ガラス管を試験管 B から取り出してから加熱をやめる。

重要 (3) この実験では，炭素によって酸化銅が還元され，酸化銅から酸素が奪われて銅ができ，その酸素と炭素が結びついて二酸化炭素ができる。これを化学反応式で表すと，2CuO ＋ C → 2Cu ＋ CO_2 となる。

やや難 (4) 表のデータを図 2 に表すと（右図），に表すと，炭素が 3.0g のときに，酸化銅 4.00g と過不足なく反応していることがわかる。よって，用いた炭素が 0.15g のときは，試験管 A 内に酸化銅と還元された銅が残る。

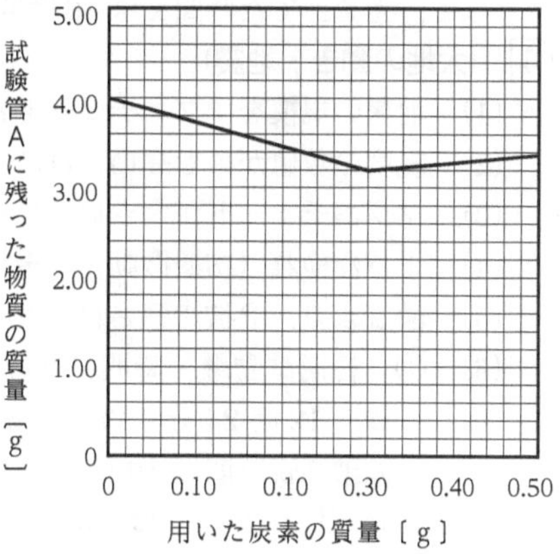

やや難 (5) 4.00g の酸化銅は，0.30g の炭素で過不足なく反応し，3.20g の銅ができる。よって，酸化銅から奪われた酸素は 4.00（g）－ 3.20（g）＝ 0.8（g）である。0.15g の炭素では，0.30g の半分の酸素しか奪えないので，0.15g の炭素が奪うことのできる酸素は 0.4g である。

やや難 (6) 0.30（g）：3.20（g）＝ 0.20（g）：x（g）より，x ＝ 2.133…となり，少数第 3 位を四捨五入するので，2.13g となる。

やや難 (7) 用いた炭素が 4.0g では，酸化銅がすべて還元しても炭素が余るので，試験管 A 内には，銅と炭素が残る。

基本 (8) （6）と同様に計算すると，用いた炭素が 0.1g のとき還元されてできた銅は 1.07g，用いた炭素が 0.2g　のときは，2.13g，用いた炭素が 0.3g 以上では，酸化銅はすべて還元され 3.20g できる。グラフをかくときは，大体の値で点をかき，用いた炭素の質量が 0.3g まではすべての点を大体通るように斜めに直線をかく。用いた炭素の質量が 0.3g 以降は加熱後にできた銅は 0.32g のままなので，横軸に平行な直線をかく。

3 （植物の体のしくみ）

重要 (1) 対物レンズにほこりがつかないように，接眼レンズ，対物レンズの順に取り付ける。プレパラートをステージにのせる前に反射鏡やしぼりを調節し，明るさを決める。プレパラートをのせたら，プレパラートと対物レンズがぶつからないように，二つの距離を遠ざけながらピントを合わせる。

重要 (2) 植物細胞内にみられる緑色の粒を葉緑体という。

重要 (3) 核を染色するには，酢酸オルセイン液や酢酸カーミン液を使う。

重要 (4) 顕微鏡で見える像の向きは上下左右が逆になる。右上にある物体 X を中央に持っていく（左下に動かす）には，プレパラートを右上に動かせばよい。

基本 (5) オオカナダモは常に呼吸しているが，光の当たる条件下では光合成も行う。容器 C では呼吸しか行わないので，オオカナダモの 1 時間あたりの呼吸量は 6.0（mg）－4.9（mg）＝1.1（mg）である。よって，容器 B での光を当てた後の酸素量は，6.0（mg）＋光合成によって生成された酸素量 x（mg）－1.1（mg）＝10.9（mg）という内訳となるので，光合成によって生成された 1 時間当たりの酸素量は 6.0mg となる。

基本 (6) 容器 E の結果からオオカナダモの呼吸とメダカの呼吸によって消費された酸素量は，6.0（mg）－2.0（mg）＝4.0（mg）である。よって，メダカの呼吸によって消費された 1 時間当たりの酸素量は，4.0（mg）－1.1（mg）＝2.9（mg）である。

やや難 (7) オオカナダモとメダカが 1 匹容器内にいるとき，十分な光を当てていると，1 時間あたりに増加する酸素量は容器 D より，2.0mg である。また，アルミホイルで容器を覆ったときに減少する酸素量は 1 時間あたり 4.0（mg）である。初めに 6.0mg の酸素が入っている容器 A に入れたので，光を当てた時間を x 時間とすると，6.0（mg）＋2.0（mg / 時）× x（時間）－4.0（mg / 時）×（24－x（時間））＝6.0（mg）（24 時間後の酸素量）の式が成り立つ。よって，光を当てた時間 x は 16 時間となる。

4 （大地の動き・地震）

重要 (1) 地震の規模をマグニチュードといい，各地のゆれの大きさを震度という。

重要 (2) 震度の数値が最も高いのはエである。

基本 (3) マグニチュードが大きいのに震度が小さいウが震源までの距離が最も遠いと考えられる。

重要 (4) 小さなゆれ（初期微動）の後に続く大きなゆれを主要動という。

重要 (5) 図 2 より，P 波の速さは，150（km）÷20（秒）＝7.5（km/ 秒）である。

基本 (6) ① 初期微動継続時間は震源距離に比例する。図 1 の初期微動継続時間は 12 時 25 分 3 秒－12 時 24 分 48 秒＝15（秒間）である。図 2 から，震源距離が 150km のとき初期微動継続時間は 10 秒なので，図 1 での震源距離は，150（km）：10（秒）＝ x（km）：15（秒）より，225km となる。

基本 ② 225km を P 波は 225（km）÷7.5（km/ 秒）＝30（秒）で進む。図 1 で P 波が到着した時刻は 12 時 24 分 48 秒なので，その 30 秒前の 12 時 24 分 18 秒に地震が発生したことがわかる。

重要 (7) ① 日本列島のプレート境界では，大陸プレートの下に海洋プレートが沈み込み，海洋プレートは地中にもぐりこむと，地球内部の熱で岩石が溶けマグマとなる。

重要 ② 大陸プレートの下に海洋プレートが沈み込むとき，海洋プレートが大陸プレートを引きずるため，大陸プレートにひずみが生じる。そのひずみが限界になると大陸プレートは元の位置に戻ろうとして大きな地震が起こる。

★ワンポイントアドバイス★

問題文の意図を読み取る読解力を身につけよう。

＜社会解答＞

[1] 1 ア　2 オ　3 ヴァチカン市国　4 イ　5 (1) カ　(2) 多文化社会
6 ASEAN　7 (1) 1975年は，65歳未満の従事者が多く労働力も豊かだったが，2015年では従事者の高齢化が進み，労働力も減少している。　(2) ア
(3) X 越後平野　Y 最上川　(4) イ　(5) TPP

[2] 1 イ　2 (1) 魏志倭人伝　(2) ウ　3 (1) イ　(2) エ　4 ウ
5 ウ　6 (1) イ　(2) エ　7 日清戦争の賠償金をあてた　8 エ　9 イ
10 (例) 違法伐採への対策強化

[3] 1 (1) エ　(2) 公共の福祉　2 集団的自衛権　3 (1) イ　(2) エ
4 (1) 消費者主権　(2) メディアリテラシー　5 インフレーション［インフレ］
6 (1) (例) 衆議院は参議院に比べて任期が短く，解散もあるため，国民の意思を反映しやすいと考えられるため。　(2) 条例
7 ワーク・ライフ・バランス　8 ウ　9 イ

○推定配点○

[1] 1・2・4・5 (1)・7 (2)(4)　各2点×6　7 (1) 4点　他 各3点×6
[2] 2 (1) 3点　7・10 各4点×2　他 各2点×10
[3] 1・3 (1)(2)・8・9　各2点×5　6 4点　他 各3点×7　計100点

＜社会解説＞

[1] **(地理－世界の自然・地形・産業，日本の農業，貿易など)**

基本 1 リオデジャネイロはブラジル南東部に位置するリオデジャネイロ州の州都である。雨温図から，高温多雨であり，6～8月ごろにかけて気温が下がっていることに着目する。

2 各地域の気候帯の特徴を踏まると，aは日本風の住居から韓国，bは高床式から熱帯のミャンマー，cは石れんがづくりの家で乾燥帯のモロッコ，dは日差しが強いところ特有の白壁づくりになっていることからポルトガル。

基本 3 ローマ教皇は伝統的にバチカン市国内に住んでいる。

基本 4 イスラエルの標準時子午線が東経30度としていことから，135-30=105，105 ÷ 15=7　7時間の時差となる。

重要 5 (1) 共通通貨はユーロを導入している。EUの産業の特徴がアメリカ合衆国等に対抗して「航空機産業」であることや2020年，EUを離脱した国は「イギリス」であること。

(2) 多様な民族が共存し，それぞれの民族の文化を尊重することを目指した社会を「多文化社会」と呼んでいる。

基本 6 1967年8月に「ASEAN設立宣言」に基づき，地域の平和と安定や経済成長の促進を目的として設立された。当初の加盟国は，インドネシア，マレーシア，フィリピン，シンガポール，タイの5カ国だったが，その後，ブルネイ，ベトナム，ラオス，ミャンマー及びカンボジアが順次加盟し，現在は10カ国で構成されている。

基本 7 (1) 労働人口が減少し，高齢化が進んでいることがわかる。

(2) 1993年に東北地方で記録的な冷害が発生し，米の収穫量が大幅に減少した。

(3)　Xの信濃川は越後平野を流れる河川。Yの庄内平野に流れる河川は最上川。

(4)　aは約半分がアメリカからということで小麦，bはオーストラリア，ニュージーランドから牛肉，cはスペイン，デンマークからの輸入があるのは豚肉，dはブラジルがあることから大豆となる。

(5)　環太平洋パートナーシップ（TPP）協定とは，オーストラリア，ブルネイ，カナダ，チリ，日本，マレーシア，メキシコ，ニュージーランド，ペルー，シンガポール，ベトナムの合計11か国で2017年11月のダナンでの閣僚会合で大筋合意に至り，2018年3月,チリで「環太平洋パートナーシップに関する包括的及び先進的な協定（TPP11協定）」が署名された。

2　（日本の歴史－原始から現代までの政治，文化など）

基本　1　Yの現代人に直接つながるのは新人。

基本　2　(1)　三国時代の歴史書『三国志』の「魏志」倭人伝には，2～3世紀ごろの倭国の様子が書かれている。

(2)　漢委奴国王は，『後漢書東夷伝』によると，紀元57年に倭の奴国の王が光武帝から印綬を受けたと記載されている。

3　(1)　675年は672年に起こった壬申の乱の直後であることから天武天皇の詔。アの天智天皇は天武天皇の前の天皇，ウの聖武天皇は国分寺の建立の詔などを出した人物，エの桓武天皇は平安時代に入ってからの天皇。

(2)　6世紀に百済の聖明王が欽明天皇に仏教を伝えた。

重要　4　古い順にエ承久の乱1221年→ア御成敗式目制定1232年→ウ元寇，1274，1281年→イ徳政令発令1297年

重要　5　織田信長はキリスト教を保護した。

重要　6　(1)　イの天保の改革は，1841～1843年水野忠邦による，アの桜田門外の変1860年，ウの異国船打払令は1825年，エの薩長同盟は1866年

(2)　貿易開始後，アメリカは南北戦争のさなかであったため，貿易最大相手国はイギリスであった。

基本　7　日清戦争の賠償金をあてた

やや難　8　政府や軍の強硬派に迎合する形で戦争の完遂や国策への協力を強く訴える記事が多く掲載された。

9　Y　日ソ共同宣言ではなく，1951年日本と48カ国とのあいだでサンフランシスコ平和条約が調印され，条約が発効されると約7年間におよんだGHQによる占領は終結した。

やや難　10　SDGs15の陸の豊かさも守ろうは，生物の多様性や生態系を守ること，それらを持続可能な形で利用していけるようにするために，資金を集め，より多くのお金が使えるようにする。森林の保護や再植林をふくめて，持続可能な森林の管理を進めるために，開発途上国が持続可能な森林の管理を進めようと思えるように十分な資金が使えるようにする。持続可能な形で収入を得られるように，コミュニティの能力を高めるなどの取り組みを進め，保護しなければならない動植物の密猟や法律に反した野生生物の取り引きをやめさせるために，国際的な支援を強化するなどを行おうとしている。

3　（公民－戦後の主な出来事から日本の政治，経済，社会生活など）

基本　1　(1)　第１４条は平等権，第19条は自由権，第25条は社会権。

(2)　自由権は無制限ではなく，公共の福祉によって制限される。

やや難　2　集団的自衛権については，2015年に法改正が行われた。

3 (1) 外国通貨に対して円の価値が高くなることを円高，外国通貨に対して円の価値が低くなることを円安という。

(2) エは，「産業の空洞化により，輸入額が輸出額を上回る貿易赤字が生じた。」が正しい。

4 (1) 2004年に消費者基本法が成立し，2009年に消費者庁が設置された。

(2) 情報化社会において，情報は発信者の意図により編集や演出されていることを理解する必要がある。

5 1973年～1974年にかけては，「狂乱物価」といわれるほどの物価の上昇に，国民の間にパニックが起き，トイレットペーパー，洗剤，砂糖などを買いだめしようと，スーパーマーケットに人々が殺到し，けが人も出るなどの騒ぎが起きた。インフレーションとは，このような物価の上昇が続いて，お金の価値が下がること。物価が下落していく現象は，デフレーションという。

重要 6 (1) 衆議院の優越は，内閣不信任決議・法律案の議決・内閣総理大臣の指名などで行使される。

(2) 住民の直接請求権として，地方公共団体の首長に対し，条例の制定・改廃の請求を行うことができる。

基本 7 ワーク・ライフ・バランスの実現のために，育児・介護休業法などが定められている。

基本 8 バリアフリーは体が不自由な人でも安心して利用できるしくみ。ノーマライゼーションは障害の有無にかかわらず普通の生活をおくること。ユニバーサルデザインは，人種。年齢。障がいの有無などに関係なくすべての人が利用しやすいように製品や生活環境などをデザインすることやデザインそのもの，である。

やや難 9 ウをグラフにすると，一貫して上昇傾向になる。エのグラフも一貫して上昇傾向になる。アの防衛関係費は，おおむね5～6%である。高度経済成長期とバブル期に低く，バブル以降上昇しつつある国債の割合。

★ワンポイントアドバイス★

やや難問もあるが，基本的な問題の出題がほとんどである。リード文はA日程同様昨年度の話題のものが使われている。ニュース・新聞など，大きく取り扱われた話題は注意しておくとよい。

<国語解答>

[一] 問一 ① 機関 ② 採用 ③ 前提 ④ 過敏 ⑤ 恩恵 問二 Ⅰ ウ Ⅱ エ 問三 イ 問四 大学教育は 問五 形容詞 問六 精密に頭を働かせることのできる知力と，それを支えている母語の使用能力。 問七 ① 紫式部 ② 人の心の機微を，少ない言葉で表現した 問八 c 問九 オ 問十 ア 問十一 大和言葉と漢語を混ぜて書かれている点。 問十二 ウ 問十三 ウ

[二] 問一 ① 宣言 ② 惜（しく） ③ 構（えて） ④ たいりゅう ⑤ ざんきょう 問二 イ 問三 ア 問四 イ 問五 ウ 問六 ウ 問七 エ 問八 玲於奈に対して言いづらいことを伝えなければならないから。 問九 ウ 問十 涙 問十一 ① 瑛太郎 ② ソロパートを二人に吹かせてやりたい 問十二 エ 問十三 ア

○推定配点○

［一］　問一　各2点×5　　問六　7点　他　各3点×12（問二完答）

［二］　問一　各2点×5　　問八　4点　他　各3点×11（問十一完答）　　計100点

＜国語解説＞

［一］（論説文－漢字の書き取り，接続語の問題，語句の意味，指示語の問題，品詞，内容吟味，文脈把握，脱文・脱語補充，短歌，大意・要旨）

問一　①「機関」とは，火力・水力・電力などのエネルギーを力学的エネルギーに変える装置。また，活動のしかけのあるもの，法人や団体などの意思を決定したり，代表したりする組織。　②「採用」とは，適当であると思われる人物・意見・方法などを，とり上げて用いること。　③「前提」とは，ある物事が成り立つための，前置きとなる条件。　④「過敏」とは，刺激に対して過度に敏感なこと。　⑤「恩恵」とは恵み，いつくしみのこと。

問二　Ⅰ　Ⅰ の後に「前提としている」とあることから，最初に言っておくべきことに繋がる接続詞を入れる。　Ⅱ　Ⅱ の後の「～であっても」に合うように，また「私たちはものを読んだときに意味を取ることができる」「きちんと日本語で読むことができる」は同義であることから，世界的にレベルの高い言説であろうが，なかろうが関係ないことが読み取れる。

問三　「警鐘を鳴らす」とは，事態が悪化していることを指摘する，危険が迫っていることを知らせ警戒させるという意味。

問四　傍線部の前に大学教育は英語でないとカバーできない国があること，それによって英語ができるようになることが述べられている。

問五　「ではない」の「ない」は補助形容詞である。

問六　傍線部の「それ」が何なのかを考える。前に，日本が経済的に成功した理由を述べている箇所があるので，その内容をまとめる。

問七　傍線部の前後に，紫式部が『源氏物語』の中で，表現した内容のことが書かれているので，その内容を読み取る。

問八　筆者は古き良き日本語の使い方を，絶やさないようすることが重要だと考えている。そのためには，お互いが共通認識としてその使い方を理解する必要がある。理解するためにはその日本語がどれだけ素晴らしいのかを知っておく必要があるという文章が一連となるので，【c】が適当。

問九　本文内で『源氏物語』を絶賛している様子が窺える。また傍線部の前に，「訳してしまえば消えてしまうような」とあるので，風情や味わいなど感性的な言葉である「おもむき」が適当。

問十　「文語体」とは，文章を書くときに用いられる，日常の話し言葉とは異なった独自の言葉で書かれた文章形式。特に，平安時代語を基礎にして独特の発達をとげた書き言葉の形式をいう。

問十一　傍線部の前に，『平家物語』と現代の日本語の共通部分を述べている箇所があるので，そこから書き出す。

問十二　傍線部の前に「あの緊迫感が抜けてしまって」とあることから，炭酸飲料の比喩は「緊迫感」であることが分かる。ここでいう「緊迫感」とは『平家物語』における文語体のリズムや合戦の生き生きとした互いの臨場感や武士の生命感であることが読み取れる。

問十三　本文の中に「『源氏物語』の時代は，話し言葉も書き言葉と同じだったということがわかっていて，それは今の日本語とはかなり隔たりがあります。いくら文語体を学び直すといってもあのレベルに戻って書いて話せということは難しい。」と述べていることから，『源氏物語』のような文語体を今の日本語の中にそのまま取り入れることは否定している。

［二］　（物語文－漢字の読み書き，熟語，用法，脱文・脱語補充，内容吟味，指示語の問題，心情，文脈把握，大意・要旨）

問一　①「宣言」とは，個人・団体・国家などが，意見・方針などを外部に表明すること。②「惜しく」とは，大切なものを失いたくないこと。また，もう少しのところで実現されずに終わって心残りであること。　③「構えて」とは，まちがいなく，本当に，必ず，決して，用心してという意味。　④「滞留」とは，物事が順調に進まず滞ること。また，旅先でしばらく留まっていること。　⑤「残響」とは，音源が振動をやめたあとも，天井や壁などからの反射が繰り返されて，音が引き続き聞こえる現象。

問二　「以心伝心」とは，一般に文字やことばを使わずに互いの心と心で通じ合うこと。

問三　本文の「天井から」の「から」は，起点や通過点となる場所を表す用法。

問四　「玲於奈」の演奏についての「木漏れ日が差すみたい」「自分が吹くのとは全然違う」「最後のコンクールでソロを吹き切って終わりたいと願う音」などの表現が根拠になる。

問五　「玲於奈に譲ってやればいいのに」という心の声が聞こえるという記述を根拠に判断する。

問六　直後に「貴重で愛しいもの」とあるので，この言葉から選択肢を選ぶ。

問七　玲於奈にソロを譲ろうと思う自分を「弱い自分」と表現していることから，全力で競おうという姿勢が読み取れる。よきライバル玲於奈とのオーディションに，これまでの彼女とのやり取りを回想しながら，全力で臨む基の様子を読み取る。

問八　「歯を食いしばる」とは，悔しさや苦痛などを必死にこらえること。これから玲於奈にとって残酷な結論を告げることに対し申し訳なさや心苦しさ，悔しさを感じているのが原因であると考えられる

問九　二人の関係性を踏まえ，基の前では落胆したり悔しがったりする様子を見せまいとする玲於奈の心情を読み取る。

問十　傍線部の前に瑛太郎から「お前は泣いちゃ駄目だ」と言われていることから，込み上げてきたものを推測する。

問十一　傍線部の前に「二人で吹かせてやりたかった」という瑛太郎のセリフより，二人のうち，一人をソロに選ばなければならないコーチの複雑な思いをまとめる。

問十二　傍線部の後に，「ぶつかり合うから，音楽は輝くんだ。仲良しこよしじゃなくて，戦って，たくさんの敗者が出て，そうやって，磨かれていくんだ」という基のセリフから選択肢を選ぶ。

問十三　本文は基の視点で書かれたものであり，また基を通した瑛太郎や玲於奈の心情描写も合わせて書かれている。

★ワンポイントアドバイス★

小説文はジャンルを問わず，登場人物の心情などを丁寧に読み，論説文は指示語や接続語の問題を多く練習しよう。古典がない代わりに，論説文・物語ともに問題数が多いので，色々な角度から出題される問題に取り組もう。

MEMO

大切なことはメモしておこうネ！

2020年度

★★★★★★★★★★★★★★★★★★★★★★

入　試　問　題

2020年度

仙台白百合学園高等学校入試問題（Ａ日程）

【数　学】（50分）　＜満点：100点＞

1　次の問いに答えなさい。

(1)　$4^2+6\div 3$　を計算しなさい。

(2)　$\dfrac{2a+b}{3}-\dfrac{4a-2b}{5}$ を計算しなさい。

(3)　$3.14\times 5.5^2-3.14\times 4.5^2$　を計算しなさい。

(4)　関数 $y=-\dfrac{1}{2}x+\dfrac{3}{2}$ の x の変域が　$-2<x<3$　のとき，y の変域を答えなさい。

(5)　次の３つの数 13，$\sqrt{13}$，$5\sqrt{5}$　を左から小さい順に並べなさい。

(6)　２人でじゃんけんを１回して，あいこにならない確率を求めなさい。

(7)　自宅から３㎞離れた学校に向かって，はじめの x mは分速80mで，残りの道のりは分速60mで歩いたところ，45分で学校に到着した。x の値を求めなさい。

(8)　右の表は，生徒40人の漢字50問テストの得点を度数分布表に整理したものである。20点以上30点未満の階級の相対度数が0.3のとき，ア，イ にあてはまる度数を答えなさい。

得点（点）	度数（人）
０以上 10 未満	2
10 ～ 20	4
20 ～ 30	ア
30 ～ 40	イ
40 ～ 50	6
合　計	40

(9)　正三角形ABCにおいて，辺BCの中点をMとするとき，∠BAMの大きさを求めなさい。

(10)　表面積が 36π ㎝^{2} の球の半径を求めなさい。ただし，円周率は π とする。

2　ある日の数学の授業で，先生から以下の問題を宿題として出された。

> 【問題】　x，y は自然数とします。次の方程式をみたす x，y の組をすべて求めなさい。
>
> $$4x+3y=32$$

この宿題を，百合さんと紫さんが協力して取り組んでいる。次の２人の会話を読んで，次のページの問いに答えなさい。

百　合：文字が２種類あるから，もう１つ式がないと求められないんじゃない？

紫　　：そうね。でも，「x，y は自然数」って条件があるわ。これを使うんじゃないかしら。

百　合：自然数ってなんだっけ？調べなきゃ。あっ，教科書に書いてあったわ。

紫　：x，y を求めなきゃいけないのだから，とりあえず y について解いてみたら？

百　合：うん。えーと……解けたわ！ $y=\dfrac{\boxed{\text{ア}}-4x}{3}$ ね。

紫　：うーん……。でもどうしたらいいのかな。あっ，分子はさらに共通因数でくくれるね。

百　合：そうね。分子を4でくくると……，$y=\dfrac{4(\boxed{\text{イ}})}{3}$ ね。あっ！これで，y が自然数だという条件が使える！ y は自然数でなければいけないのだから，$\boxed{\text{イ}}$ は $\boxed{\text{ウ}}$ の倍数だ！

紫　：ということは，$\boxed{\text{イ}}$ は $\boxed{\text{エ}}$ か $\boxed{\text{オ}}$ でないといけないのね。

百　合：これで x の値が求められるわね。x の値がわかれば，y の値を求めるのは簡単だわ。

つまり，この方程式をみたす x，y の組は，$\begin{cases} x=5 \\ y=4 \end{cases}$ と $\begin{cases} x=2 \\ y=8 \end{cases}$ ね。

⑴　次の数の中から，自然数をすべて選びなさい。

$-\dfrac{1}{3}$，5，π，$\sqrt{49}$，0，-2

⑵　ア～オにあてはまる整数または式を答えなさい。

⑶　2人の会話を参考にして，以下の問題を解きなさい。

x，y は自然数とします。次の方程式をみたす x，y の組をすべて求めなさい。

$9x+4y=81$

3　AB＝6㎝，AD＝3㎝ の長方形ABCDの辺上を動く2点P，Qがある。点Pは頂点AからBまで毎秒2㎝の速さで動いて頂点Bで停止し，点Qは辺AD上を毎秒1㎝の速さで頂点AからDまで動き，また同じ速さで頂点Aに戻り停止する。2点P，Qが頂点Aを同時に出発してから x 秒後の△APQの面積を y ㎠とする。このとき，次の問いに答えなさい。

⑴　点P，Qが出発してから2秒後の△APQの面積を求めなさい。

⑵　$0 \leqq x \leqq 3$ のとき，y を x の式で表しなさい。

⑶　点Qが動き始めてから停止するまでの x と y の関係をグラフに表しなさい。

⑷　△APQの面積が4㎠になるのは，2点P，Qが頂点Aを出発してから何秒後か，すべて答えなさい。

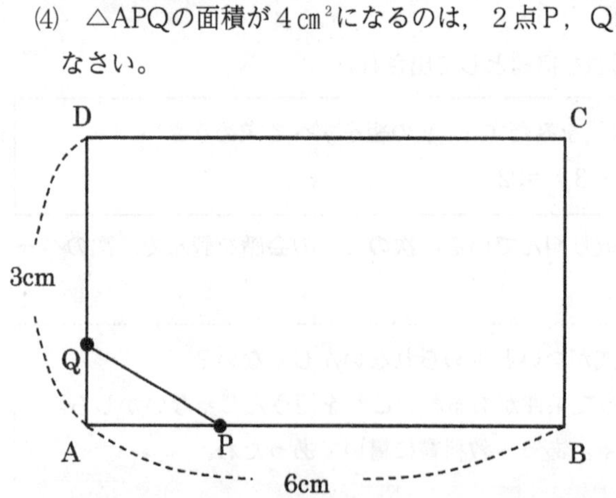

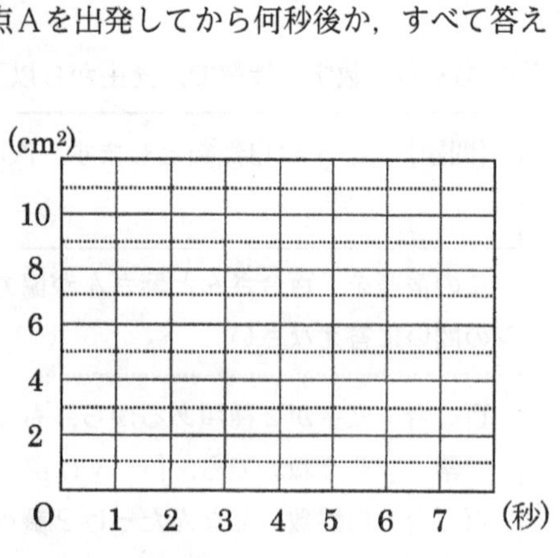

4　右図のように，ACを直径とする円Oの周上に4点A，B，C，Dがこの順にあり，直線ADと直線BCの交点をEとする。また点Dから直線BCに対して垂線をひき，直線BCとの交点をHとする。AE＝10，AD＝2，EC＝13 である。このとき，次の問いに答えなさい。

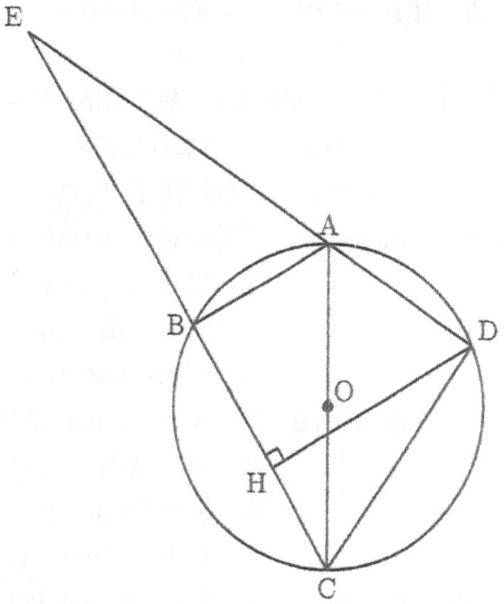

⑴　∠ABEの大きさを求めなさい。

⑵　△AEB∽△CED であることを証明しなさい。

⑶　CDの長さを求めなさい。

⑷　AB の長さを求めなさい。

⑸　△ABDの面積を求めなさい。

5　母線の長さが6㎝，底面の半径が2㎝の円錐がある。このとき，次の問いに答えなさい。ただし，円周率はπとする。

⑴　円錐の体積と表面積を求めなさい。

⑵　底面上の点Aから側面を1周して点Aまでひもをかける。ひもの長さが最短となるときの長さを求めなさい。

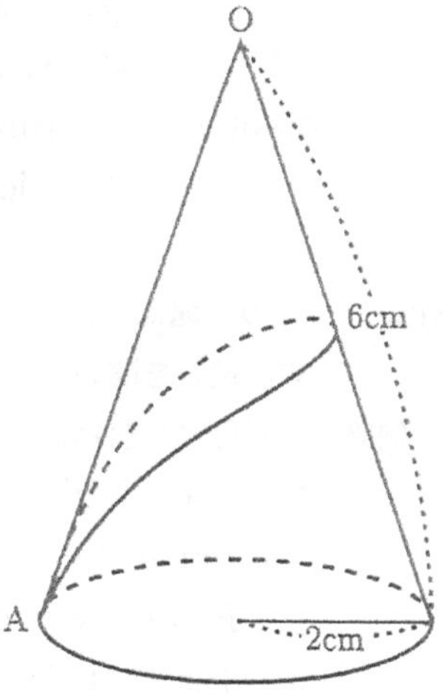

⑶　底面上の点Aから側面を1周して母線OAの中点Bまでひもをかける。ひもの長さが最短となるときの長さを求めなさい。

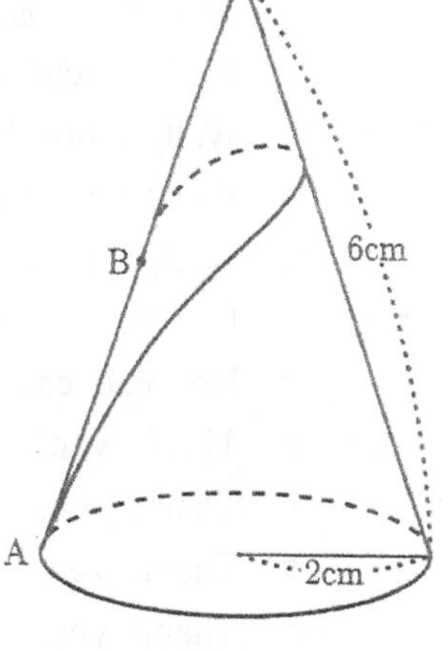

【英　語】（50分）　＜満点：100点＞

［Ⅰ］ リスニングテスト　放送の指示に従って答えなさい。

〈Part1〉 英文を聞き，その質問に答えなさい。その答えとして最も適切なものを１つ選び，記号で答えなさい。英文は２度読まれます。

No.1 Question A
ア．She is going shopping in Osaka.
イ．She will have a birthday party.
ウ．She will visit her grandmother.
エ．Christmas is coming soon.

Question B
ア．She cannot buy any presents.
イ．She will fly for the first time.
ウ．She forgot her homework.
エ．It is a long trip to Osaka.

No.2 Question A
ア．She missed her bus.
イ．She forgot her science homework.
ウ．She lost her science book.
エ．She passed her test.

Question B
ア．Buy a new book.　イ．Check the bus today.
ウ．Clean under her bed.　エ．Open her book bag.

〈Part2〉 この問題は，対話を聞き，その最後の文に対する応答として最も適切な答えを選ぶ形式です。例題を聞いてください。対話が読まれます。

例題 （対話が放送されます）
ア．I don't like reading books.
イ．I'm really busy today.
ウ．It was very cold.
エ．That will be OK.（正解）
ここでは エ が正しい答えになります。

では，実際の問題を放送しますので準備して下さい。対話は２度読まれます。

No.1
ア．Well, I read on the trains.
イ．Well, I don't have a television.
ウ．Well, I read after school.
エ．Well, I have to buy many books.

No.2
ア．No, you shouldn't.　イ．No, you won't.
ウ．No, you can't.　エ．No, you don't have to.

No.3
ア．Thank you. I'm studying about the festival.
イ．Thank you. I'm looking forward to your dance.
ウ．Thank you. I'm enjoying your festival.
エ．Thank you. I'm dancing on the stage.

〈リスニングテスト放送台本〉

［Ⅰ］〈Part1〉

No.1 Kiki is excited to visit her grandmother's house for two weeks this December. Every year, the family goes by car to Osaka for the winter holidays. But this year they will fly because everyone hates traffic on the roads. It will be Kiki's first time to fly on a plane. She is happy, but a little nervous.

Question A: Why is Kiki excited?

Question B: Why is Kiki nervous?

No.2 Susan has to study for an important science test next week. However, she cannot find her new science book. She looked for it everywhere: in her book bag, in her classroom, at home under her bed. But she srill cannot find it. She remembers reading it on the school bus, so maybe she forgot it there. She will check after school today.

Question A: What did Susan do?

Question B: What will Susan do after school?

〈Part2〉

No.1

A：Hi, Mike. I heard that you like reading.

B：Yes, that's right.

A：Where do you usually read?

No.2

A：Where can I use the Internet?

B：Well, you can use it in the library in our school.

A：I see. Do I need to bring my student card?

No.3

A：Grandmother, we are going to have our school festival next week.

B：Really? What are you going to do?

A：I'm going to dance on the stage. Why don't you come to our festival?

［Ⅱ］アメリカに留学しているNorikoとホストファミリーの会話を読み，あとの問いに答えなさい。

Noriko: Mom, for homework I must learn about American holidays.

Mom: （ 1 ） Holidays are interesting. What do you need to know?

Noriko: I must learn about three different holidays. My teacher already told me about Christmas. What other holidays do you especially like?

Mom: I think *Thanksgiving is a very special day. Do you agree with me, Bob?

Dad: Yes. Thanksgiving's great!

Noriko: （ 2 ）

Mom: It's a time for our whole family to be together. Everyone usually comes to our house to spend Thanksgiving Day. Bob's parents and my parents fly here from New York. We all share a big Thanksgiving dinner.

Noriko: (3)

Mom: We have *turkey, sweet potatoes, and two or three other kinds of *vegetables, and *pumpkin pie. Bob, what do you think?

Dad: Well, the food is wonderful, but everyone (ア) too much!

Noriko: Are there any special colors for Thanksgiving?

Dad: Thanksgiving is in November, so we *decorate with fall colors: brown, orange, yellow and red.

Noriko: What does Thanksgiving mean?

Mom: When the *Pilgrims came to America, they had a very difficult time. The *Native Americans helped them a lot. They showed the Pilgrims how to *hunt wild turkeys and how to *plant *corn and pumpkins.

Dad: To celebrate the first *harvest, (4) to a big dinner to show their thanks. Today, Thanksgiving is a time for all Americans to give thanks for freedom and all the wonderful things we enjoy in this country.

*Thanksgiving 感謝祭 *turkey 七面鳥 *vegetables 野菜 *pumpkin pie カボチャのパイ
*decorate 飾る *Pilgrims イギリスの教会の清教徒 *Native Americans アメリカ先住民
*hunt 狩る *plant 植える *corn トウモロコシ *harvest 収穫

問1 文中の(1)～(4)に入る最も適切な表現を下のア～エから一つずつ選び記号で答えなさい。

(1) ア．Sounds fun!
イ．Oh, I'm sorry.
ウ．That's too bad.
エ．How about you?

(2) ア．Who taught it to you?
イ．When did you like it?
ウ．What do you like the best about it?
エ．Which do you like better, Christmas or Thanksgiving?

(3) ア．What kind of meat do you have?
イ．What kind of vegetable do you have?
ウ．What kind of fruit do you have?
エ．What kind of food do you have?

(4) ア．the Native Americans invited the Pilgrims
イ．the Pilgrims invited the Native Americans
ウ．the Pilgrims and the Native Americans invited all Americans
エ．the Pilgrims and the Native Americans invited their children

問2 文脈から判断して，（ア）に入る最もふさわしい一語を答えなさい。ただし，本文中に使用されている単語を使ってはいけない。

〔Ⅲ〕 次の英文を読んで，あとの問いに答えなさい。

Koi—or nishikigoi—are becoming more and more popular outside of Japan. Sometimes they are called "swimming *gems," and they are attracting attention from fans around the world. Many are people in Asia and Europe. In fact, *exports of koi and other special fish, increased from ¥2.22 billion in 2008 to ¥4.3 billion in 2018, almost *doubling in the last 10 years.

At a fish farm in Hiroshima Prefecture, a customer from Taiwan spent ¥203 million for a 9-year-old *female koi at an *auction in October last year. ①"About four years ago, the prices of koi started rising because of growing interest in Asia," said the president of the fish farm company. Today, the company exports koi to 15 countries and regions in Asia and Europe, and foreign sales are now 95 percent of its total sales.

"I'm a huge fan of koi. It's a lot of fun watching their big, beautiful bodies," said a company president from China. He was in Japan to buy more fish. "I'm planning to build a *Japanese garden in three years. My koi will swim here," he said with a smile as he looked at the design for his garden in China.

"There are many customers who don't worry about spending a lot of money on really great koi," said a *dealer who buys koi in Japan and sells them in *Singapore. He was in Niigata Prefecture, because it has a long history of growing koi and is now a main *market for foreign *buyers.

"In Europe, *gardening is popular, so various kinds of koi are used to add color to gardens and ponds. In Asia, koi are seen as fish of good luck, and it is believed that putting koi in a pond brings much money and *fortune to a company," said the president of another Koi Farm.

*In contrast, Japanese (A) very interested in buying koi anymore. "There's not enough land in the cities, so many ponds were changed into parking lots," said a koi dealer from Shizuoka Prefecture. "Also, koi prices are high because of foreign customers, so koi are usually too expensive for many Japanese," he said. "I am sometimes disappointed about ②this condition."

*gem 宝石　*exports 輸出（する）　*doubling 二倍になること　*female 雌　*auction 競売
*Japanese garden 日本庭園　*dealer 販売業者　*Singapore シンガポール　*market 市場
*buyer 買い手　*gardening 造園　*fortune 幸運　*in contrast それとは対照的に

問1 本文の内容に合っているものには○，合っていないものには×と答えなさい。

(1) Koi are more popular in Japan than in Asia.
(2) Koi are called "goldfish" outside of Japan.
(3) The export of koi grew two times larger in 10 years.
(4) Koi are mainly produced in Niigata Prefecture.
(5) In Europe, people believe that koi bring great fortune.

問2 下線部①の理由を本文の内容をもとに日本語で答えなさい。

問3　（　）に入る数字を答えなさい。

The koi company in Hiroshima sells（ ア ）% of its koi to foreign countries and（ イ ）% of its koi in Japan.

問4　(A) に入る一語を答えなさい。

問5　下線部②の this condition とはどのような状況ですか。日本語で説明しなさい。

［Ⅳ］次の各文の（　）内に入る適語を選び，記号で答えなさい。

(1) Do you know the（　）boy?
　ア. smile　イ. smiles　ウ. smiling　エ. smiled

(2) Did you see the postcard（　）arrived today?
　ア. where　イ. which　ウ. whose　エ. when

(3)（　）the girl went out for a walk, it was snowing.
　ア. If　イ. That　ウ. When　エ. Because

(4) She has a terrible fever, so I（　）take her to a hospital this afternoon.
　ア. must　イ. must not　ウ. can　エ. can't

(5) The library will（　）at nine o'clock tomorrow morning.
　ア. open　イ. opens　ウ. opening　エ. opened

［Ⅴ］次の各組の文がほぼ同じ意味になるように（　）に入る適語を答えなさい。

(1) I'm looking for my notebook. Is this your notebook?
　I'm looking for my notebook. Is this（　）?

(2) Let's have lunch together.
　（　）（　）have lunch together?

(3) Yumi went to her club activities and she is not here.
　Yumi（　）（　）to her club activities.

(4) My grandfather grew these potatoes in his garden.
　These potatoes（　）（　）by my grandfather in his garden.

(5) They didn't have any food in their refrigerator.
　They had（　）food in their refrigerator.

［Ⅵ］次の文の空所に入る，与えられたアルファベットで始まる適語を答えなさい。

例)（ W　）is my favorite season.　　答え　Winter

(1) An（ a　）is your mother's or father's sister.

(2) "Oh, it's so funny! But don't make me（ l　）. My stomach hurts today."

(3) A（ r　）is a place to eat good meals. You order food, and the food is delivered to you.

(4) Be careful! It's a（ d　）animal. Please don't touch it.

(5) An hour has 60（ m　）in it.

〔Ⅶ〕 日本語の意味に合うように下線部①～③を英語に直しなさい。ただし②と③は［ ］内の語（句）を並べかえなさい。

①サッカーは，世界で最も人気のあるスポーツの一つです。世界中でたくさんの人がサッカーをしたり，サッカーの試合を見て楽しんでいます。なぜサッカーはそんなに人気があるのでしょうか。理由はいくつかあります。②一つ目の理由は，ルールを覚えることが簡単なスポーツだからです。また，サッカーの試合はほぼどこでも，どんな大きさのグラウンドでもすることができるからです。さらに，野球のように様々な道具を必要とせず，③サッカーをするのに必要なものは，ボール１個だけであることもその理由の一つではないかと思われます。

② ［ it's / is / learn / the first / an / that / its rules / sport / to / easy / reason ］.

③ ［ ball / when / play soccer / one / needed / only / is / you ］

【理　科】（50分）　＜満点：100点＞

1　図１のような斜面で球体Ｘを転がす実験をしました。摩擦や空気による影響はないものとして，以下の各問いに答えなさい。

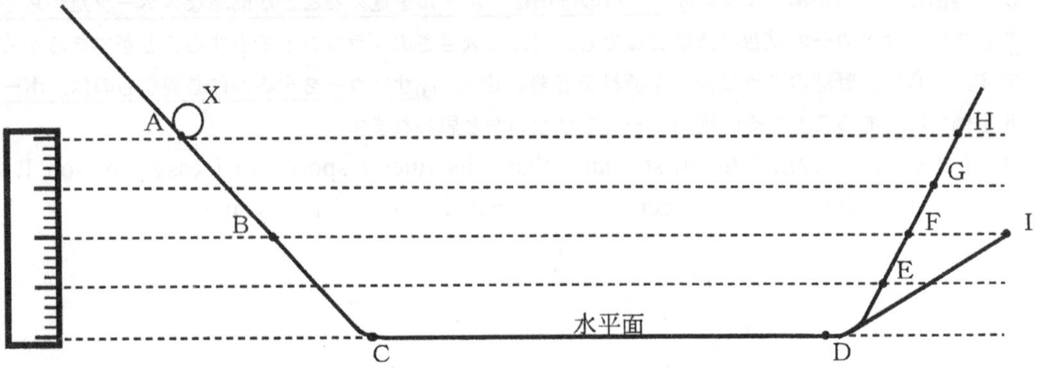

図1

【実験１】　Ａ点から球体Ｘを静かに転がし，斜面ＤＨ上での球体Ｘの到達点の高さを測定した。

【実験２】　斜面ＤＨの傾斜をゆるくして斜面ＤＩとし，【実験１】と同様の実験をおこなった。

⑴　水平面ＣＤ間で，球体Ｘはどのような運動をしますか。漢字で答えなさい。

⑵　実験１で，球体ＸはＥ～Ｈ点のどこまで到達しましたか。記号で答えなさい。

⑶　次の図の破線は，実験１で，Ａ～Ｅ点間を運動する球体Ｘの位置エネルギーの変化を表したものです。このときの球体Ｘの運動エネルギーの変化を，解答用紙にある図に実線で書きなさい。

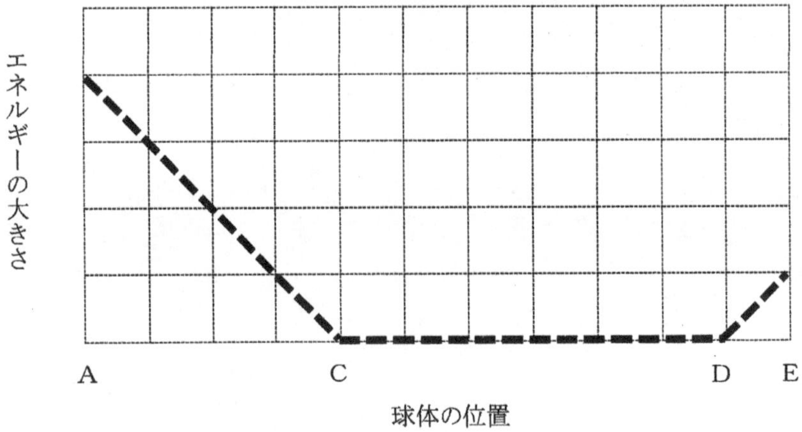

⑷　実験２で，球体ＸがＩ点から飛び出してから水平面ＣＤの高さにある床に到達するまでの間，球体Ｘのもつ力学的エネルギーはどうなっていますか。もっとも適当なものを次のア～エから１つ選び，記号で答えなさい。

ア　増加し続ける。

イ　減少し続ける。

ウ　球体Ｘが最高点に達するまでは増加し続け，その後は減少し続ける。

エ　一定のままである。

【実験３】 図２のように，図１の斜面ＤＨの傾斜をさらにゆるくして水平にし，質量の等しい２個の球体ＸとＹを，それぞれ斜面上のＡ点，Ｂ点に置いて同時に静かに手をはなした。

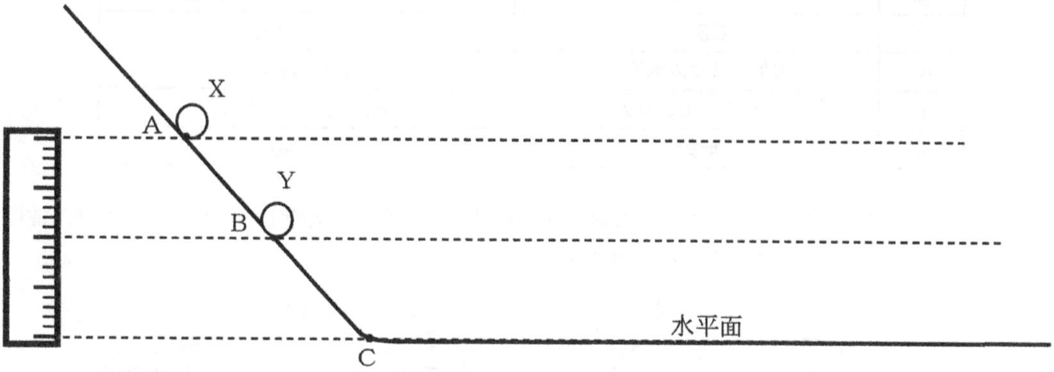

図2

⑸ 実験３で，球体ＸとＹはどうなりますか。次のア～エから１つ選び，記号で答えなさい。ただし，区間ＡＢと区間ＢＣの距離は等しいものとします。

ア 球体Ｘは区間ＢＣの間で球体Ｙに追いつく。

イ 球体ＸはＣ点で球体Ｙに追いつく。

ウ 球体Ｘは水平面上で球体Ｙに追いつく。

エ 球体Ｘは球体Ｙに追いつかない。

⑹ 球体Ｙの質量を２倍にし，球体Ｘの質量はそのままの状態で実験３を行った場合，球体ＸとＹはどうなりますか。⑸のア～エから１つ選び，記号で答えなさい。

2 アンモニアは虫刺されの薬や肥料の原料になるなど，私たちの生活に欠かせないもので，（ ア ）と（ イ ）を混ぜ合わせて加熱することで発生させることができます。また，工業的には窒素と水素を化合することでアンモニアを合成することができます。もっと簡単な方法としては，アンモニア水を加熱することで発生させることもできます。アンモニアは空気より軽く，水にとけやすい性質をもっており，水にとけると赤色のリトマス紙を青色に変化させます。

⑴ アンモニアのにおいとしてもっとも適切なものを次の①～⑤から１つ選び，番号で答えなさい。

①鼻をさすような刺激臭

②くさったたまごのようなにおい

③プールの消毒剤のようなにおい

④ほのかに甘いにおい

⑤においはしない

⑵ （ア）と（イ）に当てはまる物質名の組み合わせをあとの①～⑥から１つ選び，番号で答えなさい。

	ア	イ
①	二酸化マンガン	オキシドール
②	うすい塩酸	うすい水酸化ナトリウム水溶液
③	石灰石	うすい塩酸
④	塩化バリウム水溶液	うすい硫酸
⑤	塩化アンモニウム	水酸化カルシウム
⑥	亜鉛	うすい塩酸

⑶　アンモニアの集め方としてもっとも適切な方法はどれですか。次の①～③から１つ選び，番号で答えなさい。また，その方法を漢字で答えなさい。

①
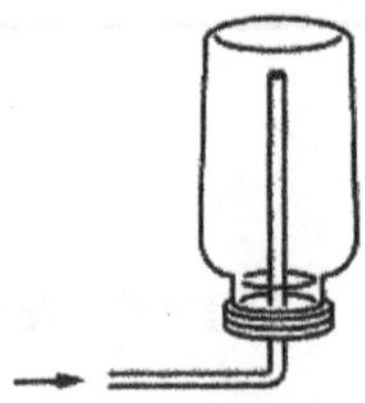
②

③

⑷　アンモニアの性質を利用して，右図のようなアンモニア噴水の実験を行うことができます。以下の文章はアンモニア噴水のしくみを説明したものです。（ウ），（エ）に入る語句をそれぞれ答えなさい。

丸底フラスコをアンモニアで満たした状態にし，穴を２つあけたゴム栓で栓をします。一方の穴には水を入れたスポイトを設置し，もう片方の穴にはビーカーの底まで届くようにガラス管を設置します。

水を入れたスポイトを押すと，丸底フラスコ内にスポイトの水が入ります。アンモニアが水にとけ，フラスコ内の気圧が（　ウ　）。そのため，ビーカー内の水がガラス管を通ってフラスコ内に勢いよく飛び出します。このとき，ビーカー内の水に（　エ　）を数滴加えておくことで，フラスコ内にビーカーの水が入ったときに赤色に変わるようにできます。

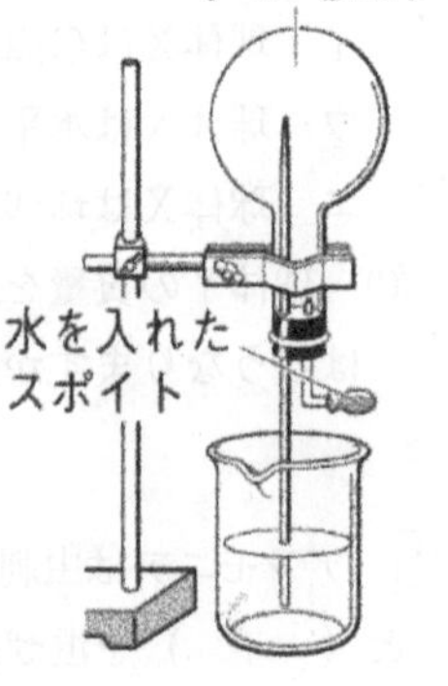

図

⑸　市販されているアンモニア水の質量パーセント濃度は28％です。このアンモニア水500㎤中にアンモニアは何ｇ含まれていますか。ただし，アンモニア水の密度は0.9ｇ/㎤とします。

⑹　水素と窒素を化合させてアンモニアが生じるときの化学反応式は以下の通りです。

$$N_2 + 3H_2 \longrightarrow 2NH_3$$

ある容器に窒素分子100個と水素分子300個を入れ，密閉した状態で化学反応をさせました。アンモニア分子が120個できたとき，容器内に存在する窒素分子の数と水素分子の数はそれぞれ何個ですか。もっとも適当な個数を次の①～⑩から選びそれぞれ番号で答えなさい。ただし，同じ番号を選んでもよいものとします。

①20個　　②40個　　③50個　　④60個　　⑤80個
⑥100個　　⑦120個　　⑧150個　　⑨180個　　⑩200個

3　次の文章［Ⅰ］・［Ⅱ］を読み，以下の各問いに答えなさい。

［Ⅰ］　**自然界において生物の間には，食べる・食べられるの関係がある。例えば，ミミズはおもに落ち葉を食べ，ミミズはカエルに食べられる。このような関係のつながりを（　ア　）という。（　ア　）の始まりは植物である。植物は，太陽の光エネルギーを利用して無機物から有機物を作り出しているので（　イ　）と呼ばれる。動物は，植物やほかの動物を食べるので（　ウ　）と呼ばれる。また，土の中には生物の死がいなどにふくまれる有機物を分解して無機物に変える生物が無数に生息しており，これらの生物はそのはたらきから（　エ　）と呼ばれる。（　エ　）の代表例として菌類や細菌類が挙げられる。**

⑴　文章中の空欄（ア）～（エ）に当てはまる語句を漢字で答えなさい。

⑵　次の生物①～⑤は菌類もしくは細菌類のいずれかです。それぞれ分類し番号で答えなさい。

①シイタケ　　②乳酸菌　　③大腸菌　　④アオカビ　　⑤酵母菌

⑶　次の図は，ある地域における食べる・食べられるの関係を表したものです。ある年に動物Bの個体数が激減したとき，動物A，動物Cに一時的に見られる最初の変化として当てはまるものを下の①～③からそれぞれ選び，番号で答えなさい。

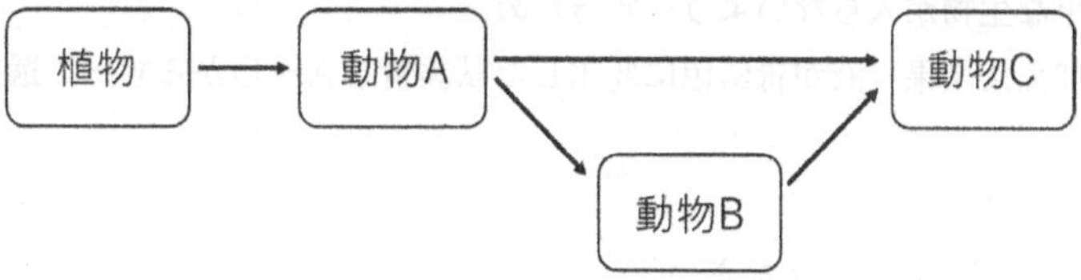

図

①個体数が増加する　　②個体数が減少する　　③個体数は変わらない

［Ⅱ］　菌類，細菌類のはたらきを調べるために，次の実験を行いました。

【実験】　学校の裏山でとってきた土200ｇをビーカーに入れ，水200mLを加えてよくかき混ぜた後，ガーゼでこしてビーカーXとビーカーYに均等に分けた。ビーカーXの液はそのまま室温に保ち，(あ)ビーカーYの液は沸騰させた後，冷まして室温にした。ビーカーXとビーカーYにうすいデンプン水溶液を20mＬずつ加えてよく混ぜた。ビーカーXから試験管A，ビーカーYから試験管Bに液をそれぞれ２mLずつとりわけ，各試験管にヨウ素液を加えてその反応を調べた。その後，ビーカーXとビーカーYに(い)アルミニウムはくでふたをし，室温で７日間放置した。７日間放置した後，ビーカーXから試験管C，ビーカーYから試験管Dにそれぞれ２mLずつとりわけ，各試験管にヨウ素液を加えてその反応を調べた。

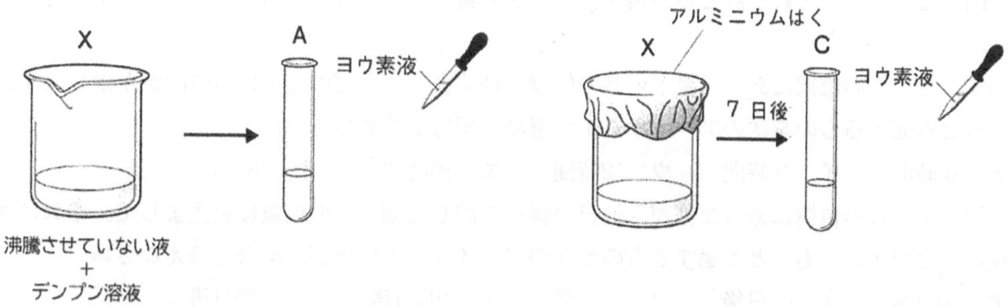

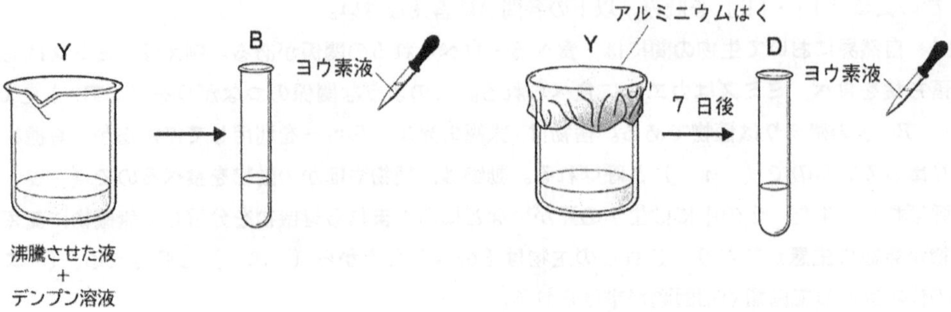

⑷　下線部（あ）について，ビーカーYの液を沸騰させた理由を，簡潔に説明しなさい。

⑸　下線部（い）について，ビーカーにアルミニウムはくでふたをしたのはなぜですか。次の①～④からもっとも適切なものを１つ選び，番号で答えなさい。

①二酸化炭素が入らないようにするため。

②酸素が入らないようにするため。

③温度を一定に保つため。

④空気中の微小な生物が入らないようにするため。

⑹　ヨウ素液を加えた結果，液が青紫色に変化した試験管をA～Dからすべて選び，記号で答えなさい。

4　次の文章を読み，各問いに答えなさい。

図１と図２は，北緯43度にある北海道札幌《さっぽろ》市でよく晴れた日に，それぞれある方角の空を見たときの星の動きを示したものです。なお，図１のPの星はほとんど動かないように見えます。

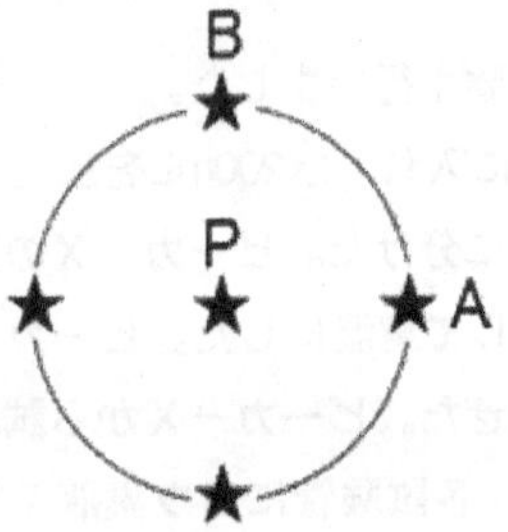

図１

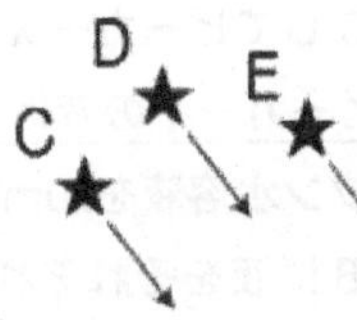

図２

⑴　図１のPの星の名称を答えなさい。

⑵　図１と図２は，それぞれどの方角を見たときのようすを示したものですか。４方位で答えなさい。

⑶　図１で，Aの位置にあった星が，Bの位置へ動くまでに，どのくらいの時間がかかりますか。もっとも適するものを次のア～オから１つ選び，記号で答えなさい。

ア　6時間　　イ　9時間　　ウ　12時間　　エ　15時間　　オ　18時間

⑷　図１で，Aの位置にあった星が，何日か経って同じ時刻にBの位置に見えました。それは何日後のことですか。もっとも適するものを次のア～オから１つ選び，記号で答えなさい。

ア　30日後　　イ　60日後　　ウ　90日後　　エ　180日後　　オ　270日後

⑸　前のページの図２のC～Eの星のうち，もっとも早く水平線に沈むのはどの星ですか。

⑹　図３は，地球を完全な球体としたときの札幌市の位置とPの星の方向を表しています。札幌市から見たPの星の高度は何度ですか。

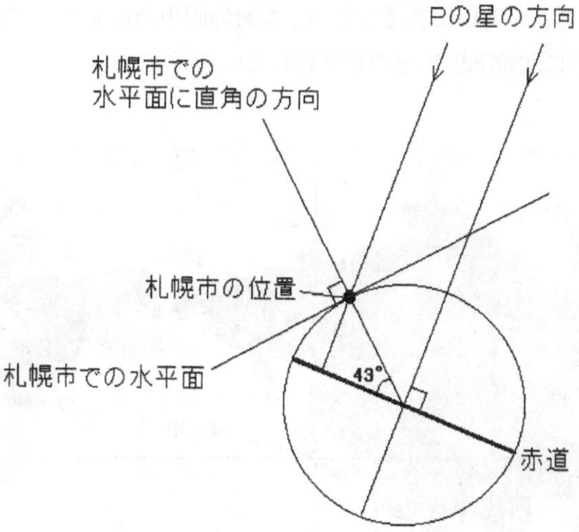

図３　札幌の位置とPの星の方向

⑺　図２のCの星は，真東から出て真西に沈みました。このときCの星が南中したときの高度は何度になりますか。

【社　会】（50分）　＜満点：100点＞

日本と世界の様々なできごとや課題について，あとの1～3の問いに答えなさい。

1　資料Ⅰ～Ⅳをみて，1～3の問いに答えなさい。

1　次の資料Ⅰをみて，あとの問いに答えなさい。なお地図中の点線は，宮城県仙台市の中心部を通る東経140度54分ならびに北緯38度16分の線を表している。

資料Ⅰ

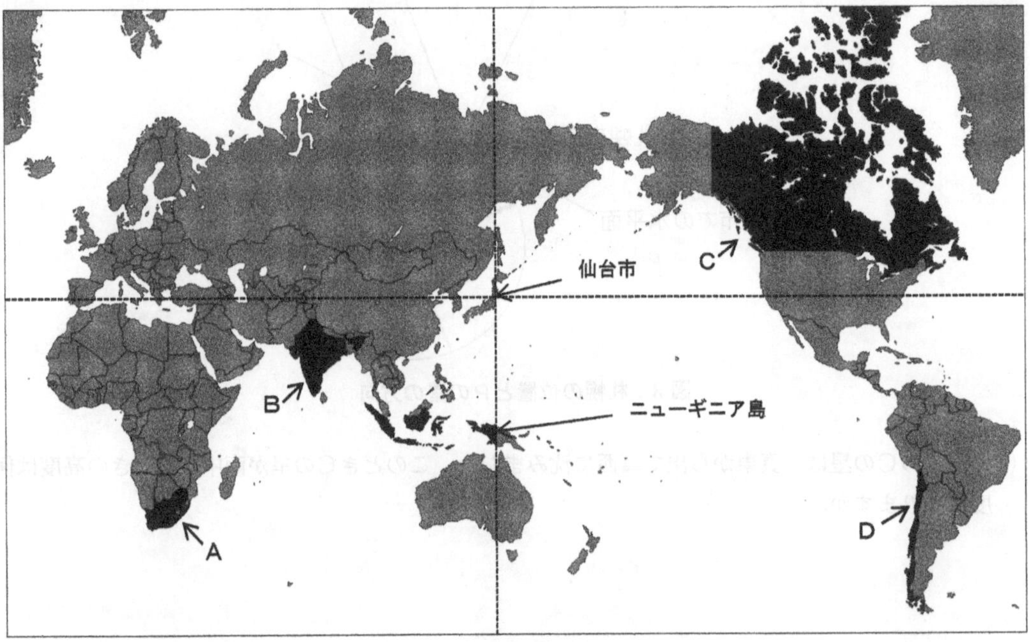

⑴　仙台市と同じ緯度線上にある国の組み合わせとして正しいものを，次のア～エから１つ選び，記号で答えなさい。

ア　スペイン・アメリカ合衆国・ポルトガル・メキシコ

イ　スペイン・ポルトガル・エジプト・イタリア

ウ　中華人民共和国・アメリカ合衆国・ポルトガル・トルコ

エ　中華人民共和国・ポルトガル・マレーシア・トルコ

⑵　仙台市とインドネシアの**ニューギニア島**は，ほぼ同じ経度線上に位置しており，緯度の差は約40度である。赤道から北極までの距離を約１万キロメートルとした場合，仙台市とニューギニア島の距離としてもっとも適切なものを，次の**ア**～**エ**から１つ選び，記号で答えなさい。

ア　約3,300㎞　　**イ**　約4,400㎞　　**ウ**　約5,500㎞　　**エ**　約6,600㎞

⑶　六大陸のうち，資料Ⅰには描かれていない大陸はどこか，名称を答えなさい。

⑷　資料Ⅰ中の国**A**～**D**について，次の問いに答えなさい。

①　**A**の南アフリカ共和国では，長年に渡って少数の白人が多数の黒人を支配するために，人種隔離政策が行われてきた。1990年代に廃止されたこの政策を何というか，カタカナで答えなさい。

②　**B**のインドは近年，豊富な労働力と天然資源を背景として，著しい経済発展を遂げている。

このような経済発展を続けているインド，南アフリカ，ブラジル，中国，ロシアの５か国をまとめて何というか，次の**ア**～**エ**から１つ選び，記号で答えなさい。

ア　NIES　　**イ**　OPEC　　**ウ**　BRICS　　**エ**　EU

③　**C**のカナダの西部には，3,000mから4,000m級の山々が連なり，山脈がアメリカ合衆国の南西部まで続いている。この山脈の名称を答えなさい。

④　**D**のチリについて，次の資料Ⅱはチリにおける輸出品の上位５品目をまとめたものである。この資料をみて，適切な帯グラフを作成しなさい。

資料Ⅱ　チリにおける輸出品の上位５品目(2016年)

順位	品目	輸出額(百万ドル)
第１位	銅	14,912
第２位	銅鉱	12,844
第３位	野菜・果実	6,681
第４位	魚介類	4,732
第５位	パルプ・古紙	2,394
	その他	19,034

（矢野恒太記念会編『世界国勢図会第29版』国勢社（2018年）より作成）

２　資料Ⅲは，島根県出雲市大社《たいしゃ》町周辺の地形図である。これをみて，あとの問いに答えなさい。

（※編集の都合で，92％に縮小してあります。）

資料Ⅲ

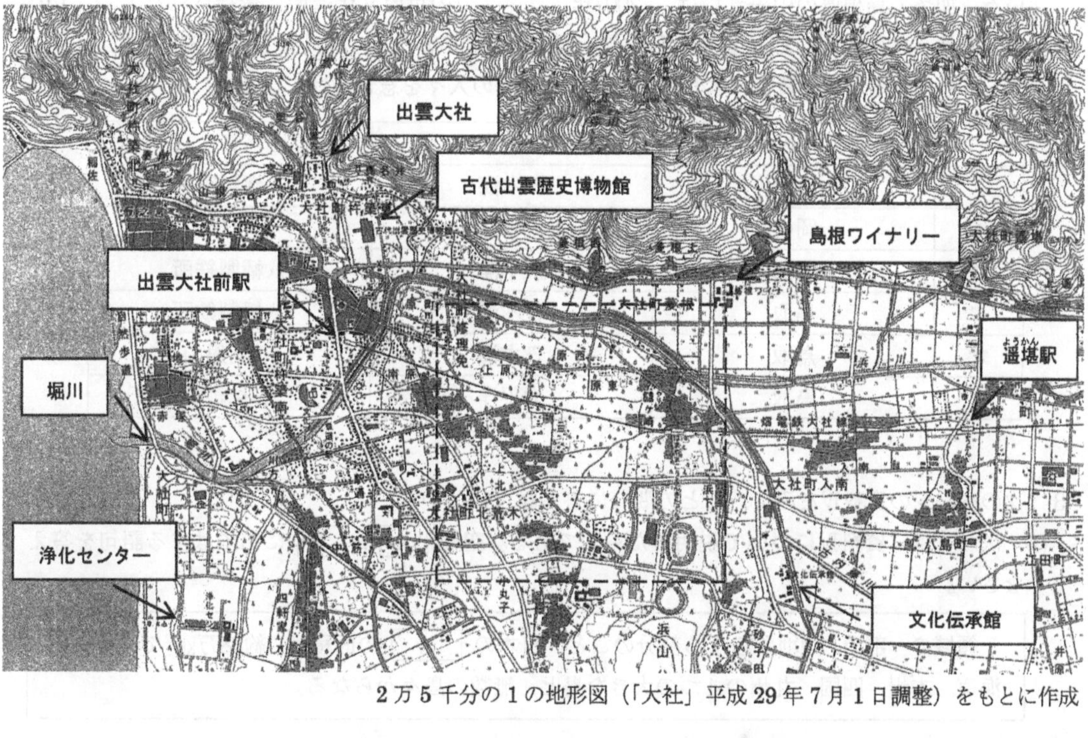

２万５千分の１の地形図（「大社」平成29年７月１日調整）をもとに作成

⑴　資料Ⅲ中の点線に囲まれた部分には，右の地図記号が多く描かれている。

この地図記号が使われる場所で栽培される作物として正しいものを，次の**ア**～**オ**からすべて選び，記号で答えなさい。

ア　梨　　**イ**　きゅうり　　**ウ**　コメ　　**エ**　ぶどう　　**オ**　キャベツ

⑵　資料Ⅲから読み取れる内容として正しいものを，次の**ア**～**エ**から１つ選び，記号で答えなさい。

ア　大社町は出雲大社とともに発展した町であり，出雲大社の北側には丘陵が，南側には市街地が広がっている。

イ　古代出雲歴史博物館から島根ワイナリーを目指して歩いたとき，右手には山が，左手には平坦な土地が広がっている。

ウ　文化伝承館は，浄化センターから見るとほぼ西の方向にある。

エ　一畑《いちばた》電鉄大社線を利用し，出雲大社前駅から遥堪《ようかん》駅に移動した場合，電車は堀川を一度，橋で渡ることになる。

⑶　大社町のある島根県は，中国地方のうち山陰と呼ばれる地域である。この地域の説明について，次の空欄［Ｘ］～［Ｚ］にあてはまる語句の組み合わせとして正しいものを，あとの**ア**～**カ**から１つ選び，記号で答えなさい。

中国地方のうち，中国山地の北側にある［Ｘ］県と島根県，そして山口県の一部の地域を山陰地方と呼ぶ。［Ｙ］に面する山陰は，冬には北西からの季節風の影響で雪や雨の日が多く，山沿いを中心にたくさんの雪が降り積もる。

島根県東部の出雲地方は「神話の里」と呼ばれるほど歴史的な文化財や史跡が多い。また［Ｘ］県の倉吉《くらよし》市や米子《よなご》市，島根県の津和野《つわの》町や松江市などは，城下町として栄えた歴史から，伝統的な武家屋敷や商家が保存されており，その歴史的な街並みは，当時の様子を現在に伝えている。加えて島根県の中央部には，2007年にユネスコの世界文化遺産に登録された［Ｚ］の跡がある。さらに，［Ｘ］県には日本最大級の砂丘が広がる［Ｘ］砂丘がある。

これらの豊富な観光資源により，山陰地方は多くの人々を惹《ひ》きつけている。

	Ｘ	Ｙ	Ｚ
ア	岡山	日本海	八幡製鉄所
イ	岡山	太平洋	石見銀山
ウ	岡山	太平洋	八幡製鉄所
エ	鳥取	日本海	八幡製鉄所
オ	鳥取	日本海	石見銀山
カ	鳥取	太平洋	石見銀山

３　次のページの資料Ⅳをみて，あとの問いに答えなさい。

⑴　次の文は，資料Ⅳについて説明したものである。空欄［Ｘ］，［Ｙ］にあてはまる語句を答えなさい。

> 領域の一部で，陸地からなる部分のこと。日本の［Ｘ］の面積は，約38万km^2であり，北海道，本州，四国，九州の４つの大きな島と，無数の島々からなる。

国際法上，特定の国家の主権に属さない海域を Y という。この海域では，各国の船が自由に航行することが認められている。

資料Ⅳ

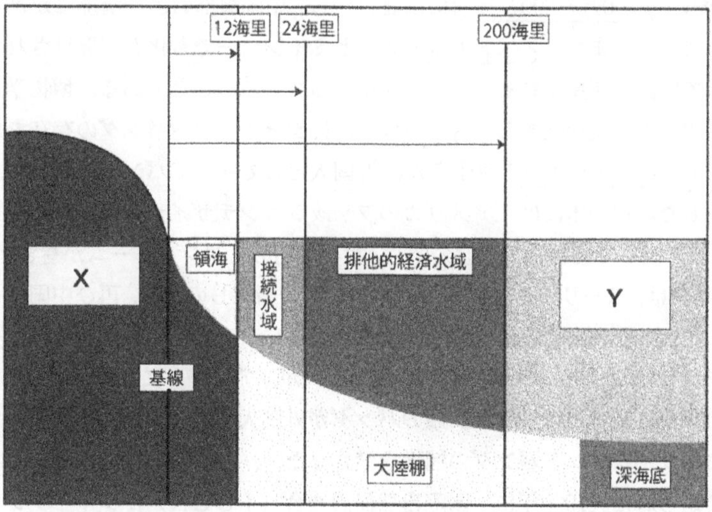

⑵ 次の文は，日本の最東端，最西端の島について説明したものである。空欄 ① ， ② にあてはまる島の名称を答えなさい。

≪最東端≫

① …東経153度59分に位置している。本州から約1,800㎞離れており，行政上は東京都小笠原村に属している。

≪最西端≫

② …東経122度56分に位置している。隣接する台湾とは，約111㎞の距離にあり，年に数回，台湾の山並みを見ることができる。

⑶ 日本の最南端である沖ノ鳥島（北緯20度25分）は，1987年から護岸工事が行われている。この工事の目的は何か，資料Ⅳ中の語句を用いて説明しなさい。

2 次の「SDGsとパンダ大使」に関する文を読み，あとの１～10の問いに答えなさい。

2015年に，国連創設70周年を迎えた。同年９月，国連サミットで「持続可能な開発のための2030アジェンダ」が加盟国193か国全会一致で採択された。これは持続可能な世界を実現するための17の「持続可能な開発目標（SDGs）」から構成され，地球上の誰一人として取り残さない世界の実現を目指している。

目標15は「陸の豊かさも守ろう」である。森林は生物種の生息地やきれいな空気と水を提供するだけでなく，気候変動への対処においても不可欠である。しかし，現在，地球は土地の劣化に直面し，全世界で1,200万ヘクタールの農地が消失し，貧しいコミュニティに影響が及んでいる。また，確認されている8300の動物種のうち，８％が絶滅，22％が絶滅の危険にさらされている。

SDGsを世界に広めるために，成都ジャイアントパンダ繁殖研究基地で誕生したキキとディアンディアンがSDGsパンダ大使に選ばれた。子パンダたちは，気候変動に脅かされる世界の自然や野生動物の生息域の減少などの危機を象徴する存在だ。ジャイアントパンダの生息している森は，主食である竹が育つ標高約1,300mから4,000mの山岳地帯に広がっている。発掘されたジャイアントパンダの化石から，A200万～300万年前には北京からB中国東部および南部にかけて広く分布していたと考えられている。また，Cベトナムの北部とミャンマーでも化石が発見されている。パンダが西洋人によって中国で発見されるのは19世紀に入ってからのことである。博物学者でもある宣教師アルマン・ダヴィド神父が発見し，Dヨーロッパにジャイアントパンダの存在を広めた。1929年には，Eセオドア・ローズベルトの息子らが，外国人として初めてパンダを射止め，シカゴの自然史博物館に展示した。1936年には，アメリカのファッションデザイナーであるルース・ハークネスが，アメリカに持ち出して動物園で一般公開し，世界で初めてパンダブームが巻き起こった。翌年，ルース・ハークネスは，スーリーと名付けられたパンダの婿探しのため，再び中国へと向かった。その際，横浜港に立ち寄り，新聞記者の取材に対して，「私によくなついてゐてそれはそれは可愛いものです。」と述べている。1941年には，F蔣介石の夫人が，アメリカに２頭のパンダを贈った。Gアジア・太平洋戦争が終結する頃まで，14頭のパンダが外国人によって国外へ連れ出された。中国政府は，1946年にはジャイアントパンダの捕獲を禁止したが，1957～1983年の間に，24頭のパンダが親善大使として贈られた。1990年に，国際自然保護連合（ＩＵＣＮ）がジャイアントパンダを絶滅危惧種に指定した。パンダの生息地が失われた原因の一つに，中国の人口の増加に伴う，H人の移動が起きたことが挙げられる。中国政府は，保護を目的として，中国国内に33カ所のパンダ保護区を設置している。

現在，日本では，I東京・兵庫・和歌山にある動物園で10頭のパンダが飼育されている。和歌山県にある複合レジャー施設では，SDGsの一例として「竹林荒廃の防止」に取り組んでいる。パンダは進化の過程で肉食動物から草食動物になったことから，１日に大量の笹の葉や竹を採食する必要がある。大阪府岸和田市の竹林は，竹の過剰な増殖により里山で暮らす動物や植物の生態系を壊す恐れがある。そこで，増えすぎる竹をパンダの食事用として切り出すことで，SDGsの目標達成に貢献しているのだ。

SDGsは2030年までに，貧困や飢餓，エネルギー，気候変動，平和的社会など，持続可能な開発のための目標の達成を目指している。未来の社会をリードしていく，現在の中学生・高校生には，「地球上の誰一人として取り残さない」世界の実現のために，J現代社会の課題を自らの問題として捉え，身近なところから取り組むことを期待したい。

1　下線部Aについて，2018年，イギリスの総合学術雑誌『Nature』に，中国科学院の研究チームが130万～210万年前の石器や化石を発見したことが発表された。この年代測定が正しい場合，明らかになることについて述べた次の文X・Yを読み，正誤の組み合わせとして正しいものを，あとのア～エから１つ選び，記号で答えなさい。

X　従来の想定よりも前に，人類がアフリカから中国にたどり着いている可能性がある。
Y　この時期には，ほぼ現在に近い日本列島が成立していた可能性がある。

ア　X－正　Y－正　　イ　X－正　Y－誤
ウ　X－誤　Y－正　　エ　X－誤　Y－誤

2　下線部**B**について，1997年にイギリスから返還され，国防問題以外では高い自治性を維持してきたある都市において，昨年７月以降，犯罪容疑者の中国本土への引き渡しを認める「逃亡犯条例」の改正案に反対してデモが起きた。この都市の位置を，次の地図中の**ア**～**エ**から１つ選び，記号で答えなさい。

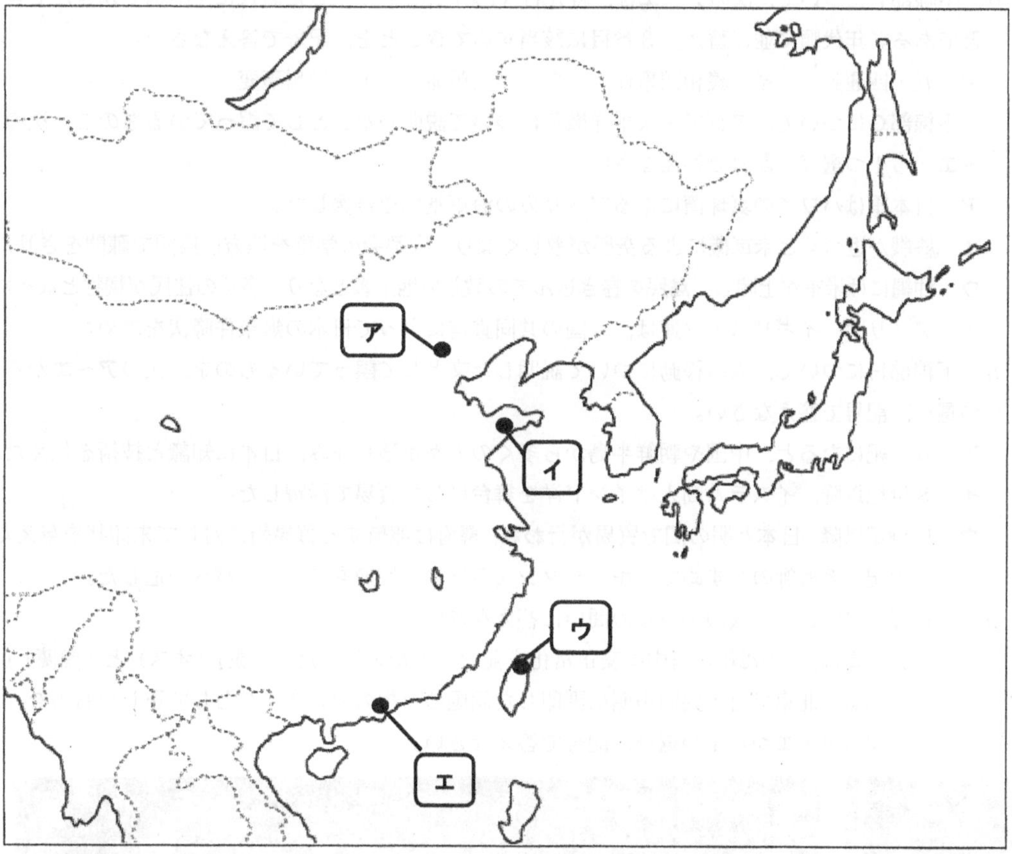

3　下線部**C**について，ベトナムは，1884年にベトナムの領有権が清国からフランスに譲渡されるまで，中国の歴代王朝との間で朝貢関係を維持してきた。日本において，中国に朝貢する形式で貿易を始めた人物として正しいものを，次の**ア**～**エ**から１つ選び，記号で答えなさい。

ア　聖徳太子　　**イ**　北条時宗　　**ウ**　足利義満　　**エ**　織田信長

4　下線部**D**について，19世紀のヨーロッパの歴史について説明した文として正しいものを，次の**ア**～**エ**から１つ選び，記号で答えなさい。

ア　ヨーロッパ人が航海・探検によって新航路を発見し，未知の地域や民族と接触した。

イ　フランスでは国王や貴族中心の政治に対する不満が爆発し，市民によるフランス革命が起きた。

ウ　イギリスで始まった産業革命が，フランス・ドイツ・アメリカにも広がった。

エ　ヨーロッパを主戦場として，人類史上初の世界規模の戦争である第一次世界大戦が起こった。

5　下線部**E**について，セオドア・ローズベルトがアメリカ大統領に就任した1904年から1909年までの時期にあてはまるできごととして適するものを，次の**ア**～**エ**から１つ選び，記号で答えなさい。

ア　アメリカ独立戦争　　**イ**　アメリカ南北戦争

ウ　ポーツマス条約締結　　**エ**　ワシントン会議開催

6　下線部**F**について，次の**ア**～**エ**は，蔣介石（1887-1975）が生きた時代に，中国で起きたできごとである。年代順に並び替え，３番目に該当するできごとを，記号で答えなさい。

ア　五・四運動　　**イ**　義和団事件　　**ウ**　辛亥革命　　**エ**　満州事変

7　下線部**G**について，アジア・太平洋戦争について説明した文として**誤っているもの**を，次の**ア**～**エ**から１つ選び，記号で答えなさい。

ア　日本軍はハワイの真珠湾にあるアメリカの海軍基地を奇襲した。

イ　終戦が近づくと米軍機による空襲が激しくなり，大都会の学童を地方に集団で疎開をさせた。

ウ　沖縄には米軍が上陸し，島民を巻き込んでの激しい地上戦となり，多くの住民が犠牲となった。

エ　アメリカ・イギリス・ソ連は，３国の共同宣言によって日本の無条件降伏を求めた。

8　下線部**H**について，人の移動について説明した文として**誤っているもの**を，次の**ア**～**エ**から１つ選び，記号で答えなさい。

ア　６世紀になると，中国や朝鮮半島から多くの人々が移り住み，日本に知識と技術を伝えた。

イ　８世紀以降，イスラム商人はインド洋を舞台にして貿易で活躍した。

ウ　15世紀以降，日本と明の間で貿易が行われ，幕府は渡航する貿易船に対して朱印状を与えた。

エ　17世紀，宣教師のすすめで，キリシタン大名は少年使節をヨーロッパへ派遣した。

9　下線部**I**について，次の⑴～⑹の問いに答えなさい。

⑴　次の写真は，1972年に日中国交正常化を記念して初来日した「康康《カンカン》」（オス）と「蘭蘭《ランラン》」（メス）である。北京で日中共同声明に調印した両国の首相の組み合わせとして正しいものを，次のページの**ア**～**エ**から１つ選び，記号で答えなさい。

（毎日新聞 1972年10月28日撮影）

ア　佐藤栄作－孫文　　イ　佐藤栄作－周恩来
ウ　田中角栄－孫文　　エ　田中角栄－周恩来

⑵　次の写真は，東京都立恩賜上野動物園で飼育されている「香香《シャンシャン》」（メス）である。動物園の使命の１つに，希少種を中心に飼育動物の繁殖に力を入れ，生物多様性の保全に貢献することがあげられる。江戸時代，命の尊さを教えるために，極端な動物愛護令を出した将軍は誰か，答えなさい。

（公益財団法人東京動物園協会「東京ズーネット」より）

⑶　次の写真は，2000年以降，神戸市立王子動物園で飼育されている「旦旦《タンタン》」（メス）である。タンタンは，1995年に起きた阪神・淡路大震災からの復興のシンボルとして，中国から贈られた。タンタンは，中国四川省にあるジャイアントパンダ繁殖センターで誕生した。四川省の成都は，古代より良質の絹の産地として知られ，交易品として用いられてきた。漢の時代には，西方との交通路もひらかれた。この交通路を何というか，答えなさい。

（2019 年 2 月 9 日撮影）

⑷　11世紀後半，摂津（現神戸市）の大輪田泊を修築してさかんにおこなわれた貿易は何か，答えなさい。

⑸　次の写真は，紀伊半島の南西部にある白浜温泉に位置する複合レジャー施設で飼育されている彩浜《さいひん》である。この施設では，これまで16頭の繁殖に成功しており，世界中から注目を浴びている。奈良時代に成立した，天皇家の由来を説明するための歴史書によると，白浜温泉には，斉明天皇・持統天皇・文武天皇が訪れたという。この歴史書として正しいものを，あとの**ア**～**エ**から１つ選び，記号で答えなさい。

（写真提供：アドベンチャーワールド）

ア　風土記　　**イ**　日本書紀　　**ウ**　万葉集　　**エ**　古今和歌集

⑹　院政期には，上皇が仏教を厚く信仰し，大寺院の造営や紀伊熊野三社への参詣（熊野詣《くまのもうで》）を繰り返した。この時代の仏教について述べた次の文**X**・**Y**を読み，正誤の組み合わせとして正しいものを，あとの**ア**～**エ**から１つ選び，記号で答えなさい。

X　鎮護国家の思想を受けて国分寺建立や大仏造立などの事業が進められた。
Y　末法思想の影響によって極楽往生を願うようになった。

ア　**X**－正　**Y**－正　　**イ**　**X**－正　**Y**－誤
ウ　**X**－誤　**Y**－正　　**エ**　**X**－誤　**Y**－誤

10　下線部Jについて，SDGsは2030年までに，持続可能な開発のための目標の達成を目指している。地球上の誰一人として取り残さない世界の実現のために，取り組むべき環境問題について１つ取り上げ，その解決策を簡潔に説明しなさい。

3　次は，平成31年１月１日の安倍晋三首相の年頭所感です。これを読んで，あとの１～13の問いに答えなさい。

新年あけましておめでとうございます。

平成最後となる初春を，皆様におかれましては，穏やかに迎えられたこととお慶《よろこ》び申し上げます。

昨年は，全国各地で大きなA自然災害が相次ぎました。被災者の皆様が一日でも早く心安らぐ生活を取り戻せるよう，政府一丸となって復興を進めてまいります。

平成はバブルとともに始まり，経済はその後，長いデフレに突入しました。失われた20年，就職氷河期の到来，未曾有の自然災害。人口が減少する社会は成長できない。「諦め」という名の壁が日本を覆っていました。

私たちは，この壁に挑みました。

６年が経ち，経済は成長し，若者たちの就職率は過去最高水準です。この春のB中小企業の皆さんの賃上げ率は20年間で最高となりました。生産農業所得はこの19年間で最も高くなっています。

故郷を想う皆さんの情熱によって，被災地は力強く復興を遂げつつあります。地域の皆さんが磨きをかけた伝統，文化，心のこもったおもてなしによって，C外国人観光客数は１千万の壁を突破し，３千万人を超えました。

D景気回復の温かい風が全国津々浦々に届き始める中で，地方の税収は過去最高となりました。

本年は，最大の課題である，E少子高齢化の壁に本腰を入れて立ち向かいます。この秋から幼児教育無償化をスタートさせます。未来を担う子どもたちに大胆に投資し，子どもから現役世代，お年寄りまで，全ての世代が安心できるよう，F社会保障制度を，全世代型へと大きく転換してまいります。

女性も，男性も，若者も高齢者も，障害や難病のある方も，誰もがその能力を存分に発揮できる「一億総活躍社会」が本格始動いたします。

近年，G若者たちの意識が大きく変わり，地方移住への関心も高まっています。このチャンスを逃さず，地方への人の流れをもっと分厚いものとしていきたい。未来の可能性に満ち溢れたH地方創生を進めます。

外交面でも，本年は大きな課題に挑戦いたします。米朝首脳会談，I日露平和条約交渉，日中新時代の到来など大きな転機が訪れる中で，J戦後日本外交の総決算を果断に進めてまいります。

そして，我が国は，G20サミットの議長国として，トランプ大統領，プーチン大統領，習近平国家主席をはじめ，世界のトップリーダーたちを大阪の地にお迎えします。まさに，日本が世界の真ん中で輝く年となります。

５月には，K皇位継承が行われ，歴史の大きな転換点を迎えます。平成の，その先の時代に向かって「日本の明日を切り拓く」一年とする。その先頭に立つ決意です。

L国民の皆様から大きな信任を頂き，内政，外交に邁進《まいしん》し，ようやくここまで来ることができました。少子高齢化，地方創生，戦後日本外交の総決算，課せられた使命の大きさを前に，ただただ，身が引き締まる思いです。

継続を力とし，これまでの積み重ねを，そして，国民の皆様からの信任を大きな力として，残された任期，全身全霊で挑戦していく覚悟です。

私たちの子や孫たちに，希望に溢れ，誇りある日本を，引き渡していく。そのために，私の情熱の全てを，傾けていくことをお誓いいたします。

おわりに，本年が，皆様M一人ひとりにとって，実り多き素晴らしい一年となりますよう，心よりお祈り申し上げます。

平成三十一年一月一日

内閣総理大臣　安倍　晋三

1　下線部Ａについて，1995年の阪神・淡路大震災，　2011年の東日本大震災，　2018年の西日本豪雨など，様々な自然災害のときには，地域を超えて自発的にボランティアが被災地を訪れた。1995年は「ボランティア元年」と呼ばれ，これがきっかけとなって，1998年に制定された法律として正しいものを，あとのア～エから１つ選び，記号で答えなさい。

ア　特定非営利活動促進法（NPO法）　　イ　国連平和維持活動協力法（PKO協力法）
ウ　製造物責任法（PL法）　　エ　環境影響評価法（環境アセスメント法）

2　下線部Bについて，中小企業とは小売業・卸売業・サービス業・製造業で，その定義が異なるが，小売業の中小企業を指すものとして正しいものを，次のア～エから１つ選び，記号で答えなさい。

ア　資本金３億円以下または従業員300人以下の企業
イ　資本金１億円以下または従業員100人以下の企業
ウ　資本金5000万円以下または従業員100人以下の企業
エ　資本金5000万円以下または従業員50人以下の企業

3　下線部Cについて，外国人観光客をカタカナで何というか，次のア～エから１つ選び，記号で答えなさい。

ア　フェアトレード　　イ　インバウンド
ウ　マイクロクレジット　　エ　オンブズパーソン

4　下線部Dについて，景気が回復すると経済はどのような状態になるか，正しいものを次のア～エから１つ選び，記号で答えなさい。

ア　家計の消費増→企業の生産増→企業の利益減→家計の所得減
イ　家計の消費増→企業の生産増→企業の利益増→家計の所得増
ウ　家計の消費減→企業の生産減→企業の利益増→家計の所得増
エ　家計の消費減→企業の生産減→企業の利益減→家計の所得減

5　下線部Eについて，少子高齢化の進む日本の社会保障制度がかかえている課題は何か，簡潔に説明しなさい。

6　下線部Fについて，日本の社会保障制度の四つの柱のうち，人々が毎月，保険料を支払い，病気になったり高齢になったりしたときに給付を受けられる仕組みを何というか，答えなさい。

7　下線部Gについて，2016（平成27）年に施行された改正公職選挙法で，選挙権年齢が20歳以上から18歳以上に引き下げられた。しかし，いまだ選挙に行かない棄権が選挙の課題としてあげられる。有権者が投票しやすいようにし，投票率を上げるため現在行われている取り組みとして**誤っているもの**を，次のア～エから１つ選び記号で答えなさい。

ア　投票日に仕事やレジャーで投票できない人のために，事前に投票できる期日前投票の制度を整える。
イ　学校や仕事が終わってからでも投票ができるように，投票できる時間を延長する。
ウ　入院先の病院や入所している高齢者福祉施設などでも投票できるように，不在者投票の制度を整える。
エ　投票できない事情がある人にかわって，代理で複数人の投票ができるように代理投票の制度を整える。

8　下線部Hについて，地方創生とは，東京一極集中を是正し，地方の人口減少に歯止めをかけ，日本全体の活力を上げることを目的とする一連の政策のことである。各地方公共団体は法律の範囲内で，それぞれの地方公共団体の特徴にそくして，自由に独自の法を制定できる。この法を何というか，漢字２字で答えなさい。

9　下線部Ｉについて，1956年の日ソ共同宣言では，日本とソ連の間で，平和条約が結ばれた後に，歯舞群島と色丹島を日本に返還することについては合意したが，国後島と択捉島のあつかいについては合意できず，平和条約を結ぶことができなった。現在でもロシアが不法に占拠している４島を合わせて何というか，答えなさい。

10　下線部**Ｊ**について，戦後の日本外交として**誤っているもの**を，次の**ア**～**エ**から１つ選び記号で答えなさい。

ア　世界の平和を確かなものにするために，国連の活動を支援する国連中心主義をとっている。

イ　中国や北朝鮮などの社会主義国と連携して，発展途上国の経済発展を支援している。

ウ　日米安全保障条約に基づく日米同盟のように，資本主義諸国との関係を大切にしている。

エ　アジアの一員として，東アジアや東南アジアとの経済や文化など多方面で関係の強化に努めている。

11　下線部**Ｋ**について，2019（令和元）年10月に即位礼正殿の儀が行なわれ，新天皇が国内外に即位を宣言した。天皇は，国の政治についての権限を持たず，憲法に定められている何のみを行うか，答えなさい。

12　下線部**Ｌ**について，国民のさまざまな意見をより広く国会に反映させることができるしくみとして正しいものを，次の**ア**～**エ**から１つ選び記号で答えなさい。

ア　最高裁判所の裁判官の任命が適任かどうか，国民審査を行う。

イ　法律や，内閣がつくる命令や規則が憲法に違反していないか，国民が違憲審査を行う。

ウ　衆議院と参議院の二院制を採用している。

エ　内閣の仕事が信頼できなければ，国民は内閣不信任の決議を行う。

13　下線部**Ｍ**について，私たち一人ひとりには，平等権，自由権，社会権，参政権などの基本的人権が保障されている。基本的人権のうち，自由権の３つの分類とその内容の組合せとして**誤っているもの**を，次の**ア**～**カ**から１つ選び記号で答えなさい。

ア　精神の自由－信教の自由
イ　精神の自由－表現の自由
ウ　身体の自由－奴隷的拘束・苦役からの自由
エ　身体の自由－集会の自由
オ　経済活動の自由－居住移転の自由
カ　経済活動の自由－職業選択の自由

ア　情景描写が多く、容易に風景を思い描けるため、読み手もその場にいるかのような臨場感のある表現になっている。

イ　巧みな比喩表現が用いられており、読み進めるうちに登場人物の人柄を感じられるように工夫が施されている。

ウ　第三者の視点からの描写を中心に、幼なじみの渓哉と実紀の別れが近づいていることが示唆的に表現されている。

エ　短い文と方言が効果的に用いられ、渓哉と実紀との軽快なやりとりを感じながらテンポよく読み進めることができる。

オ　登場人物全員が方言で話しており、その会話文を中心とすることで登場人物たちの心の交流が細やかに表現されている。

こそうとしていること。

エ　実紀が、渓哉の想像をはるかに超えて、自分の将来を現実的に考えようとしていること。

オ　実紀が、渓哉のもとを去ることを悟られないよう、気丈にふるまおうとしていること。

問八　――線5「実紀のように素直に笑えない」について、渓哉が素直に笑えないのはなぜですか。このことについて説明した次の文を完成させなさい。ただし、（a）は文中から二字の熟語で抜き出し、（b）は最も適切なものを後の選択肢から記号で選ぶこと。

・実紀の将来への強い（　a　）を知り、驚きを隠せずにいると同時に、実紀とは対照的に明確な目標をもって行動することができていない自分に（　b　）を感じているから。

（b）ア　見苦しさ　イ　あさましさ　ウ　もの寂しさ
エ　ふがいなさ　オ　うとましさ

問九　――線6「淳也さんを目標にしとるけん」とありますが、実紀は淳也のどのような姿を目標としているのですか。「地元」、「関係」の二語を用いて、次の文の空欄を二十五字以内で埋め、説明を完成させなさい。

・淳也の、（　二十五字以内　）姿。

問十　――線7「ふーん」を朗読するとしたら、どのような読み方が最も適切ですか。次から選び、記号で答えなさい。

ア　相手の考えにとても感銘を受けた様子で、明るい調子で読む。

イ　相手の意見が理解できないという様子で、不満そうに読む。

ウ　相手の考えにはあまり関心がないという様子で、投げやりに読む。

エ　相手の意見が思いもよらないといった様子で、不思議そうに読む。

オ　相手の考えに同調している様子で、落ち着いた調子で読む。

問十一　――線8「心酔している」とありますが、「心酔する」のここでの意味として最も適切なものを次から選び、記号で答えなさい。

ア　熱望する　イ　崇拝する
ウ　畏怖する　エ　賛美する
オ　敬服する

問十二　――線9「心なし指先が震えているようだ」の「ようだ」と同じ用法で使われている例文を次から二つ選び、記号で答えなさい。

ア　すでにお祭りのようなにぎわいだ。

イ　百合子さんは体調がすぐれないようだ。

ウ　本物のようなぬいぐるみを買った。

エ　今日は朝から真夏のように蒸し暑い。

オ　君はまるで正義の味方のようだ。

カ　先程の雨は上がったように見える。

問十三　［Ⅲ］に入る言葉として最も適切なものを次から選び、記号で答えなさい。

ア　気に入り　イ　気が滅入《めい》り
ウ　気に障《さわ》り　エ　気に病み
オ　気が済み

問十四　この文章の特徴として最も適切なものを次から選び、記号で答えなさい。

「え、まさか。全然」
里香が手を左右に振る。

（あさのあつこ『透き通った風が吹いて』より　一部改変）

＊美作…岡山県美作市のこと。
＊横座…一家の主人が座る席。
＊古町…岡山県美作市にある町名。
＊ようけ…「よく」という意味の岡山県の方言。
＊奈義牛…岡山県のブランド牛。
＊嘲弄…ばかにしてからかうこと。
＊すごいが…「すごいよ」という意味の岡山県の方言。
＊矜持…誇り。

問一　＝＝線①～⑤のカタカナを漢字に直し、漢字は読みをひらがなで書きなさい。

問二　[Ⅰ]に入る言葉として最も適切なものを次から選び、記号で答えなさい。
ア　このぐらいの料理はお手の物です
イ　分からんものは分からんのです
ウ　このぐらいの知識は当然です
エ　昔から野球は大の得意です
オ　いい加減な渓哉とは違うんです

問三　――線１「掻き立てる」の主語を本文から抜き出しなさい。

問四　――線２「郷土愛じゃ、郷土愛」とありますが、「郷土愛」と言ったときの実紀の心情として最も適切なものを次から選び、記号で答えなさい。
ア　美作や古町を一旦離れたとしても、多くの学びを得たうえでいつかは地元へ戻り地域に貢献したいという気持ち。
イ　ずっと美作や古町から離れずに、地元での学びを生かして、地域に貢献する力を十分に身につけたいという気持ち。
ウ　たとえ美作や古町を離れることになっても、大好きな野球を続けて将来は立派なプロ野球選手になりたいという気持ち。
エ　神戸か京都の大学を受験し、美作や古町を離れることで、郷里の居心地の良さを改めて実感したいという気持ち。
オ　美作や古町を活性化させるために特産品に興味を持ち、観光客へも細かに説明ができる知識をつけたいという気持ち。

問五　――線３「屈託のない」の意味として最も適切なものを次から選び、記号で答えなさい。
ア　嫌がらない　イ　心配事のない
ウ　分別がない　エ　疲れていない
オ　元気のない

問六　[Ⅱ]にあてはまる、「他人の力や助けばかりあてにする」という意味の四字熟語を答えなさい。

問七　――線４「根を張り巡らせて生きて行こうとする」とは、どういうことですか。最も適切なものを次から選び、記号で答えなさい。
ア　実紀が、渓哉の自尊心を傷つけないために、自分の思いを徐々に打ち明けていること。
イ　実紀が、渓哉のように飛び立つことだけに期待を感じ、未来を心待ちにしていること。
ウ　実紀が、渓哉に知られないよう、ひそかに野心を抱いて行動を起

今、初めて実紀の想いを聞いた。渓哉は飛び立つことばかりに心を奪われていた。未知の場へ、未知の世界へ、ここではないどこかへ飛び立つ望みと不安の間で揺れていた。

自分の背に翼があって、どこまでも飛翔《ひしょう》できる。なんて夢物語を信じているわけじゃない。でも、思い切って飛べば、何かに出会えて道が開けるんじゃないかとは期待していた。

淡く、根拠のない、そして［Ⅱ］の期待だ。ふわふわと軽く、ただ浮遊する。少し強い風が吹けば、さらわれてどこかに消え去ってしまうだろう。

実紀の想いには根っこがある。現実に向かい合う覚悟がある。

ずっと一緒にいた。ずっと一緒に野球をやってきた。

互いの家を行き来して、「あんたら、どっちの家の子かわからんようになっとるねえ」と、周りに呆《あき》れられたりもした。

実紀のことなら何でも知っているつもりだった。

それが、どうだ。

目の前に座っているのは、見知らぬ男ではないか。渓哉よりずっとリアルに、ずっと具体的に4根を張り巡らせて生きて行こうとする男だ。

「おまえ、馬鹿じゃな。こんな田舎に囚《とら》われて、ずっと縛り付けられてるつもりなんかよ。町と一緒に⑤廃れてしもうてええんか」

そう揶揄《やゆ》するのは容易《たやす》い。けれど、どれほど嗤《わら》っても*嘲弄《ちょうろう》しても、実紀はびくともしないだろう。

「そうか……」

目を伏せていた。

5実紀のように素直に笑えない。

「おまえ、意外に、真面目じゃったんじゃな。知らんかったなあ」

目を伏せた自分が嫌で、口調をわざと冗談っぽく崩す。

「まあな。おれ、6淳也さんを目標にしとるけん」

実紀が口元を結ぶ。一打逆転の打席に向かうときのように、硬く引き締まった表情だ。

「兄貴？　何で兄貴が出てくるんじゃ」

「だって、淳也さん、*すごいが。本気で地元のために動いて、商売を繋《つな》げて、新しい繋がりもどんどん作っていって……。淳也さんを見とると勇気っちゅうか、やれるんじゃないかって気持ちが湧いてくる」

「7ふーん」

気のない返事をしてみる。これも、わざとだ。丼に山盛りの飯を掻き込む。『みその苑』は、米と野菜を近隣の契約農家から仕入れる。その季節に採れる最高の食材を提供する。が、謳《うた》い文句であり、板場をしきる栄美の父の*矜持《きょうじ》だった。その矜持に相応《ふさわ》しく、どの料理も新鮮で美味い。しかし、渓哉の食欲は急速に萎《な》えていった。

ここにも、兄の淳也がいる。

目標と言い切るほど、実紀が兄に8心酔しているとは知らなかった。

カタッ。小さな音がした。

里香の手から箸が滑り落ちたのだ。

「青江さん？」

「え？　あ、いけない。ぼんやりしちゃった」

里香が箸を拾い上げる。9心なし指先が震えているようだ。

「おれたちの話、なんか［Ⅲ］ました？」

江里香《さとか》と出会う。行くあてもない里香に対し実紀は「みその苑」への宿泊を提案し、渓哉は里香・実紀とそこで夕食をとることになった。

「じゃ、とりあえずカンパーイ。青江さん、＊美作《みまさか》にようこそ」

「はい。よろしくお願いします」

器の触れ合う音と実紀の声が響く。

三人の他には、親子だろう赤ん坊と幼い女の子を含む四人連れと、老夫婦らしい二人組、奥の座敷に六人の女性客たちがいるだけだ。

「お酒もお料理も美味《おい》しいね。さっき聞いたけど、黒豆もここの特産品なんですって?」

①囲炉裏の縁《へり》、＊横座の位置に渓哉は座っていた。里香が眼差《まなざ》しを渓哉に向けてくる。

「……ですかね」

首を傾《かし》げる。

「あら、知らないの」

「詳しくは。聞いたこと、あるような気もするけど……」

「特産も特産。一大特産品ですよ」

実紀が口を挟む。

「②シュウカク期にはシュウカク体験もできます。でも、今ならスイートコーンやブドウ狩りがお薦めですね」

「詳しいのね。ちょっとした観光ガイドみたい」

「美作っ子じゃから、［ Ⅰ ］」

実紀が胸を張る。それから、ステーキを一切れ、口の中に放り込んだ。

「でも、渓哉くんは知らなかったんでしょ」

「あぁ、こいつは……。うーん、美味《うま》い、やっぱ牛さん最高だね。んで、渓哉は故郷のことなんか、あんましキョーミないやつなんで」

「普通、③ゲンエキの男子高校生が故郷の特産品なんかに興味持つか? おまえが変わっとるんじゃねえかよ」

渓哉もステーキの一切れを食《は》む。

確かに、美味い。

肉の旨《うま》みが口の中に広がって、空腹感をさらに1掻《か》き立てる。

実紀が膳の上に箸を置いた。

「2郷土愛じゃ、郷土愛。おれは、美作や＊古町《ふるまち》が好きなんじゃ。できたら、ずっとここで暮らしたいて思うとる」

「え? おまえ、神戸か京都の大学、受験するつもりじゃって言うてなかったか」

「だから、一旦は外に出てもいろいろと④タクワえて、また帰ってきたいて思うとるわけ」

「いろいろタクワえるって?」

「だからいろいろじゃ。例えば……技術とか情報とか、つまり、ここが豊かになるようなノウハウみたいなものを、できるだけ＊ようけ吸収して持ち帰るみたいな……」

「実紀、そんなこと考えとったんか」

「まあな。あ、むろん、野球は続けるで。美作に帰って、チビッコたちに野球のおもしろさを伝えられたらええもんな。そういうの、ええじゃろ。＊奈義《なぎ》牛レベル、つまり最高よな」

実紀が笑う。3屈託のない笑みだ。

どん。強く胸を衝《つ》かれた。束《つか》の間だが、息が詰《つま》った。

十字以内で答えなさい。

・「推論的信念」は、（　四十字以内　）から。

問八　《Ⅱ》に入る最も適切な語を次から選び、記号で答えなさい。

ア　例えば　イ　ところが　ウ　なぜなら　エ　もし

オ　さらに

問九　Ⅲ には三字の語が入ります。最も適切な語をこれより後の本文から抜き出しなさい。

問十　――線6「認知的保守性（一貫性）」は何をもたらしますか。十字以内で答えなさい。

問十一　――線7「思考の経済性」とはどういうことですか。説明として最も適切なものを次から選び、記号で答えなさい。

ア　無駄遣いをせずに物事を学ぶこと。

イ　素早く物事を判断すること。

ウ　正確に物事を捉えること。

エ　世界の経済について思索すること。

オ　効率よく物事を考えること。

問十二　二つの Ⅳ には同じ言葉が入ります。自分で考えて、漢字二字で答えなさい。

問十三　――線8「ときには認知エラーが人間の生存にプラスにはたらいていることもある」とはどういうことですか。最も適切なものを次から選び、記号で答えなさい。

ア　認知エラーによって自分にとって都合の悪いところを忘れることができ、長生きできるようになる効果もあるということ。

イ　認知エラーという他の生き物にはない現象は、今まで同様、これからも人という種が繁栄する助けとなっていくということ。

ウ　認知エラーのおかげで超常現象を信じることができるようになり、毎日が楽しく、人生に彩りが与えられるということ。

エ　認知エラーと言っても一概に悪いものと言えず、心穏やかに安心して過ごすことができるという恩恵もあるということ。

オ　認知エラーが起きてくれないと、友人関係のストレスなどから誰もが精神的に追い詰められてしまうことになるということ。

問十四　本文の内容に合致するものを次から一つ選び、記号で答えなさい。

ア　疑似科学を信じる人の共通点は実際に心霊現象を体験しているという点であり、一度信じてもきちんと疑うことができる。

イ　「信じる」という行為は「不確かなこと」を「確定」することであり、我々人間にとっては特有の「癖」となっている。

ウ　人が真実を見ることを無意識に避け、疑似科学に騙されるのは、「信じる」ことの危険性を知っているからである。

エ　「知覚」、「記憶」、「思考」、「判断」という情報処理の際に必ずエラーが起きるので、私たちは気を付けなければならない。

オ　私たちが疑似科学に惑わされないようにするためには、自分の体験や考えを相対化して見ることが必要不可欠である。

［二］　次の文章を読み、後の問いに答えなさい。

渓哉《けいや》は受験を控える高校三年生。幼なじみの実紀《みのり》に誘われ、実紀の親戚である栄美の両親が経営する温泉旅館「みその苑《えん》」に向かう際、偶然道に迷っていた青

に起こったことであっても必然だと思い込み、それをきちんとした因果関係で説明しようとすると科学的な理由が見つからず、ついに超常的現象だと考えてしまうケースである。予知夢がテレパシーしかないと解釈し、たまたま当たったのを透視できたと受け取り、そのまま信じ込んでしまうのだ。認知的エラーを自覚しない人ほど、自分の体験を絶対化して信じ込む傾向が強い。「しょせん、体験したことがない人にはわからない」として、他人の意見や忠告を受け入れなくなってしまうのだ。そして、自分の意見を強調すればするほどその信念はいっそう強くなっていき、もはや後戻りが不可能になる。

　むろん、人間の認知エラーが多いと言っても、私たちは日常生活において大きな支障なしに生きている。それを無意識のうちに矯正したり、または大きな問題が起こらないので気づかないままやり過ごしている。8ときには認知エラーが人間の生存にプラスにはたらいていることもあると知っておくべきだろう。あまりに気にし過ぎると神経症を病むことになりかねないからだ。

　ただ、突発的な事件が起こって即座の判断を迫られたり、すぐに合理的な解釈ができない事象に遭遇したりしたとき、認知過程には誤りが多いことを自覚して、自分の推論を絶対化しないことが肝腎なのである。それは疑似科学に騙《だま》されていないか自らを点検することにも通じるからだ。

（池内了『疑似科学入門』より　一部改変）

＊ナイト…イギリスで国家に功労のあった者に授けられる一代限りの爵位《しゃくい》。

＊第一種疑似科学…ここでは、占いや超能力など科学的根拠のない言説によって人に暗示を与えるものを指す。

＊範疇…ここでは範囲の意味。

＊捏造…実際にはないことをあったかのように偽ってつくりあげること。

＊バイアス…ある傾向にかたよること。

＊反証…反対の証拠。

＊描像…像をえがくこと。また、その像。

問一　＝＝線①～⑤のカタカナを漢字に直しなさい。

問二　――線1「そう主張した」とありますが、どのような考えを主張したというのですか。解答欄に合わせて、十字以内で答えなさい。

・（　十字以内　）という考え。

問三　――線2「新しい力まで導入したほどである。」について、文節と単語の数をそれぞれ数字で答えなさい。

問四　――線3「そこ」の指す内容を本文から二十字程度で抜き出しなさい。

問五　――線4「他からの情報」の「他」とは具体的にどのようなものが考えられますか。例として適切でないものを次から一つ選び、記号で答えなさい。

ア　大学教授が書いた本　　イ　自分が体験したこと

ウ　友人が学んだこと　　エ　インターネット上の書き込み

オ　テレビのニュース番組

問六　［Ⅰ］に入る最も適切な慣用表現を次から選び、記号で答えなさい。

ア　匙《さじ》を投げる　　イ　水に流す　　ウ　鵜呑《うの》みにする

エ　腑《ふ》に落ちない　　オ　拍車をかける

問七　――線5「推論的信念」とありますが、その修正が困難なのはなぜですか。「客観的」という言葉を使って、次の解答欄に合うように四

を固定してしまったり、解釈の間違いを持続させてしまったりする。自分の都合が良いように記憶を操作して変容させ、それを信じ込んでしまう場合もある。（自分の幼い頃の思い出を美化して記憶しているのと同じ。）さらに、この過程で脳の作用に効率化メカニズムが働き、主観的願望を優先させたり（「こうあったらいいのに」と思ったことが、いつの間にか「こうあった」と断定に変わってしまう）、自分に都合が悪いことは無視したりする、そんな心理作用が無意識の間にはたらく場合もある。そうする方が自己保存に有利であったことも事実なのだ。そして、「体験したものにしかわからない」と言って体験を［Ⅲ］してしまう。

つまり、人間には、体験によって「情報を得る」という段階と結果的に「信じる」という段階の間に「認知」という情報処理過程があり、その過程で生じるさまざまなエラー（錯誤）のため誤った信念に導かれる可能性があるのだ。また、エラーだけでなく＊バイアス（偏向）もある。真実を見ることを無意識に避け、知らず知らずの間に別の判断・思考ルートを採ってしまう心的傾向のことだ。超常現象を信じて頑固に意見を変えない人の心の底には、そのような心理過程が潜んでいるのである。

人間の認知行為は、「知覚」（見る、聞く、言葉を理解する）、「記憶」（短期と長期がある）、「思考」（学習、記憶との照合、論理のつながり）、「判断」（全体を統合して推論する）という、四つの情報処理部分から成り立っている。

知覚、記憶、思考、判断の各過程におけるエラーやバイアスに共通する心理を整理しておこう。

まず、「認知的節約（経済性）の原理」がある。限られた情報から欠けた部分を経験や先入観や単純な類推によって補い、効率よく事態を処理しようとする心理のことだ。本人にとって負担が少ない思考法だが、そこにエラーが生じてしまうのだ。

続いて、「6認知的保守性（一貫性）の原理」を挙げよう。すでに持っているスキーマ（個人が経験を通して形成してきた外部環境に対する総合的知識）を保ち維持しようとする傾向で、＊反証を無視したり、無理にでも自分の＊描像《びょうぞう》に合わせてしまう心理である。自分は一貫した考え方をしていると自認できるので心理的な安定感が得られることになる。だからこそ間違いやすいとも言える。自分が安心できる思考法でつい安住してしまうからだ。

もう一つは、「主観的確証の原理」で、どちらともつかない証拠だけでなく明らかな反証であっても、自分の予期を積極的に支持していると勝手に解釈する心理傾向である。自分の身勝手さに気づかず、全て他人のせいにして安閑としている人にお目にかかることが多いのはこのためだろう。被疑者に対して状況証拠しか見つかっていないのに犯人と決めつけ、すべてその仮定の下で解釈したがる例もある。犯人が見つかっていないと不安だが、強引にでも決めつけてしまえば安心するのだ。（早く安心したいという気持が底に潜んでいることもある。）この心理には、7思考の経済性や一貫性なども絡《から》み合っている。こうなるともはや自省する気持を失ってしまう。

さらに付け加えるとすれば、「［Ⅳ］性を拒否したい心理」、言い換えれば「確固とした因果関係として説明したい心理」もある。［Ⅳ］

【国語】（五〇分）〈満点：一〇〇点〉

［一］　次の文章を読んで、後の問いに答えなさい。

超常現象なんてあり得ないと広言していたのに、いったん信じ込んだらテコでも意見を変えない人がいる。特に、自分の目で見たと確信したらそれを否定する気分になれず、頑《かたく》なに①コシツするのである。

②チョメイな科学者でも1そう主張した人がいた。放電管（クルックス管）の発明者で、真空中での放電現象を研究して*ナイトにまで列せられたウィリアム・クルックスは、心霊現象に③ミせられて「サイキック・フォース」なる2新しい力まで導入したほどである。また、ダーウィンと並んで進化論を提案したアルフレッド・ウォーレス、有名な数学者ド・モルガンなども心霊現象の信奉者となった。科学で説明できないと見なすや、十分に④ギンミすることをしないまま短絡的に超常現象にのめり込んでしまったのだ。

*第一種疑似科学について興味深いことは、これらを信じる人は全般的にどれも信じ、信じない人はすべてを信じない、という共通した傾向が見られる点である。このことは、個人の心理的な⑤トクチョウを表しているのだから、認知心理学の*範疇《はんちゅう》で解釈できると考えてよいだろう。

そこで、超常現象が起こったと解釈する人間の心の動きはどうであったのかを調べてみる価値はある。3そこに心理学上の何らかの共通性があったり、人間心理特有の「癖」のようなものが見つかったりする可能性があるからだ。

そもそも「信じる」とはどのような心の作用なのであろうか。単純に言えば、「信じる」とは、「不確かなこと」に対して、「こうであると想定すること」である。あくまで「想定」だから「確定」（ましてや「決定」）ではない。ところが、あたかも「確定した」かのごとく思い込んでしまうのが「信じる」という行為と言える。

むろん、信じるのは何らかの情報があってのことで、それには4他からの情報か、自らの体験で判断した情報か、の二種類がある。前者から形作られる信念を「情報的信念」と言い、第三者の確認がとれるという意味で「基本的信念」とも呼ばれる。情報的信念においては、付和雷同するとか、そのまま［　Ⅰ　］とかのように、検証作用抜きで誤った信念を持つこともあるのだが、情報源を調べることにより客観的に修正することが可能である。一方、後者の自らの体験に根ざした信念は「5推論的信念」と言い、本人の心理作用が大きく影響するので「高次元信念」とも呼ばれている。当人がそうであると主張する限り検証できず、以下に述べるように認知上のエラーがつきものだが、なかなか修正することが困難である。基本的に「信じる」という行為の危うさはここに発すると言える。

自らの体験としての情報は、見る、聞く、覚える、考える（いくつかの想念を重ね合わせる）という感覚への刺激から脳における再現・合成へという過程を経るのだが、この情報処理過程で誤りが生じやすい。《　Ⅱ　》、「目で見たこと」であっても、「実際に起きたこと」と直ちに等値できない。見間違いがあるだけでなく、無意識のうちに情報が*捏造《ねつぞう》され、見たような気持になってしまうことがあるからだ。（事故の目撃証人が当てにならないことは良く知られている。）

また、実際に体験したことであっても、記憶が曖昧なために思い込み

A日程

2020年度

解 答 と 解 説

《2020年度の配点は解答欄に掲載してあります。》

<数学解答>

1 (1) 18 (2) $\frac{-2a+11b}{15}$ (3) 31.4 (4) $0<y<\frac{5}{2}$ (5) $\sqrt{13}$, $5\sqrt{5}$, 13

(6) $\frac{2}{3}$ (7) $x=1200$ (8) ア 12 イ 16 (9) 30度 (10) 3cm

2 (1) 5と$\sqrt{49}$ (2) ア 32 イ $8-x$
ウ 3 エ 3[6] オ 6[3]

(3) $x=5$, $y=9$[$x=1$, $y=18$]

3 (1) 4cm² (2) $y=x^2$ (3) 右図

(4) 2秒後, $\frac{14}{3}$秒後

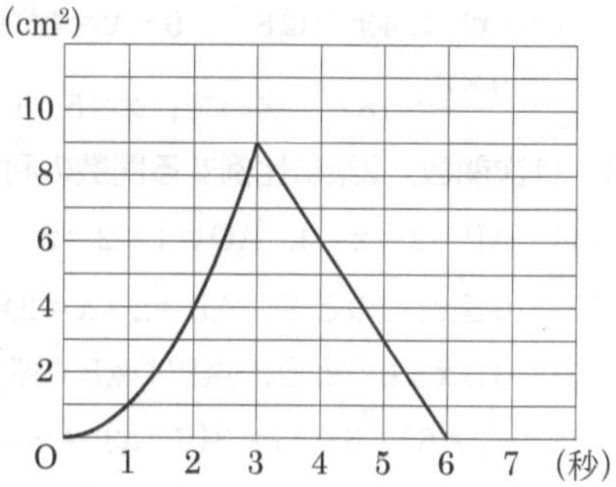

4 (1) 90度 (2) 解説参照 (3) 5

(4) $\frac{50}{13}$ (5) $\frac{600}{169}$

5 (1) (体積) $\frac{16\sqrt{2}}{3}\pi$ cm³ (表面積) 16π cm²

(2) $6\sqrt{3}$ cm (3) $3\sqrt{7}$ cm

○推定配点○

1 (8) 各2点×2 他 各3点×9 2 (1) 3点 (2) 各2点×5 (3) 4点

3 (1) 3点 他 各4点×3

4 (1) 3点 (2) 6点 他 各4点×3 5 各4点×4 計100点

<数学解説>

基本 1 (数・式の計算，1次関数，平方根の大小，確率，1次方程式の応用問題，統計，角度，球の表面積)

(1) $4^2+6\div3=16+2=18$

(2) $\frac{2a+b}{3}-\frac{4a-2b}{5}=\frac{5(2a+b)}{15}-\frac{3(4a-2b)}{15}=\frac{10a+5b-12a+6b}{15}=\frac{-2a+11b}{15}$

(3) $3.14\times5.5^2-3.14\times4.5^2=3.14(5.5^2-4.5^2)=3.14(5.5+4.5)(5.5-4.5)=3.14\times10\times1=31.4$

(4) 傾きが負なので，グラフは，右下がりの直線になる。$x=-2$のとき，$y=-\frac{1}{2}\times(-2)+\frac{3}{2}=\frac{5}{2}$ $x=3$のとき，$y=-\frac{1}{2}\times3+\frac{3}{2}=0$ よって，$0<y<\frac{5}{2}$

(5) それぞれを2乗すると，$13^2=169$，$(\sqrt{13})^2=13$，$(5\sqrt{5})^2=125$ よって，$\sqrt{13}<5\sqrt{5}<13$

(6) すべての場合の数は，$3\times3=9$(通り) そのうち，あいこになる場合は，(ぐ，ぐ)，(ちょ，ちょ)，(ぱ，ぱ)の3通り よって，求める確率は，$1-\frac{3}{9}=1-\frac{1}{3}=\frac{2}{3}$

(7) はじめのxmは分速80mで，残りの道のり$(3000-x)$mは分速60mで歩いて45分かかったことから，$\frac{x}{80}+\frac{3000-x}{60}=45$ 両辺を240倍して，$3x+4(3000-x)=10800$ $3x-12000-4x=10800$ $x=1200$

(8) 20点以上30点未満の階級の相対度数が0.3から，この階級の度数アは，$0.3\times40=12$ イは

全度数から他の階級の度数の和をひいて，$40-(2+4+12+6)=16$

(9)　AMは∠BACの二等分線になるから，$\angle BAM=\frac{\angle BAC}{2}=\frac{60^\circ}{2}=30^\circ$

(10)　半径rの球の表面積は，$4\pi r^2$で表されるから，$4\pi r^2=36\pi$，$r^2=9$，$r=\pm3$　$r>0$より，$r=3$　よって，3cm

[2]　(数の性質－自然数，式の変形)

基本　(1)　自然数は，1以上の整数である。$\sqrt{49}=7$より，自然数は，5と$\sqrt{49}$

(2)　$4x+3y=32$，$3y=32-4x$，$y=\frac{32-4x}{3}$より，[ア]$=32$　$y=\frac{32-4x}{3}=\frac{4(8-x)}{3}$より，[イ]$=8-x$　yは自然数だから，[イ]は3で割り切れる必要がある。よって，[ウ]$=3$　xは自然数だから，$8-x$は8より小さい3の倍数になるので，3か6　よって，[エ]$=3$，[オ]$=6$

(3)　$9x+4y=81$　$4y=81-9x$　$y=\frac{81-9x}{4}=\frac{9(9-x)}{4}$　$(9-x)$は4の倍数になることから，$(9-x)$は, 4または8　$9-x=4$から，$x=9-4=5$, $y=\frac{9\times4}{4}=9$　$9-x=8$から，$x=9-8=1$, $y=\frac{9\times8}{4}=18$　よって，$x=5$，$y=9$または，$x=1$，$y=18$

[3]　(1次関数，2乗に比例する関数の利用－動点，面積，グラフの作成)

基本　(1)　$AP=2\times2=4$，$AQ=1\times2=2$　よって，$\triangle APQ=\frac{1}{2}\times4\times2=4(cm^2)$

(2)　$0\leqq x\leqq3$のとき，$AP=2\times x=2x$　$AQ=1\times x=x$　よって，$y=\frac{1}{2}\times2x\times x=x^2$

(3)　$3\leqq x\leqq6$のとき，点Pは点Bで停止しているので，$AP=6$，$AQ=3\times2-x=6-x$　よって，$y=\frac{1}{2}\times6\times(6-x)=3(6-x)=-3x+18$　$0\leqq x\leqq3$のときは，$y=x2$のグラフ，$3\leqq x\leqq6$のときは，$y=-3x+18$のグラフをかく。すなわち，$0\leqq x\leqq3$のときは，(0, 0)，(1, 1)，(2, 4)，(3, 9)を通る放物線，$3\leqq x\leqq6$のときは，(3, 9)，(6, 0)を通る直線をかく。

(4)　$0\leqq x\leqq3$のとき，$y=x^2$に$y=4$を代入して，$4=x^2$　$x>0$から，$x=2$　$3\leqq x\leqq6$のとき，$y=-3x+18$に$y=4$を代入して，$4=-3x+18$　$3x=18-4=14$　$x=\frac{14}{3}$　よって，2秒後と$\frac{14}{3}$秒後

[4]　(平面図形の証明，計量問題－円の性質，三角形の相似の証明問題，三平方の定理，面積)

基本　(1)　半円の弧に対する円周角より，$\angle ABC=90^\circ$　よって，$\angle ABE=180^\circ-90^\circ=90^\circ$

(2)　(証明)　△AEBと△CEDにおいて，共通な角だから，∠AEB=∠CED…①　(1)より，$\angle ABE=90^\circ$　半円の弧に対する円周角より，$\angle CDE=90^\circ$　よって，∠ABE=∠CDE…②　①と②から，2組の角がそれぞれ等しいので，△AEB∽△CED

(3)　$ED=10+2=12$　△CEDにおいて三平方の定理を用いると，$CD=\sqrt{13^2-12^2}=\sqrt{25}=5$

(4)　△AEB∽△CEDより，AE：CE＝AB：CD　10：13＝AB：5　$AB=\frac{10\times5}{13}=\frac{50}{13}$

重要　(5)　△AEB∽△CEDより，∠BAE=∠DCE　点BからAEへ垂線BFをひくと，2組の角がそれぞれ等しいので，△ABF∽△CED　よって，AB：CE＝BF：ED　$\frac{50}{13}$：13＝BF：12　$BF=\frac{50}{13}\times12\times\frac{1}{13}=\frac{600}{169}$　ゆえに，$\triangle ABD=\frac{1}{2}\times AD\times BF=\frac{1}{2}\times2\times\frac{600}{169}=\frac{600}{169}$

[5]　(空間図形の計量問題－三平方の定理，体積，表面積，最短距離)

基本　(1)　底面の円の中心をHとすると，△OAHにおいて三平方の定理より，$OH=\sqrt{6^2-2^2}=\sqrt{32}=4\sqrt{2}$　よって，求める体積は，$\frac{1}{3}\times\pi\times2^2\times4\sqrt{2}=\frac{16\sqrt{2}}{3}\pi(cm^3)$　円錐の展開図において側面のおうぎ形の弧の長さは，底面の円周の長さに等しくなるから，$\pi\times2^2=4\pi$　半径r，弧の長さℓのおうぎ形の面積は，$\frac{1}{2}\ell r$で求められるから，$\frac{1}{2}\times4\pi\times6=12\pi$　底面の円の面積は，$\pi\times2^2=4\pi$　よって，求める表面積は，$12\pi+4\pi=16\pi(cm^2)$

重要 (2) 側面のおうぎ形の中心角は，$360^\circ \times \frac{1}{6} = 120^\circ$から，展開図の側面部分は右の図のようになる。ひもの長さが最短になるのは，線分AA′である。OからAA′へ垂線OHをひくと，△OAHは∠AOH＝60°の直角三角形になるから，$AH = 6 \times \frac{\sqrt{3}}{2} = 3\sqrt{3}$ よって，求めるひもの長さは，$3\sqrt{3} \times 2 = 6\sqrt{3}$ (cm)

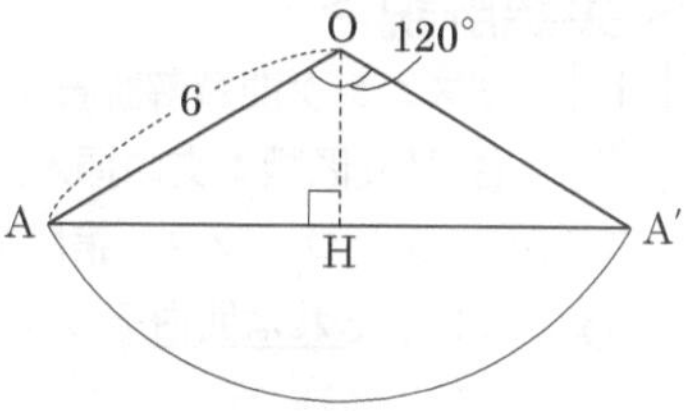

重要 (3) ひもの長さが最短になるのは，右の図において，線分ABとなる。Aから直線A′Oへ垂線AIをひくと，△OIAは∠IOA＝60°の直角三角形になるから，$OI = 6 \times \frac{1}{2} = 3$，$AI = 3\sqrt{3}$ $IB = 3 + \frac{6}{2} = 6$ △ABIにおいて三平方の定理を用いると，$AB = \sqrt{(3\sqrt{3})^2 + 6^2} = \sqrt{63} = 3\sqrt{7}$ (cm)

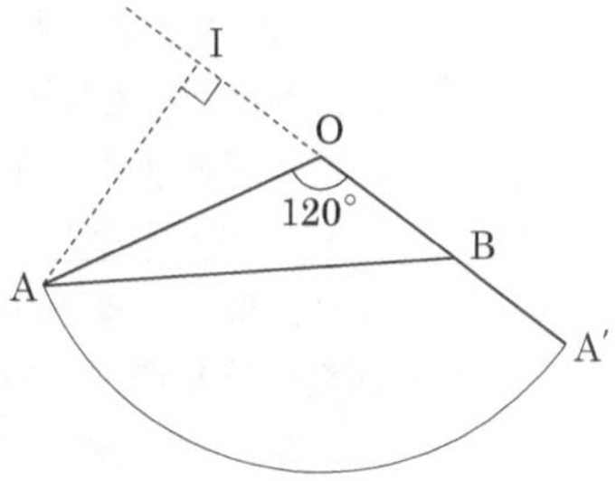

★ワンポイントアドバイス★

5(2)，(3)のように最短距離を求める問題は，余白に展開図をかいて考えよう。

＜英語解答＞

〔Ⅰ〕 (Part1) No. 1 A ウ B イ No. 2 A ウ B イ (Part2) No. 1 ア No. 2 エ No. 3 イ

〔Ⅱ〕 問1 (1) ア (2) ウ (3) エ (4) イ 問2 (例) eats

〔Ⅲ〕 問1 (1) × (2) × (3) ○ (4) ○ (5) × 問2 アジアの人々がコイに興味を持ち始めたから。 問3 ア 95 イ 5 問4 aren't
問5 都市部には十分な土地がなく，多くの池が駐車場になっている。また，外国の客に人気のため，コイが多くの日本人にとって高額すぎて買うことができない状況。

〔Ⅳ〕 (1) ウ (2) イ (3) ウ (4) ア (5) ア

〔Ⅴ〕 (1) yours (2) Shall we (3) has gone (4) were grown (5) no

〔Ⅵ〕 (1) aunt (2) laugh (3) restaurant (4) dangerous (5) minutes

〔Ⅶ〕 ① (例) Soccer is one of the most popular (of all) sports in the world [around the world]. ② The first reason is that i's an easy sport to learn its rules ③ only one ball is needed when you play soccer

○推定配点○

〔Ⅰ〕 各2点×7 〔Ⅱ〕 各3点×5 〔Ⅲ〕 問5 4点 他 各3点×9
〔Ⅳ〕 各2点×5 〔Ⅴ〕 各2点×5 〔Ⅵ〕 各2点×5 〔Ⅶ〕 ① 4点 他 各3点×2
計100点

＜英語解説＞

［Ⅰ］ リスニング問題解説省略。

［Ⅱ］ **(会話文問題：文の挿入，語句補充)**

(全訳) ノリコ：ママ，宿題でアメリカの祝日について学ばなければいけないの。

母　　：(1)それは面白そうね！　祝日は興味深いわよ。何を知る必要があるの？

ノリコ：3つのいろいろな祝日について学ばなければいけないの。先生はもう私にクリスマスについて教えてくれたわ。他の祝日でママが特に好きな日は何？

母　　：感謝祭はとても特別な日だと思うわ。あなたもそう思う，ボブ？

父　　：ああ。感謝祭は素晴らしいよ。

ノリコ：(2)それのどんなところがいちばん好き？

母　　：家族全員が一緒にいるときだというところね。みんなたいてい私たちの家にやって来て感謝祭の日を過ごすのよ。ボブの両親と私の両親はニューヨークから飛行機でここに来るの。私たちは盛大な感謝祭のディナーを共にするのよ。

ノリコ：(3)どんな料理を食べるの？

母　　：七面鳥，スイートポテト，それから2,3種類の野菜，そしてかぼちゃのパイよ。ボブ，どう思う？

父　　：そうだなぁ，料理は素晴らしいけど，みんなア食べすぎてしまうんだ！

ノリコ：感謝祭の何か特別な色はあるの？

父　　：感謝祭は11月だから，秋の色で飾るよ：茶色，オレンジ色．黄色，それから赤だね。

ノリコ：感謝祭にはどのような意味があるの？

母　　：ピルグリムズがアメリカにやって来たとき，彼らはとても困難な時期があったのよ。アメリカの先住民は彼らをとても助けたの。彼らはピルグリムズに野生の七面鳥の狩り方やトウモロコシやカボチャの栽培の仕方を教えたのよ。

父　　：初めての収穫を祝うために，(4)ピルグリムズはアメリカ先住民を盛大なディナーに招待して感謝の気持ちを表したんだ。今では，感謝祭はすべてのアメリカ人が自由とこの国で恵まれているすべての素晴らしいものに感謝の気持ちを表すひとときなんだよ。

やや難　問1　全訳参照。　(1)　ア　おもしろそうね！（○）　イ「まあ，ごめんなさい。」(×)　ウ「それは残念です。」(×)　エ「あなたはどうですか？」(×)　(2)　ア「誰がそれをあなたに教えましたか？」(×)　イ「あなたはそれをいつ好きになったのですか？」(×)　エ「クリスマスと感謝祭，どちらが好きですか？」(×)　(3)　ア「何の種類の肉を食べますか？」(×)　イ「何の種類の野菜を食べますか？」(×)　ウ「何の種類の果物を食べますか？」(×)　(4)　ア「アメリカ先住民はピルグリムズを招待しました。」(×)　ウ「ピルグリムズとアメリカ先住民はすべてのアメリカ人を招待しました。」(×)　エ「ピルグリムズとアメリカ先住民は自分たちの子どもたちを招待しました。」(×)

問2　全訳参照。「食べる」を表す eat(やhave)削除が適当。主語が everyone は三人称単数扱いなので三人称単数現在の s をつけること。

［Ⅲ］ **(長文読解問題・説明文：要旨把握，内容吟味，語句補充，語句解釈)**

(全訳) コイ，すなわちニシキゴイは日本以外でますます人気が高まっている。ニシキゴイは“泳ぐ宝石”と呼ばれることもあり，世界中のファンから注目を集めているのだ。その多くはアジアとヨーロッパの人たちだ。実際，コイとその他の特別な魚の輸出は，2008年に22億2000万円だったものが2018年には43億円に増加しており，ここ10年の間にほぼ2倍になっている。

広島県の養魚場では，昨年10月のオークションで台湾からの客が9歳のメスのコイに2億300万円を支払った。①「約4年前，コイの値段は上がり始めた，その原因はアジアでの関心の高まりだ」と養魚場の社長は言った。現在，その会社はコイを15のアジアとヨーロッパの国や地域に輸出し，現在海外での売り上げは総売上高の95％になっている。

「私はコイの大ファンです。コイの大きくて美しい体を見るのはとても楽しいのです。」と中国から来たある会社の社長は言った。彼は多くの魚を買うために日本にいたのだ。「私は3年以内に日本庭園を造ることを計画しているところです。私のコイはそこで泳ぐことになるでしょう。」と彼は中国の彼の庭園のデザインを見ながら微笑んで言った。

「本当に素晴らしいコイには多くのお金を払ってもかまわないと思っている客は多い。」と言ったのは日本でコイを買いそれらをシンガポールで売っている販売業者だ。彼は新潟県にいた，それは新潟県はコイの養殖の長い歴史をもち，今では外国の買い手の主な市場だからだ。

「ヨーロッパでは，造園が人気があるので，様々な種類のコイが庭園や池に色を添えるために使われている。アジアでは，コイは幸運の魚とされていて，コイを池に放すとその会社に多くの金運と幸運をもたらすと信じられている。」と言ったのは別の養鯉《り》場の社長だ。

それとは対照的に，日本人はもはやコイの購入にそれほど関心をA注いでいない。「都市には十分な土地がなく，多くの池が駐車場へと姿を変えた。」と静岡県のコイの販売業者は言った。「また，外国の客が原因でコイの値段が高く，コイはたいてい多くの日本人にとっては高すぎるのです。」と彼は言った。「私は②この状況を残念に思うことがあります。」

問1　全訳参照。　(1)「コイはアジアよりも日本で人気がある。」(×)　(2)「コイは日本以外では“ゴールドフィッシュ”と呼ばれている。」(×)　(3)「コイの輸出は10年で2倍に増加した。」(○)　第1段落最後の1文に注目。　(4)「コイは新潟県で主に生産されている。」(○)　第4段落最後の1文に注目。　(5)「ヨーロッパでは，人々はコイは幸運をもたらすと信じている。」(×)

問2　全訳参照。下線部①直後の because 以下の内容に注目。

問3　(問題文訳)「広島県の養鯉業者はコイのア95％を外国に向けて，そしてイ5％を日本で販売している。」　全訳参照。第2段落最後の1文に注目。

やや難　問4　全訳参照。この文は In the contrast, から始まっており，直前の内容とは対照的な内容が続くことがわかる。アジア，ヨーロッパの人々の間でコイへの関心が高まっていることを考えると，日本人の関心は「高まっていない」という文脈であると推測できる。 be interested in ～ing「～することに興味がある」

重要　問5　全訳参照。第6段落2～3文目に注目。

基本［Ⅳ］ **(語句補充・選択問題：分詞，関係代名詞，接続詞，助動詞)**

(1)　あなたは微笑んでいる男の子を知っていますか？　「～している」の意味を表し形容詞の働きをする現在分詞　smiling が適当。

(2)　あなたは今日届いたはがきを見ましたか？　the postcard (先行詞)を後ろから修飾する関係代名詞の形にすればよい。the postcard は物なので which が適当。

(3)　その女の子が散歩に出かけた時，雪が降っていました。　時を表す接続詞 when が適当。

(4)　彼女はひどい熱があるので，私は彼女を今日の午後病院へ連れて行かなければならない。「～しなければならない」の意味を表す must が適当。　must not「～してはならない」，can「～できる」，can't「～できない」

(5)　その図書館は明日の朝9時に開館するでしょう。　< will ＋動詞の原形～ >「～するでしょう」(未来や予定を表す)

基本［Ⅴ］ **(言い換え・書き換え問題：助動詞，現在完了，受動態)**

(1)　私は私のノートを探しています。これはあなたのノートですか？／私は私のノートを探しています。これはあなたの物ですか？ 「あなたの物」を表す yours が適当。

(2) 一緒にランチを食べましょう。／一緒にランチを食べませんか？ Shall we ～？「(一緒に)～しませんか？」

(3) ユミは部活動に行って，ここにはいない。／ユミは部活動に行ってしまった。(ここにはいない。)」 went to ～は「～へ行った」という過去の事実を表す(今ここにいるかいないかは含まれない)のに対して，現在完了形have gone to ～は「行ってしまって，今はここにはいない」ことを表す表現。

(4) 私の祖父は庭でこれらのジャガイモを育てた。／これらのジャガイモは庭で祖父によって育てられた。 2文目は「ジャガイモ」が主語になっているので「～される」の意味を表す受動態(be 動詞＋過去分詞)にすればよい。grow の過去分詞は grown。

(5) 冷蔵庫の中に何も食べ物がない。／冷蔵庫の中に何も食べ物がない。 not ～ any で「一つも～ない」の意味。〈no＋名詞～〉で「何も～ない」を表す。

［Ⅵ］ **(語句補充問題)**

(1) おばはあなたのお母さんやお父さんの姉(妹)のことです。 aunt「おば」

(2) まあ，面白い！ でも私を笑わせないでください。今日はお腹が痛いのです。 ＜ make ＋人(物)＋動詞の原形～＞で「人(物)を～させる」。

(3) レストランはおいしい食事をとるところです。料理を注文すると，その料理が出され(運ばれ)ます。

(4) 1時間は60分です。 hour「時間」， minute「分」

［Ⅶ］ **(英作文，語句整序：比較，接続詞，不定詞，受動態)**

重要 ① 比較の最上級を使って表現できる。＜ A is the most ＋形容詞…＋ in ＋単数名詞～＞「Aは～の中で最も…だ」， ＜one of ＋複数名詞＞「～の中のひとつ」。

② 接続詞 that を使って主語 the first reason を説明すればよい。＜ that ＋主語＋動詞～＞の形で「～ということ」という意味を表す節を作る。that 節の中の it は soccer を指す。

やや難 ③ one ball を主語にして受動態で表現できる。＜ be 動詞＋過去分詞＞「～される」。

★ワンポイントアドバイス★

読解問題だけでなく，文法問題，和文英訳問題も独立して出題されている。大問にして4問あり，出題数が多いのでしっかり得点したい。中学校で学習した文法内容を復習し練習問題を数多くやっておこう。

＜理科解答＞

1 (1) 等速直線運動 (2) H (3) 右図
(4) エ (5) ウ (6) ウ

2 (1) ① (2) ⑤ (3) (番号) ①
(方法) 上方置換法 (4) ウ 下がる
エ フェノールフタレイン溶液 (5) 126g
(6) (窒素分子) ② (水素分子) ⑦

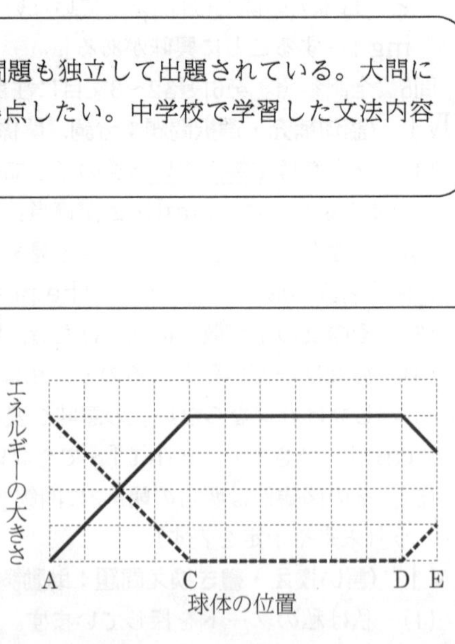

[3]　(1)　(ア)　食物連鎖　(イ)　生産者　(ウ)　消費者　(エ)　分解者
(2)　(菌類)　①，④，⑤　(細菌類)　②，③　(3)　(動物A)　①　(動物C)　②
(4)　ビーカーYの液の中にいる菌類・細菌類を殺すため。　(5)　④　(6)　A，B，D

[4]　(1)　北極星　(2)　(図1)　北　(図2)　西　(3)　ア　(4)　ウ　(5)　C
(6)　43度　(7)　47度

○推定配点○

[1]　各3点×6　[2]　各3点×9

[3]　(3)　各2点×2　他　各3点×9((2)菌類・細菌類，(6)各完答)

[4]　各3点×8　計100点

＜理科解説＞

[1]　(運動とエネルギー)

重要　(1)　摩擦や空気の抵抗がない水平面での球体の運動を，等速直線運動という。

重要　(2)　摩擦や空気の抵抗がないので，球体Xは転がし始めた高さまで到達する。

基本　(3)　力学的エネルギーは，位置エネルギーと運動エネルギーの和で表せる。実験1では，摩擦や空気の抵抗を考えないので，球体がどの位置にあっても，力学的エネルギー(位置エネルギーと運動エネルギーの和)は一定の値となる。

基本　(4)　摩擦や空気の抵抗を考えないので，球体Xにはたらく力学的エネルギーは一定のままである。

基本　(5)　球体XとYは斜面を下るとき，同じように加速しながら運動するので，球体XがBに到達したとき，YはCに到達し，球体Yはその後，水平面で等速直線運動をする。球体XはBからさらにCに転がるため，球体Yよりも速い速度でCを出発し，等速直線運動を行うので，球体Xは水平面上で球体Yに追いつくことになる。

基本　(6)　質量が変わっても，速度に影響がないため，(5)と同じ結果が得られる。

[2]　(気体の発生とその性質)

重要　(1)　アンモニアは，鼻をさすような刺激臭をもつ。

重要　(2)　塩化アンモニウムと水酸化カルシウムを混ぜ合わせ加熱すると，アンモニアが発生する。

重要　(3)　アンモニアは水に非常によく溶けるため，水上置換法では集められない。アンモニアは，空気より軽いので，①の上方置換法で集める。

基本　(4)　ウ　フラスコ内のアンモニアが水に溶けることにより，フラスコ内の気圧は下がる。
エ　アンモニアが水に溶けている水溶液はアルカリ性を示す。フェノールフタレイン液は，無色だが，アルカリ性の水溶液と反応し，赤色に変化する。

基本　(5)　アンモニア水500cm^3の質量は，500(cm^3)×0.9(g/cm^3)＝450(g)である。その内の28%がアンモニアなので，アンモニア水500cm^3の中のアンモニアの量は，450(g)×0.28＝126(g)である。

やや難　(6)　アンモニアが生じる化学反応式から，窒素分子1個と水素分子3個からアンモニア分子が2個できることがわかる。窒素分子の個数：水素分子の個数：アンモニア分子の個数＝1:3:2なので，アンモニア分子120個を作るためには，1:3:2＝x：y：120個より，窒素分子は60個，水素分子は180個必要となる。よって，窒素分子は100(個)－60(個)＝40(個)，水素分子は300(個)－180(個)＝120(個)容器内に残る。

[3]　(植物の種類とその生活・生物同士のつながり)

重要　(1)　生物どうしの，食う食われる関係を食物連鎖という。植物は，太陽の光エネルギーから栄養を作るので，生産者とよばれ，動物は，消費者とよばれる。また，土の中で，生物の死骸を分解し，植物の栄養を作る生物を分解者といい，菌類や細菌類がそれにあたる。

重要 (2) 選択肢の中にある菌類は，シイタケ，アオカビ，酵母菌である。選択肢の中にある細菌類は，乳酸菌，大腸菌である。

基本 (3) 動物Bが激減すると，動物Aは食べられる数が少なくなるので，一時的に数が増加する。また，動物Bが激減すると，動物Cはエサが少なくなるので，一時的に数が減少する。

基本 (4) 沸騰させることによって，液中の菌類や細菌類を殺す。この作業は，菌類や細菌類が生きている液(ビーカーXの液)と，菌類や細菌類が死滅した液(ビーカーYの液)を比べるための実験である。

基本 (5) ビーカーをアルミニウムはくでふたをするのは，ビーカー外から新しい菌類や細菌類が入るのを防ぐためである。

基本 (6) 試験管Aは土の中の菌類や細菌類とデンプンが混ざっているが，実験を始めたばかりなので，デンプンは残っている。よって，ヨウ素液は青紫色に変化する。試験管BとDは，土の中の菌類や細菌類が死滅しているため，デンプンはそのまま残っている。よって，ヨウ素液は青紫色に変化する。試験管Cは土の中の菌類や細菌類がデンプンを分解するため，ヨウ素液の反応は見られない。

4 (地球と太陽系)

重要 (1) 北の空に見えるほとんど動かない星を北極星という。

重要 (2) 図1は北の空，図2は西の空の星の動きである。

基本 (3) 星は1日の中で，1時間で15度移動するので，90度移動するには，90(度)÷15(度/時)＝6(時間)かかる。

基本 (4) 星は同じ時刻で観察すると，一か月で30度西から東に(北の空では反時計回りに)移動する。よって，同じ時刻で観察したときに，90度移動するには，90(度)÷30(度/月)＝3(ヶ月)＝約90日かかる。

基本 (5) 図2は西の空なので，最も南寄りのCが一番早く沈む。

重要 (6) 北極星の高度は，その土地の緯度と同じ角度である。よって，札幌市から見た北極星の高度は43度である。

基本 (7) Cの星は真東から出て真西に沈むので，その南中高度は，90(度)－(その土地の北緯)となる。よって，星Cの南中高度は，90(度)－43(度)＝47(度)である。

★ワンポイントアドバイス★

問題文の条件，情報を正確に読み取ろう。

<社会解答>

1 1 (1) ウ (2) イ (3) 南極(大陸) (4) ① アパルトヘイト ② ウ
③ ロッキー山脈 ④ 下図 2 (1) ア，エ (2)ア (3)オ

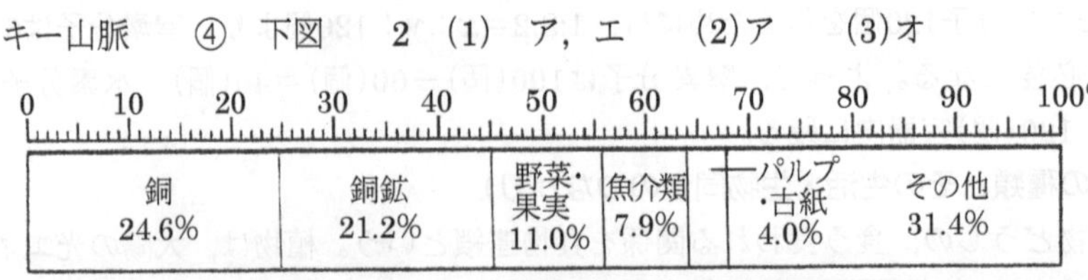

3 (1) X 領土 Y 公海 (2) ① 南鳥島 ② 与那国島 (3) 周囲200海

里の排他的経済水域が失われるのを防ぐため。

2 1 イ 2 エ 3 ウ 4 ウ 5 ウ 6 ア 7 エ 8 ウ[エ]
9 (1) エ (2) 徳川綱吉 (3) シルクロード (4) 日宋貿易 (5) イ
(6) ウ 10 (環境問題) 海洋のプラスチック問題など (解決策) (例) 海の生態系に甚大な影響を与える大量のプラスチック製品の使用を禁止する。

3 1 ア 2 エ 3 イ 4 イ 5 老齢人口が増えるため，若い世代の年金負担が大きくなっている。 6 社会保険 7 エ 8 条例 9 北方領土 10 イ
11 国事行為 12 ウ 13 エ

○推定配点○
1 3(3) 5点 1(4)④ 4点 1(4)①・3(1) 各3点×2 他 各2点×10(3(1)完答)
2 10 5点 9(3)・(4) 各3点×2 他 各2点×12
3 5 4点 9・11 各3点×2 他 各2点×10 計100点

＜社会解説＞

1 (地理－世界の地形・人々の生活と環境・諸地域の特色・貿易，日本の地形図・諸地域の特色・地形)

1 (1) 仙台と同緯度の国を選ぶと，メキシコ・エジプト・マレーシアの諸国が外れる。ウが正しい。他にイタリア・ギリシャなども仙台と同緯度である。 (2) 赤道から極地の距離が約1万キロメートルであるなら，1度あたりの距離は，10,000÷90であるから，約111.1キロメートルであることになる。問題の緯度の差は40度であるから，111.1×40＝4,444.4となり，イが正しい。 (3) 世界の六大陸とは，ユーラシア大陸・アフリカ大陸・北アメリカ大陸・南アメリカ大陸・オーストラリア大陸・南極大陸の6つの大陸を指し，地図の中に描かれていないのは南極大陸である。 (4) ① 南アフリカ共和国では，1990年代まで「アパルトヘイト」と呼ばれる人種隔離政策が行われていた。1994年に，同国初の黒人大統領ネルソン・マンデラによって，アパルトヘイトは廃止された。 ② 2000年代以降著しい経済発展を遂げているブラジル・ロシア・インド・中国・南アフリカの5か国をまとめてBRICSという。BRICSは，ブラジル・ロシア・インド・中国・南アフリカの頭文字をとったものである。 ③ 北米西部を南北に縦走する山脈がロッキー山脈であり，北部はアラスカ山脈に，南部はメキシコのシェラ・マドレ山脈に連なる。最高峰はアメリカ合衆国南部ロッキーのエルバート山(標高4,399メートル)である。

やや難 やや難

④ 輸出総額は，60,597(百万ドル)となるので，それをもとに各品目の割合を計算すればよい。そうすると，銅は24.6%，銅鉱は21.2%，野菜・果実は11.0%，魚介類は7.9%，パルプ・古紙は4.0%，その他31.4%となるので，これを帯グラフにすればよい。

基本 2 (1) 地図記号「ọ」は果樹園の記号なので，梨とぶどうが正しい作物である。 (2) イ 古代出雲歴史博物館から島根ワイナリーを目指して歩くと，左手には山が，右手には平坦な土地が広がっている。ウ 文化伝承館は，浄化センターから見るとほぼ東の方角にあたる。 エ 一畑電鉄大社線は堀川を二度，橋で渡っている。イ・ウ・エのどれも誤りであり，アが正しい。
(3) 日本海に面する山陰地方は，鳥取県と島根県と山口県の一部の地域を指していう。島根県には，2007年にユネスコの世界文化遺産に登録された石見銀山跡がある。

3 (1) X 領域の一部で，陸地からなる部分のことを領土という。 Y 国際法上，特定の国家の主権に属さない海域のことを公海という。 (2) ① 日本の最東端は，東京都小笠原村に属している南鳥島である。 ② 日本の最西端は，沖縄県に属する与那国島である。 (3) 沖ノ

重要

鳥島が水没することにより，島の周囲200海里の排他的経済水域が失われるのを防ぐために，護岸工事が行われている。

[2] (歴史－日本の各時代の特色・外交史・社会史・文化史，世界の政治史・世界史総合，日本史と世界史の関連，環境問題)

1　現在の東南アジア人は，数万年前にアフリカからやってきた人々の子孫と，従来考えられていた。今回，中国科学院の研究チームが130万～210万年前の石器や化石を発見したことが発表され，従来の想定よりも前に，人類がアフリカから中国にたどり着いている可能性がある。Xは正しい。Yはこの問題文とは無関係であり，誤りである。

重要　2　1842年の南京条約の結果イギリスに割譲されていた香港は，1997年にイギリスから中国に返還された。香港は，高い自治性を維持してきたが，2019年犯罪容疑者の中国本土への引き渡しを認める「逃亡犯条例」の改正に反対してデモが起きた。香港の位置は，エである。

基本　3　明の皇帝に対して朝貢貿易を行い，明の皇帝から日本国王として認められたのが，室町幕府の3代将軍の足利義満である。この貿易にあたっては，勘合符が用いられたので，勘合貿易といわれる。勘合符は，当時朝鮮半島・中国大陸沿岸を襲って，猛威を振るっていた海賊である倭寇と区別し，正式な貿易船であることを証明するために使われた。

4　ア　15世紀半ばから17世紀半ばの大航海時代の説明である。　イ　フランス革命が起こったのは，18世紀末である。　エ　ヨーロッパを主戦場として第一次世界大戦が起こったのは，20世紀前期のことである。ア・イ・エのどれも時期が異なり，ウのイギリスの産業革命が19世紀のこととして正しい。

5　ア　アメリカ独立戦争は，18世紀後期のことである。　イ　アメリカの南北戦争は，19世紀中期のことである。　エ　ワシントン会議が開催されたのは，20世紀前期のことである。ア・イ・エのどれも時期が異なる。1905年のポーツマス条約締結が，1904年から1909年の間に起こったこととして正しい。

やや難　6　アの五・四運動は，1919年のパリ講和会議に反発し，日本の二十一カ条要求の撤廃を要求した中国の民衆運動である。イの義和団事件は，1900年に清国で「扶清滅洋」を唱える排外主義団体義和団が北京の列国公使館を包囲した事件である。ウの辛亥革命は，三民主義を唱える孫文の指導の下に，1911年に清朝の専制と異民族支配に反対して起こった革命である。エの満州事変は，1931年に，現地に駐留する関東軍が南満州鉄道を爆破し，これをきっかけに満州一帯を占領した事件である。年代の古い順に並べると，イ→ウ→ア→エとなり，3番目に該当するのは，アである。

重要　7　ポツダム会談は，アメリカ・イギリス・ソ連の3首脳によって行われたが，ポツダム宣言の発表は，アメリカ・イギリス・中国の3交戦国の名で行われた。エが誤りである。

8　ウ　15世紀から行われた日明貿易では，遣明船は明から交付された勘合符を持参することを義務づけられていた。朱印船貿易は，16世紀末に豊臣秀吉によって始められた。17世紀初期には，徳川家康は大名や商人に朱印状を与えて，正式な貿易船であることを認め，貿易を奨励した。日明貿易と朱印状は関係がなく誤りである。　エ　天正遣欧使節は，1582年に，九州のキリシタン大名である大友宗麟・大村純忠・有馬晴信が，ローマ教皇のもとに少年4人を派遣したものであり，16世紀のできごとであって，これも誤りである。

9　(1)　1972年に田中角栄首相が訪中し，田中角栄と周恩来両首相が署名し，日中共同声明を発表し，国交が正常化した。　(2)　1683年5代将軍徳川綱吉は，生類全ての殺生を禁じた生類憐みの令を出した。　(3)　古代の中国と西洋を結んだ交易路がシルクロードである。西洋へは絹が，中国へは羊毛・金・銀などがもたらされた。　(4)　平清盛は大規模な修築を行って大輪田

基本

泊(おおわだのとまり＝現在の神戸港)を整備し，大々的な日宋貿易を行って，平氏政権の財源とした。日宋貿易では，日本からは刀や工芸品などが輸出され，宋からは大量の宋銭が輸入された。流入した宋銭は，日本の市場で広く流通するようになった。　(5)　720年に舎人親王らによって編纂されたもので，神代から持統天皇までの歴史を記録したのが，日本書記である。日本
やや難　初の正史であり，以後に続く正史と合わせて，六国史という。　(6)　X 鎮護国家の思想により，聖武天皇が国分寺建立や大仏造立などの事業を進めたのは，8世紀の奈良時代のことである。Xは誤りである。平安中期に始まった末法思想の流行と，それに伴う浄土信仰は，平安末期の院政期において広がりを見せた。上皇は出家して法皇となり，極楽往生を願って大寺院の造営や，熊野詣を盛んに行った。Yは正しい。

重要　10　環境問題：酸性雨・地球温暖化・オゾン層の破壊・大気汚染・海洋のプラスチック問題などから一つ選んで解答する。解決策：(例)温暖化を防止するために，国ごとに温室効果ガスの排出量の制限を設ける。海の生態系に甚大な影響を与える大量のプラスチック製品の使用を削減する。上記の(例)に示したように，選んだ環境問題に見合うような解決策を提示する。

3　(公民―政治のしくみ・日本経済・憲法・国際政治・その他)

1　1998年に成立した特定非営利活動促進法(NPO法)では，「この法律は，(中略)ボランティア活動をはじめとする市民が行う自由な社会貢献活動としての特定非営利活動の健全な発展を促進(中略)する。」と定められている。

重要　2　中小企業の定義のうち，小売業は他の業種に比べて最も規模が小さく，資本金5000万円以下または従業員50人以下の企業を指す。

3　インバウンドとは，主に日本の観光業界において，「外国人の日本旅行」あるいは「訪日外国人観光客」などの意味で用いられる語である。

基本　4　景気が回復すると，家計の消費が増え，市場の通貨量が増える。企業は生産を増大し，利益を拡大する。企業の利益が増えれば賃金が上昇し，家計の所得増となる。

5　老齢人口が増えるため，老齢人口の生活を支える若い世代の年金負担が大きくなっている。

やや難　6　日本の社会保障制度は，社会保険・公的扶助・社会福祉・公衆衛生の4本の柱からなっている。社会保険は，あらかじめ支払っておいた保険料を財源として給付されるもので，介護が必要だと認定された者に給付される介護保険，病気になったときに給付される医療保険，高齢になったときや障害を負ったときに給付される年金保険，労働上の災害にあったときに給付される労災保険などがある。

7　日本の選挙制度において，期日前投票・投票時間の延長・不在者投票の制度などはすでに取り組まれているが，代理投票の制度はない。

8　日本国憲法第94条で「地方公共団体は，その財産を管理し，事務を処理し，及び行政を執行する権能を有し，法律の範囲内で条例を制定することができる。」と規定されている。

基本　9　歯舞(はぼまい)群島，色丹(しこたん)島，国後(くなしり)島，択捉(えとろふ)島の4島は北方領土と呼ばれる。第二次世界大戦の終戦直後，当時のソ連によって占拠された。日本政府はロシア連邦政府に対して北方領土の返還を要求しているが，交渉は進まず，未解決のまま時が過ぎている。

10　第二次世界大戦後の，世界を二分した，西側諸国のアメリカを中心とする資本主義陣営と，東側諸国のソ連を中心とする社会主義陣営との対立を冷戦といい，日本は資本主義陣営に属したため，社会主義国の中国や北朝鮮と連携することはなかった。

やや難　11　日本国憲法第7条に「天皇は，内閣の助言と承認により，国民のために，左の国事に関する行為を行ふ。」として，「一　憲法改正，法律，政令及び条約を公布すること。二　国会を召集する

こと。三　衆議院を解散すること。」以下7項目が記されている。これを天皇の国事行為という。

12　アの国民審査は文章としては正しいが，国民の意見を国会に反映させるしくみとは関係がない。イの違憲審査は，裁判所が行う権限を持つものであり，国民が行うものではない。エの内閣不信任の決議をできるのは衆議院であり，国民ではない。ア・イ・エのどれも誤りであり，ウが正しい。

重要　13　エの集会の自由は，日本国憲法第21条に「集会，結社及び言論，出版その他一切の表現の自由は，これを保障する。」と記されているものであり，精神の自由に含まれるものである。

★ワンポイントアドバイス★

地形図の問題は出題されやすいので，マスターしよう。主要な地図記号はもちろんのこと，地形図上の長さと実際の距離の計算や標高差の計算などに慣れておこう。

＜国語解答＞

〔一〕　問一　①　固執　②　著名　③　魅　④　吟味　⑤　特徴
問二　(例)　超常現象は存在する(という考え。)　問三　(文節)　5　(単語)　8
問四　超常現象が起こったと解釈する人間に心の動き　問五　イ　問六　ウ
問七　(『推論的信念』は,)自らの体験に基づいているので，心理作用の影響が大きく，客観的に検証しにくい(から)　問八　ア　問九　絶対化　問十　心理的な安定感
問十一　オ　問十二　偶然　問十三　エ　問十四　オ

〔二〕　問一　①　いろり　②　収穫　③　現役　④　蓄　⑤　すた　問二　ウ
問三　旨みが　問四　ア　問五　イ　問六　他力本願　問七　エ
問八　a　覚悟　b　エ　問九　(淳也の,)地元のために動き，地域の人々と強い関係を築いている(姿。)　問十　ウ　問十一　オ　問十二　イ・カ　問十三　ウ
問十四　エ

○推定配点○
〔一〕　問二・問四・問七・問十・問十三・問十四　各4点×6　他　各2点×13
〔二〕　問四・問七・問九・問十・問十四　各4点×5　他　各2点×15　計100点

＜国語解説＞

〔一〕　(論説文－漢字，指示語，分節，品詞，文脈把握，内容吟味，脱語，慣用句，接続語，要旨)

問一　①　「固執」は，一つの意見や考えを強く言い張って変えないこと。「こしゅう」とも読む。「執」を使った熟語はほかに「執行」「執筆」など。音読みはほかに「シュウ」。熟語は「執着」「執念」など。訓読みは「と(る)」。②　「著名」は，名が広く知れわたっていること。「著」を使った熟語は「著者」「顕著」など。訓読みは「あらわ(す)」「いちじる(しい)」。　③　「魅」を使った熟語は「魅力」「魅惑」など。④　「吟味」は，物事を細かなところまでよく調べること。熟語はほかに「吟詠」「詩吟」など。⑤　「徴」を使った熟語はほかに「徴候」「象徴」など。

問二　直前に「特に，自分の目で見たと確信したらそれを否定する気分になれず」とあり，前には

「超常現象なんてあり得ないと広言していたのに」とあることから,「それ」が指すのは,「超常現象なんてあり得ない」とは反対の内容を指すとわかるので,「超常現象は存在する(9字)」などとする。

問三　文節は,「新しい／力まで／導入した／ほどで／ある」と5文節に分けられる。単語は,「新しい(形容詞)・力(名詞)・まで(助詞)・導入し(動詞)・た(助動詞)・ほど(名詞)・で(助動詞)・ある(動詞)」と8単語に分けられる。

問四　直前に「超常現象が起こったと解釈する人間の心の動きはどうであったのか調べてみる価値はある」とあるので,「そこ」が指示するのは,「超常現象が起こったと解釈する人間の心の動き(21字)」。

問五　直後に「自らの体験で判断した情報かの二種類」とある。イは「自らの体験で判断した情報」にあてはまり,「他からの情報」の例にはあてはまらない。

問六　直前の「付和雷同」,直後の「検証抜きで」と同様の意を表すものが入るので,物事に内容をよく確かめずに,そのまま受け入れること,という意味のウが適切。

問七　直前の「自らの体験に根差した信念」を「推論的信念」と言い換えていることを押さえる。もう一方の「他からの情報」によって形作られる信念は,「情報源を調べることにより客観的に修正することが可能」とあるのに対し,「自らの体験に根差した信念」は,「本人の心理作用が大きく作用するので,……当人がそうであると主張する限り検証できず……」と説明されている。「推論的信念」は,自らの体験に根差しているので,心理的作用が大きい,したがって,客観的に検証することができない,という点をおさえてまとめればよい。

問八　直前に「情報処理過程で誤りが生じやすい」とあり,直後で「『目で見たこと』であっても,『実際に起きたこと』と直ちに等値できない」と,具体例を挙げて説明しているので,例示を表す「例えば」が入る。

やや難　問九　直前に「『体験したものにしかわからない』」と,自分の考えをかたくなに主張する態度が示されている。このような態度については,最終段落で「自分の推論を絶対化しないことが肝腎」と述べられているので,「絶対化」が適切。

問十　「認知的保守性」については,直後に「すでに持っているスキーマ……を保ち,維持しようとする傾向」と説明されており,「自分は一貫した考え方をしていると自認できるので心理的な安定感が得られることになる」とあるので,「心理的な安定感」が適切。

問十一　直前の「早く安心したいという気持ち」とあり,直後の「『確固とした因果関係として説明したい気持ち』」にあてはまるものとしては,オが適切。「経済性」とは,ある費用によって得られる達成される効果の度合い,経済的な効果,という意味。

問十二　直後に「必然だと思い込み」とあるので,「必然」の対義語の「偶然」が入る。「偶然性」を拒否し,「確固とした因果関係」として説明したい心理,「偶然」に起こったことでも「必然」だと思い込む,とつながる。「偶然」は,思いがけないこと,原因も必然性もなく起こること,という意味

問十三　直前に「無意識のうちに矯正したり,または大きな問題にならないので気づかないままやり過ごしている」とあり,直後には「あまり気にしすぎると神経症を病むことになりかねない」述べられているので,「心穏やかに安心して過ごすことができるという恩恵もある」とするエが適切。

やや難　問十四　オは,最終段落に「認知過程には誤りが多いことを自覚して,自分の推論を絶対化しないことが肝腎なのである。それは疑似科学に騙されないか自分を点検することにも通じるからだ』と述べられていることと合致する。

〔二〕 **(小説－漢字，脱文・脱語補充，主語，心情，語句の意味，四字熟語，品詞・用法，表現)**

問一　①「囲炉裏」は，部屋の床を四角に切って，中で火を焚いて食べ物の煮炊きをしたり部屋を暖めたりするもの。「囲」を使った熟語はほかに「囲碁」「範囲」など。訓読みは「かこ(う)」「かこ(む)」。　②「収穫」は，農作物を採り入れること。「収」を使った熟語はほかに「収益」「収蔵」など。「穫」は，字形の似た「獲」「穣」などと区別する。　③「役」を「エキ」と読む熟語はほかに「苦役」「兵役」など。音読みはほかに「ヤク」。　④「蓄」の音読みは「チク」。熟語は「蓄積」「貯蓄」など。　⑤「廃」の訓読みは「すた(る)」「すた(れる)」。音読みは「ハイ」。熟語は「廃棄」「廃止」など。

問二　直前の「観光ガイドみたい」にあてはまるものとして，ウが適切。

問三　文節は「肉の／旨みが／口の／中に／広がって，／空腹感を／さらに／掻き立てる」と分けられる。「旨みが」・「空腹感を」が「掻き立てる」にかかり，「旨みが」は主語，「空腹感を」は修飾語になる。

問四　実紀はこの後，「『だから，一旦は外に出てもいろいろとタクワえて，また返ってきたいて思うとるわけ』」と言ってるので，アが適切。

問五　「屈託(くったく)」は，気にかけてくよくよすることを意味するので，イが適切。「屈託ない」は，こだわりや心配事のない晴れやかな様子のこと。

問六　「他力本願(たりきほんがん)」は，自分で努力せずに，ひたすら他人の協力や援助をあてにすること。

問七　「実紀」を指して言っていることを押さえる。直前に「目の前に座っているのは，見知らぬ男ではないか。渓哉よりずっとリアルに，ずっと具体的に」とあり，前には「実紀の想いには根っこがある。現実に向かい合う覚悟がある」とあるので，エが適切。

問八　(a)「実紀」に対する渓哉の思いについては，前に「実紀の想いには根っこがある。現実に向かい合う覚悟がある」とあるので，「覚悟」とするのが適切。　(b) 実紀の気持ちを知った後の，渓哉の自分に対する思いは，「渓哉は飛び立つことばかりに心を奪われていた。未知の場へ，未知の世界へ，ここではないどこかへ飛び立つ望みと不安の間で揺れていた」「ふわふわと軽く，ただ浮遊する。少し強い風が吹けば，さらわれてどこかへ消え去ってしまうだろう」と表現されている。根っこのある実紀に対して，自分はあまりにも頼りないと感じていることが読み取れるので，エが適切。「ふがいない」は，したことが思うようにできず情けないこと。

やや難 問九　後に「『だって，淳也さん，すごいが。本気で地元のために動いて，商売を繋げて，新しい繋がりもどんどん作って行って……』」とある，「地元」のために本気で動き，人々の新しい「関係」もどんどん作っている，という点を目標にしているのである。

問十　直後に「気のない返事」とあるので，ウが適切。後に「ここにも，兄の淳也がいる」とある。「兄の淳也」に対する複雑な思いを隠すように，わざと関心のない素振りをしているのである。

問十一　実紀の淳也に対する思いは，「『だって，淳也さん，すごいが。本気で地元のために動いて，商売を繋げて，新しい繋がりもどんどん作っていって……。淳也さんを見とると勇気っちゅうか，やれるんじゃないかって気持ちが湧いてくる』」とあるので，尊敬の念を持つことを意味する「敬服する」が適切。「心酔する」には，ある人を心から尊敬して何から何まで見習おうとする，という意味がある。

問十二　「震えているようだ」の「ようだ」は，様態を示す用法。ア・エは例を挙げていう例示の用法。イ・カは様態を示す用法。ウ・オは比喩であることを示す用法。

問十三　前に「里香の手から箸が落ちたのだ」「心なしか指が震えているようだ」とある。里香の動揺は，自分たちの会話に反応したのではないかと心配になった様子がうかがえるので，「気に障り(ましたか?)」とするのが適切。「気に障る」は，感情を害する，不快に思う，という意味。

問十四　アは「情景描写が多く」，イは「巧みな比喩表現」，ウは「第三者の視点」，オは「登場人物全員が方言で話しており」という部分が合致しない。本文は，渓哉と実紀の会話が中心に進行しており，方言と短い文が効果的に用いられているといえるので，エが適切。

★ワンポイントアドバイス★

読解問題に含まれて出題される漢字，文法，語句などは，確実に得点できる力をつけておこう！
語彙力を高め，心情や要旨などを的確に読み取る高度な読解力を身につけよう！

MEMO

大切なことはメモしておこうネ！

2019年度

★★★★★★★★★★★★★★★★★★★★★★★★

入　試　問　題

2019年度

仙台白百合学園高等学校入試問題（A日程）

【数　学】（50分）　＜満点：100点＞

1　次の問いに答えなさい。

⑴　$-5^2-(-4)\times 7$ を計算しなさい。

⑵　$\dfrac{3x+6}{4}-\dfrac{2x-5}{6}$ を計算しなさい。

⑶　$a=7-\sqrt{5}$，$b=7+\sqrt{5}$ のとき，$a^2-3ab+b^2$ の値を求めなさい。

⑷　$5<\sqrt{a}<6$ をみたす整数 a の個数を求めなさい。

⑸　2次方程式 $x^2-5x+3=0$ を解きなさい。

⑹　y は x に反比例し，そのグラフは点（3，2）を通る。このグラフ上にあって，x 座標，y 座標がともに負の整数である点は何個あるか求めなさい。

⑺　1，2，3の数字が書かれたカードが1枚ずつある。このカードから1枚ひいて数字を調べてもとにもどす作業を3回くりかえす。出た順に百の位，十の位，一の位として3けたの整数をつくるとき，偶数になる確率を求めなさい。

⑻　円錐P，Qは相似で，底面の半径はそれぞれ6㎝，4㎝である。円錐Pの体積が $72\pi\,\text{cm}^3$ のとき，円錐Qの体積を求めなさい。

⑼　次のデータの平均値，中央値，最頻値をそれぞれ求めなさい。

9，3，4，10，1，7，6，8，5，7

⑽　正方形の折り紙ABCDにおいて，辺BCを対角線BDに重なるように折って戻したときの折り目をBEとする。このときCE：EDを求めなさい。

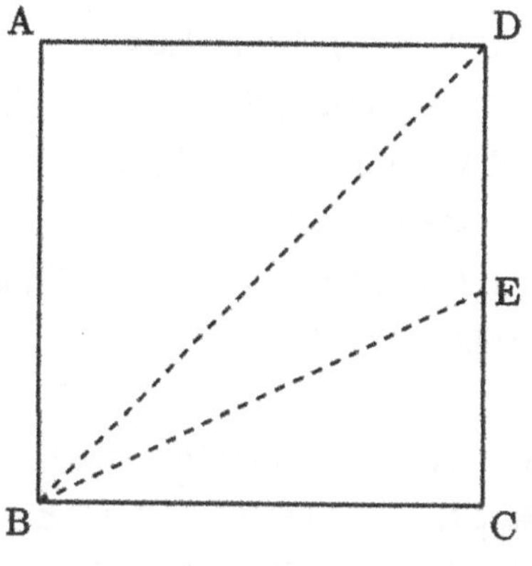

2　次のページの正五角形と正六角形が規則正しく並んでいるサッカーボールは，数学的には「切頂二十面体」といいます。これは正二十面体の頂点のまわりを切り取ってできています。

次のページの文章の（　）にあてはまる最も適切な言葉や数値を答えなさい。

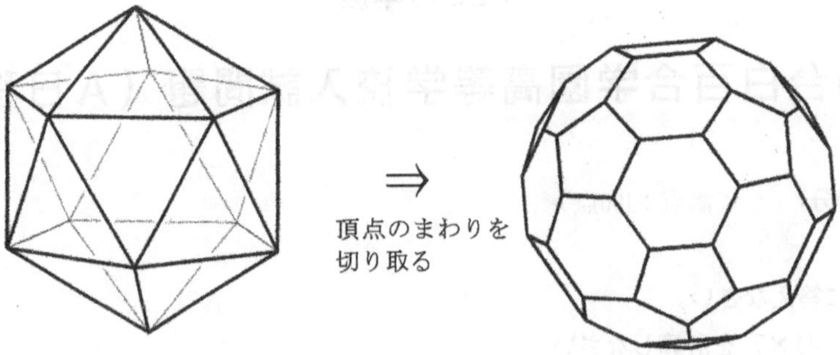

正二十面体　　　　切頂二十面体

正多面体とは，すべての面が（　ア　）な正多角形で，1つの（　イ　）に同じ数の面が集まるへこみのない立体のことです。正多面体は，全部で5種類あることが知られています。

正二十面体はそのうちのひとつで，面の数は全部で（　ウ　）個，面の形は（　エ　）であり，1つの（イ）に集まる面の数は（　オ　）個です。

まず正二十面体の辺の数を数えます。（ウ）個の（エ）があるので，すべての面を切り離してバラバラに分解して数えると全部で（　カ　）本の辺があります。立体ではこれらの面は隣接しており，辺の数は重複して数えていることになるので，（カ）を（　キ　）で割ると辺の数は（　ク　）本となります。

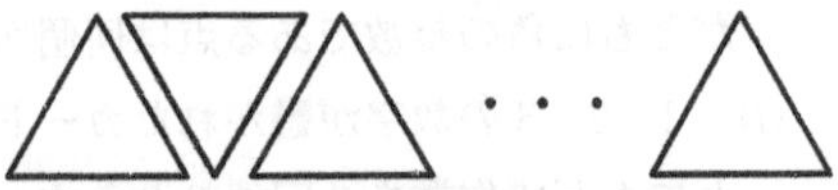

バラバラに分解

正二十面体の頂点の数は，同様に，分解した状態で数えると（　ケ　）個となりますが，1つの（イ）に集まる面の数が（オ）個なので，その数で（ケ）を割れば求められます。したがって，頂点の数は（　コ　）個となります。

次に各頂点からのびている5本の辺をそれぞれ$\frac{1}{3}$の長さの所で切り取り，切頂二十面体を作ります。正二十面体では頂点が（コ）個あったので，切り取ってできる切断面の正五角形の面の数は（　サ　）個になります。また，もともとあった正二十面体の面の一部が正六角形として（ウ）個残っているため，面の数は合計で（　シ　）個になります。

頂点の数については，切り取る際に元の頂点が1つ消えますが，新しく生じた正五角形の面に新たな頂点が（　ス　）個生じるため，正二十面体の頂点の数に（ス）をかけて求めることができます。よって頂点の数は（　セ　）個となります。

辺の数については，新しく生じた正五角形の辺5本に，正二十面体の頂点の数をかけ，さらにもともとの正二十面体の辺の数を加えて（　ソ　）本となります。

3　次のページの図のように，$y=ax^2$ のグラフと直線ℓがあり，その交点をA$(-4, 8)$，B$(3, b)$とする。また，$y=ax^2$ をx軸に対して対称移動したグラフと，ℓと平行な直線mの交点をC，Dとする。ただし，点C，Dのx座標はそれぞれ-1，2である。次の問いに答えなさい。

⑴　a，bの値を求めなさい。

⑵　$y=ax^2$ において，xの値が-4から3まで変化するときの変化の割合を求めなさい。

⑶　直線mの式を求めなさい。

⑷　△ABCの面積を求めなさい。

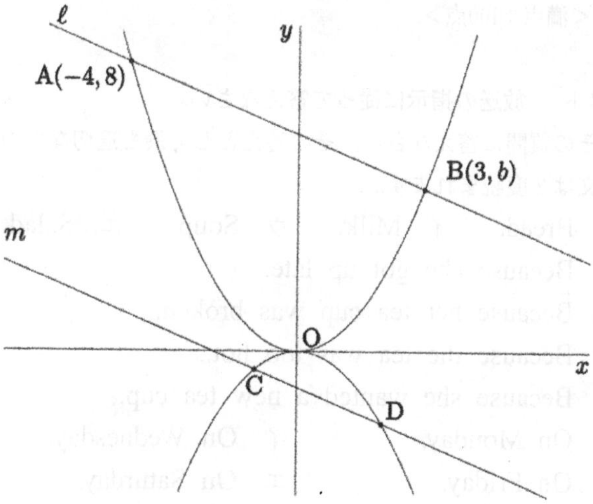

4　右の図のように，∠ACB＝90°，BC＝8，CA＝6の直角三角形ABCに，円Oが3点P，Q，Rで接している。また，直線AOと辺BCとの交点をSとする。次の問いに答えなさい。

⑴　ABの長さを求めなさい。

⑵　AP＝AR を証明しなさい。

⑶　円Oの半径を求めなさい。

⑷　OSの長さを求めなさい。

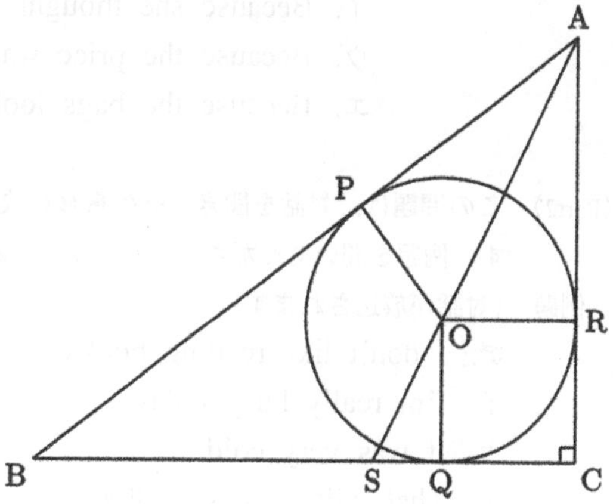

5　図のように，ある規則にしたがって自然数を並べていく。次の問いに答えなさい。

⑴　29の1個左の数を求めなさい。

⑵　4の1個右上の数は16であり，2個右上の数は36である。4の3個右上の数を求めなさい。

⑶　4の n 個右上の数を，n を用いた式で表しなさい。

31	32	33	34	35	36	…
30	13	14	15	16	17	
29	12	3	4	5	18	
28	11	2	1	6	19	
27	10	9	8	7	20	
26	25	24	23	22	21	

【英　語】（50分）　<満点：100点>

〔Ⅰ〕 リスニングテスト　放送の指示に従って答えなさい。

〈Part1〉 英文を聞き，その質問に答えなさい。その答えとして最も適切なものを1つ選び，記号で答えなさい。英文は2度読まれます。

No.1 QuestionA ア．Bread.　イ．Milk.　ウ．Soup.　エ．Salad.

QuestionB ア．Because she got up late.
イ．Because her tea cup was broken.
ウ．Because the tea was too hot.
エ．Because she wanted a new tea cup.

No.2 QuestionA ア．On Monday.　イ．On Wednesday.
ウ．On Friday.　エ．On Saturday.

QuestionB ア．Because she was more interested in books.
イ．Because she thought flowers were on the fourth floor.
ウ．Because the price was very high.
エ．Because the bags looked better than flowers.

〈Part2〉 この問題は，対話を聞き，その最後の文に対する応答として最も適切な答えを選ぶ形式です。例題を聞いてください。対話が読まれます。

例題 （対話が放送されます）
ア．I don't like reading books.
イ．I'm really busy today.
ウ．It was very cold.
エ．That will be OK.（正解）

ここでは エ が正しい答えになります。

では，実際の問題を放送しますので準備して下さい。対話は2度読まれます。

No.1 ア．I'll have to use my head.
イ．I think it was yesterday.
ウ．I think so.
エ．I don't look pale.

No.2 ア．Then, this size will be fine.
イ．Well, these books are large.
ウ．Thank you for bringing it.
エ．Don't bring a box, please.

No.3 ア．I thought you like math better than science.
イ．I know our teacher likes to talk about sightseeing.
ウ．I didn't meet the scientist on that day.
エ．I wasn't there on that day. Thank you for telling me.

＜リスニングテスト放送台本＞

［Ⅰ］ <Part1>

No.1 When Yuri got up yesterday, breakfast was ready. Bread, salad, an apple and milk were on the table. She enjoyed them all. After the meal, Yuri wanted to have some tea. Her mother made some for her. But Yuri remembered that her tea cup was broken. So, she used a paper cup that morning. Now she wants to buy a new tea cup.

Question A: What is one thing that Yuri didn't have for breakfast?

Question B: Why did Yuri use a paper cup yesterday?

No.2 This Friday is Kumi's mother's birthday. So, she went to a department store to buy something for her mother. On the second floor, she saw a lot of flowers. She liked some of them but they were too expensive. On the third floor, there were so many bags. They looked nice to Kumi but maybe not to her mother. Kumi looked for some interesting books on the fourth floor. She didn't find anything good that day. She has four days before her mother's birthday.

Question A: When did she go to the store?

Question B: Why didn't she buy flowers at the store?

<Part2>

No.1

A：You look pale. What's the matter?

B：Well, I didn't sleep well last night. And I have a headache.

A：Maybe you should leave early today.

No.2

A：I'm looking for a box. I want to put these books in it.

B：Do you need a large one?

A：Not really.

No.3

A：Hi, Takuya! Did you do your homework?

B：What? Did we have homework? Which subject are you talking about?

A：Our science teacher gave us a lot in the class three days ago.

〔Ⅱ〕 キャンプにきているMayumiと留学生のTracyの会話文を読み，あとの問いに答えなさい。

Tracy: What are you doing, Mayumi?

Mayumi: I'm looking at the moon.

Tracy: Wow! The moon is so bright tonight!

Mayumi: (1) I love looking at the moon.

Tracy: I heard that Japanese have an event to enjoy the moon in the fall.

Mayumi: That's right. Especially, we enjoy the full moon in September. This event is called *otsukimi* in Japanese.

Tracy: (　2　) for *otsukimi*?

Mayumi: We prepare some fruits of the season and *susuki* for the moon and celebrate the *harvest.

Tracy: Sounds interesting.

Mayumi: (　3　), what do you see in the moon?

Tracy: What do I see in the moon? Well, I see a man's face in the moon.

Mayumi: Oh, really? In Japan, many people see the shape of a rabbit in the moon and the rabbit is making rice cakes.

Tracy: That's cute.

Mayumi: A book I read before said that around the world people see different things in the moon. For example, people in Hawaii see a tree, people in India see hands, people in Europe see a grandmother sitting in a chair, and so on.

Tracy: Oh, do they?

Mayumi: People in different (　ア　) have different ideas about the moon.

Tracy: I agree.

Mayumi: So, many people in the world (　4　) the moon for a long time and imagined a lot of things in it.

Tracy: Mayumi, let's make a wish on the beautiful moon!

Mayumi: Yes, let's!

*harvest　収穫

問1　文中の(1)～(4)に入る最も適切な表現を，下のア～エから一つずつ選び，記号で答えなさい。

(1)　ア．Yes, I do.　　イ．Yes, we do.
　　ウ．Yes, it is.　　エ．Yes, they are.

(2)　ア．What do you think　　イ．What do you do
　　ウ．What do you feel　　エ．What do you know

(3)　ア．Incredibly　　イ．Finally
　　ウ．In the end　　エ．By the way

(4)　ア．have never seen　　イ．have been interested in
　　ウ．have already been to　　エ．have never wanted to visit

問2　文脈から判断して，（ア）に入る最もふさわしい一語を答えなさい。

〔Ⅲ〕 次の英文を読んで，あとの問いに答えなさい。

When American and Russian astronauts first flew in space, they used pencils to write their reports in their notebooks. *Lead pencils were used on all American and Russian space flights before 1968. Pens do not work in zero *gravity and the high and low temperatures of space.

The problem was that the *lead tip of pencils could break and *float in the *spaceship, *damage *electronics, or float into an astronaut's eye. Also, there was the problem of *sharpening the pencil without making any dust. The eraser was another problem. When someone made a mistake and had to correct it, little pieces of eraser floated around.

Paul Fisher, the *president of Fisher Pens, thought that ①astronauts needed something safer and better than pencils. So in 1965, he made a new *ballpoint pen with a special *ink cartridge that was *pressurized. Mr. Fisher sent the first space pens to Dr. Robert Gilruth, the *director of the Houston Space Center in Texas in the United States of America.

Mr. Fisher's space pens were made of strong and light *metal and could work in temperatures from -120°C to 200°C. *The National Aeronautics and Space Administration （NASA） tested the new pens in September of 1965 and they all worked well. The astronauts were very happy to have a safer way to （ ② ） in space.

In December of 1967, NASA bought 400 of the new Fisher Space Pens for *$6 each. This price is equal to $50 today. They were used on the next space flight named "Apollo 5" in January of 1968. All the astronauts have used ③them on every American space flight since then.

This year is the 52nd year that the Fisher Space Pens have helped American astronauts safely work in space. Russia also bought 100 of the Fisher pens, and 1,000 ink cartridges, in February 1969, and started to use them. It is interesting that both American and Russian astronauts have used the same tool in space for about 50 years.

Mr. Fisher *paid for all the *research and costs for the Fisher Space Pen. He spent more than $1,200,000 and 5 years to make the first Space Pen in 1965. Today you can buy a Fisher Space Pen in many stationery shops in Japan for about ¥2,500. There are many different colors, shapes and sizes. How about getting your own space pen, just like these astronauts?

*lead pencil　鉛筆（lead　鉛《なまり》）　*gravity　重力　*lead tip　（鉛筆の）芯の先端
*float　（空中に）浮かぶ　*spaceship　宇宙船　*damage　～に損害を与える　*electronics　電子機器
*sharpen　～を鋭くする，削る　*president　社長　*ballpoint pen　ボールペン
*ink cartridge　インクを入れる容器　*pressurize　圧力をかける　*director　所長　*metal　金属
*The National Aeronautics and Space Administration （NASA） 米国航空宇宙局
*$　ドル　*pay　（お金を）払う　*research　調査，研究

問１　次の質問に英語で答えなさい。
　　Why did astronauts use pencils in space before 1968?

問２　下線部①の理由を，本文の内容をもとに日本語で答えなさい。

問３　（②）に入る適切な１語を本文中から抜き出しなさい。

問４　下線部③は何を指しているか，本文中から５語以内で抜き出しなさい。

問５　本文の内容に合っているものには○，合っていないものには×と答えなさい。

(1)　アメリカやロシアの宇宙飛行士が初めて宇宙に行った時，彼らはノートと鉛筆を使って報告

書を書いた。

(2) ロバート・ギルルース博士は，最初のスペースペンの開発を行った。

(3) 1967年に，米国航空宇宙局（NASA）がスペースペンを一本6ドルで一般に販売し始めた。

(4) ロシア政府も，およそ50年前に独自にスペースペンを開発した。

(5) 現在，日本でも一般の人がスペースペンを購入することができる。

〔Ⅳ〕 次の各文の（ ）内に入る適語を選び，記号で答えなさい。

(1) I have two sisters. ( ) names are Yuri and Yoshiko.
ア．They　イ．Her　ウ．Their　エ．Our

(2) I ( ) TV when my mother came home.
ア．am watching　イ．watch　ウ．was watching　エ．watched

(3) I have ( ) work to do today.
ア．a few　イ．many　ウ．a lot of　エ．several

(4) He was kind ( ) to show me the way.
ア．of　イ．enough　ウ．much　エ．well

(5) We enjoy ( ) tennis every day.
ア．play　イ．playing　ウ．to play　エ．played

〔Ⅴ〕 次の各組の文がほぼ同じ意味になるように，（ ）に入る適語を答えなさい。

(1) He said to me, “Open the window.”
He ( ) me ( ) open the window.

(2) My mother has been busy since last week.
My mother became busy last week. She ( ) still ( ).

(3) Kumi has a friend living in New York.
Kumi has a friend ( )( ) in New York.

(4) How about another cup of coffee?
( ) you ( ) another cup of coffee?

(5) There are thirty-one days in January.
January ( ) thirty-one days.

〔Ⅵ〕 次の文の空所に入る，与えられたアルファベットで始まる適語を答えなさい。

例）(S) is my favorite season.　答え Summer

(1) My (b) is tomorrow. I'll be 15 years old.

(2) I have a sister and a brother. It means my parents have three (c).

(3) Our school (l) has many books, and you can borrow books for two weeks.

(4) When you want to help other people, you can join a (v) activity.

(5) At a shop, an apple is 100 yen. If you buy ten apples, you will pay one (t) yen.

〔Ⅶ〕 日本語の意味に合うように下線部①～③を英語に直しなさい。ただし②と③は［　］内の語を並べかえなさい。

①数年後に私たちの学校の近くに新しい病院がオープンします。現在建物を建築中です。病院ができることは，近隣住民にとって喜ばしいことです。②病気を早く見つけることは健康を維持するためには大切です。③病院のおかげでバスの便が今まで以上によくなるでしょう。私たちの日々の生活はますます便利になります。

② [find / keep / is / health / disease / important / our / it / early / to / to].

③ [of / to / buses / the / able / take / we / be / because / more / hospital / will / ,] easily.

問六　――線4「これ以上を求め得ぬ幸福感」とはどのような気持ちですか。二十五字以上三十字以内で説明しなさい。

問七　――線5「そしてそのために『幸福感』をも」とありますが、

⑴　「そのために」の「その」の指す内容を答えなさい。

⑵　この後に省略された表現を本文中から抜き出して答えなさい。

問八　――線6「言葉むなしければ、人はむなしい。」の説明文を次にあげました。空欄に適切な言葉（二字以上四字以内）を本文中から抜き出して入れ、文を完成しなさい。

・言葉は、人の心の（　①　）をつくり、生きるうえでなくてはならないものを集めてくる。だから、このような言葉を（　②　）にしてしまって（　③　）が乏しくなれば、当然心の（　①　）も失われ、今、ここに在ることが生き生きと感じられなくなり、人はむなしくなってしまうのである。

問九　――線7「感じられてくる」の「られ」と同じような働きをしている語が使われた文を、次から一つ選び、記号で答えなさい。

ア　けがをした友達のことが案じられる。

イ　旅行の当日は朝早くても起きられる。

ウ　この服はまだ着られる。

エ　一位に賞状が与えられる。

オ　先生が感想を述べられた。

問十　本文の内容に合っているものを次から二つ選び、記号で答えなさい。

ア　私たちをとりまく言葉の変化は表面的なものであり、それは文字の匂いの記憶を辞書からなくしたことにも表れている。

イ　梶井基次郎の「筧の話」は私たちの心の原風景だが、今ではめったに見かけられないので、現代人には全く理解不能である。

ウ　「しげしげと眺める」という言葉やそのような時間によって、愛惜の情などの人間にとって大切なものが育まれるのである。

エ　豊富なモノに囲まれ、生きることに追われて言葉を失うことで、私たちは心のひろがりやゆたかさまでなくしてしまう。

オ　日本語の語彙は日々増えているため、豊かな日本語を使う私たちには、新たな語彙を早く的確に使うことが求められている。

カ　言葉の変化の意味を考えず本も読まない生活を送るうち、匂いを感じながら本を選ぶ力までなくした日本人になってしまう。

古本屋にはいい本が置いてあってそれを漁《あさ》って歩くのが楽しみだった。一体に本にはその匂いというものがあって本が選《え》りすぐられたものであるに従って本の匂いがそこに漂う。その中から一冊を手に入れるのはその匂いを持って帰るようなものだった」。これは、吉田健一『東京の昔』の一節（中公文庫）。

活字という文字には匂いがあった。新聞には新聞の言葉の匂い、辞書には辞書の活字の匂いがありました。言葉は意味だけでできているのではなくて、文字には墨の匂い、インクの匂い、紙の手触り、風合いがありました。本を手にする、本を読むことは、そういう感覚を覚えるということでもあったけれども、そういうふうに「本」という言葉も今日では、もうなくてはならぬ言葉、心の風景をつくる言葉として、ある親身な感覚を喚起する言葉というふうではなくなっています。

本来、そのまわりにさまざまなものを集めるのが、言葉の本質です。風景を集める。感情を集める。時間を集める。*ヴィジョンを集める。入を集める。記憶を集める。そういう言葉を自分のなかにどれだけもっているかが、胸のひろさ、心のゆたかさをつくる。

こんなふうに、語彙の行く末をたずねてゆくと、そこに見えてくるのは、わたしたちの日々の心の風景です。いまは言葉が使い捨てになっていないか、どうか。言葉を使い捨てることは心を使い捨てることです。いまは心が使い捨てになっていないか、どうか。

モノは豊富になったけれども、逆に語彙が乏しくなった。そのために、さまざまな言葉によってわたしたちがずっと得てきた心のひろがりや陰影やゆたかさ、奥行きが削られて、わたしたちの日々のあり方が狭く窮屈なものになってしまっているとすれば、問題です。

6言葉むなしければ、人はむなしい。語彙というのは、心という財布に、自分が使える言葉をどれだけゆたかにもっているかということです。その言葉によって、いま、ここに在ることが生き生きと7感じられてくる。そういう言葉を、どれだけもっているか。いまは、言葉のあり方というのが、あらためてそれぞれの日常に、切実に問われているときのように思われます。

（長田弘『なつかしい時間』）

＊ヴィジョン……未来の構想・未来像。

問一 ═══線①～⑤のカタカナは漢字に、漢字はその読みをひらがなで書きなさい。

問二 [A]・[B] に入る語として適切なものをそれぞれ一つ選び、記号で答えなさい。

ア けれども　イ また　ウ なぜなら　エ だから
オ しかも　カ たとえば

問三 ───線1「その言葉によって、自分が生かされていると感じている言葉」と同じ内容をさす表現を、本文中からさがし二十字以内で抜き出しなさい。

問四 ───線2「そんななか」とありますが、どのようなもののなかですか。本文中の言葉を使いながら十字以上二十字以内で説明しなさい。

問五 ───線3「しげしげと」と同じような働きをしている語が使われた文を、次の中から一つ選び記号で答えなさい。

ア ざあざあ雨が降る。　イ 猫がにゃーにゃーとないている。
ウ ドアをこんこんたたく。　エ みしみしと床がなった。
オ つくづくいやになった。

［二］ 次の文章を読み、後の問いに答えなさい。

日々をいろどる季節や風景、住まいや家①ナみ、人びとの姿や道具。どちらをむいても、私たちの日々をとりまく環境は、どんどん変わってきました。これからも変わりつづけるにちがいありません。変化や新しさは、時代の表情を変える力をもっています。

［Ａ］、そう言えるのは、目に見えるものについてです。モノの変化、かたちの変化、暮らしの変化、暮らし方の変化といった目に見える変化が、わたしたちにもたらすもっとも大きな変化は、実は、目に見えないものの変化ではないか、と思います。

目に見えないものの変化というのは、すなわち言葉の変化です。言葉の変化というと、流行語や若者言葉の変化と考えられがちですが、そうではなく、言葉ほど、目に見えないものの変化を反映しているものはないのです。

ごく普通の何でもないような言葉に見える。しかし、1その言葉によって、自分が生かされていると感じている言葉というのがあります。

［Ｂ］、「梢《こずえ》」という言葉です。

木の枝の先を言う言葉です。「梢の隙間《すきま》を洩《も》れて来る日光が、径《みち》のそこここや杉の幹へ、蝋燭《ろうそく》で照らしたやうな弱い日なたを作つてゐた。歩いてゆく私の頭の影や②カタ先の影が2そんななかへ現はれては消えた。なかには「まさかこれまでが」と思ふほど淡いのが草の葉などに③ソまつてゐた。試しに杖《つえ》をあげて見ると、ささくれまでがはつきりと写つた」。梶井基次郎《かじいもとじろう》の「筧《かけい》の話」という文章です（『梶井基次郎全集』第一巻による）。

こういうふうに梢という言葉が、私たちの見ている風景のなかに、今日なくてはならぬ言葉、心の風景をつくる言葉としてあるだろうかということを考えるのです。ふだんわたしたちはいまは木を見上げるということをしなくなっています。文章の題の「筧」も、水を引く樋《とい》をさす言葉ですが、いまは普段に見るものでなくなって、その言葉が表していた④趣というものは、わたしたちの語彙にはすでにありません。

あるいは、「3しげしげと」という言葉。

「寝床から抜け出し縁側に出る。煙草《たばこ》に火をつけ、うらうらとした陽ざしの中へゆっくりと煙を上げる。激しい勢《いきおい》で若葉を吹き出している庭前の木や草を、しげしげと眺める。「俺は、今生きて、ここに、こうしている」こういう思いが、4これ以上を求め得ぬ幸福感となって胸をしめつけるのだ。心につながるもの、目につながるものの一切が、しめやかな、しかし断ちがたい愛惜の⑤タイショウとなるのもこういう時だ」。これは、尾崎一雄「美しい墓地からの眺め」の一節（岩波文庫ほか）。

「しげしげと眺める」というしんとした動作から、「心につながるもの、目につながるもの」への愛惜が生まれてくる秘密が、ここにはさりげなく語られています。こういうふうな「しげしげと」という動作を表す言葉が、今日なくてはならぬ言葉、心の風景をつくる言葉としてあるだろうかということを考えます。私たちは今日ますますスピードをあげて生きることに追われて、「しげしげと目の前の風景を眺める」習慣をなくしてはいないでしょうか。5そしてそのために「幸福感」をも。

もう一つ、「本」という言葉。

本という言葉は、いまでももちろん日々に親しい言葉です。しかし、本という言葉が喚起する次のような感情は、いまはもう私たちに日々に親しいものではなくなってきています。「その頃の本は読むものだった。

問六　――線4「声を漏らさないように肩を震わせている」とありますが、この時の朝世の様子として最も適切なものを次から選び、記号で答えなさい。

ア　子猫が苦しんでいるにもかかわらず、自分は何もしてあげられないという無力感にさいなまれている様子

イ　自分がこんなにつらい思いをしているのに、金銭的に解決しようとした和人にひどく腹を立てている様子

ウ　手術までには子猫に素敵な名前をつけてあげたかったのに、間に合わせることができず落胆している様子

エ　秀美が病気の子猫を紹介したことに対し、なぜそんな仕打ちをするのかわからず悲しみに暮れている様子

オ　獣医が子猫の状態をどう判断していたのかがわからず、手術が本当に成功するのか気が気でない様子

問七　Ⅱ には、小説「吾輩は猫である」の作者名が入ります。最も適するものを次から選び、記号で答えなさい。

ア　太宰治　　イ　芥川龍之介　　ウ　宮沢賢治　　エ　川端康成

オ　夏目漱石

問八　――線5「ぼくにはよくわかったことがある」とありますが、何がわかったのですか。次の空欄に最も適する表現を、それぞれ十字以内で抜き出して入れなさい。

・名前はただ（　①　）だけでなく、それだけで（　②　）になることもあるということ。

問九　Ⅲ に最も適するものを次から選び、記号で答えなさい。

ア　大人っぽく　　イ　いたずらっぽく　　ウ　湿っぽく

エ　色っぽく　　オ　哀れっぽく

問十　――線6「ふたりの声がそろってはじけた」とありますが、これはどのような様子を表していますか。次の文の空欄に最も適する二字の語をそれぞれ考えて書きなさい。

・手術の成功を知り、二人とも（　①　）から解放され、（　②　）が一気にあふれ出た様子。

問十一　――線7「そうなさるだろう」とありますが、その具体的内容がわかるように、本文の語句を用いて十字以内で言い換えなさい。

問十二　――線8「二百を超える紙片が真夏の雪のように床を埋め尽くした。」とありますが、この文と同様の表現技法が使われているものを次から選び、記号で答えなさい。

ア　聖堂は誰もが自由に出入りできるようにいつも開放されていた。

イ　それまで意気消沈していた彼は水を得た魚のように大活躍した。

ウ　英語がもっと上手に話せるようになりたいと思い続けてきた。

エ　宇宙飛行士が無事帰還できるように僕は心から祈っている。

オ　あの笑顔の美しい女性とは以前どこかで会ったように思う。

問十三　Ⅳ に最も適するものを次から選び、記号で答えなさい。

ア　和人と秀美には絶対知られたくない恥ずかしい名前だった

イ　和人と秀美の希望をできるかぎり取り入れた名前だった

ウ　AやTと同様に持ち主がはっきりわかるような名前だった

エ　ずっと前から二人でつけたいと思い続けてきた名前だった

オ　初めて朝世と俊樹がいっしょに考えて選んだ名前だった

その夜、動物病院からもどった朝世と俊樹は何度も⑤シュクハイをあげた。Tのイニシャルのビールを空け、Aのイニシャルのワインを抜く。チーズはAで、冷凍食品の焼きおにぎりはTだった。Aのキューバ音楽のCDを、Tのステレオでかけて、ふたりでリビングのまんなかで踊った。

おおさわぎがすむと、ふたりは仕事に取りかかった。ファックス用紙をちいさく切ってつくった紙に、思いつくかぎりの子猫の名前を書いていく。8二百を超える紙片が真夏の雪のように床を埋め尽くした。

真夜中、銀色の子猫の名前は決定した。酔っぱらってつけたものだから、それがあの子にとって最高の名前だったかどうかはわからない。だが、それは【Ⅳ】。

二週間後、元気に子猫が退院する日まで、その名前はふたりだけの秘密だ。

（石田衣良『ふたりの名前』から　一部改変）

＊1　先方……子猫を譲ってくれた坂口夫妻の知人のこと。

＊2　斡旋……双方にかけあって、その間がうまくいくように取りはからうこと。仲を取り持つこと。

問一　＝線①～⑤のカタカナを漢字に直しなさい。

問二　――線1「長い手紙くらいの厚みがある封筒」とありますが、これには和人のどのような気持ちが込められていますか。次の空欄に、それぞれ四字以内の適語を入れなさい。

・俊樹たちに病気の子猫を斡旋してしまったことに対して（　①　）を感じ、ぜひとも（　②　）をしたいという気持ち。

問三　【Ⅰ】に最も適するものを次から選び、記号で答えなさい。

ア　だけど手術代はとても高くて、ぼくたちだけで払うことはできないから、本当は諦めるつもりでいたんだ

イ　手術代が高いのは確かだけど、それを受け取ってしまったら責任の所在が曖昧になってしまうじゃないか

ウ　うちにはまだ三日間しかいないけど、あいつはうちの家族だ。ぼくたちふたりに面倒を見させてくれ

エ　うちにはまだ三日間しかいないから、万が一あいつが助からなくても、ふたりとも諦めはつくと思うんだ

オ　責任を感じてくれるのは嬉しいけど、本当に責任を取るべきなのは子猫をくれた君の知人のほうだろ

カ　責任と口先では言ってるけど、そもそも生命の問題はお金で解決できるような軽々しいものじゃないだろ

問四　――線2「とりなすように」とありますが、これはどのような様子をいっているのですか。次から最も適するものを選び、記号で答えなさい。

ア　名案が浮かんだことを周囲に自慢する様子

イ　周囲にいたわりの気持ちを示そうとする様子

ウ　不具合が生じたことをごまかそうとする様子

エ　間に立って雰囲気をよくしようとする様子

オ　ものごとがうまくいくように心から祈る様子

問五　――線3「なぜだかひどくのどが渇いた」とありますが、これは、誰の、どのような様子を表していますか。次の文の空欄に適語を入れなさい。ただし、①は本文から抜き出し、②は七字以内で考えて書くこと。

・（　①　）の、ひどく（　②　）様子。

も必死に闘っていると思う。がんばれって②オウエンしてあげたいけど、わたしはどんなふうに呼んだらいいのかもわからない。わたしたちのまわりにあるものは、どんなにくだらないものでも、ちゃんと決まった名前をもってるのに、あの子には名前もないの。生まれてひと月で、もっているのは穴のあいた心臓だけなんだ。そう考えたら、たまらなくなって」

朝世はボールペンの先を手帳に突き刺した。4声を漏らさないように肩を震わせている。俊樹がベンチのとなりにやってきて、しっかりとその肩を抱いた。

「今はいいよ。あいつがもってるのは穴のあいた心臓だけじゃない。ぼくたちだっているし、帰る家だってある。名前のない猫だって Ⅱ みたいで悪くないじゃないか。やつが根性を見せて無事にもどってきたら、ふたりで死ぬほど考えていい名前をつけてあげよう」

声が濡《ぬ》れているような気がして、朝世はそっと俊樹の顔を盗み見た。男の目には涙がたまっていたが、こぼれてはいなかった。

「今回のことで、5ぼくにはよくわかったことがある。名前ってぼくたちがやってるみたいに誰のものかあらわすだけじゃないんだ。何度も心の中で呼んでみたり、歌うように繰り返したり、誰にも見られないように書いたりする。好きな人の名前って、それだけでしあわせの呪文なんだね。ぼくは朝世の名前が好きだよ。うちにあるツナ缶やスパゲッティやプーアル茶のうえに書いたAだって、すごく気にいってる。部屋中全部Aと書いてあってもいいくらいだ」

朝世は涙をふいて、 Ⅲ 笑った。

「じゃあ、あの新しいテレビにもAって書いていいの」

俊樹も笑ってうなずいた。

「いいよ。まだ十カ月はローンが残ってる。書いてくれたらありがたい」

ふたりは同時に短く笑い声をあげた。

手術は二時間半かかって終了した。獣医が感情の読めない顔で、ステンレスの扉を抜けてくる。ふたりはベンチから立ちあがった。中年の医師が口を開いた。

「手術は成功しました。あとはこの数日中に合併症がでないかどうかが、つぎの③カンモンです。そこをのりきれば、そうですね、二週間後には退院です。」

6ふたりの声がそろってはじけた。

「先生、ありがとうございました」

そのとき扉が開いてストレッチャーにのせられた子猫が④テンテキスタンドとともに運ばれてきた。胸から腹にかけて広い範囲の毛が剃《そ》られているので、ひとまわりちいさく見えた。だが、その腹は呼吸にあわせて勢いよく波打っている。疲れた表情の獣医がいった。

「いいえ、お礼をいうのはこちらのほうです。ああした場合、だいたいのかたは安楽死を選びます。ひどいときにはペットショップの店員が、その場に交換の子猫をもってきたりすることもある。失礼ながらわたしは、おふたりもきっと7そうなさるだろうと思っていた。今日の心臓のオペは現代の技術なら、勝ち目の多い手術でした。あの子に生きるチャンスを与えてくださってありがとう」

【国語】（五〇分）〈満点：一〇〇点〉

［一］ 次の文章を読み、後の問いに答えなさい。

俊樹《としき》と朝世《あさよ》は、俊樹の学生時代からの友人坂口和人《かずひと》と秀美《ひでみ》夫妻の紹介で、彼らの知人から子猫をもらい受けた。ところが、もらい受けて三日目の夜、子猫は痙攣《けいれん》を起こし、動物病院で手術を受けることになった。手術には危険が伴い、また高額の費用が必要だった。

手術は土曜日の午後二時に決まった。予定では二時間ほどで終わるという。朝世と俊樹は動物病院の待合室で①タイキした。坂口夫妻もお見舞いに顔を出してくれる。秀美は朝世の手を取っていった。

「なんだか、わたしがおかしな子を紹介しちゃってごめんね」

朝世は首を横に振る。あの子は決しておかしな猫ではなかった。

「それより＊1先方には病気のこと、黙っていてくれたよね」

秀美はうなずいた。今度のことはふたりだけで処理しようと朝世と俊樹は話しあっていたのだ。和人は銀行員らしくあっさりと金の話を始めた。

「これお見舞い。なにかの足しにつかってくれ。うちの秀美が＊2斡旋《あっせん》した話だし、こっちにも責任があると思うんだ。なんだか迷惑かけちゃったな」

和人は1長い手紙くらいの厚みがある封筒をさしだした。俊樹はやわらかに押しかえすといった。

「いいんだ。やせがまんをしてるんじゃなくて、ほんとにいいんだ。［ I ］」

俊樹の言葉をきいて、朝世は手術まえの子猫の姿を思いだした。全身麻酔をかけるまえに短い面会が許されたのだ。あの子は自分がなぜこんな目にあうのかわからないという表情で緑の目をいっぱいに開き、必死にふたりを見つめてきた。朝世は心を切り刻まれるような気がして、泣かないつもりだったのに泣いてしまった。俊樹だってあわてて顔をそらし、指先で目を押さえていたはずだ。思い出すだけで、また涙がにじんでしまう。

宙に浮いた封筒を見て秀美が2とりなすようにいった。

「わかった。ねえ、和人さん。手術がうまくいったら、最高の猫缶とおもちゃをプレゼントしよう。そのお金は病気じゃなく、元気になったあの子のためにつかってあげようよ。それなら、俊くんも朝ちゃんもいいでしょう」

俊樹は笑ってうなずいた。朝世の涙腺はもうおかしくなっているようだった。元気になったあの子という言葉だけで、涙があふれてとまらなかった。秀美も笑いながらもらい泣きしていた。

十五分ほどしてふたりがかえっていくと、長い待ち時間が始まった。3なぜだかひどくのどが渇いた。壁にかかった白い文字盤の時計を見ると、何時間もたったような気がするのに、ほんの数分しかすすんでいない。俊樹はそなえつけの冷水機を何度も往復した。朝世はショルダーバックから手帳を取りだすと、ボールペンで走り書きを始めた。ルーズリーフを一枚ちぎるとくしゃくしゃに丸めてバッグに押しこんだ。

「なにしてるんだ」

朝世は泣きそうな声でいった。

「あの子の名前を考えてる。あの子は今苦しくてたまらなくて、それで

A日程

2019年度

解 答 と 解 説

《2019年度の配点は解答欄に掲載してあります。》

＜数学解答＞

1 (1) 3 (2) $\frac{5x+28}{12}$ (3) -24 (4) 10個 (5) $\frac{5\pm\sqrt{13}}{2}$ (6) 4個

(7) $\frac{1}{3}$ (8) $\frac{64}{3}\pi$ cm^3 (9) 平均値…6，中央値…6.5，最頻値…7

(10) CE：ED＝1：$\sqrt{2}$

2 ア 合同 イ 頂点 ウ 20 エ 正三角形 オ 5 カ 60 キ 2

ク 30 ケ 60 コ 12 サ 12 シ 32 ス 5 セ 60 ソ 90

3 (1) $a=\frac{1}{2}$，$b=\frac{9}{2}$ (2) $-\frac{1}{2}$ (3) $y=-\frac{1}{2}x-1$ (4) $\frac{49}{2}$

4 (1) 10 (2) 解説参照 (3) 2 (4) $\sqrt{5}$

5 (1) 54 (2) 64 (3) $4n^2+8n+4$

○推定配点○

1 (9) 各1点×3 他 各4点×9 2 各1点×15 3 各4点×4

4 (1)～(3) 各4点×3 (2) 6点 5 各4点×3 計100点

＜数学解説＞

基本 1 （数・式の計算，式の値，平方根，2次方程式，反比例，確率，体積，統計，平面図形）

(1) $-5^2-(-4)\times7=-25-(-28)=-25+28=3$

(2) $\frac{3x+6}{4}-\frac{2x-5}{6}=\frac{9x+18}{12}-\frac{4x-10}{12}=\frac{9x+18-4x+10}{12}=\frac{5x+28}{12}$

(3) $a^2-3ab+b^2=a^2-2ab+b^2-ab=(a-b)^2-ab=\{(7-\sqrt{5})-(7+\sqrt{5})\}^2-(7-\sqrt{5})(7+\sqrt{5})=$ $(-2\sqrt{5})^2-\{7^2-(\sqrt{5})^2\}=20-44=-24$

(4) $5<\sqrt{a}<6$ 辺々2乗して，$25<a<36$ これを満たす整数aの個数は，$36-25-1=10$(個)

(5) $x^2-5x+3=0$ 2次方程式の解の公式から，$x=\frac{-(-5)\pm\sqrt{(-5)^2-4\times1\times3}}{2\times1}=\frac{5\pm\sqrt{13}}{2}$

(6) $y=\frac{a}{x}$に$x=3$，$y=2$を代入して，$2=\frac{a}{3}$ $a=2\times3=6$ よって，$y=\frac{6}{x}$ このグラフ上にあって，x座標，y座標がともに負の整数である点は，$(-6,\ -1)$，$(-3,\ -2)$，$(-2,\ -3)$，$(-1,\ -6)$の4個

(7) できる整数の数は，$3\times3\times3=27$(通り) そのうち，偶数は，112，122，132，212，222，232，312，322，332の9通り よって，求める確率は，$\frac{9}{27}=\frac{1}{3}$

(8) P∽Qで，相似比は，6：4＝3：2 よって，体積比は，$3^3：2^3=27：8$ 円錐Qの体積をxとすると，$27：8=72\pi：x$ $x=\frac{8\times72\pi}{27}=\frac{64}{3}\pi$ (cm^3)

(9) 大きさの順に並び替えると，1，3，4，5，6，7，7，8，9，10

平均値は，$\frac{1+3+4+5+6+7+7+8+9+10}{10}=\frac{60}{10}=6$　中央値は，$\frac{6+7}{2}=6.5$　最頻値は，7

(10)　△BCDは直角二等辺三角形だから，BC：BD＝1：$\sqrt{2}$　折り返したことから，∠CBE＝DBE　角の二等分線の定理から，CE：ED＝BC：BD＝1：$\sqrt{2}$

2　**(正多面体)**

正多面体とは，すべての面が合同な正多角形で，1つの頂点に同じ数が集まるへこみのない立体のこと　正二十面体は，面の数は全部で20個，面の形は正三角形であり，1つの頂点に集まる面の数は5個　正二十面体の辺の数は，20個の正三角形があるので，すべての面を切り離して数えると全部で3×20＝60から，60本あって，これは，辺の数を重複して数えていることになるので，60を2で割って，30本　正二十面体の頂点の数は，同様に，分解した状態で数えると，3×20＝60から，60個となるが，1つの頂点に集まる面の数が5個なので，60÷5＝12から，12個　切頂二十面体について…正二十面体では頂点が12個あったので，切り取ってできる切断面の正五角形の面の数は12個　また，もともとあった正二十面体の面の一部が正六角形として20個残っているから，面の数は合計で，12＋20＝32(個)　頂点の数は，切り取る際に元の頂点が1つ消えて，新しく正五角形の面に新たな頂点が5個生じるため，正二十面体の頂点の数に5をかけて求めることができるから，12×5＝60(個)　辺の数は，新しく生じた正五角形の辺5本に，正二十面体の頂点の数をかけ，もとの正二十面体の辺の数を加えて，5×12＋30＝90(本)

3　**(図形と関数・グラフの融合問題)**

基本　(1)　$y=ax^2$に点Aの座標を代入して，$8=a\times(-4)^2$　$16a=8$　$a=\frac{1}{2}$　$y=\frac{1}{2}x^2$…①　①に点Bの座標を代入して，$b=\frac{1}{2}\times3^2=\frac{9}{2}$

(2)　xの増加量は，$3-(-4)=7$　yの増加量は，$\frac{1}{2}\times3^2-\frac{1}{2}\times(-4)^2=\frac{9}{2}-\frac{16}{2}=-\frac{7}{2}$　よって，変化の割合は，$-\frac{7}{2}\div7=-\frac{1}{2}$

(3)　①をx軸に対して対称移動したグラフの式は，$y=-\frac{1}{2}x^2$…②　②に$x=-1$，2を代入すると，$y=-\frac{1}{2}\times(-1)^2=-\frac{1}{2}$，$y=-\frac{1}{2}\times2^2=-2$　よって，$\mathrm{C}\left(-1,\ -\frac{1}{2}\right)$，D(2，−2)　直線$m$の式を$y=px+q$として点C，Dの座標を代入すると，$-\frac{1}{2}=-p+q$…③　$-2=2p+q$…④　④−③から，$-\frac{3}{2}=3p$　$p=-\frac{1}{2}$　これを④に代入して，$-2=2\times\left(-\frac{1}{2}\right)+q$　$q=-1$　よって，直線mの式は，$y=-\frac{1}{2}x-1$

重要　(4)　直線ℓの式を$y=-\frac{1}{2}x+r$として点Aの座標を代入すると，$8=-\frac{1}{2}\times(-4)+r$　$r=6$　よって，直線ℓの式は，$y=-\frac{1}{2}x+6$　直線ℓとy軸との交点をE，直線mとy軸との交点をFとすると，E(0，6)，F(0，−1)　EF＝6−(−1)＝7　$\ell /\!/ m$より，等積変形すると，△ABC＝△ABF＝△AFE＋△BFE＝$7\times4\times\frac{1}{2}+7\times3\times\frac{1}{2}=14+\frac{21}{2}=\frac{49}{2}$

4　**(平面図形の証明，計量問題－三平方の定理，三角形の合同，円の性質，平行線と線分の比の定理)**

基本　(1)　△ABCにおいて三平方の定理を用いると，$\mathrm{AB}=\sqrt{\mathrm{BC}^2+\mathrm{AC}^2}=\sqrt{8^2+6^2}=\sqrt{100}=10$

(2)　(証明)　△APOを△AROにおいて，共通な辺だから，AO＝AO…①　円の半径だから，PO＝

RO…② 円の接線は，接点を通る半径に垂直だから，$\angle APO=\angle ARO=90°$…③ ①，②，③から，直角三角形において，斜辺と他の一辺がそれぞれ等しいので，$\triangle APO \equiv \triangle ARO$ 合同な三角形の対応する辺の長さは等しいので，AP=AR

重要 (3) 円Oの半径をrとする。四角形OQCRは正方形なので，$CQ=CR=r$ よって，$BQ=8-r$，$AR=6-r$ 接線の長さは等しいので，$BP=BQ=8-r$，$AP=AR=6-r$ 辺ABの長さの関係から，$(8-r)+(6-r)=10$ $14-2r=10$ $2r=4$ $r=2$

重要 (4) △AORにおいて三平方の定理を用いると，$AO=\sqrt{OR^2+AR^2}=\sqrt{2^2+4^2}=\sqrt{20}=2\sqrt{5}$ OR//SCから，AR：RC=AO：OS $4:2=2\sqrt{5}:OS$ $OS=\frac{2\times2\sqrt{5}}{4}=\sqrt{5}$

5 (規則性)

基本 (1) 36の続きを図に書いていくと，54

(2) 続きを図に書いて調べると，64

重要 (3) 4の1個右上は$16=4^2$，2個右上は$36=6^2$，3個右上は$64=8^2$ よって，n個右上の数は，$4+2(n-1)=2n+2$から，$(2n+2)^2=4n^2+8n+4$

★ワンポイントアドバイス★

4 (3)は，円外の1点から引いた2本の接線の長さは等しくなることから，図に等しくなる線に印をつけて考えよう。

<英語解答>

［Ⅰ］〈Part 1〉 No. 1 A ウ B イ No. 2 A ア B ウ
〈Part 2〉 No. 1 ウ No. 2 ア No. 3 エ

［Ⅱ］問1 (1) ウ (2) イ (3) エ (4) イ 問2 countries

［Ⅲ］問1 Because pens do not work in zero gravity and the high and low temperatures of space. 問2 鉛筆の芯のかけらは，宇宙船の中で浮かび，電子機器に損害を与えたり，宇宙飛行士の目に入ったりするので危険なため。 問3 write 問4 the new Fisher Space Pens 問5 (1) ○ (2) × (3) × (4) × (5) ○

［Ⅳ］(1) ウ (2) ウ (3) ウ (4) イ (5) イ

［Ⅴ］(1) told to (2) is busy (3) who [that] lives (4) Would like (5) has

［Ⅵ］(1) birthday (2) children (3) library (4) volunteer (5) thousand

［Ⅶ］① A new hospital will be open [be opened／open] near our school in a few years. ② It is important to find disease early to keep our health.
③ Because of the hospital, we will be able to take buses more (easily.)

○推定配点○

［Ⅰ］各2点×7 ［Ⅱ］各3点×5 ［Ⅲ］各3点×9 ［Ⅳ］各2点×5 ［Ⅴ］各3点×5 ［Ⅵ］各2点×5 ［Ⅶ］各3点×3 計100点

＜英語解説＞

〔Ⅰ〕 リスニング問題解説省略。

〔Ⅱ〕 (会話文：語句補充)

(全訳) トレイシー：あなたは何をしているの，マユミ。

マユミ　　：私は月を見ているの。

トレイシー：あら。今夜は月がとても輝いているわ。

マユミ　　：(1)ええ，それはそうよ。私は月を見るのが大好きなのよ。

トレイシー：日本には秋に月を楽しむための催しがあると聞いたわ。

マユミ　　：その通りよ。特に，私たちは9月に満月を楽しむの。この催しは日本語でお月見と呼ばれるのよ。

トレイシー：お月見のために(2)あなたは何をするの。

マユミ　　：私たちは月のために季節の果物やススキを準備して，収穫を祝うの。

トレイシー：面白そうね。

マユミ　　：(3)ところで，月に何が見えるの。

トレイシー：月に何が見えるか。そうね，私には月に男性の顔が見えるわ。

マユミ　　：あら，本当に。日本では，多くの人々には月にウサギの形が見えて，そのウサギは餅をついているの。

トレイシー：それはかわいいわね。

マユミ　　：私が以前読んだ本には，世界中で人々は月に様々なものを見ると書いてあった。例えば，ハワイの人々には木が見えて，インドの人々には手が見え，ヨーロッパの人々にはいすに座ったおばあさんが見える，などね。

トレイシー：あら，そうなの。

マユミ　　：様々な(ア)国の人々は，月についての様々な考えを持っているの。

トレイシー：同感よ。

マユミ　　：それで，世界中の多くの人々は長い間，月(4)に興味を持っていて，その中に多くの物を想像したのね。

トレイシー：マユミ，美しい月に願い事をしましょう。

マユミ　　：そうしましょう。

問1 (1) ア．「ええ，私はそうよ」(×) イ．「ええ，私たちはそうよ」(×) ウ．「ええ，それはそうよ」(○) エ．「ええ，彼らはそうよ」(×)

(2) ア．「あなたは何を考えるの」(×) イ．「あなたは何をするの」(○) ウ．「あなたは何を感じるの」(×) エ．「あなたは何を知っているの」(×)

(3) ア．「信じられないくらいだけれど」(×) イ．「最後に」(×) ウ．「最後に」(×) エ．「ところで」(○)

(4) ア．「を見たことがなく」(×) イ．「に興味を持ってい」(○) ウ．「にすでに行ったことがあっ」(×) エ．「を訪れたがったことがなく」(×)

問2 月に見える「様々なもの」について，マユミは6番目の発言で「日本」，7番目の発言で「ハワイ」「インド」「ヨーロッパ」の国を例に挙げて述べている。「月に様々なものを見る」国は1つではないのだから，countries と複数形にするのが適切。

〔Ⅲ〕 (長文読解・論説文：英問英答，内容吟味，語句補充，指示語)

(全訳) アメリカ人とロシア人の宇宙飛行士が最初に宇宙で飛んだとき，彼らのノートに彼らの報告を書くために彼らは鉛筆を使った。1968年以前は，鉛筆は全てのアメリカとロシアの宇宙飛行で使われた。ペンは無重力や，宇宙の高かったり低かったりの温度では使用できない。

問題は，芯の先端が折れて宇宙船の中で浮かび，電子機器に損害を与えたり，宇宙飛行士の目に入ったりすることだ。また，全くごみを作り出すことなく鉛筆を削ることの問題がある。消しゴムはもう1つの問題だ。誰かが間違え，それを正さなくてはならないとき，消しゴムの小さなかけらが漂う。

フィッシャー・ペンの社長，ポール・フィッシャーは，①宇宙飛行士には鉛筆よりも安全で良いものが必要だ，と考えた。それで，1965年に，彼は圧力をかけられた特別なインクを入れる容器のある新しいボールペンを作った。フィッシャーさんは，アメリカ合衆国テキサスのヒューストン宇宙センターの所長，ロバート・ギルルース博士に最初のスペースペンを贈った。

フィッシャーさんのスペースペンは強くて軽い金属で作られ，−120℃から200℃の温度で使用できた。米国航空宇宙局は1965年9月に新しいペンを試して，それらは全てよく使用できた。宇宙飛行士は宇宙でより安全な②書くための方法を得てとてもうれしかった。

1967年にNASAは1本6ドルで400本の新しいフィッシャースペースペンを買った。この価格は今日の50ドルと等しい。それらは1968年1月の「アポロ5号」と名づけられた次の宇宙飛行で使われた。それ以来全ての宇宙飛行士はアメリカの宇宙飛行ごとに③それらを使っている。

今年は，フィッシャースペースペンがアメリカの宇宙飛行士が宇宙で安全に働くのを助けて52年目である。1969年2月にロシアも100本のフィッシャー・ペンと1000本のインクカートリッジを買い，それらを使い始めた。アメリカとロシアの両方の宇宙飛行士が約50年間，宇宙で同じ道具を使っているということは面白い。

フィッシャーさんは全ての調査とフィッシャースペースペンの経費にお金を払った。1965年の最初の宇宙ペンを作るために，彼は1,200,000ドルより多くと5年を費やした。今日，多くの日本の文具店で約2,500円でフィッシャースペースペンを買うことができる。多くの色，形，大きさがある。さながらこれらの宇宙飛行士のように，あなた自身のスペースペンを手に入れてはどうか。

問1　「宇宙飛行士はなぜ1968年以前は宇宙で鉛筆を使ったか」 第1段落最終文参照。why? と聞かれたら because「～だから」を用いて答える。

問2　第2段落第1文参照。

問3　「より安全な」(空欄②の直前)のは，「新しいペン」(第4段落第2文)を得たからである。「ペン」は「書く」「ための方法」(空欄②の直前)である。write「書く」(第1段落第1文)

問4　them は複数の3人称の名詞を指す代名詞。ここでは第5段落第1文の the new Fisher Space Pens を指す。

問5　(1)　第1段落第1文参照。(○)　(2)　第3段落第3文参照。(×)　最初の宇宙ペンを贈られたのである。　(3)　第5段落第1文参照。(×)　NASAはスペースペンを買ったのである。
(4)　第6段落第2文参照。(×)　フィッシャースペースペンを買ったのである。　(5)　最終段落第3文参照。(○)

［Ⅳ］ **(語句補充：代名詞，進行形，不定詞，動名詞)**

(1)　複数の3人称の名詞 two sisters を指す代名詞は「彼女ら」である。「彼女らの名前」だから，所有格の their「彼女らの」を使うのが適切。

(2)　接続詞 when を使った文〈主語A＋動詞B＋ when ＋主語C＋動詞D〉では動詞Bと動詞Dの時制は一致させる。ここでは動詞Dが過去形 came なので動詞Bも過去形にする。「テレビを見ていた」だから，〈be動詞＋―ing〉の形をとる進行形にするのが適切。

基本　(3)　a few「少しの」と many「たくさんの」, several「いくつかの」は数えられる名詞につく。work は数えられる名詞としても数えられない名詞としても使われるが，ここでは複数形になっていないことから数えられない名詞として扱われているとわかる。数えられる名詞，数えられない名詞どちらにもつくa lot of「たくさんの」を用いるのが適切。

(4) 「～できるくらい(十分に)…(形容詞／副詞)」は〈形容詞[副詞]＋ enough to ＋動詞の原形〉で表す。

(5) enjoy —ing で「～するのを楽しむ」の意味。「～すること」という表現が enjoy の目的語になる場合は動名詞しか使えない。

［V］（書き換え：不定詞，関係代名詞，助動詞）

重要 (1) 話法の書き換え。セリフの部分が命令文のときは〈say to ～＋セリフ〉を〈tell ～ to ＋セリフの動詞の原形〉に書き換える。時制は過去なので，tell の過去形 told を用いる。

(2) 現在完了の継続用法から過去の文＋現在「まだ～だ」の文への書き換え。

やや難 (3) 分詞を使った文から関係代名詞の文への書き換え。先行詞が friend で人なので関係代名詞 who または that を使う。関係代名詞に続く動詞は，すべて先行詞の人称や数に一致する。先行詞は friend(3人称単数)で現在の時制なので lives を使うのが適切。

(4) 「～はいかがですか」の意味の How about ～? から Would you like ～? への書き換え。

(5) 〈there ＋be動詞～＋場所などを示す前置詞句〉の文から〈場所などを示す語＋ have [has／had] ～〉の文への書き換え。ここでは主語が January(3人称単数)なので，動詞は has を用いるのが適切。

［Ⅵ］（語句補充：語彙）

(1) 「私の誕生日は明日だ。私は15歳になる」 birthday「誕生日」

(2) 「私には1人の姉妹と1人の兄弟がいる。それは私の両親には3人の子供がいることを意味する」children は child「子供」の複数形。

(3) 「私たちの学校の図書館にはたくさんの本があって，本を2週間借りることができる」library「図書館」

(4) 「他の人々を助けたいとき，ボランティア活動に参加することができる」 volunteer「ボランティア」

(5) 「店ではリンゴ1個が100円だ。もしリンゴを10個買うと，1000円支払うだろう」 thousand「1000」

［Ⅶ］（英作文，語句整序：受動態，不定詞，助動詞）

やや難 ① A new hospital will open [be open／be opened] near our school in a few years. 英文は〈主語＋動詞＋場所を表す修飾語＋時を表す修飾語〉の順で並べるのが普通。〈in ＋期間〉で「～たったら，～後に」という意味。自動詞を用いた open「開く」，他動詞を用いた受動態〈be動詞＋動詞の過去分詞形〉の形を用いた be opened「開かれる」，形容詞を用いた be open「開く」のどの形を用いても良い。

② It is important to find disease early to keep our health. 〈It is ～ to ….〉で「…するのは～だ」という意味。不定詞を使った表現なので to の後は動詞の原形が続く。「～するために」という意味になるのは不定詞の副詞的用法。

③ Because of the hospital, we will be able to take buses more. because of ～ で「～のおかげで」の意味。〈will ＋動詞の原形〉で「～するだろう」という未来の意味を表す。can ＝ be able to「～できる」。「～できるだろう」と未来の内容にするときは〈will be able to ＋動詞の原形〉を使う。ここでの hospital は本文の第1文で1度出てきた hospital なので，定冠詞 the をつける。

★ワンポイントアドバイス★

現在完了・不定詞・動名詞など，動詞の語形変化を伴う単元はしっかりと復習しておくことが大切だ。複数の問題集を使うなどして，迷わないように確実に身につけよう。

<国語解答>

［一］ 問一 ① 待機 ② 応援 ③ 関門 ④ 点滴 ⑤ 祝杯
問二 (例) ① 責任 ② お詫び 問三 ウ 問四 エ 問五 ① 俊樹
② (例) 緊張している 問六 ア 問七 オ 問八 ① 誰のものかあらわす
② しあわせの呪文 問九 イ 問十 ① 不安 ② 喜び 問十一 安楽死を選ぶだろう 問十二 イ 問十三 オ

［二］ 問一 ① 並 ② 肩 ③ 染 ④ おもむき ⑤ 対象 問二 A ア
B カ 問三 なくてはならぬ言葉，心の風景をつくる言葉(20字) 問四 (例) 梢の隙間を洩れてくる日光が作る弱い日なた 問五 オ 問六 (例) 今，ここにあるすべてが愛しく自分は幸せだという気持ち(26字) 問七 (1) スピードを上げて生きること(に追われること) (2) なくしてはいないでしょうか。
問八 (例) ① 風景 ② 使い捨て ③ 語彙 問九 ア 問十 ウ・エ

○推定配点○

［一］ 問一 各2点×5 問二・問五・問六・問八・問十・問十一 各4点×6(各完答)
他 各3点×6 ［二］ 問一・問二・問五・問九 各2点×9 問七 各3点×2
他 各4点×6(問八完答) 計100点

<国語解説>

［一］ (小説一漢字，文脈把握，情景・心情，表現技法，文学史，脱文・脱語補充，指示語，大意)

問一 ① 「待」を使った熟語はほかに「待遇」「待望」など。訓読みは「ま(つ)」。 ② 「援」を使った熟語はほかに「支援」「声援」など。訓読みは「たす(ける)」。 ③ 「関」を使った熟語はほかに「関心」「関税」など。訓読みは「せき」。 ④ 「滴」を使った熟語はほかに「雨滴」「水滴」など。訓読みは「しずく」「したた(る)」。 ⑤ 「祝」を使った熟語はほかに「祝祭」「祝福」など。訓読みは「いわ(う)」。

問二 封筒をさしだした「和人」の心情は，直前に「『これお見舞い。なにかの足しにつかってくれ。うちの秀美が斡旋した話だし，こっちにも責任があると思うんだ。なんだか迷惑かけちゃったな』」とあることから，自分たちにも責任があること，迷惑をかけて申し訳ないと思っていることがわかるので，①は「責任」，②は「お詫び」などとする。

問三 直後に「俊樹の言葉をきいて，朝世は手術前の子猫の姿を思い出した。……，必死にふたりを見つめてきた。朝世は心を切り刻まれるような気がして，泣かないつもりだったのに泣いてしまった。俊樹だって……指先で目を押さえていたはずだ。思い出しだけでまた涙がにじんでしまう」とあることから，もらい受けて三日とはいえ，子猫は二人にとって大切な存在であったことがわかるので，「あいつはうちの家族だ。……」とあるウが適切。自分たちの家族として面倒を見るのは当然のことなので，責任など感じないでほしいというのである。

問四　「とりなす」は，とりもつ，仲裁する，という意味。「封筒」を差し出した和人と，それを断った俊樹の間に入って「『わかった，ねえ，和人さん。手術がうまくいったら，最高の猫缶とおもちゃをプレゼントしよう。そのお金は病気じゃなく，元気になったあの子のためにつかってあげようよ……』」と提案しているので，「間に立って雰囲気をよくしようとする」とするエが適切。

問五　後に「俊樹はそなえつけの冷水機を何度も往復した」とあることから，主語は「俊樹」だとわかるので，①には「俊樹」が入る。直後に「長い待ち時間が始まった」とあり，冒頭に「手術は土曜日の午後二時に決まった。予定では二時間ほどで終わるという。朝世と俊樹は動物病院の待合室でタイキした」とあることから，子猫の手術が終わるのを待つ間の不安感や緊張感でのどが渇いていると考えられるので，②は「緊張している(様子)」などとする。

やや難　問六　直前に「『あの子の名前を考えてる。あの子は今苦しくてたまらなくて，それでも必死に闘っていると思う。がんばれってオウエンしてあげたいけど，わたしはどんなふうに呼んだらいいのかもわからない。……あの子には名前もないの。生まれてひと月で，もっているのは穴のあいた心臓だけなんだ。そう考えたら，たまらなくなって』」とあることから，手術を受けている子猫の苦しみを思い，何もしてあげられないことをもどかしく思っていることが読み取れるので，「子猫が苦しんでいるにもかかわらず，自分は何もしてあげられないという無力感にさいなまれている様子」とあるアが適切。

問七　『吾輩は猫である』の作者は夏目漱石。『吾輩は猫である』の冒頭に「名前はまだ無い」とあることから，「名前のない猫」を，「夏目漱石」の『吾輩は猫である』の猫みたいだ，といっているのである。

問八　直後に「名前ってぼくたちがやってるみたいに誰のものかあらわすだけじゃないんだ。何度も心の中で呼んでみたり，歌うように繰り返したり，誰にも見られないように書いたりする。好きな人の名前って，それだけでしあわせの呪文なんだね」とあるので，①には「誰のものかあらわす(8字)」，②には「しあわせの呪文(7字)」が入る。

問九　直後の「『じゃあ，あの新しいテレビにもAって書いていいの』」とある。「うちにあるツナ缶やスパゲッティやプーアル茶」に，「朝世」のイニシャルである「A」が記されているように，「新しいテレビにも……書いていいの」と冗談を言っているので，「いたずらっぽく」が入る。

問十　直前に「『手術は成功しました。あとはこの数日中に合併症がでないかどうかが，つぎのカンモンです。そこをのりきれば，そうですね，二週間後には退院です』」とあることから，ふたりの安堵と喜びの表現であるとわかるので，「不安(から解放され，)喜び(が一気にあふれ出た様子)」などとする。

問十一　前に「だいたいのかたは安楽死を選びます」とあり，この部分を「そうなさるだろう」と受ける文脈なので，「安楽死を選ぶだろう」とするのが適切。

問十二　「二百を超える紙片が真夏の雪のように……」は，「紙片」を「雪」にたとえているので，比喩であることを示す用法。アは，目的を示す用法。イは，比喩であることを示す用法。ウは，例示の用法。エは，目的を示す用法。オは，不確実な断定を示す用法。

やや難　問十三　前に「ふたりは仕事にとりかかった。ファックス用紙をちいさく切ってつくった紙に，思いつくかぎりの子猫の名前を書いていく。／真夜中，銀色の子猫の名前は決定した」とあり，直後には「その名前はふたりだけの秘密だ」とあることから，ふたりで考えた名前であることがわかるので，「初めて朝世と俊樹がいっしょに考えて選んだ名前だった」が入る。

［二］　**(論説文―漢字，脱語補充，接続語，文脈把握，内容吟味，擬態語，指示語，品詞・用法，要旨)**

問一　①　「並」の訓読みは「なみ」「なら(びに)」「なら(ぶ)」「なら(べる)」。音読みは「ヘイ」。

熟語は「並行」「並立」など。 ② 「肩」は,「肩身が狭い」「肩を並べる」などと使われる。音読みは「ケン」。熟語は「強肩」「双肩」など。 ③ 「染」の訓読みは「そ(まる)」「そ(める)」「し(みる)」「し(む)」。音読みは「セン」。熟語は「染色」「汚染」など。 ④ 「趣」の音読みは「シュ」。熟語は「趣向」「興趣」など。 ⑤ 「象」を使った熟語はほかに「象徴」「印象」など。音読みはほかに「ゾウ」。訓読みは「かたど(る)」。

問二 A 直前に「変化や新しさは,時代の表情を変える力をもっています」とあり,後で,「わたしたちにもたらすもっとも大きな変化は,実は目に見えないものの変化ではないか」と,別の視点を示しているので,逆接を表す「けれども」が入る。 B 直前に「その言葉によって,自分が生かされていると感じている言葉というのがあります」とあり,直後で,「『梢』という言葉です」と具体例が示されているので,例示を表す「たとえば」が入る。

やや難 問三 同様のことは,つぎの段落で,「なくてはならぬ言葉,心の風景をつくる言葉」と言い換えられている。

問四 「そんな」が指示するのは,直前の「梢の隙間を洩れて来る日光が,径のそこここや杉の幹へ,蝋燭で照らしたやうな弱い日なたを作つてゐた」というものなので,この部分を要約して,「梢の隙間を洩れてくる日光が作る弱い日なた(20字)」などとする。

問五 「しげしげと」は,よく見る様子を表す擬態語。アの「ざあざあ」,イの「にゃーにゃー」,ウの「こんこん」,エの「みしみし」は,音や声を表す擬声語(擬音語)。オの「つくづく」は,身にしみて感じる様子を表す擬態語。

問六 直前に「『俺は,今生きて,ここに,こうしている』」とあるので,この部分を使って「今,ここにあるすべてが愛しく自分は幸せだという気持ち(26字)」などとする。

問七 (1) 直前に「私たちは今日ますますスピードをあげて生きることに追われて,『しげしげと目の前の風景を眺める』習慣をなくしてはいないでしょうか」とあるので,「そのため」が指示する内容として「スピードをあげて生きること」を抜き出す。 (2) 「『幸福感』をも」の後に省略されている表現としては,文末の「習慣をなくしてはいないでしょうか」と並立させる形にして,「なくしてはいないでしょうか」とする。

やや難 問八 「言葉」については,「本来……」で始まる段落に「本来,そのまわりにさまざまなものを集めるのが,言葉の本質です。風景を集める。感情を集める。……そういう言葉を自分のなかにどれだけもっているかが,胸のひろさ,心のゆたかさをつくる」とあり,さらに「語彙の行く末をたずねてゆくと,そこに見えてくるのは,わたしたちの日々の心の風景です。いまは言葉が使い捨てになっていないか,どうか。言葉を使い捨てることは心を使い捨てることです」と説明されている。心の風景を集めることが心のゆたかさをつくるが,今は言葉が使い捨てにされていないか,と述べられている。直後には「語彙というのは,心という財布に,自分が使える言葉をどれだけゆたかにもっているかということです」とあるので,①には「風景」,②には「使い捨て」,③には「語彙」が入る。

問九 「感じられてくる」の「られ」は,自然に起こる様子を表す自発の用法。アの「案じられる」の「られ」も自発の用法。イの「起きられる」,ウの「着られる」の「られ」は,可能の用法。エの「与えられる」の「られ」は,受け身の用法。オの「述べられた」の「られ」は,尊敬の用法。

問十 ウは,「『しげしげと眺める』……」で始まる段落に「『しげしげと眺める』というしんとした動作から,『心につながるもの,目につながるもの』への愛惜が生まれてくる」とあることと合致する。エも,同じ段落に,「私たちは今日ますますスピードをあげて生きることに追われて,『しげしげと目の前の景色を眺める』習慣をなくしてはいないでしょうか。そしてそのために『幸福感』をも」とあることと合致する。アは「言葉の変化は表面的なもの」，イは「現代人には全く理解不能」，オは「新たな語彙を早く的確に使うことが求められている」，カは「匂いを感じながら本を選ぶ力までなくした」という部分が本文の内容と合致しない。

★ワンポイントアドバイス★

現代文の読解は，指示語や言い換え表現に着目して文脈を丁寧に追うことを心がけよう！　知識事項は，漢字，語句，文法，文学史など，確実に得点できるよう，基礎を固めておこう！

解答用紙集

○月×日　△曜日　天気（合格日和）

◆ご利用のみなさまへ

＊解答用紙の公表を行っていない学校につきましては、弊社の責任において、解答用紙を制作いたしました。

＊編集上の理由により一部縮小掲載した解答用紙がございます。

＊編集上の理由により一部実物と異なる形式の解答用紙がございます。

人間の最も偉大な力とは、その一番の弱点を克服したところから生まれてくるものである。 ——カール・ヒルティ——

※データのダウンロードは 2024 年 3 月末日まで。

東京学参株式会社

仙台白百合学園高等学校（A日程）　2023年度

◇数学◇

※143%に拡大していただくと，解答欄は実物大になります。

1	(1)	(2)	(3)	(4) $x=$
	(5) $a=$	(6)	(7) m	(8) cm^3
	(9)	(10) 度		

2	(1)	(2) $a=$	(3) 直線ABの式	(3) Cの座標
	(4)			

3	(1) 証明）	(2) △EFD : △CFB = :
		(3) △CFB : △CDB = :
		(4) △EGF : △BHG = :

4	(1) cm	(2) cm^2	(3) cm

5	(1) 点	(2) 点以上	(3) 最頻値 点	(3) 中央値 点
	(4)			

80　85　90　95　100（点）

仙台白百合学園高等学校（A日程）　2023年度　◇英語◇

※169%に拡大していただくと，解答欄は実物大になります。

〔Ⅰ〕<Part1> No.1　A ______　B ______　No.2　A ______　B ______

<Part2> No.1 ______　No.2 ______　No.3 ______

〔Ⅱ〕問1　(1)______　(2)______　(3)______　(4)______

問2 ______

〔Ⅲ〕問1 ______

問2 ______

問3 ______

問4 ______

問5　(1) ______　(2) ______　(3) ______　(4) ______　(5) ______

〔Ⅳ〕(1) ______　(2) ______　(3) ______　(4) ______　(5) ______

〔Ⅴ〕(1) ______ ______　(2) ______ ______

(3) ______ ______　(4) ______ ______

(5) ______ ______

〔Ⅵ〕(1) ______　(2) ______　(3) ______

(4) ______　(5) ______

〔Ⅶ〕① There are many esports players around the world ______

______.

② However, ______

______.

③ ______

◇国語◇

仙台白百合学園高等学校（A日程）　２０２３年度

※１６７％に拡大していただくと，解答欄は実物大になります。

［一］

問一　①ハラ（　　）う　②ザッシ（　　）　③ゼツメツ（　　）種　④偏（　　）って　⑤ウズ（　　）

問二（　　）　問三（　　）　問四（　　）

問五　　問六（　　）　問七（　　）

問八（　　）往（　　）往

問九　25

問十（　　）

問十一　i　1　20　ことを通じ，

そこで感じたものを　ii　15　こと。

問十二（　　）　問十三（　　）

［二］

問一　①アイサツ（　　）　②ショウサイ（　　）　③ゲンコウ（　　）　④ソナ（　　）える　⑤セマ（　　）き門

問二（　　）　問三（　　）

問四　文節（　　）　単語（　　）

問五　25

問六（　　）　問七（　　）　問八（　　）

問九　25　という気持ち。

問十　(1)　20

(2)（　　）

問十一

問十二（　　）　問十三（　　）

仙台白百合学園高等学校（B日程）　2023年度　◇数学◇

※147%に拡大していただくと，解答欄は実物大になります。

1

(1)　(2)　(3) $x=$　(4)　(5)

(6) $y=$　(7) $a=$　(8)　(9) 度　(10)

2

(1) 中央値　km²

(1) 第１四分位数　km²

(3)　km²

(2)

階級（㎢）以上～未満	度数（都道府県）
250 ～ 350	
350 ～ 450	
450 ～ 550	
550 ～ 650	
650 ～ 750	
750 ～ 850	
850 ～ 950	
950 ～ 1050	
1050 ～ 1150	
1150 ～ 1250	

3

(1)　(2)ア　cm　(2)イ　cm³

4

(1) 証明)

(2)

(3)

(4)

5

(1)　m

(2)

(4)ア　m

(4)イ　時　分

(3)

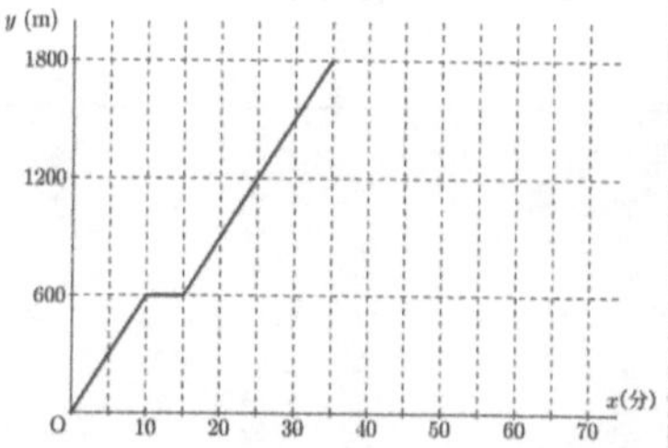

仙台白百合学園高等学校(B日程)　2023年度　◇英語◇

※167%に拡大していただくと，解答欄は実物大になります。

〔Ⅰ〕<Part1> No.1　A ______　B ______　No.2　A ______　B ______

<Part2> No.1 ______　No.2 ______　No.3 ______

〔Ⅱ〕問1　(1) ______　(2) ______　(3) ______　(4) ______

問2 ______

〔Ⅲ〕問1 ______

問2 ______

問3 ______

問4 ______

問5　(1) ______　(2) ______　(3) ______　(4) ______　(5) ______

〔Ⅳ〕(1) ______　(2) ______　(3) ______　(4) ______　(5) ______

〔Ⅴ〕(1) ______ ______　(2) ______ ______

(3) ______ ______　(4) ______ ______

(5) ______ ______

〔Ⅵ〕(1) ______　(2) ______　(3) ______

(4) ______　(5) ______

〔Ⅶ〕① ______

② However, ______.

③ Surprisingly, ______.

◇国語◇

仙台白百合学園高等学校（B日程）　２０２３年度

※１６９％に拡大していただくと，解答欄は実物大になります。

［一］

問一　①イトナ（　　）み　②インショウ（　　）　③ユイイツ（　　）　④ヘンヨウ（　　）　⑤カイカ（　　）

問二　15

問三　【　　】

問四　デザインとは、　20　だ、という視点。

問五　Ⅰ《　　》　Ⅱ《　　》

問六　20

問七　最初　〜　最後

問八　Ⅲ　Ⅳ

問九　表裏

問十　（　　）

問十一

問十二　（　　）

問十三

問十四　（　　）

［二］

問一　①カシ（　　）　②テンポ（　　）　③軒先（　　）　④提（　　）げた　⑤セイケツ（　　）

問二　ぐったりと疲れて　　様子。

問三　品詞名（　　）　活用形（　　）

問四　(1)　26

(2)　最初　〜　最後　　という行動。

問五　（　　）

問六　（　　）

問七　i　ii

問八　（　　）

問九　（　　）

問十　20

問十一　25

問十二　（　　）

問十三　（　　）

仙台白百合学園高等学校(A日程)　2022年度　◇数学◇

※145％に拡大していただくと，解答欄は実物大になります。

1	(1)	(2)	(3)	(4)
	(5)	(6) kg	(7)	(8) cm^2
	(9)①	(9)②	(9)③	(10) 番目
2	(1) 個	(2) 個	(3)	
3	(1)	(2)	(3)	(4)
4	(1)			
	(2)㋐	(2)㋑	(2)㋒	(2)㋓
	(3)	(4)		
5	(1) 度	(2)	(3)	

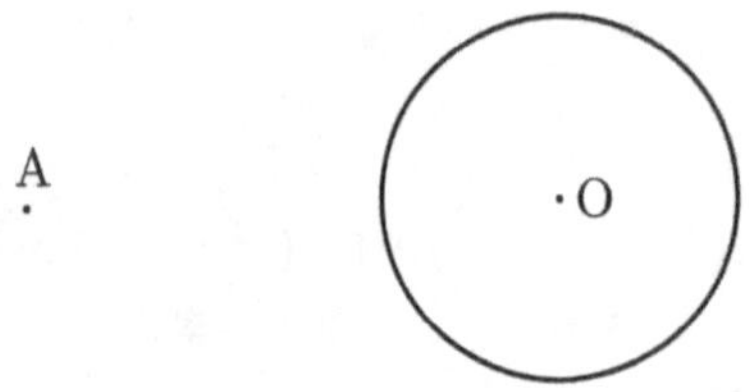

仙台白百合学園高等学校（A日程）　2022年度　◇英語◇

※172％に拡大していただくと，解答欄は実物大になります。

〔Ⅰ〕<Part1> No.1　A　　B　　No.2　A　　B

<Part2> No.1　　No.2　　No.3

〔Ⅱ〕問1　(1)　　(2)　　(3)　　(4)

問2

〔Ⅲ〕問1

問2

問3

問4

問5　(1)　　(2)　　(3)　　(4)　　(5)

〔Ⅳ〕(1)　　(2)　　(3)　　(4)　　(5)

〔Ⅴ〕(1)　　(2)

(3)　　(4)

(5)

〔Ⅵ〕(1)　　(2)　　(3)

(4)　　(5)

〔Ⅶ〕①　.

②

.

③

仙台白百合学園高等学校（A日程）　2022年度　　◇理科◇

※161％に拡大していただくと，解答欄は実物大になります。

1

(1)	(2)		(3)
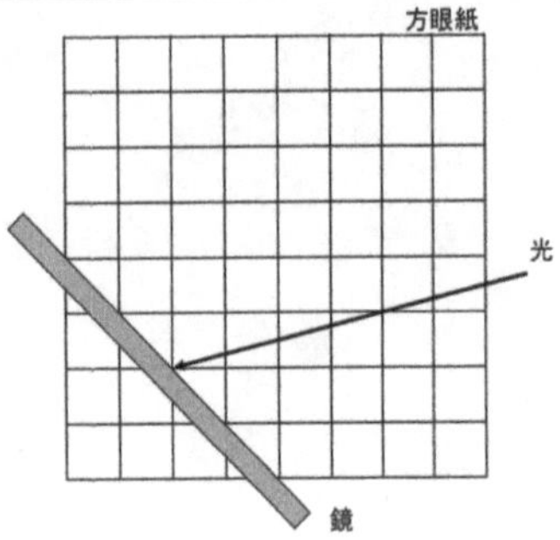	A	B	
	(4)		(5)
	図 2	図 3	
	(6)	(7)	

2

(1)			
① g	② g	③ g	④ %
(2)			
ア	イ	ウ	
(2)			(3)
エ			

3

(1)		(2)	(3)	
赤花	白花	色	赤花：白花＝　：	AA : Aa : aa ＝　：　：
(4)				
①	② AA : Aa : aa＝　：　：		③	

4

(1)	(2)	(3)	(4)	
度	度			
(5)		(6)		
①	②	①	②	③

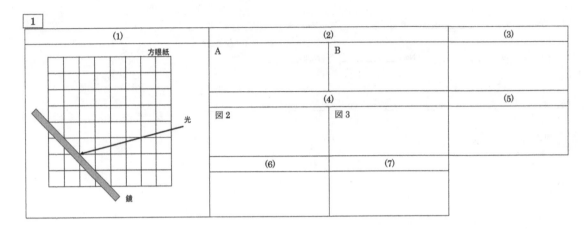

仙台白百合学園高等学校(A日程)　2022年度　◇社会◇

※179%に拡大していただくと，解答欄は実物大になります。

1	1		2		3		4					
	5	(1)		(2)		(3)						
	(4)		(5)									
	6	(1)		(2)		(3)		(4)				

2	1	(1)		(2)		2	(1)		(2)			
	(3)		(4)		3	(1)		(2)				
	4		5		6		7					
	8	(1)		(2)								

3	1		2		3						
	4	(1)		(2)		5					
	6		7	(1)		(2)					
	8	(1)		(2)							
	9		10		11						

◇国語◇

仙台白百合学園高等学校（A日程）　２０２２年度

※１６７％に拡大していただくと，解答欄は実物大になります。

［一］

問一　①（サワ）った　②（イトナ）み　③（サイシュウ）　④（シュウカク）　⑤（ナガ）め

問二　□□□□□□□□□□□□□□□□□□□□ 20

問三　（　　）　問四　（　　）

問五　□□□□□□□□□□□□□□□□□□□□□□□□□ 25 □□□□□

問六　（　　）　問七　（　　）　問八　□□□□□□□□□□□□

問九　□□□□□□□□□□□□□□□□□□□□□□□□□ 25

問十　Ⅰ《　　》　Ⅱ《　　》

問十一　（　　）　問十二　□□□□□□□□□□

問十三　①□□□□□□□□　②□□□□□□□□

［二］

問一　①（　　）綱　②（シャメン）　③（チャクリク）　④（ス）り　⑤（　　）開けた

問二　(1)（　　）　(2)（　　）　問三　（　　）　問四　（　　）

問五　i □□□□□□□□□□ に座り、

ii □□□□□□□□□□□□□□□ いた。

問六　（　　）　問七　（　　）　問八　（　　）

問九　□□□□□□□□□□□□□□□　問十　（　　）

問十一　□□□□□□□□□□□□□□□□□□□□□□□□□ 25 □□□□□□□□□□□□□□□

問十二　i □□　ii □□□□□□□□

仙台白百合学園高等学校(B日程)　2022年度　◇数学◇

※149%に拡大していただくと，解答欄は実物大になります。

1	(1)	(2)	(3)	(4)	(5)
	(6) $x =$	(7)	(8)	(9) cm^2	(10)
2	(1)	(2) $x =$	$y =$	(3) 中学生 人	高校生 人
3	[1] (1) 個	[1] (2)	[2] (1) $a =$	[2] (2) $a =$	[2] (3)
4	(1) ∠BAE 度	∠CAD 度	∠FCD 度	(2)	
	(3)			(4)	
5	(1)		(2) ア) cm	イ) cm	ウ) cm^3

仙台白百合学園高等学校(B日程)　2022年度　◇英語◇

※172%に拡大していただくと，解答欄は実物大になります。

〔Ⅰ〕<Part1> No.1 A ________ B ________ No.2 A ________ B________

<Part2> No.1 ________ No.2 ________ No.3 ________

〔Ⅱ〕問 1 (1)________ (2)________ (3)________ (4)________

問 2 ________________

〔Ⅲ〕問 1

														15					20

問 2 ________________

問 3 ________________________________

問 4 (1) ________ (2) ________ (3) ________ (4) ________

〔Ⅳ〕(1) ________ (2) ________ (3) ________ (4) ________ (5) ________

〔Ⅴ〕(1) ________ ________ (2)________ ________

(3) ________ ________ (4)________ ________

(5) ________ ________

〔Ⅵ〕(1) ________ (2) ________ (3) ________

(4) ________ (5) ________

〔Ⅶ〕① ________________________________

② ________________________________.

③ ________________________________

________________.

仙台白百合学園高等学校(B日程)　2022年度　◇理科◇

※167%に拡大していただくと，解答欄は実物大になります。

1

(1)	(2)	(3)	(4)	(5)	(6)
		Ω	Ω	Ω	J

(7)	
図	理由

2

(1)	(2)	(3)

(4)	(5)
	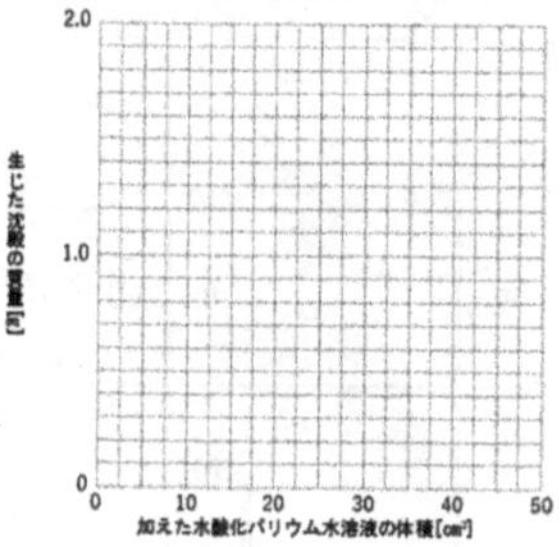

(6)	(7)	
g	グラフ	理由

3

(1)			
ア	イ	ウ	エ

(2)	(3)	(4)	(5)
本	本		個

(6)

4

(1)	(2)	(3)

(4)	(5)	(6)

(7)			
ア	イ	ウ	エ

仙台白百合学園高等学校（B日程） 2022年度 ◇社会◇

※175％に拡大していただくと，解答欄は実物大になります。

1

1	(1)		(2)		2		
3		4					
5	(1)		(2)				
6	(1)		(2)		(3)	記号：	背景：
7	(1)		(2)		8		

2

1		2		3		4					
5		6	(1)		(2)		7		8		
9		10		11							

3

1		2	(1)		(2)		3			
4	(1)		(2)		5	(1)				
(2)		(3)		6		7		8		
9		10	第　　　　条							
11		12								

2022年度　仙台白百合学園高等学校（B日程）

※１６７％に拡大していただくと，解答欄は実物大になります。

◇国語◇

［一］

問一　①カイタイ（　　）　②トウライ（　　）　③ホンカクテキ（　　）　④カクリツ（　　）　⑤カカ（　　）げる

問二　□□□□□□□（7マス）

問三　(1)（　　）　(2)（　　）

問四（　　）　問五（　　）　問六（　　）

問七　ローカルな言葉の破壊によって、□□□□□□□□□□□□□□□□（16マス）□□□□□□□□□（9マス）こと。

問八（　　）　問九　Ⅰ（　　）　Ⅱ（　　）　問十（　　）

問十一（　　）　問十二（　　）

問十三　Ⅰ□□□□□□□□□□（10マス）

Ⅱ□□□□□□□（7マス）

［二］

問一　①ワキ（　　）　②シンシツ（　　）　③ソウゲイ（　　）　④ハンコウ（　　）　⑤ハクリョク（　　）

問二　(1)（　　）　(2)（　　）

問三（　　）　問四（　　）　問五（　　）　問六（　　）

問七　□□□□□□□□□□□□□□□（15マス）

問八（　　）

問九　□□□□□□□□□□□□□□□□□□□□□□□□□（25マス）□□□□□（5マス）

問十　□□□□□□□□□□□□□□□□□□□□□□□□□（25マス）

問十一　Ⅰ□□□□□（5マス）　Ⅱ□□□□□（5マス）

問十二（　　）・（　　）

仙台白百合学園高等学校（A日程）　2021年度　　◇数学◇

※149％に拡大していただくと，解答欄は実物大になります。

1			
(1)	(2)	(3)	(4)
(5) m	(6)	(7)	(8) 秒速 m
(9) 度	(10)		

2			
(1)ア	(1)イ	(1)ウ	
(2)	(3) %以内	(4)	

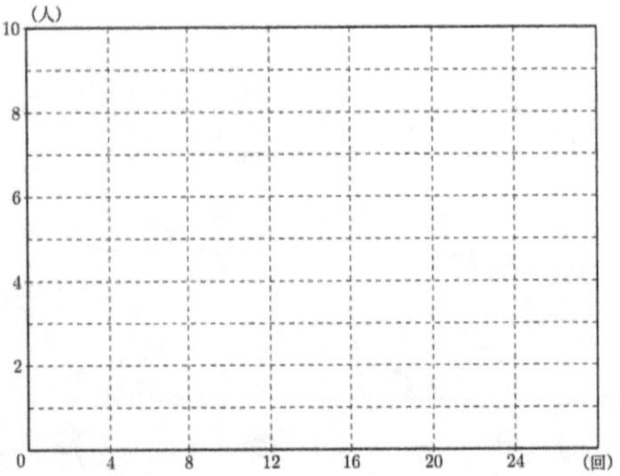

3			
(1) cm^3	(2)	(3)	(4)

4	
(1)証明	(2)ア cm
	(2)イ DG : GF = :
	(2)ウ AG : GC = :

5		
(1) cm	(2) 秒	(3)

仙台白百合学園高等学校(A日程)　2021年度　◇英語◇

※175％に拡大していただくと，解答欄は実物大になります。

〔Ⅰ〕<Part1> No.1　A ________　B ________　No.2　A ________　B ________

<Part2> No.1 ________　No.2 ________　No.3 ________

〔Ⅱ〕問1　(1)________　(2)________　(3)________　(4)________

問2 ________________

〔Ⅲ〕問1

20

30　35

問2 ________________________

問3 ________ → ________ → ________ → ________ → ________

問4 (1) ________　(2) ________　(3) ________

〔Ⅳ〕(1) ________　(2) ________　(3) ________　(4) ________　(5) ________

〔Ⅴ〕(1) ________________　________________　(2)________________　________________

(3) ________________　________________　(4)________________　________________

(5) ________________　________________

〔Ⅵ〕(1) ________________　(2) ________________　(3) ________________

(4) ________________　(5) ________________

〔Ⅶ〕① ____

② ____.

③ ____

________________________________?

仙台白百合学園高等学校（A日程）　2021年度　◇理科◇

※169%に拡大していただくと，解答欄は実物大になります。

1

(1)	(2)	(3)
N	Pa	

(4)	(5)	(6)	
		①	②
cm		N	cm

2

(1)	(2)	(3)	
		①あ	①い

(3)		
②	③	④下線部お

(3)		
④下線部か	⑤亜鉛板	⑤銅板

(3)
⑥

3

(1)	(2)		(3)
	器官 A	器官 B	

(4)			(5)
①	②	③	

(6)		
①	②	③
倍	L	L

4

(1)				(4)
				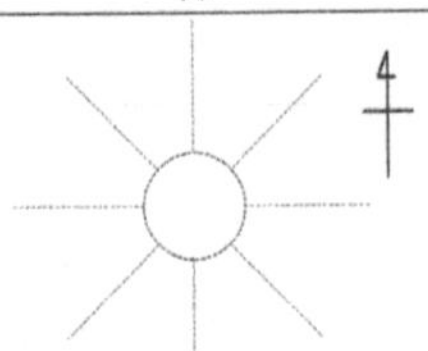
(2)	(3)	(5)		
		①	②	
		g		

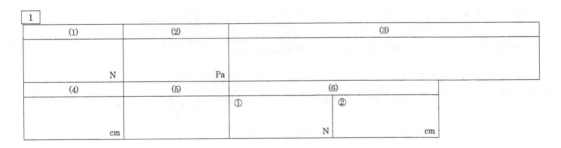

仙台白百合学園高等学校（A日程）　2021年度　　◇社会◇

※179％に拡大していただくと，解答欄は実物大になります。

1	1	県	2	(1)	(2)	(3)	
	3	(1)	(2)	(3)	4		
	5	(1)	(2)				
	6	(1)					
		(2)					
	7	(1)	(2)	(3)			

2	1		2		3			
	4							
	5		6	(1)	(2)	(3)		
	7		8		9		10	
	11							

3	1		2		3		4	
	5		6		7			
	8							
	9							
	10		11		12			
	13		14		15			

◇国語◇

仙台白百合学園高等学校（A日程）　２０２１年度

※１６９％に拡大していただくと、解答欄は実物大になります。

［一］

問一　①（ボウダイ）　②（イッシュン）　③（ソナ）える　④（カ）ける　⑤（サ）ける

問二　終止形［　］　活用の種類［　］

問三［　　　　　］

問四　Ⅰ（　）　Ⅱ（　）

問五　インターネットは、［20マス＋5マス］

問六［10マス］

問七（　）

問八（　）

問九（　）

問十　最初［5マス］～最後［5マス］

問十一［25マス＋5マス］

問十二（　）

問十三（　）

［二］

問一　①（ゲンコウ）　②（　）棚　③（イッケンヤ）　④（ドウヨウ）　⑤（　）小粋

問二［5マス］

問三［25マス＋5マス］

問四［20マス］ということ。

問五（　）

問六［15マス］

問七［5マス］

問八［5マス］な空間。

問九（　）

問十（　）

問十一（　）

問十二（　）

問十三（　）

※156%に拡大していただくと，解答欄は実物大になります。

1	(1)	(2)	(3)	(4) $x=$
	(5) $k=$	(6)	(7) 円	(8)
	(9) cm^2	(10)		
2	(1)	(2)	(3) $a=$	(4)
3	(1)証明)	(2) 度		
		(3) cm		
		(4) cm^2		
4	(1)	(2)(ア)x	(イ)y	z
5	(1) cm	(2) cm	(3) cm	(4) cm
	(5)			

◇英語◇

※175%に拡大していただくと，解答欄は実物大になります。

〔Ⅰ〕<Part1> No.1 A ＿＿＿＿ B ＿＿＿＿ No.2 A ＿＿＿＿ B ＿＿＿＿

<Part2> No.1 ＿＿＿＿ No.2 ＿＿＿＿ No.3 ＿＿＿＿

〔Ⅱ〕問1 (1)＿＿＿＿ (2)＿＿＿＿ (3)＿＿＿＿ (4)＿＿＿＿

問2 ＿＿＿＿

〔Ⅲ〕問1

																			20
									30					35					

問2 ＿＿＿＿

問3 ＿＿＿＿

問4 (1) ＿＿＿＿ (2) ＿＿＿＿ (3) ＿＿＿＿ (4) ＿＿＿＿ (5) ＿＿＿＿

〔Ⅳ〕(1) ＿＿＿＿ (2) ＿＿＿＿ (3) ＿＿＿＿ (4) ＿＿＿＿ (5) ＿＿＿＿

〔Ⅴ〕(1) ＿＿＿＿ ＿＿＿＿ (2)＿＿＿＿

(3) ＿＿＿＿ ＿＿＿＿ (4)＿＿＿＿ ＿＿＿＿

(5) ＿＿＿＿ ＿＿＿＿

〔Ⅵ〕(1) ＿＿＿＿ (2) ＿＿＿＿ (3) ＿＿＿＿

(4) ＿＿＿＿ (5) ＿＿＿＿

〔Ⅶ〕① ＿＿＿＿

② ＿＿＿＿.

③ ＿＿＿＿

仙台白百合学園高等学校(B日程)　2021年度　◇理科◇

※164%に拡大していただくと，解答欄は実物大になります。

1

(1)	(2)	(3)
W		分

(4)	
①	②

(5)
分　秒

2

(1)	(2)

(3)

(4)	(5)	(6)	(7)
	g	g	

(8)

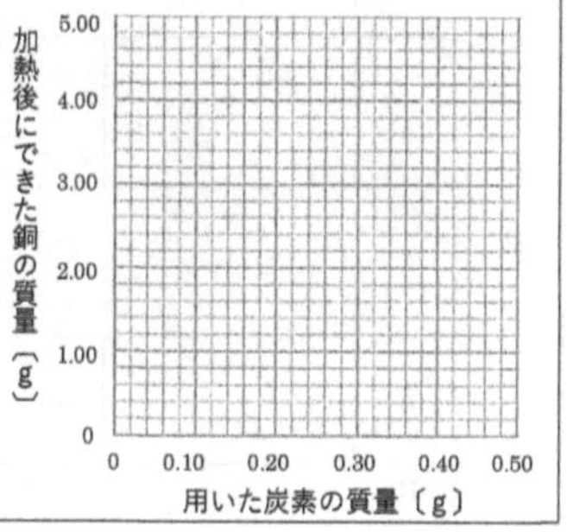

3

(1)	(2)	(3)	(4)
→　→　→　→			

(5)	(6)	(7)
mg	mg	時間

4

(1)		(2)	(3)
①	②		

(4)	(5)	(6)	
	km/秒	①　km	②　時　分　秒

(7)											
①あ	①い	①う	②								

仙台白百合学園高等学校(B日程)　2021年度

◇社会◇

※175％に拡大していただくと，解答欄は実物大になります。

1	1		2		3		4	
	5	(1)	(2)		6			
	7	(1)					(2)	
		(3)X:	Y:		(4)		(5)	

2	1		2	(1)	(2)		3	(1)	(2)	
	4		5		6	(1)	(2)			
	7									
	8		9							
	10									

3	1	(1)	(2)		2		3	(1)	(2)	
	4	(1)	(2)		5					
	6	(1)								
		(2)		7		8		9		

2021年度 仙台白百合学園高等学校（B日程）

※164%に拡大していただくと、解答欄は実物大になります。

◇国語◇

［一］

問一 ① キカン（　　　） ② サイヨウ（　　　） ③ ゼンテイ（　　　） ④ カビン（　　　） ⑤ オンケイ（　　　）

問二 Ⅰ（　　　） Ⅱ（　　　） 問三（　　　）

問四 □□□□□〜こと。 問五（　　　）

問六 □□□□□□□□□□□□□□□□□□□□□□□□□ 25 □□□□□□□□□□

問七 ① □□□□□の、 ② □□□□□□□□□□□□□□□□□□□□ 20 もの。

問八（　　　） 問九（　　　） 問十（　　　）

問十一 □□□□□□□□□□□□□□□□□□□□ 20

問十二（　　　） 問十三（　　　）

［二］

問一 ① センゲン（　　　） ② オ（　　　）しく ③ カマ（　　　）え ④ 滞留（　　　） ⑤ 残響（　　　）

問二（　　　） 問三（　　　） 問四（　　　）

問五（　　　） 問六（　　　） 問七（　　　）

問八 □□□□□□□□□□□□□□□□□□□□□□□□□ 25 □□□□□

問九（　　　） 問十 □

問十一 ① □□□□□が、 ② □□□□□□□□□□□□□□□□□□□□ 20 と考えたこと。

問十二（　　　） 問十三（　　　）

仙台白百合学園高等学校（A日程）　2020年度

◇数学◇

※157％に拡大していただくと，解答欄は実物大になります。

1
(1)
(2)
(3)
(4)
(5)
(6)
(7)
(8)ア
イ
(9) 度
(10) cm

2
(1)
(2)ア
イ
ウ
エ
オ
(3)

3
(1) cm²
(2)
(3)
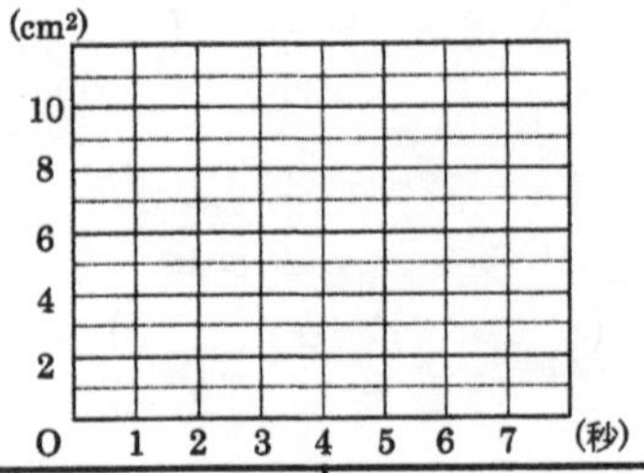

(4)

4
(1) 度
(2)
(3)
(4)
(5)

5
(1)体積 cm³
表面積 cm²
(2) cm
(3) cm

仙台白百合学園高等学校(A日程)　2020年度　◇英語◇

※172％に拡大していただくと，解答欄は実物大になります。

〔Ⅰ〕<Part1> No.1 A ____ B ____ No.2 A ____ B ____

<Part2> No.1 ____ No.2 ____ No.3 ____

〔Ⅱ〕問1 (1)____ (2)____ (3)____ (4)____

問2 ____

〔Ⅲ〕問1 (1) ____ (2) ____ (3) ____ (4) ____ (5) ____

問2 ____

問3 ア. ____ イ. ____ 問4 ____

問5 ____

____

〔Ⅳ〕(1) ____ (2) ____ (3) ____ (4) ____ (5) ____

〔Ⅴ〕(1) ____ (2) ____ ____

(3) ____ ____ (4) ____ ____

(5) ____

〔Ⅵ〕(1) ____ (2) ____ (3) ____

(4) ____ (5) ____

〔Ⅶ〕① ____

____

② ____.

③ ____

仙台白百合学園高等学校(A日程)　2020年度　◇理科◇

※159%に拡大していただくと，解答欄は実物大になります。

1

(1)	(2)	(3)
		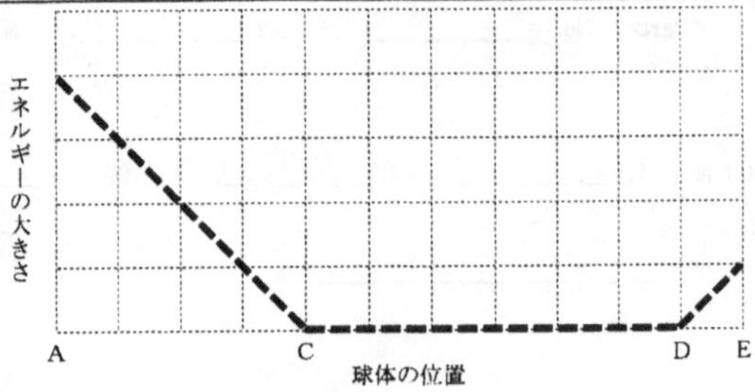

(4)	(5)	(6)

2

(1)	(2)	(3)	
			方法

(4)		(5)	(6)	
ウ	エ	g	窒素分子	水素分子

3

(1)			
ア	イ	ウ	エ

(2)		(3)	
菌類	細菌類	動物A	動物C

(4)	(5)	(6)

4

(1)	(2)		(3)
	図1	図2	

(4)	(5)	(6)	(7)
		度	度

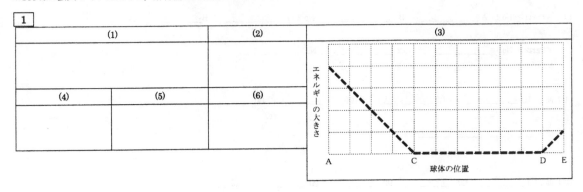

仙台白百合学園高等学校(A日程)　2020年度

◇社会◇

※165％に拡大していただくと，解答欄は実物大になります。

1	1	(1)	(2)	(3)　　大陸
		(4) ①	②	③　　山脈
		④ 0 10 20 30 40 50 60 70 80 90 100%		
	2	(1)	(2)	(3)
	3	(1)　X　　Y		
		(2)①	②	(3)

2	1		2		3		4	
	5		6		7		8	
	9	(1)		(2)		(3)		
		(4)		(5)		(6)		
	10	問題名:		解決策：				

3	1		2		3		4	
	5							
	6		7		8		9	
	10		11		12		13	

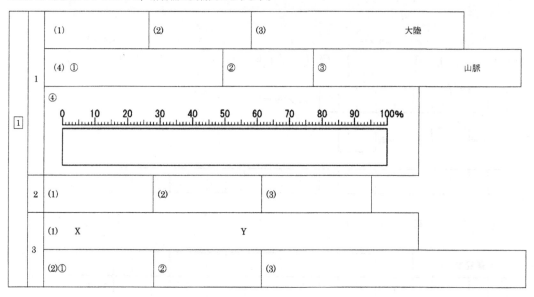

◇国語◇

仙台白百合学園高等学校（A日程）　２０２０年度

※１７４％に拡大していただくと、解答欄は実物大になります。

［一］

問一　①コシツ（　　）　②チョメイ（　　）　③ミ（　　）せる　④ギンミ（　　）　⑤トクチョウ（　　）

問二　□□□□□□□□□□という考え。

問三　文節□　単語□

問四　□□□□□□□□□□□□□□□□□□□□□□□（20）

問五　（　　）　問六　（　　）

問七　「推論的信念」は、□□から。

問八　（　　）　問九　□□□

問十　□□□□□□□□□□　問十一　（　　）

問十二　□□　問十三　（　　）　問十四　（　　）

［二］

問一　①囲炉裏（　　）　②シュウカク（　　）　③ゲンエキ（　　）　④タクワ（　　）える　⑤廃（　　）れる

問二　（　　）　問三　（　　）

問四　（　　）　問五　（　　）

問六　□□□□　問七　（　　）

問八　a□□　b（　　）

問九　淳也の、□□□□□□□□□□□□□□□□□□□□□□□□□□□□□姿。

問十　（　　）　問十一　（　　）

問十二　（　　）・（　　）　問十三　（　　）　問十四　（　　）

仙台白百合学園高等学校(A日程)　2019年度　◇数学◇

※この解答用紙は 159％に拡大していただくと，実物大になります。

1	(1)	(2)	(3)	(4) 個
	(5)	(6) 個	(7)	(8) cm^3
	(9) 平均値… ， 中央値… ， 最頻値…			
	(10) CE：ED ＝ ：			

2	ア	イ	ウ	エ	オ
	カ	キ	ク	ケ	コ
	サ	シ	ス	セ	ソ

3	(1) $a =$ ， $b =$	(2)
	(3)	(4)

4	(1)	(2)
	(3)	
	(4)	

5	(1)	(2)	(3)

仙台白百合学園高等学校(A日程)　2019年度　◇英語◇

※この解答用紙は172％に拡大していただくと，実物大になります。

〔Ⅰ〕<Part1> No.1 A ______ B ______ No.2 A ______ B ______

<Part2> No.1 ______ No.2 ______ No.3 ______

〔Ⅱ〕問1 (1)______ (2)______ (3)______ (4)______

問2 ______

〔Ⅲ〕問1 ______

問2 ______

問3 ______ 問4 ______

問5 (1) ______ (2) ______ (3) ______ (4) ______ (5) ______

〔Ⅳ〕(1) ______ (2) ______ (3) ______ (4) ______ (5) ______

〔Ⅴ〕(1) ______ ______ (2)______ ______

(3) ______ ______ (4)______ ______

(5) ______

〔Ⅵ〕(1) ______ (2) ______ (3) ______

(4) ______ (5) ______

〔Ⅶ〕① ______

______

② ______.

③ ______ easily.

◇国語◇

仙台白百合学園高等学校（Ａ日程）　２０１９年度

※この解答用紙は１７９％に拡大していただくと、実物大になります。

［一］

問一　①（タイキ）　②（オウエン）　③（カンモン）　④（テンテキ）　⑤（シュクハイ）

問二　①（　）　②（　）

問三（　）　問四（　）

問五　①（　）　②□□□□□□□様子。

問六（　）　問七（　）

問八　①□□□□□□□□□□　②□□□□□□□□□□

問九（　）　問十　①□□　②□□

問十一　□□□□□□□□□□

問十二（　）　問十三（　）

［二］

問一　①家（ナ）み　②（カタ）　③（ソ）まって　④（　）趣　⑤（タイショウ）

問二　Ａ（　）　Ｂ（　）

問三　□□□□□□□□□□□□□□□□□□□□

問四　□□□□□□□□□□□□□□□□□□□□のなか

問五（　）

問六　□□□□□□□□□□□□□□□□□□□□□□□□□□□□□□

問七　(1)（　）
(2)（　）

問八　①（　）　②（　）　③（　）

問九（　）　問十（　）・（　）

MEMO

大切なことはメモしておこうネ！

MEMO

大切なことはメモしておこうネ！

MEMO

大切なことはメモしておこうネ！

MEMO

大切なことはメモしておこうネ！

MEMO

大切なことはメモしておこうネ！

〈リスニング問題の音声について〉

本問題集掲載のリスニング問題の音声は、弊社ホームページでデータ配信しております。

現在お聞きいただけるのは「2024年度受験用」に対応した音声で、2024年3月末日までダウンロード可能です。弊社ホームページにアクセスの上、ご利用ください。

※本問題集を中古品として購入された場合など、配信期間の終了によりお聞きいただけない年度がございますのでご了承ください。

高校別入試過去問題シリーズ

仙台白百合学園高等学校　2024年度

ISBN978-4-8141-2685-9

発行所　東京学参株式会社
〒153-0043　東京都目黒区東山2-6-4
URL　https://www.gakusan.co.jp

編集部　E-mail　hensyu@gakusan.co.jp

※本書の編集責任はすべて弊社にあります。内容に関するお問い合わせ等は、編集部まで、メールにてお願い致します。なお、回答にはしばらくお時間をいただく場合がございます。何卒ご了承くださいませ。

営業部　TEL　03 (3794) 3154
FAX　03 (3794) 3164
E-mail　shoten@gakusan.co.jp

※ご注文・出版予定のお問い合わせ等は営業部までお願い致します。

2023年9月21日　初版